Claus-Peter Lieckfeld

Das Buch Haithabu

Sehr verehrte Leserin, sehr verehrter Leser,

unsere Welt wird immer schnelllebiger, unser Alltag immer hektischer. Gerade deshalb sind die schönen, unbeschwerten Momente, in denen wir innehalten und uns zurücklehnen, so kostbar.

Ich persönlich greife in solchen Momenten gerne zu einem guten Buch. Eine spannende und unterhaltsame Geschichte hilft mir, schnell abzuschalten. Beim Lesen vergesse ich die Sorgen des Alltags.

Doch manchmal ist es gar nicht so einfach, ein gutes Buch zu finden. Dabei gibt es so viele Autorinnen und Autoren, die mit ihren Geschichten die Leser in ihren Bann ziehen. Solche Highlights der Unterhaltungsliteratur bringt jetzt die vielseitige UNIVERSO-Taschenbuchreihe zusammen. Die von uns sorgfältig ausgewählten Bücher reichen von frechen Frauenromanen über spannende Krimis bis hin zu großen Liebesgeschichten und historischen Romanen.

Die kleine, aber feine UNIVERSO-Auswahl möchten wir gerne auch mit Ihnen teilen. Mir bleibt nur, Ihnen viel Spaß und Entspannung beim Lesen und Träumen zu wünschen.

Herzlichst
Ihr

Siegfried Lapawa
Verleger Karl Müller Verlag

Claus-Peter Lieckfeld

Das Buch Haithabu

Historischer Roman

UNIVERSO

Über den Autor:
Claus-Peter Lieckfeld, geboren 1948 und aufgewachsen in der Lüneburger Heide, ist Gründungsmitglied von Horst Sterns Umweltmagazin natur. Als freier Autor war er u.a. für das SZ-Magazin, GEO, Merian, Die Zeit und Die Woche tätig. Außerdem schrieb er Texte für Kabarett-Programme, u.a. für Scheibenwischer und für die Münchner Lach- und Schießgesellschaft.

Genehmigte Lizenzausgabe
Universo ist ein Imprint des Karl Müller Verlages –
SILAG Media AG, Liebigstr. 1–9, 40764 Langenfeld

Umschlagfotomotiv: Teppich von Bayeux

PEFC zertifiziert
Dieses Produkt stammt aus nachhaltig bewirtschafteten Wäldern und kontrollierten Quellen
PEFC/32-31-039
www.pefc.de

Dieses Buch wurde auf Pamo Classic von Arctic Paper gedruckt.

ISBN-Nr. 978-3-95674-141-8
Printed in EU 2014

DAS BUCH RAMSOLANO

Vorbemerkung anlässlich des Verlustes des letzten Zahns

Solange man jung ist, vermag man sich nicht vorzustellen, dass einem eine Suppe aus Nebeltrichterlingen und gestoßenem Adlerfarn lieber ist als im Feuer geröstetes Ferkel, sowie es auch einem, der sich noch seiner Zähne gewiss ist, an Vorstellung gebricht, wie man denn mit blanken Kiefern pfeifen kann. (Man kann es so wenig wie fetttriefende, harte Schweinehaut beißen, um die Wahrheit zu sagen. Ich weiß es.)

Mein letzter Zahn verließ mich gestern, am zweiten Tag nach Sonnenwend im Jahre 919 des Herrn. Er ging von mir mit einem kaum spürbaren Schmerz, mit einem resignierenden Laut, so, als zöge man einen Pfahl aus moorigem Grund. Der Zahn wird mir nicht fehlen, war er doch eher ein Hindernis, wenn ich den schartig gewetzten Unterkiefer zum Zerquetschen von Brotrinde einsetzte. Den Verlust – der keiner ist – beklage ich nicht. Wäre mir zum Klagen zumute, so klagte ich, dass die Tage dahin sind, da ich nach langem Knien vor dem Altar aufstehen konnte, ohne alle Glieder wie verkehrt herum angesetzt zu spüren.

Dass mich der letzte Zahn verließ, gemahnt mich daran, dass es hohe Zeit ist, nun endlich das zu tun, was ich tun will und muss. Seit die Jahre mein Augenlicht trüben, so wie der Nebelung die klare Herbstluft trübt, fällt mir das Schreiben schwer. Auch beginnen meinem Latein die Wörter auszufallen, so wie mir schon vor Jahr und Tag die Haare ausfielen und jetzo der letzte Zahn. Ich erwähnte es.

Um meine Augen wundert es mich nicht; ich habe wohl mehr Seiten mit heiligem Latein auf Papier gekratzt als eine Buche im August Blätter hat, und jede Seite hat mein Augenlicht um ein winziges Quantum verringert, nicht messbar und doch stetig, so wie die weißen Sandkörner der Elbstrände für sich genommen nichts sind, doch zuhauf sind sie wandernde Dünen, die alles auslöschen.

Ob noch genug Licht bleibt, um all das zu schreiben, was nur ich, Agrippa de Ramsolano, einstmals Mönch und Scriptor zu Ramelsloh an der Seeve, zu schreiben imstande bin, ist eine Frage. Es ist die letzte eigentliche Frage oder, um genau zu sein, die vorletzte; denn die Frage, ob der Herr seinem treuen Knecht einen sanften Tod gewährt oder ob er den harten, röchelnden erleiden muss, diese Frage bleibt wahrlich bis zuletzt. (Ich denke, o Herr, ich hätte mir, wo ich schon auf Reichtümer ganz und zeitweise auf Weiber und das Glück der Alltäglichkeit verzichtet habe, einen sanften Tod verdient, zumal ich mir keiner herzensgrundschlechten Tat bewusst bin.)

Allhier halte ich zwischen Daumen und Zeigefinger meinen letzten Zahn. Gelb ist er wie die Zähne alter Pferde und oben schwarz wie die Holzstrünke, die man aus dem Moor zieht. Den Zahn wendend denke ich: Es ist selten, dass einer alt und vollständig unter die Erde kommt. Und gelingt es einem, so war er wohl nicht wirklich alt.

Ich lebe in einer Zeit, da der Tod sich lieber an jungem Frischfleisch satt frisst als an zähem, schwerverdaulichem Greisenleder. Auf zehn junge Weiber, die der Wikinger knickt und zertritt, auf dreißig Jungmänner, die seine Streitaxt tot beißt, kommt gerade so eine Lederhaut wie die meine, von den Jahren gegerbt, bis sie dem schrundigen Gottesacker gleicht, für den sie bestimmt ist.

Aber verzeiht, ich wollte nicht abschweifen – noch bevor ich begonnen habe. Wenn ich schon die Sünde begehe, das kostbare Pergament für meine Zwecke zu requirieren, Papier, das geweiht und bestimmt ist, die offenbarten Wahrheiten des Heiligen Augustinus zu tragen (ich erbitte, o Herr, und auch von Dir, o Heiliger Ansgarius, Gründer dieses Klosters, gnädige Vergebung!), dann sollte ich meinem Frevel nicht noch die Sünde der Schwatzhaftigkeit hinzufügen – eine Sünde, die gerade die alten Knochen befällt, die zu mannhafteren Sünden nicht mehr taugen.

Ich sollte es allso wie Moses in der Genesis halten und mit dem Anfang beginnen. Und schon da zögere ich: Sollte es mein Anfang sein, sollte ich bis zu dem Knaben zurückkehren, dem der Heilige Emanuel im Jahre des Herrn 862 in Corvey sein Bronzekreuz auf die Locken drückte und ihn so zu heiligem Tun bestimmte?

Das wäre reizvoll. Aber es werden ja nicht die Taten der Unauffälligen geschrieben, habe ich mich doch selbst der Aufgabe unterzogen, die Taten eines Großen für kommende Geschlechter zu bewahren. Vielleicht aber – ich will nicht geloben, ganz keusch bei seinen Taten zu verweilen, wo mir ein Ausblick ringsum nötig erscheint –, vielleicht also wird sich im Fortgang der Geschichte die Möglichkeit auftun, ein wenig in die Welt der Gottesdiener einzutauchen und auch in jene der Waldgeister, der Bären- und Wolfsmenschen.

All dies erwägend, erscheint es mir um der Sache willen richtig, dort zu beginnen, wo das Zeichen des Thor in unseren Gesichtskreis fiel.

Wie der Hammer des Thor unter uns kam

Es war hoher Sommer des Jahres 878, eine dieser Nächte, in denen jene winzigen Feuerpünktchen unter den Tiefschatten der Bäume dahintaumeln, diese leuchtenden Käfer, die furchtsame, noch halb heidnische Gemüter drunten im Dorf die «Laternen der Untoten» nennen. Es war so warm, dass mir in meiner Zelle selbst das dünne Leinentuch zu dick war.

Ich erwachte von keinem Geräusch, sondern von einem Brennen in der Nase: Rauch! Die Kerze in meiner Zelle hatte ich gelöscht, Gott sei Dank! Ich sprang auf. Im Stiftshof stolperte ich über die Riemen meiner ungebundenen Sandalen, nur der enorme Körper von Bruder Solanus bremste meinen Fall. Dem Solanus wiederum folgten die Stiftsherren, einige hielten sich die Nase zu, denn Rauchschwaden füllten den Kreuzgang, unser Abt schrie Bittgebete. Wofür oder wogegen wurde mir erst klar, als ich den Feuerschein über dem Dorf sah, vergrößert noch vom Widerschein auf dem Seevefluss.

«Die Wikinger», fistelte Solanus mit dieser turmhohen Stimme, die so gar nicht zur Glockengestalt seines Körpers passen wollte. Und als wäre sein Ruf das Signal, ließen sich alle auf den Boden fallen und wanden sich in Gebeten. Ich tat es ihnen gleich, obwohl ich – ich gestehe es – einige Herzschläge lang versucht war, denen im Dorf tätige Hilfe zu leisten. Damals, wir schrieben das Jahr 878, stand ich in der Blüte meiner Jahre und hatte schon einmal einen Wolf (ich gestehe: einen lahmen) mit einer Keule erschlagen.

Da unsere Gebete notwendigerweise und wegen der Schwere der mutmaßlichen Vorfälle lang sein mussten, kamen wir erst ins Dorf hinab, nachdem das Schlimmste schon geschehen war.

Wir schritten durch die Ruinen zweier rauchender Schilfhütten, als uns eine alte Frau entgegengestürzt kam, Ruß im Gesicht, an ihrem Hals das hässliche Mal von Feuer: «Ein Wunder, ein Wunder ist geschehen! Die Wikinger haben nur zwei Häuser gebrannt und sind weitergezogen. Nur den Orto und den Varro haben sie erschlagen ... Ein Wunder!»

Ich betrachtete den niedergehauenen Orto, einen, um den es wahrhaft schade war, hatte sich doch schon sein Großvater zum einzigen und wahren Gott bekannt und war doch Orto einer, den man nicht lange bitten musste, galt es im Stift etwas auszubessern. Da lag er, hingestreckt in seinem Blut. Die Wikinger hatten in der Tat nur flüchtig – ich möchte sagen: beiläufig – zugeschlagen. Die Streitaxt hatte den Schädel nicht wie üblich bis zum Hals gespalten, ich vermochte nicht einmal das graue Fleisch zu sehen, von dem mir ein wandernder Scholar erzählte, es sei der wirkliche Sitz von Seele und Geist und das Herz sei nur ein großes Stück Fleisch. (Der Herr verzeihe ihm dieses lästerliche Wort!)

Varro hatten sie mit einer Lanze den Leib von unten nach oben geritzt, so dass es grün und rot aus ihm hervorlief und er stöhnend und zuckend verröchelte. Er war ein minder guter Christ, aber auch ihm gilt meine Fürbitte vor Gott.

Wir bekreuzigten uns und waren beglückt, wussten wir doch den wahren Grund, warum die Sache so glimpflich abgegangen war: Unser vielstimmiges Gebet, das wir vom hohen Ufer herab gegen die Mordbrenner geschleudert hatten – wie weiland Moses sein Gebet gegen die ägyptischen Feinde –, unser Gebet hatte den Tod so vieler vereitelt.

Es brauchte lange, ehe jemand, ich glaube es war der Dorfälteste, den Atem und die Ruhe fand, uns den Hergang zu erklären. Gegen Mitternacht waren die Wikinger, mit dreißig knörr (Langbooten) gelandet, genug, um eine ganze Stadt zu erobern. Was wir damals nicht wussten, aber nur wenig später erfuhren, war, dass sie kurz zuvor genau das versucht hatten. Sie kehrten nämlich von einem vergeblichen Versuch zurück, auf der Elbe gen Hammaburg vorzurücken, um es auszuplündern und zu brennen, so wie es ihnen schon im Jahre 845 gelungen war. Aber die gewitzten Hammaburger hatten dort, wo die Wikinger ihre Langboote über die Schwemmsande ziehen müssen, Türme ins Wasser gestellt, auf denen Feuerwerfer angebracht waren. Und während noch die entsetzten Piraten damit zu tun hatten, das Feuer an ihren Booten auszuschlagen, rückten die Hammaburger mit kleinen, beweglichen, pechbestrichenen Korbbooten gegen sie vor und schlugen ihnen viele schreckliche Wunden.

Die überraschten Angreifer flohen, so schnell sie ihre Boote gegen den Elbstrom treiben konnten. Warum sie sich – noch dazu stromaufwärts – in die Seevemündung flüchteten, ob es ein Versehen war in der Dunkelheit oder ob sie im Schatten der Seeve-Eichenwälder ihre Wunden lecken wollten – keiner weiß es. Um Vergebung: Gott weiß es, aber er hat es keinem Sterblichen anvertraut.

Als sie an Land gingen, schleuderten sie Brände gegen die Schilfhütten, die dem Seevefluss am nächsten standen. Sie erschlugen den Orto und den Varro, die aufgeschreckt in die falsche Richtung geflohen waren. Die Lohen stoben in den Himmel, und die Schreie der überraschten Fischer und Köhler weckten das Dorf. (Später wurde offenbar, dass sich einer der Mordbrenner unbemerkt von den Seinen entfernt hatte, um seinen gewaltigen Leib gegen den zarten Körper einer Jungfrau zu treiben, die davon jedoch keinen bleibenden Schaden nahm, soviel mir bekannt.)

Und dann geschah das Wunder. Die wilden Nordmänner stocherten mit geirr (Lanze) und spjót (Spieß) nur die besagten zwei Männer aus dem Dorf nieder, die Hals über Kopf in ihre Reihen geflohen waren. Sie standen starr am Wassersaum, das Flammenzucken machte ihre roten Bärte noch röter, unter den Lederwämsen manch eines Kriegers, so berichtete man uns, drang Blut hervor. Wann sah man Mörder je so blutig – vom eigenen Blut!

Schließlich trugen vier Krieger, unendlich langsam und sanft, eine Gestalt aus dem größten Langboot ans Ufer. Die Zartheit, mit der Mörder zu Werke gehen können, war vielen der stummen Beobachter aufgefallen. Die Gestalt war mit einer goldbestickten Decke fast verhüllt. Die Decke zeigte Arabesken der Art, wie sie nur die Mohren weben können, und den Menschen aus dem Dorf schien es, als würde sie glühen, doch es war, so denke ich, wohl nur der Schein des Feuers, der mit den Goldfäden spielte.

Es wurde noch stiller, als der Anführer der Truppe vortrat: kein anderer als der Schreckliche Olaf, den sie den Blutsäufer nennen.

Er sprach ein paar Worte, die keiner gut verstand, aber ein Männchen, das nicht wie ein Krieger aussah und an Krücken ging, sprach seine Worte in unserer Sprache nach.

«Höret her, ihr Leichengewürm, das nicht wert ist, dass Olaf euch das Leben schenkt. Dieser hier ... (mit diesen Worten riss er das Goldtuch weg und gab den Blick frei auf einen übel zerschlagenen sehr jungen Mann) ringt mit dem Tod. Wenn er stirbt, seid auch ihr des Todes. Gelingt es euch, ihn zu retten, seid ihr gerettet – solange Olaf das Schwert führt. Ich komme wieder, um ihn zu holen. Es wäre gut für euch, wenn Heitu dann noch lebt. Und das sei das Zeichen ... (er hielt ein Eisen in die Glut einer niedergebrannten Schilfhütte und zeichnete damit einen Hammer auf den Oberarm des Knaben Heitu, einen blutigen Thorshammer) ... wenn einer Feuer setzen will auf euer Dorf, soll er dieses Zeichen sehen und wissen, dass Olaf jeden tötet, der Heitu Schaden zufügt. Und vergesst nicht: Ich komme wieder»

Dann küsste er den Knaben, dem der neuerliche Schmerz die Sinne geraubt hatte, und auf seinen Befehl hin wankten die blutigen Gestalten in die Boote und ruderten zurück in die Nacht. Eine Weile noch hörte man das gleichmäßige Eintauchen der Ruderblätter.

Das war der Moment, da wir Mönche singend und betend vom Stift herabkamen, wir, die wir das Wunder einer ausgebliebenen Metzelei nicht gesehen, aber betend bewirkt hatten. Unser Abt Alkuin befahl noch in derselben Nacht, ein Kreuz aus Eichenholz zu errichten, exakt an der Stelle, an der uns der Knabe Heitu an Land gesetzt wurde.

Alkuin entschied stets aus dem Herzen, nie aus dem Kopf, was sicher gut war, denn er hatte kein schwaches Herz. Der Errichtung des Kreuzes, die bis in die Dämmerstunden dauerte, folgte ein Dankgebet, das bis zum hohen Mittag währte und ohne jeden Zweifel das Leben Heitus, unseres Lebensretters, rettete. Um die Wunden des Heitu kümmerten sich die Frauen des Dorfes. Die Schreie des Varro waren kurz nach Sonnenaufgang verstummt; Bruder Titus segnete ihn, während zu guter Letzt noch ein trübes, rötliches Wasser aus seinem Mund rann, das von Blasen durchsetzt war, so wie sie aus faulem Wasser bisweilen aufsteigen.

Das Kreuz aus jener Nacht ist lange verschwunden, die hohen Winterfluten haben es im Eisgang gefällt. Und jetzt, da ich nicht mehr im Stift an der Seeve weile, wird wohl keiner derer, die nach mir kamen, mehr wissen, wo jenes Kreuz einstmals stand.

Wie der Gezeichnete ins Leben zurück- und in meines eintrat

Mein Gott, ist das lange her. Zwischen jener Nacht und der heutigen, die gerade im Begriff ist zu vergehen, liegt die Spanne Zeit, die ausreicht, einem Manne den Stein als zu schwer zum Heben erscheinen zu lassen, den er dereinst zwanzig Fuß weit stieß. Aus Übermut.

Zwischen jener Nacht und dieser, die mich vor eng beschriebenen, gestohlenen Pergamenten findet, liegt die Spanne Zeit, in der für einen Mann aus schwellenden Brüsten, die mit zitternden rosa Gipfeln in seine Träume ragen, belanglose Erhebungen unter Stoff oder Fell werden.

Zwischen jener Nacht und dieser liegt aber auch die Spanne Zeit, die vergehen muss, um einen Mönch eine durchbetete Nacht – damals noch ein Martyrium für mich! – als einen Lidschlag Gottes erkennen zu lassen.

Zwischen jener Zeit und der heutigen liegt schließlich die Spanne Zeit, die vergehen musste, ehe auch die letzten heimlichen oder offenen Anbeter der alten Götter abschworen oder sich in die Wälder zurückzogen. Ich habe die gänzliche Niederlage der Heiden im Übrigen bedauert, weil nichts besser die Erhabenheit unseres Gottes zeigte als die Nichtigkeit ihrer Götter, die sie in Eichen und Tierleibern wähnten. Der Mensch braucht Vergleiche. Der Glaube lebt vom Unterschied.

Jeder Mensch meint, zu seinen Lebzeiten geschehe besonders viel. Großes gar! Ein verzeihlicher Irrtum, kennt der, der seine Zeit für groß hält, doch die anderen Zeiten, die vergangenen und die zukünftigen, nicht. Er urteilt wie ein Elbfischer, der die Sanddünen längs des Stromes hoch schätzt, weil er nie die Schneeberge des Südens sah.

Ich hingegen hänge dieser begreiflichen Überschätzung nicht an. Was gäbe ich, hätte ich in den bewegten Zeiten über diese Erde gehen können, als unser Heiland unter uns war. Ich habe es errechnet: Die Zeit liegt nur 16mal mein Lebensalter zurück. Die mächtigsten Eichen am Seeveufer grünten schon in jenen Tagen. Die Winde, die durch ihr Gezweig fuhren, könnten dieselben gewesen sein, die im Heiligen Land die Schläfen des Gottessohnes kühlten.

Ich habe nicht das Gefühl, eine Zeit durchlebt zu haben, die dermaleinst mit Ehrfurcht genannt werden wird. Wenig, was ich sah, war wirklich groß. Wäre ich nur ein Menschenleben früher geboren, ich hätte noch den Heiligen Ansgarius erlebt, den Gründer unseres Stiftes. Wie gerne hätte ich seinen Worten gelauscht, war er doch der Bringer des Christenglaubens in die Länder am großen Strom. Abt Alkuin will noch an seiner Seite predigend das Land der Friesen durchstreift haben.

Der Respekt verbietet es mir, mich dazu zu äußern. Ich sage nur so viel, dass der gute Alkuin ein gottgefälliger Mann ist, der sich wie viele bedeutende Männer mit den Zahlen schwertut. St. Ansgar weilte 827 in friesischen Gauen – zu einer Zeit, als der Vater des Alkuin – ein Edelmann zu Bardowick – noch nicht geboren war.

Von bedeutenden Männern schrieb ich soeben, und Alkuin möge mir verzeihen, wenn ich ihm dieses Attribut nicht von ganzer Seele zusprechen mag. Sofern ich es recht betrachte, habe ich – sehe ich einmal von einigen Päpsten und Bischöfen ab, denen ihr Amt Bedeutung gab – nur einen Bedeutenden, nur einen Großen in meinen Tagen sehen und erleben dürfen, nur einen, der auch in tausend Jahren noch genannt werden wird, so wie wir Heutigen noch von Arminius sprechen, dem Bezwinger der Römer.

Doch um auf diesen Besonderen, wie es meine Absicht ist, zu sprechen zu kommen, muss ich – nicht ohne zuvor etwas Geduld zu erbitten – die Geschichte des Heitu weitererzählen.

Ich sollte jedoch, um die Nachsicht meiner Leser ferner

Tage nicht zu überdehnen, schon an dieser Stelle vorgreifend erwähnen, dass Heitus Lenden der Herward entspross, der einzige Große, den ich je des langen und breiten aus großer Nähe sah und den ich kenne und liebe, als wäre er mein Sohn. Und war er nicht mein Sohn?

Diese Frage, ich gestehe es, kann wirklich nur der Fortgang jener Geschichte entscheiden, die zu erzählen ich mich anheischig mache. Also gehen wir in jene Zeit zurück, die grau zu nennen nur der befugt ist, der unsere Tage – und wer könnte das? – als lichtvoll erachtet.

Heitu entging nur so knapp dem Tod, wie es menschenmöglich ist.

Den langen Winter schien es, als würden aller Wurzelsud, den die Frauen ihm einflößten, aller Blätterbrei, den sie auf seine eiternden Wunden legten, alle Gebete nicht mehr verschlagen, als ein Wind gegen die Elbflut vermag. Er schrie im Schlaf in einer Sprache, die nur ich (Man gestatte mir diesen Hinweis auf meine Wanderjahre im Norden.) zur Gänze verstand. Die meisten seiner hinausgeschrienen Träume handelten von Feuer und den «brennenden Inseln». Ohne Frage waren damit die Schwemmlande vor Hammaburg gemeint, die den Wikingern zum Verhängnis geworden waren in jener Nacht der Wunder.

Ich glaube – in aller Bescheidenheit –, dass Gott mir, seinem unwürdigen Diener, den Gedanken eingab, der Heitu rettete: Ich erbat vom Abt Alkuin die Erlaubnis, den siechen Jungmann in unserem Refektorium beherbergen zu dürfen, neben dem Scriptorium der einzige heizbare Raum. Seine Einwilligung erreichte ich mit dem bescheiden vorgetragenen Hinweis, dass der Tod des Heitu schließlich auch unser Stift und damit das große Werk der Christianisierung bedrohen könnte. Doch man kann sagen, dass unser Abt fast selbstlos in großer christlicher Gesinnung den Sohn eines ach so großen Sünders aufnahm. Er verlangte lediglich, dass man das Teufelsmal, den eingebrannten Thorshammer, mit einer kreuzbestickten Binde zu allen Tages- und Nachtzeiten bedecke.

In seinen Fieberträumen verlangte Heitu immer wieder nach Varga, der Tochter eines Netzknüpfers, der man nichts Gutes nachsagte, die sich aber gut auf Wunden und deren Pflege verstand. Varga in die heiligen Kammern des Stiftes vorzulassen, stellte die Hochherzigkeit unseres Abtes auf eine harte Probe. Aber er duldete die übel beleumundete Person, um nicht die kleine Hoffnung auf Genesung des Patienten noch zusätzlich zu verringern.

Ich sollte an dieser Stelle – um den Leser fernerer Tage nicht unnnötig mit Rätseln zu foppen – vielleicht benennen, was das Unwohlsein an der Person der Varga allenthalben bewirkte. Doch fürchte ich, die Erörterung dieses Themas würde mich abermals zu weit vom eigentlichen Gegenstand meiner Chronik wegführen. So viel sei gesagt: An ihrem Äußeren war kein Fehl, es sei denn: Sie hatte mehr als andere Jungfrauen von dem, was Männer die wahrhaft guten Gründe für eine Eheverbindung zugunsten der vordergründigen vergessen macht. Und wenn nur diese Augen nicht gewesen wären! Ihr linkes war blau wie ein Junimorgen. Das rechte grün wie die Elbe unter einem schweren Wolkenhimmel.

Diesem Blick konnte keiner standhalten. Nur der fieberumwölkte Blick des jungen Heitu, der einen Winter lang ununterbrochen zu sterben schien, hielt dem Blick der Varga mühelos stand – in den wenigen Stunden, die er bei Besinnung war.

Als schon alle im Dorf und im Kloster meinten, es sei an der Zeit, eine Grube in die gerade eisfreie Erde zu stechen, stand Heitu eines Morgens im Stiftsgarten. Ich werde den Anblick nie vergessen. Er hatte sich die Kreuzbinde von dem schrecklichen Mal an seinem Arm gerissen, stand ohne zu schwanken, ohne jedes erkennbare Anzeichen von Schwäche unter einem Apfelbaum. Der Apfelbaum steht wohl noch heute, und sein

Schatten war, als ich noch im Kloster weilen durfte, meine Zuflucht an heißen Tagen. Im letzten Jahr meiner Anwesenheit in Ramsolano hatte ein Spätsommersturm einen apfelüberladenen großen Ast gebrochen.

Als Heitu damals unter dem Baum stand, waren seine Zweige kahl, dicke braune Märzknospen spitzten in einen Himmel, an dessen Rändern noch der Frost der dunklen Nächte hing. Drüben an unseren Teichen trippelten schon die Bachstelzen, von denen die Heiden in ihrem Unverstand sagen, ihre ewig zuckenden Leiber beherbergten die Seelen solcher Menschen, die zitternd starben.

Die Erdscheibe erwartete nach langer Winterstarre das Leben zurück. Stare schnarrten flügelschlagend im Gezweig, ließen ihre Perlenkleider in der Sonne blitzen, und die Luft roch erstmals wieder nach Erde. Heitu lachte den Vögeln zu und sagte: «Erþu sæll!» – Schön, euch wiederzusehen!

Ich musste unwillkürlich lachen – lachen aus tiefem, heiterem Herzen –, als ich den dort stehen sah, für den wir schon im Geiste die Totengebete gesprochen hatten. Ist es nicht so: So viele sterben, die wie das blühende Leben aussehen, und ein Toter steht auf und wandelt herum, spricht mit den Vögeln wie mit lange entbehrten Freunden. Ich weiß, ich hätte nierdersinken und Gott danken müssen für dieses Wunder, aber ich stand nur da, schaute den Heitu an und lachte, lachte, bis auch die große, vom langen Todeskampf ausgezehrte Jungmännergestalt anfing zu lachen.

Schließlich lagen wir uns in den Armen, und unser Lachen füllte den Hof, erreichte die Brüder in ihren Zellen, schlug über dem Dachfirst zusammen und breitete sich langsam aus wie die Flut vom Meer her in der Elbe. Dann sagte er auf Nordisch: «Du und die Frau habt meine Wunden gewaschen. Ich hab euch gehört, auch als ihr dachtet, mein Geist sei weit fort, aber ich konnte nur wenig von dem verstehen, was ihr sagtet. Was ist das für eine Sprache? Wer bist du? Wer ist die Frau? Wo ist sie? Wo ist Olaf?»

«Viele Fragen, mein Sohn», sagte ich, während ich das Thorsmal an seinem linken Oberarm wieder mit der gelösten Binde bedeckte; denn aus dem Hof kamen meine Brüder gelaufen.

Wie Heitu die Varga erkannte

Olaf, der Vater des Heitu, aber war zu diesem Zeitpunkt, wo wir uns gerade über die wundersame Genesung des Heitu freuten, schon bei seinen ungemütlichen, bluttrinkenden Göttern. Doch das wussten wir im Kloster und im Dorf noch lange Jahre nicht – und in diesem Nichtwissen lag ohne jeden Zweifel die Rettung für Heitu. Denn so viel sei voraus erwähnt: In den Jahren, die nun folgten, rettete den Sohn des Wikingerfürsten allein die Angst des Dorfes, die Angst vor einer Wiederkehr des Olaf. Wäre diese Angst nicht gewesen – eine Angst, die mit jedem Gerücht neu aufflammte, das uns von fernen Wikingerraubzügen erreichte –, keiner hätte den Heitu, den Sohn des Blutsäufers Olaf, vor einem nächtlich gestoßenen Racheschwert schützen können.

Keiner, und ich, der unwürdigste Mönch dieses Stiftes, schon gar nicht.

Viele, viele Jahre nach jener Wiedergeburt unter dem Apfelbaum (ich denke, es muss kurz vor meinem Fortgang aus dem Stift gewesen sein ... oder war es früher? ... die Jahre verwischen die Grenzen ...) also, ich sage aus Mangel an Erinnerungsschärfe: Vor langer Zeit kam ein reisender Geschichtenerzähler vor die Mauern unseres Stiftes und erbat die Armenspeise.

Da wir ihm reichlich gaben, bedankte er sich mit einer Kunde, die uns so bedeutsam und willkommen war, dass der Geschichtensänger sicherlich eine Handvoll hacksilfr (Bruchsilber) von uns erpresst hätte, hätte er nur um den Wert dieser Kunde für uns gewusst.

Ich sehe den Mann noch vor mir. Er trug einen groben Leinenrock, auf dem der Schmutz in Schichten lag wie Borke auf einer Kiefer. Er war hässlich zum Gotterbarmen, sein Kinn war gänzlich bis zum Nichtvorhandensein zurückgewichen, und als hätte es eines Ausgleichs für diesen Verlust bedurft, sprang seine Nase weit vor. Als ich ihn so dahocken sah, musste ich an eine Waldschnepfe denken, jenen nächtigen Vogel, der so heimlich ist, dass kaum ein Pfeil ihn je erreicht. Und wie eine Schnepfe verschwand auch er wieder im Dickicht...

Seine pockennarbigen Wangen bedeckte ein unregelmäßiger Bart, lückig wie herbstliches Seggengras am Elbufer. Seine Augenbrauen waren zu einem wild verworrenen Balken verwachsen. Und sein linkes Augenlid vollführte ununterbrochen zitternde Bewegungen, gleich einer Flamme, bevor sie stirbt. Aber seine Stimme war so schön, dass Bruder Solanus ernsthaft vorschlug, den Mann gründlich zu waschen und ihn als zweiten Vorsänger für die Morgenandachten auszubilden.

Ich erinnere mich noch an das Lied, das er sang, nachdem er eine Menge Buchweizengrütze verdrückt hatte, eine Menge, die mir den Leib hätte platzen lassen.

Als Olaf, Schreck der Christenheit,
der blutbefleckte Wolf aus Nord,
kam zu bringen großes Leid
nach Hammaburg, dem Gottesort,
ward er grimmiglich geschunden
samt seiner Schar von tollen Hunden.

Den langen Mittelteil des Liedes habe ich vergessen, weiß aber noch, dass der Sieg der Hammaburger über Olafs Mordbuben gehörig ausgemalt wurde und neben dem kühnen Mut der christlichen Soldaten auch die lenkende Hand des Herrn in feingesetzten Worten die gebührende Erwähnung fand. Davon, dass Olaf auf seiner Flucht gerade unterhalb unseres Stiftes seinen Sohn Heitu zurückließ, wusste das Lied nichts zu berichten.

Wichtig, unendlich wichtig für uns war der Schluss des Gesanges:

Und als er kam zum großen Meer,
darein die Elbe sich ergießt,
versank sein wundgeschlagnes Heer
samt Mann und Helm, samt Schwert und Spieß
in einer großen Flut von Nord,
zu rächen jeden feigen Mord.

Ich habe damals eilends zusätzliche Erkundigungen angestellt, wusste ich doch, dass diejenigen, die von solchen Gesängen leben, die Wahrheit gehörig nach ihren Zwecken aufputzten. Doch nach allem, was ich erfahren konnte, sagte das Lied die Wahrheit. Olaf muss, nachdem er seinen fast auf den Tod verwundeten Sohn Heitu in unserem Dorf zurückgelassen hatte, die Elbe hinabgefahren sein bis zu der Stelle, wo sie sich mit dem Meer vermählt. Vermutlich wollte er sich von dort aus entlang der Küste nach Haithabu zurückziehen, um seine Wunden auszuheilen und zugleich zu neuer Schandtat zu rüsten. Sicher aber auch, um dann, neu gekräftigt, zurückzukehren, seinen Sohn zu holen; denn das weiß ich: Auch die schlimmsten Mörder und Brenner können gute Väter sein.

An just der Stelle, an der sich die Elbe im Meer verliert, kam ein Sturm auf, wie ihn ein Mensch nur zwei-, dreimal in seinem Leben erfahren kann. Die Langboote mit den Drachenköpfen, noch schadhaft durch die Feuerattacken der Hammaburger, wurden gegeneinandergeschlagen, füllten sich mit Wasser und sanken. Und mit ihnen die Bluthunde – bis auf einen, dem wir noch gehörige Aufmerksamkeit werden zuwenden müssen. Der Sturm muss sehr schnell aufgekommen sein, weiß ich doch, dass die Wikinger erfahrene Seefahrer sind, die sich nicht leicht von den Tücken des Meeres übertölpeln lassen.

Dass Olaf ersoff, erfüllte uns mit großer Freude. Unser Herr Jesus sagte zwar, man solle Milde auch gegen seine Feinde walten lassen, man solle einem, der schlägt, auch die andere Wange hinhalten. Ich wähne mich aber zu dem Urteil befugt, das Wort des Gottessohnes mag sehr wohl für Backenstreiche gelten, doch keinesfalls für Streiche, die mit dem Schwert, der Keule, der normannischen Doppelaxt oder dem Morgenstern ausgeführt werden. Denn wen ein solcher Streich – der Herr möge es verhindern! – trifft, der wird wahrlich keine Gelegenheit haben, den Teil des Schädels, der dann noch übrig ist, für einen weiteren Streich hinzuhalten. Insofern ist – bedenke ich die Ströme unschuldigen Blutes – der nasse Tod des Olaf ein gerechtes Gericht und ohne Frage gottgewollt.

Verzeiht mir, brüderliche Leser meiner Kunde! Ich erkenne meinen Fehler, nur allzu leicht von meinem Vorhaben zu lassen, das da heißt, die Geschichte des Großen Herward, des Sohnes des Heitu, schön ordentlich der Reihe nach zu erzählen.

Aber der Leser fernerer Zeiten möge es mir altem Knecht des Herrn nicht allzu sehr verargen, wenn mir bisweilen der Gaul durchgeht. Habe ich doch mein Lebtag mein Latein an heiligen Worten, Kommentaren, Ableitungen und Wunderberichten wund gerieben, und es ist ein gar seltsam Ding, wenn man plötzlich die Worte auf eine eigene Reise schickt. Da kann es geschehen, dass sie, von der ungewohnten Freiheit trunken, in alle Richtungen ausschwärmen wie die Ameisen, in deren Wegen doch auch ein schöner, aber nicht erkennbarer Sinn waltet.

Also kehren wir zurück in jene Tage, die meine besseren waren, in jene wilde Zeit, die kam, nachdem Heitu von seinem Totenbett aufstand und die Varga zu seiner Frau machte.

Wie ich eine Nacht am Unheiligen Stein verbrachte

In matrimoniam ducere», so Schloss die Rede des vorherigen Abschnittes: «in die Mutterschaft führen», «zur Frau machen», «ehelichen». Die nicht lateinischen Ausdrücke für diesen höchst bemerkenswerten Vorgang, die sächsischen, fränkischen oder nordischen, sagen nicht so klar, worum es dabei eigentlich geht. In matrimoniam ducere: in die Mutterschaft führen.

Der christlichen Eheschließung, wie wir sie gottgefällig in unserer Stiftskirche vornehmen, verschließt sich gottlob keiner mehr aus dem Dorf und dem weiten Umkreis. Ein für allemal vorbei die Zeiten, in denen Mann und Weib nur Hand in Hand durch ein loderndes Feuer springen mussten, um allen Umstehenden ihre Verbindung anzuzeigen. Obwohl – verzeih mir, o Herr! – auch dieser Brauch seine Schönheit hatte. Ist es nicht so, dass auch das Eisen gehärtet wird, gehärtet und geläutert, ehe es sich zu einem guten Zweck schmieden lässt?

Ich gestehe, der frevelnde Gedanke, ob nicht der hochherrliche Bischof zu Bremen gut daran täte, den Feuersprung wieder zuzulassen, ist mir schon verschiedentlich gekommen. Wie, wenn die, die den Sprung gewagt haben, anschließend den heiligen Segen empfingen? Hat nicht auch Gott durch einen brennenden Dornbusch seine Gegenwart angezeigt?

Als ich in kecker Weise unserem Abt, dem hochherzigen Alkuin, diesen Vorschlag unterbreitete, brauste er in schrecklichem Zorn auf und verurteilte mich zu einem dreitägigen Bußfasten ... schrecklich, die Strafe hätte zu keiner unpässlicheren Zeit verhängt werden können, war es doch just zu der Zeit der hohen Nächte, als mit Wein und Fleisch der Gründungstag unseres Klosters begangen wurde.

Nein, den Feuersprung riskiert kein junges Paar mehr, auch Varga und Heitu taten es nicht. Nicht öffentlich wenigstens.

Aber die «Nacht im Waldschoß» ist nicht auszubrennen, nicht mit noch so feurigen Worten, nicht mit Höllendrohung und guten Ermahnungen. Es ist, als ob die alten Götter hier eine uneinnehmbare Fliehburg hätten.

Wir Brüder kennen natürlich die Plätze, an denen sich diese Relikte heidnischer Freveltat vollziehen, allen Drohungen und Unterweisungen zum Trotz. Da ist zum einen eine Eiche, die zehn Männer gemeinsam nicht umspannen können. Ihr Leib ist hohl, und an einer Stelle öffnet sich die schrundige Baumhaut wie ein großer Mantel, so dass man hineinschlüpfen kann. Ich hab es getan, obwohl es streng verboten ist, und so weiß ich, dass ein schwaches Licht von oben eindringt. Im oberen Geäst nistet ein Adler, ein Vogel, der sehr im Verdacht steht, dass ihm weiterhin heidnische Verehrung zuteil wird. Bei dem Versuch, seinen Horst zu zerstören, ist Bruder Valerius (er war nicht lange bei uns) vor einigen Jahren übel abgestürzt. Ein weiterer Beweis für die Verruchtheit des Ortes.

Was diesen Baum angeht: Es gibt da eine Mär, die ich nicht kennen sollte. Ich kann aber nicht verhehlen, dass von den alten Liedern und Sagen ein gewisser Reiz ausgeht – der Herr verzeihe mir –, und so habe ich denn bei gewissen Personen, deren mangelnde Verhaftung im christlichen Glauben mir bekannt ist, nachgefragt, was es mit der Nacht in der Baumhaut auf sich hat. Mit einem gewissen Erschrecken wurde ich gewahr, dass noch das Lied von Lif und Lifthra im Volke bekannt war – dem Liebespaar in der Baumhaut, dem Menschenpaar, welches, als Wotan die Menschheit zur Strafe ihrer Schandbarkeit erfrieren ließ, im Baume Hoddimir den tötenden Winter überlebten, um im Frühjahr das Menschengeschlecht fortzupflanzen.

Fürwahr: eine törichte Geschichte, sagt doch die Heilige Schrift, dass Gott die sündige Menschheit ersäufte und nicht erfrieren ließ und ein Kahn, und kein unbehauener Baum, diejenigen rettete, welche die Menschheit neu begründeten. Und dennoch, ich sage es erneut, das Liedchen birgt eine gewisse Kraft.

Als Wotan wolkentrüb wollt wirken,
dass der Menschen Macht vergeht,
schickt er Winterweh ohn End,
auf dass das Fleisch zu Firn zerfriert.
Derweil im Holze Hoddimirs
barg er warm wie wollnes Wams
Lif und Lifthra, dass dereinst,
wenn Winterwinde weggeweht,
sie das Leben neu erzeugen:
Wohlan, es wächst zu Wotans Wohl.

Und so meine ich denn – Deines Widerspruches gewärtig, ferner Leser –, es kann keine allzu große Sünde wider den Heiligen Christ sein, dieser Sage eine gewisse gestalterische und poetische Schönheit zuzusprechen.

Ein weiterer Ort heidnischen Hochzeitsbrauches erfreut sich heimlicher, aber ungebrochener Beliebtheit. Das ist die Quelle des Schlangenbaches – auch Mimirquelle genannt –, der unterhalb des Dorfes in die Seeve fließt. Ein wunderbar klares Wasser springt dort armhoch aus einer geborstenen Steinplatte, die aussieht, als sei sie von einem Steinmetz längst vergangener Tage an den Rändern behauen worden. Ein schöner Platz, und es tut mir in der Seele weh, dass er von Alkuin mit einem Bann belegt wurde. Das Quellwasser hat einen frischen Geschmack, dem eine Spur Minze beigemischt zu sein scheint, und wenn man es langsam in die Kehle rinnen lässt, ist es, als lebe das Wasser. Ich weiß, dass die alten Frauen des Dorfes heimlich kommen, um davon zu holen, wenn wieder einmal einem im Dorf der gelbe Saft die Augen verklebt. Aber es kommen in einer ganz bestimmten Nacht auch die sehr jungen Frauen ... in ganz bestimmter Absicht, und das ist das Problem.

Am beliebtesten aber ist der Stein. Ein unheimlicher Platz. Rundum weicht der Wald zurück, so als fürchte er die Berührung. In der Mitte liegt eine riesige Felsplatte in der Form einer flachen Hand auf drei stützenden, kaum minder großen Steinen, dergestalt, dass eine Art Altar entsteht. Es heißt, dies sei das Grab eines Waldgottes, ein Grab, in dem der Gott aber nicht tot läge, sondern nur schlafe. Bis sein Volk ihn wieder ruft.

Manchmal finden wir vom Stift, wenn wir auf Kräutersuche sind, Blumen, von heimlicher Hand auf die Steinplatte gelegt. Dann entfernen wir sie und reinigen den Platz mit Gebeten. Aber die Reinigung hilft nie länger als die Zeitspanne von einem Vollmond zum nächsten.

Meist finden wir auf dem bösen Stein die blauweißen Lilien, die dort wachsen, wo das Seevewasser sich staut – sehr schöne Blumen, aber hier an diesem Ort zu blasphemischem Kult missbraucht: Ist doch die Lilie die Blume des Herrn!

In der Nacht, die auf die Heirat von Heitu und Varga folgte, wurde Bruder Titus zur unheiligen Eiche geschickt, Bruder Solanus zur unheiligen Quelle und ich zum Stein. Dem unheiligsten Ort von allen.

Und so stand ich denn in jener Nacht im Halbdunkel eines Haselbusches versteckt und hielt das Kreuz umklammert, dem unser Abt, der gute Alkuin, eigens zu dem vorherbestimmten Zweck neue Segenskraft verliehen hatte. Es war halber Mond und doch so hell, als stünde sein volles Rund am Himmel. Der Regen der vorangegangenen Tage hatte die Erde gekühlt, so dass nun zur nächtigen Stunde der Wald ausatmete wie ein großes zufriedenes Tier.

Viele Brüder fürchteten den nächtlichen Wald. Ich liebe ihn. In der Ferne hörte ich das Geräusch brechender Wildschweine und das Bellen eines Rehbocks, den die Schweinerotte offenbar aufgeschreckt hatte.

Ich meine, den nächtlichen Wald kann nur fürchten, wer seine Stimmen nicht kennt. Was aber ist Fürchterliches an Schaben und Grunzen, wenn man weiß, dass es von Wildschweinen verursacht wird? Wie kann man das Bellen eines Bockes zum Angstschrei einer toten Seele erklären, wenn man weiß, dass es aus dem Maul eines Waldtieres kommt?

Über dem Stein zuckten schwarze Schatten. Fledermäuse. Ich habe sie in den großen Klöstern des Südens zu Tausenden gesehen, so viele, dass die Decken schwarz waren.

Sie sollen Unglück bringen, sollen Sendboten des Teufels sein. Ein einziger Unsinn! Würden sich teuflische Sendboten denn tatsächlich in Gotteshäuser hineinwagen? Das darf kein wahrer Christenmensch annehmen. Wenn alle Tiere Gottes Geschöpfe sind, und wer wollte das bezweifeln, müsste man doch annehmen, Gott hätte auch teuflische Geschöpfe geschaffen. Wer mag das glauben?

Ich habe verschiedentlich tote Fledermäuse betrachtet. Sie fliegen nicht auf gefiederten Schwingen, sondern mit Häuten. Ist das nicht ein einziges Lob des Schöpfers, der es versteht, seine Geschöpfe auf die mannigfaltigste Weise in die Luft zu erheben: die Schmetterlinge auf samtenen Stoffen, so fein, dass sie in der Hand zerstäuben, wenn man sie zu hart berührt, die Vögel auf Federn und die Fledermäuse auf Haut, durch die das Tageslicht scheint? Also dachte ich, während ich das schwere Bronzekreuz in der Hand wog und wartete.

Schließlich, der Abendstern stand schon hoch am Himmel, kündigte ein Knacken ihr Kommen an. Ich wusste, dass es ein menschliches Geräusch war, kein Tier des Waldes verursacht einen vergleichbaren Laut. Noch der feisteste Hirsch vermag leiser zu gehen als die federleichteste Jungfrau.

Ich war nicht im mindesten erstaunt, dass das Paar den Stein gewählt hatte und nicht etwa die Eiche oder die Quelle oder einen anderen Ort. Ja, ich fühlte eine gewisse – ich gestehe:

– unfromme Befriedigung darüber, dass ich in diesem Punkte die Ereignisse vorausgeahnt hatte: Wenn sie die «Nacht im Waldschoß» verbringen wollten, dann hier!

Ich fasste das Kreuz fester, so fest, dass es warm wurde in meiner Hand. Jetzt galt es standhaft zu sein. Ich richtete mich auf und spähte ins Fastdunkel, aus dem sich jetzt deutlich die Schatten der beiden Frischvermählten lösten. Als sie zur Platzesmitte direkt auf den Stein zuschritten, erkannte ich, dass Varga ihr Haar gelöst hatte, so dass es frei und wild über ihre Schultern floss. Die bunten Hochzeitsbänder (im halben Mondlicht konnte ich die Farben nur ahnen), die ihr die Frauen ins Haar geflochten hatten, trug sie nun wie herbstwindzerzauste Asternblüten um den Hals, ihr weißes Kleid schwebte wie eine Nebelbank über dem Wasser. Sie lachte. Ihre Linke umschlang noch das geweihte Hochzeitsband, dessen anderes Ende Heitu hielt. Auch er lachte.

Zeit für dich, Unheil zu verhüten, sagte ich mir und schickte mich an, mit erhobenem Kreuz einzuschreiten. Aber etwas hielt mich fest. Just als ich mir den entscheidenden Ruck geben wollte, erhob Heitu seine Stimme: Leise, aber seltsam fest und nachdrücklich sang er ein Lied in nordischer Sprache, er sang zu leise, als dass ich es ganz verstanden hätte. Das Lied hatte etwas Betörendes; obwohl Heitu alles andere als ein begnadeter Sänger war: Die Rauheit seiner Stimme erhob sich über die zarte Melodie wie ein Fels über eine Bergblume. Ich musste zuhören. Zum Einschreiten blieb ja noch genug Zeit!

«Was sagt das Lied, Liebster?» flötete Varga.

«Das Lied kenne ich, seit ich ein Kind war.»

(Heitus Sächsisch war noch immer fremd und kehlig, er verdrehte manche Worte aufs komischste, aber ich liebte diese Farbe der Worte. Wenn er sprach, war mir immer, als hörte ich zwei Sprachen gleichzeitig.)

«Das Lied» – so erklärte Heitu der ihm gerade Anvermählten,

und seine Rede war für mich jetzt deutlich zu vernehmen – «dieses Lied singen die normannischen Mütter ihren kleinen Söhnen vor:

Söhnchen, Söhnchen, Söhnchen mein,
du sagst, du bleibst für immer bei mir.
Das will ich für den Tag gern glauben.
Für den Tag und für viele Tage, die noch kommen.
Aber wenn dir ein Bart wächst,
wenn du Schild und Streitaxt führen wirst,
dann kommt der Tag, an dem du gehst.
Söhnchen, Söhnchen, Söhnchen mein,
das ist noch lange hin, und so schlafe nun.
Die, zu der du gehen wirst, ist heut noch so klein
wie du.
Schlaf, Söhnchen schlaf, denn sie schläft auch,
damit sie schön wird für den Tag,
an dem du kommst und sie auf dein Lager holst.»

Die Varga schaute den Heitu lange an und sagte dann: «Ein schönes Lied. Ich dachte immer, ihr habt nur Schlachtgesänge von Tod und Krieg.»

«Mein Großvater war kein Krieger, er war ein Händler, der reichste Händler von Haithabu. Von ihm weiß ich, wie man Raf ...»

«Raf? Meinst du Bernstein?»

«Ja, wie man Bernstein mit der Hand wiegen kann, wie man noch kleine Stücke richtig messen kann. Mein Großvater hat die Krieger immer verachtet, selbst seinen Sohn, meinen Vater Olaf, der als der größte Krieger unseres Stammes gilt. Das blutigste Handwerk hat die dümmsten Handwerker unter der Sonne, sagte er.»

«Glaubst du, Olaf kehrt zurück?»

«Bestimmt.»

«Und was wird dann aus mir?»

«Wir gehen mit ihm fort, hier sind wir doch fremd, du und ich. Du wegen deiner Augen, ich, weil sie mich Piratenbrut nennen.»

So oder ähnlich hörte ich sie reden, und etwas hielt mich fest, hinderte mich, nun endlich mit erhobenem Kreuz und nicht minder erhobener Stimme der Freveltat zu wehren, deren Herannahen jede einzelne Bewegung verriet, mit der sich die beiden dem Stein näherten. Die Nacht machte den Stein noch schwärzer und größer. Die Spitze, die auf mich zeigte, glich einer riesigen, herausgestreckten Zunge, einer rußschwarzen, höllischen Zunge.

O mein Gott, wie oft hab ich in den folgenden Jahren mein Herz zermartert mit der Frage, was es denn war, das mich damals zurückhielt. War es die noch immer nicht erloschene heidnische Zauberkraft des Ortes? Oder war es der Anblick dieser beiden, die wie die Gestalten im welschen Singspiel sich bewegten, das ich vor langer Zeit als wandernder Bruder in Friaul sah...? Wie habe ich mich, mein Fleisch kasteiend, gemüht, mit Abscheu und Scham an das zu denken, was ich sah, aber es wollte nie gelingen. Immer sah mein inneres Auge im milden Licht, was meine äußeren Augen damals sahen...

Schließlich war es zu spät. Heitu bettete die Varga vor sich auf die Steinplatte, warf ihren weiten weißen Rock auf, entledigte sich seines Unterkleides und gebärdete sich nach Art der Stiere. Ich schloss die Augen und schlug das Kreuz.

Ich habe keine Entschuldigung und nur die tröstende Gewissheit, dass ich den Sohn des Heitu und der Varga, den Helden Herward, von der Minute seiner Zeugung an bezeugen kann. Ich wartete, bis das Gewoge der weißen Glieder verebbt und einer sanften wohligen Ruhe gewichen war. Sie sprachen noch eine Weile leise Worte, die ich nicht verstand, deren süße

Nichtigkeit aber unschwer zu erraten war, und schließlich hatte die Nacht die beiden wieder aufgenommen. Ich schlich zurück ins Kloster.

O Schreck! Schrieb ich doch soeben «Kloster» statt «Stift»! (Und die beschriebenen Seiten zurückblätternd, bemerke ich, dass ich schon verschiedentlich Kloster und Stift vermengt habe – so frevelhaft wie einer, der poliertes Eisen für Silber ausgeben will.) Ich fühle, das verlangt nach Erklärung!

Auf meinem Strohsack hatte ich eine unruhige Nacht.

Eingestreute, leider unvermeidliche Bemerkungen

Den Lapsus (Kloster statt Stift geschrieben zu haben) lesend, erkenne ich: Es ist ein Ding, sich etwas vorzunehmen, und ein anderes, es auch zu tun. Ich hatte mir vorgenommen, von Taten und Größe zu schreiben, nicht von Kleinheit und Unvermögen. Doch ach! Kluger Leser fernerer Tage, bei Dir werden sicherlich schon einige Fragen auf Klärung drängen, mit jenem Ungestüm, mit dem Buchweizengrütze, auf einem heftigen Feuer erhitzt, über den Rand drängt.

Fragen wirst Du: Was ist das für ein Stift, in dem Mönche in ihren Zellen leben. Mönche? Deren Orte sind Klöster, geheiligt durch Gott und in Zucht gehalten durch die Regula Benedicti, die Regeln des Heiligen Benedikt. Klöster! Aber Ramsolano ist ein Stift! (Wiewohl ich hoffe, dass es in späteren Tagen zum Kloster aufsteigen wird.)

Stifte – wir wissen es nur zu gut – sind die Orte, an denen sich Laien finden, gelehrte Herren allzumal, die Gott näher sein wollen, als es das gemeine Leben gestattet.

Was sind das für Mönche – Deine Frage, ferner Leser, geht wie ein Eishauch über meine Seele –, was sind denn das für Mönche? Sind es überhaupt Mönche?

Ehe Du uns Sarabaiten nennst: vero monachorum teterrimum genus est sarabaitarum, qui nulla regula adprobati (eine ganz abscheuliche Art von Mönchen, ohne Regeln), wie Benedikt sagt, nicht bewährt wie Gold im Feuerofen «sed in lumbi natura milliti» (weich wie Blei), bevor Du allso urteilst, lass mich in aller Ruhe, zu der meine aufgewühlte Seele fähig ist, berichten.

Ja, vier Mönche bewohnten den hinteren Teil des Stiftshauses, des nämlichen Hauses, das die fromme Ikia dem Heiligen Ansgarius nach dessen Flucht aus dem brennenden Hammaburg im Jahre 845 übereignete. Ein in grobem Lehm ausgeführter Kreuzgang verband uns mit der Kirche, wo wir den Herren von Ramsolano dreimal täglich die Messe lasen. Mein Gott, wie oft schliefen sie ein, während Solanus seine engelsgleiche Stimme erschallen ließ.

Solanus. Vielleicht sollte ich mit Solanus beginnen, erscheint mir doch seine Sünde als die geringste. Solanus legte sein Gelübde in meinem Geburtsort, in Speyer, ab, wo er in jungen Jahren die Heilige Messe nächst dem Ohre von Constantinus, dem Kaiserbruder, singen durfte. Constantinus schenkte ihm, ergriffen vom Gesang des Solanus, einen Ring, den dieser an seinem rechten Ringfinger trug, bis das Fett, das seinen Körper auftrieb, den Finger zum Absterben zu bringen drohte, so dass Solanus den Ring unter Weh und Ach aufschlagen lassen musste, als der Finger schon fast schwarz war.

Dies niederschreibend, habe ich dem aufmerksamen Leser bereits eröffnet, was die Verbannung (... ja, Verbannung, ich habe das Wort mit Bedacht gewählt) des Bruders Solanus aus dem gottgefälligen und weitgerühmten Kloster Speyer in unser nebelumkränztes Stift bewirkte: Völlerei. Caput IV (13) : Ieiunium amare, das Fasten lieben, fordert Benedikt, und unter IV (36): Non multum edacem (kein großer Esser sein).

Nun, Solanus war gänzlich unfähig, das Fastengebot auch nur einen Tag zu halten. Spätestens am Abend des ersten Fastentages stand er winselnd vor der Tür der großen Speisekammer, die meist ein wehrhafter, glaubensstarker Mönch bewachte. Solanus wurde regelmäßig mit guten Ermahnungen abgewiesen, fand sich aber nur wenig später in den Küchen ehrbarer Speyrer Handwerkersfrauen ein, wo er um Christi willen um Brosamen und Fischreste buhlte.

Wann immer die Mönche zu Speyer den bedürftigen Seelen das ora et labora predigten (bete und arbeite), war einer unter den Zuhörern, der rief: Und fressen, wo's was gibt! Das war auf den Solanus gemünzt.

Eine Weile schützte den Solanus seine unersetzliche Stimme. Doch als der Heilige Segorius Abt von Speyer wurde, ein Mann, der mehr auf Regeltreue hielt als sein Vorgänger, bewahrte den Solanus auch seine Engelsstimme nicht vor dem Absturz. Er fiel wie weiland der Engel Luzifer.

Von Bremen aus sollte er an der Bekehrung der Friesen teilnehmen, aber in der hohen Stadt über der Weser erkannte man schnell, dass Solanus bei seiner Leibesfülle im ersten Morast versinken würde, sofern ihn überhaupt seine schwächlichen Beine über die Stadtmauern hinaus trügen. Und allso verbrachte man ihn über Hammaburg, wo man auch keine rechte Verwendung für ihn fand, nach Ramsolano. Hier vermochte er um kein Pfund abzumagern, aber auch seine Stimme hatte nicht gelitten.

Von Bruder Titus zu sprechen fällt mir schwer. Und vielleicht sollte ich es so machen wie die fahrenden Märchensänger, die eine Figur immer erst dann singend und spielend vorstellen, wenn sie handelnd auftritt. Der geneigte Leser wird nicht umhinkönnen, sich noch über Gebühr mit dem Titus einzulassen. Wäre es da nicht besser ... Aber nein, ich muss mich an die mir selbst auferlegte Ordnung halten. Der Titus also. Ein Mann vieler benediktinischer Tugenden: Pauperes recreare / Nudum vestire / Infirmum visitare / Mortuum seplire / in tribulatione subvernire (Den Armen zu essen geben / Die Nackten kleiden / Die Kranken besuchen / Die Toten begraben / Den Notleidenden helfen). Keines dieser Gebote, das Titus nicht zur Gänze erfüllte. Doch mit dem Gehennam expavescere (vor der Hölle zittern) hatte er seine Schwierigkeiten. Er mochte nicht zittern.

«Es ist keine Hölle, außer der Hölle, die Menschen den Menschen bereiten», soll er anlässlich einer intensiven Erforschung durch einen leibhaftigen Bischof gesagt haben. Und auch nach liebevoller Einrede durch uns Brüder ließ er nicht ab, die Existenz der Hölle zu leugnen. Caput V gebietet den Gehorsam gegen den Abt als höchste Stufe der Demut um Christi willen. Aber auch als man Titus befahl: Gehe hin und rede den Sündern die Sünde aus, damit sie vor der Hölle errettet werden, sagte er nur: «Jesus hat dem Teufel, als er als Schlange kam, den Kopf zertreten – warum sollten wir die Hölle fürchten?»

Lange ließ man dem Titus diese Abweichung durchgehen, gab es doch keinen, der im Fasten und vor allem im Schweigen, bei der Arbeit und im Krankendienst mehr vollbrachte als er.

Aber eines Tages erschien der Acutissimus bei uns, und der kundige Leser merkt unschwer, dass es sich bei Acutissimus (der Allerschärfste) nur um einen Necknamen handeln kann, einen Necknamen allerdings, hinter dem sich die Furcht derer verbirgt, die ihn ersannen.

Der wahre Name dieses Bruders von unendlicher Gelehrsamkeit, Verstandesschärfe und Glaubensfestigkeit lautet Bruder Gelasius, ein Mann von hohem Wuchs und weittragender Stimme, der im Kloster Corvey ansässig ist und von dorten häufig im päpstlichen Auftrag weit über Land geschickt wird, um uns Brüder zum Kreuz zurückzutreiben. Weh mir, sagte ich «treiben»? – ich wollte sagen: zurückzuführen, wenn wir uns offenkundig zu weit von demselben entfernt hatten. Gelasius soll einmal von sich selbst gesagt haben: «Auch Gott braucht eine Peitsche!» Und ich wüsste gern, ob er es lachend oder drohend gesagt hat.

Während ich in Ramsolano weilte, stattete der Acutissimus unserer kleinen Schar in jedem Jahr mindestens einen Besuch ab, meist auf der Durchreise von Corvey nach Hammaburg, wo er Fragen von großem theologischem Gewicht erörterte. So geht die Kunde, dass er in Hammaburg und Bremen die Lehre durchsetzte, dass die Jünger Jesu, der Judas ausgenommen, schon zu Irdenzeiten des Herrn heilig waren, wohingegen

– ich gestehe es freimütig – es mir wahrscheinlicher erscheint, dass sie erst das Beispiel Jesu in den Stand der Heiligkeit erhob.

Gelasius wird gewusst haben, warum er Ramsolano nie ausließ. Nein, es wird wirklich nicht an unserem vielgelobten Dinkelbrot gelegen haben. Die Wahrheit ist: Es gab in meiner Zeit sicherlich keinen zweiten Ort, wo, wie in Ramsolano, drei so schwache Glaubenslichter vor ein und demselben Altar brannten: ein Fresser, ein Unkeuscher und einer, der die Hölle leugnete.

Der Acutissimus nahm uns stets einzeln (den Titus am längsten) ins Gebet. Jedes Mal schwoll seine Stimme von einem suchenden Geflüster bis zum strafenden Donner an, jedes Mal zeigte er uns die Abgründe, an denen wir standen, doch jedes Mal endete das Gewitter im milden Glanz der untergehenden Sonne: Tut Buße, o Brüder, betet, läutert euch ...

Lediglich dem Titus wurde vom Acutissimus einmal eine lange Bußpilgerschaft auferlegt. Das ist mir deshalb so gut in Erinnerung geblieben, weil er von ihr nur zurückkehrte, um für immer von uns zu gehen. Man kann sagen, Titus kehrte als Geläuterter zurück, obwohl das Ergebnis der Läuterung kaum das erwünschte war.

Es war eine durchregnete Oktobernacht, nach deren Schwinden ich mich klamm und unfroh vom Frühgebet in meine Zelle zurückgeschleppt hatte und gerade der Versuchung erlegen war, mich noch einmal unter den Decken aus grober Wolle auszustrecken, als mich ein Geräusch aufschrecken ließ, das nicht zu dieser frühen Stunden passte, ein Geräusch von Sandalen, aus deren Sohlen bei jedem Schritt Wasser quoll. Ich öffnete die Zellentür und sah ihn: «Titus, Bruder ... anderthalb Jahre warst du fort!»

Ich entzündete eine Kerze, trat hinaus in den Gang, umarmte den verloren geglaubten Sohn, überschüttete ihn mit

Willkommensküssen, die er still ertrug, und zog ihn in meine Zelle.

Er sah krank aus, krank und überanstrengt. Seine Augen schienen mir tränenlos zu weinen, in seiner Kutte hingen Moos und Schmutz.

Schließlich sagte er: «Ein weiter Weg, Bruder Agrippa, nicht in Schritten, wohl aber in Gedanken ...»

«Erzähl, erzähl, erleichtre deine Seele!»

Ich gestehe, es ging mir weniger darum, dem Titus Seelenerleichterung zu verschaffen, als meinen Hunger auf Neues zu befriedigen. In einem Stift geschieht oft über Wochen und Monate nichts, was der Erwähnung wert wäre. Ja, es gab Wochen, da war man gewissermaßen dankbar für die schwere Geburt einer Köhlerin oder ein verlorengegangenes Holzkohlefloß, weil sonst nichts das Einerlei der Tage durchbrach.

Titus sprach langsam, mit stockender Stimme: «Ich war da, wo der Acutissimus die Hölle wähnt ... in einem Land, wo sich all die versammelt haben, die sich nicht unter das Kreuz beugen wollten.»

«Und ... ? Hast du dort Gottes Wort verkündigt, wie es dir Bruder Gelasius wohl aufgetragen hat?»

«Ich habe es versucht.»

«Wer es ernsthaft versucht, dem verleiht Gott auch die notwendige Kraft. Hast du es ernsthaft versucht?»

Titus ging nicht auf meine Frage ein. Er erzählte mit sparsam gesetzten Worten die Geschichte des Mannes, der in der Fremde sein Gastgeber gewesen war.

«Bruder Agrippa, ich bin müde, als wäre es die Müdigkeit auf den Tod, ich erbitte nicht mehr als ein paar Stunden Schlaf in deiner Zelle, denn meine mag ich nicht mehr betreten.»

Ich fürchtete schon, Titus würde mir entschlummern und mich, bis zum Hals in Neugier steckend, zurücklassen, als er mit monotoner Stimme fortfuhr: «Ich bin nur deinetwegen zurückgekommen, Agrippa. Bruder Alkuin oder Solanus würden mich nicht verstehen. Ich weiß nicht warum ... aber es liegt mir daran, dass du mich verstehst.»

Titus kämpfte einen kurzen Moment mit dem Schlaf, gab sich dann aber einen Ruck und erzählte mit leiser Stimme, auf der noch der Schorf vieler Wunden lag, Wunden, die man nicht sehen, aber hören konnte: «Der Mann, bei dem ich all die Monate, die ich fort war, lebte, heißt Bruns ...» Titus machte eine wohlbedachte Pause, denn trotz aller Müdigkeit hatte er lächelnd bemerkt, wie sehr mich der Name aufschreckte.

«Du vermutest richtig, Bruder Agrippa, der nämliche Bruns, der aus Honstede stammt, wenige Stunden die Seeve und die Schmale Aue stromaufwärts.»

«Du meinst den wüsten Heiden, den sie vor vielen Jahren aus dem Tal der Schmalen Aue verjagt haben?»

«Den nämlichen! Ich war erstaunt, ihn in der Fremde zu treffen, wo er trotz fortgeschrittenen Alters noch eine Familie gegründet hat und in Frieden lebt. In einem Frieden, den man ihm in Honstede nie gegönnt hatte.»

Einen Moment war ich im Zweifel, ob ich recht daran täte, mir diese mutmaßlich unfromme Geschichte anzuhören, aber meine Neugier war in diesem Moment um so viel größer als meine Tugend, wie bei tiefstehender Sonne der Schatten länger ist als der Kerl, der ihn wirft.

Vor dem Zellenfenster hatte der Regen wieder rauschend die Vorhänge dichtgezogen, selbst der nahe Wald war im Frühlicht nicht zu erkennen. Ich legte Titus die Hand auf die Schulter, damit er mir nicht an den Schlaf verlorenging, und er fuhr mit leiser werdender Stimme fort: «Als in Honstede an der Schmalen Aue die große Steinkirche eingesegnet wurde – das muss lange vor der Zeit gewesen sein, zu der du und ich nach Ramsolano kamen –, verlangte der Bischof von Bremen, kein anderer als der Heilige Ansgar, dass sich zur Feier des hohen

Tages alle noch einmal taufen lassen sollten. Alle kamen, vermutlich zu allermeist wegen der weißen Leinenhemden, die zur Taufe verteilt wurden. Nur Bruns kam nicht.

Da eilte Ansgar zu seinem Hof und forderte ihn auf, sich zu Gott zu bekennen. Bruns aber stand unbewegt und deutete über sein Dinkelfeld: Schaut, heiliger Mann, der beste Dinkel weit und breit. Wenn das Feld zu trocken ist, bitte ich Wotan um Regen, wenn es zu nass ist, schickt Freya mir Sonne. So war es Jahr für Jahr. Warum sollte ich so treuen Göttern die Gefolgschaft aufkündigen?

Ansgar wurde ob dieser Rede sehr zornig und drohte, der Herr werde diesen Acker mit Disteln schlagen und verwüsten. Darauf erwiderte Bruns: Lass uns eine Probe machen. Für dieses Jahr opfere ich weiter den alten Göttern. Nächstes Jahr versuche ich es mit dem neuen Gott. Ansgar soll daraufhin gesagt haben, Gott lasse sich nicht versuchen. Aber dann ging er doch auf die Wette ein, denn allerlei Volks umstand die beiden.

Bruns opferte weiterhin den Heidengöttern, und er hatte die beste Ernte in Honstede an der Schmalen Aue. Seine Dinkelkörner waren doppelt so dick wie die seiner Nachbarn. Und mehr als das: Während die Vögel das Feld seines getauften Nachbarn übel heimsuchten, blieb seines gänzlich verschont. Da gab es das erste Mal ein großes Getuschel im Schatten der neuen Steinkirche.

Im folgenden Jahr sah man Bruns tatsächlich in dieser Kirche sein Haupt vor dem Altar neigen. Auch folgte er den christlichen Umzügen um die Felder und murmelte die Gebete, die ein Geistlicher vorsprach. Seine Ernte aber war in diesem Jahr mäßig, fast die schlechteste im Dorf. Die Disteln, die Ansgar für den Fall seiner Nicht-Bekehrung angedroht hatte, rückten nun gegen sein Getreide vor. Und ein übermäßiger Regen zur Erntezeit ließ viel Frucht auf dem Halm schwarz werden.

Im nächsten Jahr opferte Bruns wieder den alten Göttern. Alles gedieh aufs prächtigste. Bruns hatte Buchweizen gesät, und heran wuchs der prächtigste Buchweizen, den Honstede je gesehen hatte.»

Ich war drauf und dran, den Titus zu unterbrechen, aber er sprach nurmehr mit sehr schwacher Stimme, dem Einschlafen nahe, und ich hätte fürchten müssen, der schweigsame Bruder hätte mir die Fortsetzung der Geschichte vorenthalten, wenn ich ihn mit Fragen aufhielt.

«Die Leute von Honstede, die wieder einmal einer Missernte entgegensahen, standen an seinem Feld, lobten den Buchweizen und wandten sich murmelnd ab. In diesen Tagen soll das eine oder andere Huhn geköpft worden sein, das nicht für menschlichen Verzehr bestimmt war.

In der Nacht, bevor Bruns die Sichel schwingen wollte, brannte das Buchweizenfeld, und das Feuer ergriff auch sein Haus. In den Flammen starben dem Bruns Weib und Kinder. Nur er selbst konnte das niederbrechende Dach ein kleines Stück zur Seite stemmen und sich retten. Fünf Mann mussten ihn halten, sonst wäre er zurück in die Flammen gestürzt, wo es doch nichts mehr zu retten gab.

Das Feuer war kaum verglüht, als zwei Gottesmänner vor dem Bruns standen, der vor Schmerz über den Tod seiner Lieben und über den eigenen gebrannten Leib wimmerte. Und einer der wie aus. dem Nichts aufgetauchten Gottesmänner, der sich Deo Missus (Gottgesandter) nannte, sprach: Gott der Herr lässt sich nicht versuchen. Sehet das Zeichen, das er mit Flammenschrift auf sündige Leiber malt!

Denk dir deinen Teil, Bruder Agrippa!»

Mich schauderte. «Und diesen Bruns trafst du wieder, dort, wohin der Weg deiner Pilgerschaft dich führte?»

Titus nickte mir von der Schwelle des Schlafes zu. «Ja, ein Gott – und ich frage dich, welcher? – hat ihm achtzig Jahre geschenkt.»

Ich Schloss leise meine Zellentür und ging meinem Tagwerk nach, es mag Kopieren oder Instandsetzungsarbeit gewesen sein. Als ich nach etlichen Stunden zu meiner Zelle zurückkehrte, hing des Titus Rosenkranz mit dem Kreuz am Türknauf. Das Lager war leer, nicht einmal mehr warm. Ich wog das Kreuz des Titus in der Hand und dachte: Wem der Herr sein Kreuz zu tragen gibt und wer es abwirft, der wirft sich selbst der Hölle in den Rachen. Der Hölle, vor der Titus nicht zittern will.

Pflichtgemäß erstattete ich dem Alkuin Bericht, der den Vorgang aber nicht fassen konnte. Soviel immerhin fasste er, dass er, als ich schon gehen wollte, mich mit der Frage zur Umkehr zwang: «Warum kam er zu dir, warum nicht, wie es die Regel will, zu seinem Abt?»

Mir zuckte die Wahrheit auf die Zunge: Hatte nicht Titus gesagt, er erwarte sich von Alkuin und Solanus kein Verständnis? Warum erwartete er es dann von mir? Und hatte ich ihn denn verstanden? Verstand er sich selbst? Aber ich sagte dem Alkuin nur: «Zu schwere Prüfung, o Bruder Abt, hat seinen Geist verwirrt.»

Klammen Herzens schlich ich zurück in meine Zelle, wo ich lange Fürbitte hielt für den Titus. Als ich mich aufrichtete, fassten die Strahlen der Oktobersonne durch mein Fenster und erleuchteten den Platz, wo noch vor wenigen Stunden der Leib des verirrten Bruders gelegen hatte.

«Herr, Gott im Himmel, werde ich den Bruder wiedersehen?» Ich versank in einem langen Fürbittgebet. Und als ich mich erhob, hatte sich der Sonnenstrahl von der Stelle gelöst, an der ich den Titus zuletzt gesehen hatte, und ruhte auf einem Bord mit Fellen, die mir ein Fallensteller geschenkt hatte, dem ich eine eiternde Wunde gewaschen und geheilt habe. Ein Biber- und ein Bärenfell. Ein Bärenfell? O ja, ein Bärenfell! – und abermals muss ich mich zügeln, auf dass nicht der Gaul der Ungeduld mit mir durchgeht und ich den Ereignissen schreibend vorauseile.

Nun habe ich vom Solanus gesprochen und vom Titus, der uns verließ. Wie aber stand es mit Alkuin? Der Name unseres Abtes wird Euch schon verwirrt haben – vermute ich recht? Denn darf sich einer Cicero nennen, der nur stammeln kann? Darf sich ein glaubensschwacher Mensch Petrus nennen? Und darf sich schließlich ein Mann wie unser Abt nach dem Alkuin nennen, dem hochberühmten Hoftheologen des Großen Karl, nach Alkuin, der im Jahre 804 verstarb, aber dessen Episteln noch heute die Welt in Glaubensdingen erleuchten?

Nun, unser Abt – Ihr ahnt es – ist kein Abt. Er wäre aber ohne Zweifel einer geworden, wenn ihm der Herr nicht eine Gabe vorenthalten hätte, derer wir alle ein wenig bedürfen, Könige wie Unfreie. Bruder Alkuin, der vor seiner Bestimmung zu gottgefälligem Leben Dagobert zu Bardowick hieß, ist der jüngste Sohn des Markgrafen zu Bardowick. Adelig von Geblüt, schlicht von Gemüt. Sein Geist ist zu eben, als dass die Anfechtung auch nur ein Schlupfloch zu seiner Seele fände. Die Sünde braucht Einfallstore. Die Seele des Bruders Alkuin war ohne Türen und Fenster. Alkuin war rein wie ein Kind. Nur manchmal blitzte ein wenig Schläue in ihm auf. Aber auch sie war nur die Schläue der Kinder.

Nun ist eines klar: Der Sohn eines Markgrafen kann und darf, hat er erst einmal ein bestimmtes Alter erreicht, kein einfacher Mönch sein. Wer wollte das bestreiten. Andererseits: Von einem Abt fordert Benedikt wahrhaft Großes: Cui plus committitur, plus ab eo exigitur. (Wem mehr anvertraut ist, von dem wird mehr gefordert.) Allein: Alkuin war nicht viel anvertraut – ein Stift mit drei missratenen Brüdern Abgesondert von der großen Herde der Hirten, abgesondert zur Besserung. Ergo: Der Hirte solcher Hüter konnte schlechterdings auch nicht Abt eines richtigen Klosters sein.

Vom Markgrafen zu Bardowick wurde berichtet, dass er jedem bei Strafe des Zungeherausschneidens verbot, Ramsolano

Stift zu nennen. Denn wäre Ramsolano nur ein Stift (was ja unzweifelhaft die Wahrheit ist), könnte sein Sohn Dagobert kein Abt sein. Eine schwierige Lage. Schwieriger noch die meine und am schwersten, darüber zu sprechen. Scham krampft die Finger, die den Kiel halten, und mir kommen allerlei Ausflüchte. Aber wenn Ihr mich denn schon verdammen werdet, milde Leser ferner Tage, so nicht doppelt: nicht zum einen wegen meiner Verfehlung und zum zweiten wegen der Unaufrichtigkeit, die darin liegt, sie zu bemänteln.

Es ist nicht das Fastengelübde, das ich brach. Auch kann mir kein irdischer Richter vorwerfen, in der Verkündigung gefehlt zu haben. Ich habe mehr Kranke gepflegt als die Mehrzahl meiner Brüder. Meine Pilgerfahrt zum Heiligen Vater nach Rom trat ich schon mit siebzehn Jahren an. Um die Mission habe ich mich nicht gedrückt, wie so viele Brüder, denen ein nordischer Winter ohne Ofen ein größeres Schrecknis ist als der Vorwurf, nicht Gottes Willen zu tun. Ich war im heiligen Irland und auch am heiligen Grab. Auch habe ich stets...

Ausflüchte! Ihr spürt es. Bringen wir es auf den Punkt und somit hinter uns: XXII. Caput: Singuli per singula lecta dormiant (Ein jeder schlafe in seinem eigenen Bett). Ich schlief in anderen, was eine geringe Sünde wäre, wenn nicht zur gleichen Zeit die angestammten Besitzerinnen dieser Betten auch daselbst geschlafen hätten.

Im IV. Caput der Instrumentae bonorum oporum (Instrumente der guten Werke) sagt uns der Heilige Benedikt in siebenundvierzig Sentenzen, was mönchische, gottgefällige Lebensart sei. Gern erfüllte ich zweimal siebenundvierzig Gebote, würde nur das eine, das vierte, von mir genommen: Non adulterare. Ich aber habe die Ehe gebrochen wie ein flüchtiges Waldschwein den Maienbruch. Wieder und wieder.

Der Tag, an dem der Herward geboren ward

Titus war lange fort – und die Spekulationen darüber, wohin er sich gewandt haben könnte, waren fast verklungen –, als seine Zelle von einem anderen Bruder bezogen wurde.

Bruder Sergius hieß derjenige, der nach ihm kam. Einer, der im Schatten schneebedeckter Berge aufgewachsen war, ein krächzendes Latein sprach und unser Sächsisch nur unvollkommen erlernte. Aber er war eine rechte Stütze unserer schwachen Kräfte, einer, der das «labora» weit über das «ora» stellte, der singend und fast ohne jedes Zeichen körperlicher Ermüdung die Tage durcharbeiten konnte, aber ... Du ahnst es, kluger Leser ferner Tage: Nach Ramsolano kam so leicht kein Mönch, ohne dass ein harter Schatten auf ihm lag. So war es auch mit dem Sergius. Er mied Wein und Met ... aber nur so gut und so lange er konnte. Alle Vierteljahr geschah es, dass er sich von irgendwoher Mengen davon beschaffte, Mengen, die ausgereicht hätten, fünf Männer darin zu ertränken. Dann schüttete er alles in sich hinein und ging alsbald um als ein brüllender und torkelnder Gewaltmensch, der jeden verletzte, der ihm nicht rechtzeitig auswich, ein Unhold, der dann schließlich wimmernd und vor Scham schluchzend zusammenbrach, erneut soff, nur um wieder Übles zu tun. Das ging vier oder fünf Tage so, bis er in einen todesähnlichen Schlaf fiel, der wohl drei Tage währte.

Und erwachend hatte der Sergius nur noch ein Gelüst: sich selbst in harter Arbeit und langen Gebeten zu reinigen. Denen, die er geschlagen hatte, überantwortete er sich als freiwilliger Arbeitssklave. Einem Köhler, dem er im Suff eine breite Wunde auf die Stirn geschlagen hatte, baute er einen neuen Meiler, so dass ihm im Dorf nicht selten im Scherz hinterhergerufen wurde: Das nächste Mal bitte auch mir einen Backenstreich,

Bruder Trinkaus, ich brauche zum Herbst hin noch eine starke Arbeitshand!

So ging es mit dem Bruder Sergius, den sie Schlagdrauf oder Trinkaus nannten. Ein im Herzen frommer Mann, der aber das fünfunddreißigste Benediktische Gebot «Non vino lentum!» (Trinket mäßig!) nicht zu halten vermochte.

Der Unglückliche war aus dem hochgerühmten Kloster seiner Bergheimat, St.Gallen, verstoßen worden, nachdem er im Suff unermesslich wertvolles Messgeschirr zerschlagen haben soll. Er hatte dann die Gelegenheit auf Besserung in drei oder vier anderen Klöstern, darunter das strenge Mainz, wo er einen Winter lang in Ketten lag und sich zwei Zehen schwarz fror. Doch selbst dieser Verlust hatte ihn nicht bessern können.

Schließlich war er wie Treibholz an die Gestade der Elbe gespült worden. Bischof Ebo beabsichtigte, ihn wegen seiner außerordentlichen Körperkräfte als persönliche Leibwache einzusetzen. Aber als er kurz vor Namenstag des Heiligen Ansgar allen Wein gesoffen hatte, der zum Abendmahl der Seefahrer und Kaufleute gereicht werden sollte, schickte ihn Ebo fort. Er solle sich zum Teufel scheren. Aber er kam zu uns.

Wie lange er unter uns weilte, vermag ich nicht mit Bestimmtheit zu sagen. Jedenfalls fand ihn Solanus eines Morgens erhängt in seiner Zelle, die in Rotwein schwamm. Den hatte Sergius von irgendwoher – seine Quellen blieben uns immer ein Rätsel – in das Stift geschmuggelt. Ich sehe noch die Zunge, die, vom Wein blau verfärbt, aus seinem Mund quoll, und die Augen wie in frommer Verzückung zur Decke gerichtet. In seinen Leibriemen hatte er ein Papier gesteckt, auf dem in sauber gemalter Schrift zu lesen stand:

Vielgeliebte Brüder!

Nun hat man es in vielen Klöstern und einem Stift mit mir versucht. Aber der Dämon weicht nicht von mir. Und obzwar geschrieben steht, dass keiner das Himmelreich erlangt, der sich selbst richtet, empfehle ich mich der Gnade Gottes und Euren Fürbitten. Mein Tod sei allen ein Zeichen, auch nicht einen Fußbreit auf den Pfaden des Satans zu wandeln. Betet für mich!

Sergius, Ärmster der Armen

Postscriptum

Ich schulde dem Wiesgrundner für einen zerschlagenen Zaun und eine zerschmetterte Tonne noch gehörige Wiedergutmachung. Verkauft, liebe Brüder, meinen Fellmantel zu einem guten Preis und begleicht meine Schuld. Bleibt noch ein weniges an Geld, so kauft ein neues Seil für unseren Glockenturm. Das Weib des Rungbert habe ich eine fette Wachtel genannt, was ich aus tiefster Seele bedauere. Und dieses, mein Bedauern, bitte ich auszurichten. Ich danke Euch!

Ich denke, dieser schlimme Abtritt geschah in dem Jahr, bevor ich ins Land der Bärenanbeter aufbrach, in jedem Fall aber lange, lange vor dem Zeitpunkt, zu dem ich in meiner Chronik bisher vorgedrungen bin. Und dies niederschreibend, erschrekke ich über meine Disziplinlosigkeit, verbiete mir auch sogleich energisch, den Dingen weiter vorzugreifen.

Folge mir also zurück in meine frühen Ramsolaner Tage!

Nicht mehr als ein Jahr, nachdem der Heitu die Varga zur Frau genommen hatte (... Ihr erinnert die schwerwiegende Begebenheit auf dem Unheiligen Stein?), weckte mich eines Nachts, nur wenig vor Beginn der Frühmesse, eine vertraute Stimme: «Agrrrippa, schau herrr, was ich dirrr brrringe!» Die Stimme war voll der klirrenden «r»s, welche die Sprache der Nordmannen so unverkennbar machen.

Ich torkelte zum Fenstersims, über das es kalt vom Hof heraufzog, in meine Zelle, steckte den Kopf hinaus, sah den Heitu und erschrak. Ein Blutfleck wie von einem Pfeilgeschoß durchsuppte sein Wams. Aber ehe ich noch fragen konnte, entdeckte ich, was Heitu in seinen Pranken hielt: ein Frischgeborenes!

(Das Blut an Heitus Wams erklärte sich mir wenig später: Keine Frau im Dorf war bereit gewesen, der Varga, der Frau mit dem Teufelsblick, in ihrer schweren Stunde beizustehen, so dass der Vater es selbst verrichten musste, so gut es eben ein Mann vermag.)

«Ein Sohn?»

«Mein Sohn! Herrrward.»

«Dem Herrn sei Lob und Dank! Wie geht es Varga?»

«Sie hat viel Blut verloren. Aber sie ist stark.»

Wie oft hatte ich gehört, dass der Herr Zeichen setzt, wenn etwas Großes geschieht. Als der Menschensohn geboren ward, bezeugte ein besonderer Stern, der nie zuvor gesehen ward, die Stelle seiner Geburt. Und so war es auch damals, als der Herward erschien, wiewohl er kein Heiland war: In demselben Moment, als Heitu seinen Spross in einen Lumpen gewickelt emporhob, damit ich, aus dem Zellenfenster gelehnt, ihn berühren konnte, just in diesem Moment entschlug sich der Mond all seiner Wolkentücher, und ein weißgoldenes Licht wurde ausgegossen, so dass Vater und Sohn einen großen, tiefschwarzen Schatten warfen. Der Kopf des Herward aber leuchtete, wie von einem Heiligenschein bekränzt – und das sage ich frei heraus, obwohl mir schon bewusst war, dass es das flachsblonde Säuglingshaar war, das den Schein des Mondes auf sich zog. Der Moment war von so durchscheinender Größe, dass es mich nicht verwundert hätte, wäre der blassblaue Morgenhimmel gerissen, um den Blick auf die himmlischen Heerscharen freizugeben. Aber er riss nicht, es war auch so genug.

Der Säugling packte meinen Finger, den ich ihm entgegenstreckte, und er tat es mit solcher Festigkeit, dass ich freudig entsetzt aufschrie. «Herward!» rief ich. «Gelobt sei Gott in der Höhe!»

Ich gestehe, dass ich, noch während ich den Höchsten lobte, den Vorsatz fasste, den Frauen des Dorfes gehörig das Wort

Gottes um die Ohren zu schlagen. Fordert nicht der Herr Nächstenliebe! Wo soll sie gedeihen, wenn schon nicht in nächster Nähe? Selbst die unwissenden Heidenweiber hätten einer ihresgleichen nicht die Geburtshilfe verweigert ...

Aber all dies denkend, sah ich vor meinem inneren Auge auch die Vergeblichkeit solcher Predigt. Die Weiber würden die Köpfe zusammenstecken und tuscheln, und wenn ich mir die Mühe machte, in sie zu dringen, würde vielleicht eine etwas von teuflischen Augen erzählen.

Und so kam es: Noch am ersten Lebtag des Herward hörte ich zum ersten Mal das Wort «Wikingerbalg». Und ich wusste von diesem ersten Tag an, dass Herwards Leben bedrohter war als das Leben eines beliebigen Unfreien im Dorf. Denn noch den Unfreien verteidigt man gegen Wölfe und Bären, wenn auch nicht um Christi willen, sondern nur, um Arbeitskraft zu retten. Herward war frei geboren. Und er war doch nicht frei.

Aber davon wusste dieser Morgen noch nichts. Ich trat hinunter in den Hof, wo mit dem ersten Licht die Schwalben schon begonnen hatten, ihre Brut zu füttern. Ich läutete die Glocke, und die eherne Stimme schwang sich empor, flatterte über das Seevetal, hallte in den Blätterdomen bis weit hinüber in die Niederungen, wo sich unser Fluss mit der Elbe vermählt.

«Ihr müsst es mit dem Herzen wissen!» hat der Heilige Ansgar den Heiden im fernen Birka gesagt, als sie Beweise der Mächtigkeit Gottes sehen wollten. Mit dem Herzen, ja!

Ich weiß, dass ich in meinem Leben, das nun schon so lange währt, wenigstens ein einziges Mal etwas mit dem Herzen wusste. Und dieses Herz jubelte an diesem Morgen: «Euch ist heute ein Sohn geboren, der die Häupter ringsumher überragen wird.»

Zwischen diesem Tag und dem heutigen liegt mehr als mein halbes Leben. Ich sitze in meiner Zelle im winterkalten Wik am

Holze. Vor drei Tagen beging die Christenheit den Beginn des 920. Jahres nach Christi Geburt. Es schneit.

Mein alterstrüber Blick erahnt, mehr als dass er sie erkennt, die Umrisse der kleinen Marktkirche, in der noch Gottkaiser Karl gebetet haben soll. «Gottkaiser» schrieb ich soeben und erschrecke. Ließ sich nicht auch Caesar «Gottkaiser» nennen? Und er endete im Staub, unter den Dolchen seiner Feinde. Gott sagt, habt keine Götter neben mir, und der Große Karl würde dem sicherlich zustimmen. War Karl schon kein Gott, so war er doch ohne Zweifel groß. Die Platte über seinem heiligen Gebein küsste ich als Sechzehnjähriger in Aachen, in jenen unschuldigen Jahren, als der untere Teil meines Leibes noch nicht gegen den oberen Krieg begonnen hatte ... Der Krieg ward verloren.

Die Kerze ist tiefgebrannt. Sie wärmt nicht. Aber die Erinnerung an jenen Morgen, als ich den Herward zum ersten Mal sah, wärmt mein Herz. Mein Herz, dem ich gern die große Ruhe gönnte, wäre da nicht die Geschichte, die zu Ende erzählt sein muss.

Eine Doppeltaufe und ein Konklave

Von Zeichen sprach ich. Und Alkuin – so schwach sein Kopf auch gewesen sein mag – verstand es als ein sichtbares Zeichen an unsere Herde, dass die Taufe des Herward mit überdeutlicher Feierlichkeit begangen werde. Ja, wollte man dem Alkuin einen Witz unterstellen, zu dem er gänzlich unfähig war, so könnte man von einer gewissen schalkhaften Boshaftigkeit sprechen, die darin versteckt lag, dass die Taufe eines «Wikingerbalges» (der Name saß, Gott sei es geklagt, fest vom ersten Tag an) besonders weihevoll zelebriert wurde.

«Seht her, ihr verschrecktes Volk von Ramsolano, auch wenn seine Mutter einen zweifelhaften Blick hat, auch wenn sein Vater der Sohn des Bluttrinkers Olaf ist, so taufen wir den Herward gleichwohl!» Das etwa sollte die Taufe besagen.

Keiner murrte. Wenn sie doch wenigstens offen gemurrt hätten, aber sie schlurften nach der Taufe zurück auf die Felder, auf kleine eigene oder auf die großen Schläge der Oberherren zu Ramsolano, unserer Stiftsherren. Die meisten gingen zu den Köhlermeilern flussaufwärts. Ihre Gesichter waren so leer, wie die Holzteller, von denen sie aßen, nach jeglicher Mahlzeit leer zu sein pflegten.

Die Ablehnung des Herward war nicht einhellig. Sigurd von Ramsolano, der Erste der Stiftsherren, schenkte dem glücklichen Elternpaar sogar einen erprobten Deckeber. Auch das ein Zeichen ... das von den Menschen im Dorf entweder nicht gesehen oder nicht gewürdigt wurde. Nein, falsch! Ich fürchte, es wurde sehr wohl gesehen und heimlich dem Schuldkonto des Herward zugeschrieben, oder dem seiner Mutter: Hat das böse Weib also auch den großen Sigurd, den Abkömmling des Helden Widukind, behext? So wurde in den rauchigen Küchenhöhlen, in den modrigen Ställen und draußen an den Köhlerfeuern geraunt.

O Herr, wenn ich die Kraft hätte, ein Übel aus der Welt zu nehmen, ich bannte, ohne zu zögern, die Afterrede. Sie ist ein Gift, das langsam tötet. Allzu oft musste ich in den folgenden Jahren sehen, wie sich zwei Weiberköpfe abrupt abwandten und abgewandt zu schwatzen begannen, wenn der kleine Herward strahlend und von inwendiger Freude jauchzend den Dorfweg herunterkam, in jede Schlammpfütze springend. Als er älter wurde und Worte verstand, brach sein Jauchzen, begegnete er Erwachsenen, manchmal jäh ab, und sein Blick schweifte zum Himmel, als suchte er Beistand aus den Wolken. (Aber das ist eine Zeit, die mein Bericht noch nicht erreicht hat.)

Vom Tage der Taufe weiß ich nur noch, dass die Frau eines Freigelassenen, die im Hause des Sigurd das Vieh versah, zu mir geschlichen kam und sie sprach – sprach mit einem Flackern in den Augen, das schon den Judas verraten hatte: «Ehrwürdiger Vater, ich habe gesehen, wie der Heitu nur wenig vor der christlichen Taufe beim ersten Licht seinen Knaben in die Mimir-Quelle getaucht hat, ihn sodann aufhob und in alle Winde hielt. So weihen die Heiden ihre Brut der Freya, der Göttin der Wollust.»

Ich schaute die Petze ernsthaft an und sagte: «Marthe, woher weißt du so gut über heidnische Götter und ihre Aufgaben Bescheid?»

Da krächzte sie ein heiseres «dem Herrn sei's befohlen» und wackelte davon. Ich fragte mich, als Marthe hinter der ersten Reihe strohgedeckter Hütten verschwunden war, wieso ich so hart reagiert hatte, aber ich brauchte mich nicht lange zu fragen: Sie hatte «Brut» und nicht «Sohn» oder «Kind» gesagt.

Brut! Brut! Brut! Das Wort kochte in mir. Oh, hätte ich es doch kochen lassen können, dieses Wort «Brut», so dass alles Gift entwiche, wie das Gift aus Fliegenpilzen entweicht, wenn man sie eine gute Weile kocht.

Marthe hatte ihr Wissen natürlich nicht nur mir offenbart. Ein Wispern ging um. Es wäre im Dorf nicht der Erwähnung wert gewesen, wenn irgendein Vater sein Kind heimlich dem Wotan oder der Freya anempfohlen hätte. Das war bekannt, das kam vor, wiewohl es verboten war. Aber es war Heitu, der es getan hatte, der Sohn des Bluttrinkers Olaf. Und das machte aus all dem einen Fall.

Noch ehe er sprach, wusste ich, was unseren «Abt», den Alkuin, umtrieb. Etwa drei Tage nach der Doppeltaufe – Doppeltaufe, da sich ja auch das heidnische Quelltauchen als Taufe verstand –, etwa drei oder vier Tage später rief mich Alkuin zu sich. Er stierte mit diesem unsteten Blick an mir vorbei, der besagte, dass sein Kopf überschwere Arbeit verrichtete. Dann warf er die Hände auf, als wolle er die Geste des Segnens machen, und ließ sie sogleich kraftlos fallen. Diese Geste wirkte an diesem Manne besonders (ich suche nach einem Wort, das nicht verletzt ...), besonders befremdlich, denn dem Herrn hatte es gefallen, seine Arme im krassen Gegensatz zu seinen rundlich gebogenen, kurzen Beinen überlang zu machen. (Als ich nach meiner Weihe und nach langer Pilgerschaft in der Heiligen Stadt weilte, bevölkerten dort schwarzhäutige Menschen die Marktplätze, und einer führte ein kleines pelziges Tier mit sich, das aufrecht stehen konnte, ein nacktes menschliches Gesicht hatte und ebenfalls diese krummen, kurzen Beine wie auch überlange Arme. Aber diese Erinnerung sollte ich tilgen ...)

Disziplin, Agrippa! Alkuin also. Er wog seinen massigen Schädel und presste endlich hervor: «Es muss etwas geschehen, Agrippa. Es muss etwas geschehen. Die Heidengötter recken ihre frechen Häupter, und wenn wir nicht aufpassen, werfen diese Heiden, diese Scheinchristen, bald in der Kirche die Orakelknochen. Ja, so könnte es kommen. Weh uns!»

Und dann begann er doch in der leisen, stillen Art der Frauen zu weinen. «Sie werden unseren Heiland ein zweites Mal kreuzigen, diese undankbaren, rohen Geschöpfe ...!»

Plötzlich aber ging ein Ruck durch den kleinen krummen Leib: «Wir müssen stark sein. Wir müssen ein Zeichen setzen. Ein Zeichen, verstehst du, Agrippa! Ruf die Brüder zusammen!»

Und so gab es dann ein Konklave, eines der wenigen, in denen es nicht um das rechte Verständnis der Himmlischen Botschaft und der Lehren des Benedikt ging: Sergius, Solanus, unser Abt und ich hockten uns auf den Stein in der Apsis unserer kleinen, gottgefälligen Stiftskirche.

Alkuin hatte vor dem Altar die große Kerze angesteckt, ein Geschenk des Bremer Bischofs an unser Stift. Die Ränder hatten sich hochgewölbt, so dass das Licht wie in einer Höhle blakte. Ich hatte verschiedentlich vorgeschlagen, die Kerze am oberen Rand zu beschälen, aber Alkuin hatte gemeint, das hieße, Hand anzulegen an geweihtes Wachs. Nun ja!

Nicht nur die geweihte Kerze sollte uns erleuchten. Alkuin hatte noch etwas anderes getan, etwas Unerhörtes. Aus der stets verschlossenen Sakristei hatte er die Reliquien geholt: die Goldgehalte Schädelplatte des Heiligen Sixtus und den bernsteinbesetzten Armknochen des Heiligen Sinnitius, beides Patrone unseres Stiftes. Der Hüftknochen des Heiligen Ansgar, des Gründers unseres Stiftes und Missionars des Nordens, lag unter einer schweren Steinplatte – der Sicherheit wegen.

Alkuin sang mit seiner brüchigen Stimme – und er verwahrte sich für dieses Mal mit knapper Handbewegung gegen den gesanglichen Beistand durch den Solanus –, er sang also das große Beistandsgebet, wobei er mit seiner Stirn immer wieder das heilige Gebein berührte. Das ging eine lange Weile so, und Sergius begann schon zu gähnen. Da richtete sich Alkuin mit einem jähen Ruck auf, so dass es in den Knochen knackte: in seinen, nicht in den heiligen.

«Brüder, ein Zeichen muss her. Ein Zeichen von der Größe unseres Herrn, der Liebe seines Sohnes und der Allgegenwart des Heiligen Geistes. Eure Vorschläge, Brüder!»

Eine Weile war es still. Die Kerze war tatsächlich ausgegangen, als wenn sie erstickt wäre, was aber vorläufig keiner als Zeichen nahm. Schließlich erhob Solanus seine Stimme. Nein, er brauchte sie nicht zu erheben, sie war immer erhoben und erhebend ...

«Brüder, ich werde den gesamten Carmen Augustini singen. Und ich werde so schön singen, dass das verstockte Heidentum vollends aus den Seelen entflieht ... (und er begann sogleich:) In Deo sumus ...»

«Schweig, Bruder Solanus!» keilte Alkuin seine Stimme in den Gesang, er tat es in einer für ihn ungewohnten Schroffheit.

«Dein Vorschlag, Bruder Sergius?»

Sergius war damals, wenn ich mich recht erinnere, nur gerade eben von einer schlimmen Wanderung durch die Abgründe des Suffs zurück, und seine Stimme, die schon normalerweise tief und knarzig aus dem Hinterrachen kam, krächzte zum Gotterbarmen, so dass Solanus, der sehr sensibel auf unschöne Geräusche reagierte, sein Haupt in beide Hände barg.

«Wir sollten auf dem Heideberg bei Wilsar eine Kapelle bauen. Und ich allein werde die Steine schleppen. Und in Verden gibt es einen hervorragenden Steinmetz. Ich erbiete mich, ihn herbeizuholen. Lasst uns nur bald beginnen!»

Alkuin schüttelte langsam den Kopf, und ich wusste nicht, ob es nun Ablehnung bedeutete oder ob er–was wohl wahrscheinlicher war – dem Gedankengang des Sergius nicht gefolgt war.

«Nun du, Bruder Agrippa! Von dir erwarte ich mir etwas mehr Inspiration.»

«Mitbrüder!» begann ich. «Der Heilige Ansgar, dessen wundertätige Reliquie keine vier Körperlängen von uns entfernt ruht, hat einmal gesagt, als sich ein Geistlicher, der mit ihm die Last der Heidenmission teilte, über deren Mühsal beklagte:

Den Heiden zu predigen heißt, stets am Ende neu zu beginnen; hat man einen winzigen Turm des Glaubens errichtet, zieht eine frevelnde Hand unten ein Stück des Fundamentes fort. Und ich fürchte, so ist es nicht nur bei den Heiden, so ist es bei allen, die um den Christenglauben ringen. Wäre es also nicht angebracht, dass auch wir uns erst im Glauben festigen, ehe wir überlegen, wie dem Wiederaufkeimen heidnischen Tuns begegnet werden kann ...»

Die Sonne vor dem geöffneten Altarfenster war untergegangen, und es war schon Herbst, die Zeit, da die Wärme sogleich mit der Sonne schwindet; mithin war abzusehen, dass es uns auf den Steinfliesen bald sehr kalt werden würde. Schon damals plagte mich der Umstand, dass mein Körperwasser zu oft Austritt verlangte. Meinen Mitbrüdern war anzusehen, dass ihnen ebenfalls sehr an einer raschen Beendigung des Konklaves gelegen war. Aber Abt Alkuin machte keine Anstalten, den heiligen Gang der Dinge zu beschleunigen.

Wieder begann er einen nicht endenden Singsang, dessen verworrenes Latein eigentlich eine Beleidigung aller schriftkundigen Heiligen der Heilsgeschichte war, wieder senkte er die Stirn auf das bleiche Gebein, während ein kalter Wind durch das offene Altarfenster nach unseren dünnen Kutten fingerte. Die Winterkutten waren noch unter Verschluss, läusesicher in einer festschließenden Truhe. Der nämlichen Truhe, mit der der Heilige Ansgar im Jahre 845 aus dem brennenden Hammaburg vor Ragnar Londenhose und seinen Wikingern hierher geflüchtet war. (Ansgar! Ich muss mich hüten, allein durch Nennung dieses schönsten Namens der fleischgeborenen Christenheit in Abschweifung zu geraten: Zurück auf die kalten Fliesen vor dem Altarfenster!)

Schließlich erhob sich Alkuin, abermals mit einem scharfen Ruck, und sagte: «Hab Dank, Himmlischer Vater!» Wir wussten, dass mithin ein Entschluss gefasst war. Und ich gestehe, dass mich danach die ketzerische Frage umtrieb, ob Alkuin diesen Entschluss schon fertig mit ins Konklave gebracht hatte oder ob der Entschluss tatsächlich auf dem vorgeschriebenen Wege der Verbalinspiration in ihn und über uns gekommen war.

«Brüder, morgen versammelt ihr alles Volk nach der Tagesarbeit am unheiligen Stein. Leiht von unserem geliebten Herrn Sigurd seine zwei stärksten Ochsen und ein Zuggeschirr.»

Mir kam die Erleuchtung des Alkuin gelegen, denn sie bedeutete, dass das Konklave sich nicht bis in die kalten Nachtstunden fortzog. Wir gingen schweigend in unsere Zellen, die Gebete zur Nacht zu verrichten. Ein verspätetes Gewitter, der Sommer war ja längst dahin, zündelte am Rande des Himmels. Wollte etwa Thor uns sagen: «Die Wette gilt!»?

Unsinn! Unsinn?

Ein Traum, den ich schwerlich vergessen kann

In der folgenden Nacht hatte ich einen Traum. Und obzwar ich mehrfach schweißnass erwachte, setzte der Traum immer wieder just an der Stelle ein, an der ich ihn, den Schlaf fliehend, verlassen hatte. Ich versuchte, mich mit Läuseknacken wach zu halten, um nicht zurückzumüssen. Aber es half nichts. Erst als der Morgen sich ankündigte, fiel ich in kurzen traumlosen Schlaf.

Ich war wieder jung und zog mit weit aufgerissenen, trunkenen und trinkenden Augen durch das strahlende Rom. Im Pantheon stand ich und sah den Goldfinger der Sonne, wie er durch das aufgerissene große Auge im Zenit der Kuppel fasste und die rubingeschmückten Kacheln des großen Runds aufflammen ließ. Gottes Herrlichkeit durchrieselte meine Glieder. Und mein Mund musste beten, noch ohne dass mein Geist es befahl.

Doch dann trat ein kleines, hässliches Tier an meine Seite, ein Affe, ein Geschöpf, von dem viele christliche Brüder vermeinen, es sei eine Kreatur des Satans. Der Affe zog an meiner Kutte und deutete nach oben, geradewegs zum Gottesauge empor. Eine Stimme, die ich nur zu gut kannte, verlangte: «Steig empor und schließe das Auge. Es ist gotteslästerlich. Dies ist ein Tempel des heidnischen Volkes der Römer, ein Volk, das der Herr mit Niederlagen gestraft hat. Verschließe das Auge! Es ist ein Einfallstor des Frevels. Es darf nicht sein, dass Gottes Name in einem heidnischen Tempel genannt wird.»

«Aber seht doch, fremder Herr», sagte ich. «Dies mag ja sehr wohl einmal ein heidnischer Tempel gewesen sein, aber dort hängt das Kreuz unseres Herrn, dort an der anderen Seite leuchtet das Bild der Heiligen Taube ... Und da drüben, ist das nicht das Antlitz eines Märtyrers? Und erst dort: die Mutter

Gottes mit dem Kind! Gott der Herr hat hier Wohnung genommen! Schaut Euch um, schaut selbst!»

Als ich wieder in das Affengesicht blickte, hatte es sich in das Gesicht unseres Alkuin gewandelt. Mich schauderte. Schwindelnd musste ich in die Kuppel emporsteigen, schwindelnd schaute ich zurück, sah den Affen-Abt, der vernehmlich kicherte, mich schwindelte, ich fiel und fiel ... und fiel ... und erwachte erneut ...

Endlich war es hell, und die Glocke rief zum Frühgebet. Sigurd und die anderen Stiftsherren warteten schon mit gesenkten Häuptern in der kleinen Kirche, um von mir – ich war an der Reihe – den Morgensegen zu empfangen.

Oh, wie ich jene kleine ärmliche, stets zu kalte Kirche heute und hier, in der Kälte meiner späten Tage, vermisse. Wik ist prächtig, unser Kloster wird bis ins ferne Rom gerühmt, es fehlt an nichts, und es fehlt mir an allem! (Nur nicht an Papier.)

Ich muss nur wenige Schritte tun und stehe in einem der hochherrlichsten Gotteshäuser der Christenheit, der Turm teilt an nebeligen Tagen die Wolken, die Mauersegler stürzen sich mit schrillem Lobgesang an seinen Mauern auf und nieder. Es gibt Knaben mit Stimmen so schön wie die des Solanus, und wenn sie nach der Messe ins Freie laufen, tschilpend wie die Spatzen, sieht man ihre schlanken Fesseln. Herr, steh mir bei...!

Und ich denke in langen Nächten, wenn mein Kopf schwer ist von den vielen geschriebenen Worten und der Last der Erinnerung, ich denke nur an diese kleine Kirche über dem Seeveufer, von deren Dachfirst aus man stehend die Fluchtburg der Herren von Ramsolano sehen konnte, und auch das nur im Winter, wenn das späte Jahr das Buchenlaub an sich genommen hatte.

O Vater, es ist spät. Ich verzichtete auf die restlichen Tage, die noch mein Teil sind, wenn mich meine Beine nur noch einmal zurücktragen dürften in dieses Kirchlein, wenn ich noch einmal meinen Kopf neigen dürfte auf die Steinplatte, unter der das Bein des Ansgar – o süßer Name! –, das Bein des Missionars des Nordens liegt. Aber nicht mein Wille geschehe...

Die Gottesprobe

Heute, am 11. Tage des April im 920. Jahre des Herrn, musste ich acht Seiten aus dem Augustinus kopieren. Acht Seiten sind auch für einen geübten Scribenten viel. Aber ich weiß sehr wohl, dass mich der hochherzige Abt unseres Klosters am Holze nur gewähren lässt – gewähren, was meine privaten Aufzeichnungen anbelangt –, weil ich ihm, trotz meiner hohen Zahl an Jahren, mehr kopierte Seiten pro Monat liefere, als zwei oder drei seiner minder geschickten Mönche es gemeinsam zu tun vermögen. Ich sage das ohne jede Eitelkeit, die Geschicklichkeit meiner Finger, die Leichtigkeit des Schreibens sind Geschenke des Herrn, so wie auch die Leichtigkeit, mit der ich in die Sprache fremder Völker einzudringen vermochte, nicht mein Verdienst ist. Gnade ist es, nichts anderes.

Doch gerade heute, nach den acht schweren Seiten aus dem Augustinus, die noch dazu mit verschlungenen Vignetten versehen werden mussten, zweifle ich, ob noch genug Kraft in mir steckt, jene denkwürdige Begebenheit am Unheiligen Stein dem Vergessen zu entreißen.

Vielleicht sollte ich einen späteren Tag abwarten, einen mit weniger Mühsal, einen Tag ohne Vignettierungsarbeit, aber andererseits steht zu befürchten, dass schon bald mein Augenlicht nicht mehr reichen wird für das Heldenlied des Herward. Den Augstinus können auch andere kopieren, den Ruhm des Herward kann nur ich singen. Nur ich, Agrippa de Ramsolano.

Also, die Müdigkeit fortgewischt! Das Tranlicht aufgedreht! Und zurück an die Seeve, zurück zum Unheiligen Stein, auf dem der Held Herward vor meinen Augen gezeugt ward. Und manch anderer auch, dessen Ursprung unbezeugt bleibt.

Ein kalter Regen ging nieder und durchsuppte die Erde um den Unheiligen Stein. Unbewegt standen die beiden Zugochsen des Sigurd im Geschirr, dessen anderes Ende vielfach um die große Steinplatte verknotet war. Sigurd hatte alle Bewohner des Dorfes zusammengetrieben, Freie und Unfreie, Kinder, Frauen und Greise, ja sogar eine Sterbende wurde auf einem Holzbrett herbeigetragen. Sie verstarb, noch ehe Wesentliches geschah. Uns drei einfachen Geistlichen, Solanus, Sergius und mir, ferner dem Abt und den Stiftsherren hatte man ein paar grob verkettete Bohlen in den Halbsumpf gelegt, die anderen standen fast knöcheltief im Schlamm und stierten entsprechend unlustig abwechselnd auf die Ochsen und auf uns.

Mein Blick fiel auf Heitu, der die Varga im Arm hielt, die ihrerseits das frisch getaufte Kind unter ihrem Überkleid vor dem Regen barg. Heitus Blick war feindselig, und ich ahnte, welche Gedanken in ihm umgingen: War es nicht diese Steinplatte, auf der sich sein bisher größtes Glück erfüllt hatte? Aber ich sah auch die Blicke all der anderen aus dem Dorf, wie sie – anscheinend absichtslos – die Varga, das Kind und den Heitu streiften. Und jeder Blick war ein Peitschenstreich auf der Haut der drei...

Es war schon viel Herbst in der Luft, jener Würzduft, den die Blätter verströmen, bevor sie gelb und klamm zu Boden fallen, das Odeur trichterspitzer Pilze, an denen Schnecken und Moder nagen. Und der Regen fiel, sacht, aber unerbittlich. Am Himmel, den die schon schütteren Baumkronen freigaben, sah ich Gänse einen beweglichen Keil nach Süden schieben, ihre Schreie splitterten durch den Regenvorhang ... und Sigurd sprach nun schon länger, als ein Hochamt währt.

«... Schutzbefohlene, Gefolgsleute, Brüder, Schwestern ... der Herr hat uns dieses Jahr reiche Ernte geschenkt. Die Scheuern sind voll. Und jede Ähre lobt den Herrn, jede Beere, die ihr fleißigen Frauen aus dem Wald klaubt und euren Kindern zur Stärkung reicht, ist eine Gabe aus seinem Füllhorn. Und was tut ihr? Ihr spottet seiner, indem ihr den nichtsnutzigen Gestalten, dem Wotan und seinen Spießgesellen, noch immer heimlich die Ehre erweist. Noch während ihr euch vor dem alleinigen Gott verneigt, murmelt ihr heimlich Zaubersprüche, in der einen Hand den Rosenkranz, in der Rocktasche Knöchelchen, um Wotans Willen zu erforschen. Schämt euch!»

Sigurd wischte sich das Wasser aus dem Bart und seine gewaltig anschwellende Stimme verriet, dass er sich nun endlich der Conclusio näherte: «Dieser Stein dort, so heißt es, sei ein Altar des Wotan. Ich sage euch, er ist eitles Menschenwerk.» Es gab eine nochmalige Steigerung der Sigurdschen Stimmgewalt, eine Steigerung, die ich nicht mehr für möglich gehalten hatte: «Und nun sei es getan!»

Sigurd senkte den Arm, den er während des letzten Teiles seiner Rede mahnend emporgereckt hielt, und der Schmied schlug den Ochsenziemer auf das Hinterteil der Tiere, die sich sogleich gewaltig ins Geschirr stemmten. Solanus neben mir begann ein halblautes Bittgebet. Ich glaube, es war dasjenige zur Seelenrettung derer, die im Kindbett sterben... jedenfalls passte es nicht recht zur Situation.

Die Ochsen hatten sich im Nu bauchhoch in den Schlamm gewühlt, ohne dass sich der Stein auch nur um die Schulterbreite einer Ameise bewegt hätte. Aus den weit geblähten Nüstern der Tiere floss Schleim, in ihren Augen lag das Entsetzen über so viel einschneidenden Schmerz, den die Seile an ihren Körpern verursachten.

«Was gafft ihr!» brüllte Sigurd. «Alle Männer angepackt!»

Ich sah noch, wie sich Sergius (dessen schrecklicher Tod, von dem zu berichten ich vorwitzig genug war, sich nur kurze Zeit nach dieser Begebenheit zutrug) mit einem mühsam unterdrückten Lachen abwandte, während alle anderen, auch ich, vorwärts stürzten, um den Ochsen Beistand zu leisten.

Bald lag die Hälfte der unfreien, freien, adeligen, geistlichen, christlichen und weniger christlichen männlichen Bevölkerung von Ramsolano im Pfuhl, und über allem zuckte wie eine Peitsche die Stimme des Sigurd: «Vorwärts, Männer, Gott zu Ehren!»

Es half nichts. Für dieses Mal hatte Wotan gewonnen. Fast!

Nachdem mich Bruder Solanus mit der ganzen Erdenschwere seines Gesäßes fast im Schlamm erstickt hätte, kämpfte ich mich frei und brüllte, so laut es mir möglich war: «Hört mich an, hört meinen Traum ...»

Und ich erzählte den Traum der letzten Nacht, wobei ich die Figur des Affen-Abtes unerwähnt ließ, eine Weglassung, die mir geboten erschien. Ich schloss mit den Worten:

«Was wollte der Herr mit diesem Traum, den er uns vor diesem bedeutenden Tag schickte, seinen Hirten und Schafen im Tal der Seeve kundtun? ER sagt uns: Die Tempel der Heiden, ihre Heiligtümer, sind die Felsen, auf denen ich, euer Herr und Gott, meine Kirche bauen will. So wie das unvergleichliche Pantheon im Heiligen Rom in einen heidnischen Tempel hineingebaut wurde, so will ich, euer Gott, dass mein Haus diesen heidnischen Stein überwölbt.

So lobt mich denn, ihr Mannen aus dem Tal der Seeve, sagt Gott, der Herr, lobt mich mit Stein und Mörtel ...»

Ich hörte ein schwaches «Amen». Dann war es still. Nur neben mir knurrte ein Köhler, der über und über mit Schlamm bedeckt war und braunes Wasser ausspie: «Hätte er doch seinen Traum um ein weniges früher gelüftet ...»

Jahre, in denen wenig geschah

Es kamen Jahre, wohl zwischen 882 und 895, die ich zu den ruhigsten meines Lebens zählen darf, Jahre, die ich wie hinter Rauch sehe, Rauch, durch den nur hier und da ein Köhlerfeuer glimmt, Kinderlachen hindurchtönt oder das Murmeln eines Sterbenden, an dessen Lager ich gerufen wurde. Stille Jahre.

Frühling, Sommer, Nebelung und Winter gaben sich die Hände, Herbststürme löschten die Sommerglut. Mit dem Schnee kamen Wölfe, ohne je weiter als auf äußerste Sichtweite an unsere Siedlungen heranzuschleichen. Ein Raubzug der Ungarn verfehlte unser Dorf nur knapp, weil ein von den Mordbrennern aufgegriffener Köhler noch unter der Folter die Geistesgegenwart besaß, die Plünderer in die falsche Richtung zu schicken. Ich habe über seinem grausig verstümmelten Leib – seine Beine hatten die Gottverfluchten in der Köhlerglut, die das Opfer selbst entfacht hatte, gebraten – eine Dankesmesse gelesen. Hat nicht diese tapfer ertragene Folter viele Leben, vielleicht auch meines gerettet? Ich las die Totenmesse in der Ansgarkapelle, die wir über dem Unheiligen Stein errichteten, dem Stein, der jetzt ein geheiligter Stein ist.

Meine Freude war der Herward. Er gedieh besser als die gleichaltrigen Kinder des Dorfes. Nicht nur, dass er ihnen an Kraft überlegen war, wie alle Helden gebrauchte er diese Kraft zum Guten. Selten, dass er das «Wikingerbalg»-Gebrülle der Kinder mit seiner überlegenen Kraft abstrafte. Ich hörte, Tränen in den Augen, wie Herward, kaum vierjährig, einem Fünfjährigen in der Sprache der Kinder entgegnete: «Der Heiland war der Sohn armer Leute. Gott schaut nicht auf die Höhe oder Tiefe der Geburt ...»

Nun, ich gebe zu, ich erkannte in diesen Worten etwas wie die Frucht meiner frühen Unterweisungen, aber das minderte nicht meine Freude, denn Wissen erwerben und es anwenden können sind zweierlei Dinge.

Um Herward musste ich mich nicht sehr sorgen. Eher schon um seine Eltern, auf die fast Tag um Tag die Sticheleien und die Bösartigkeit der Dörfler niedergingen. Varga konnte mit ihrer Kräuterkunst fünf auf den Tod Sieche gesunden lassen, versagte ihre Kunst beim Sechsten, so lastete man dessen Tod ihrer Hexerei an. Und den siebten Siechen pflegte sie dennoch mit der gleichen Hingabe. Ich darf sagen, dass ich ihr in fast selbstloser Absicht oft meine Schulter gereicht habe, auf dass sie ihre Tränen an meiner Kutte trocknen konnte.

Dem Heitu ging es nicht besser. Da war zum einen seine Sprache, in der noch immer das harte Nordische klang, das sich einfach nicht abschleifen ließ, obwohl ich oft und zäh mit ihm übte. Dabei war Heitu einer, der dem Dorf Segen und Wohlstand brachte. Über die Jahre waren viele der mit Holzkohle beladenen Flöße auf ihrem Weg die Seeve hinab nach Hammaburg verlorengegangen, waren gar noch in Sichtweite der befestigten großen Stadt an den Palisaden-mauern vorbeigetrieben, auf Nimmerwiedersehen dem alles fressenden Meere zu. Heitu zeigte den Köhlern, wie man an den Flanken der Flöße große entenfüßige Paddel befestigte, mit deren Hilfe die ungeschlachten Boote geschickter durchs Wasser zu dirigieren waren. Während wir von den Kohleflößen alter Bauart leicht jedes vierte verloren, verloren wir von den neuen noch nicht einmal jedes zwanzigste. Und driftete doch mal eines davon – stets durch die Ungeschicklichkeit der Köhler –, so lastete man es dem «Bluttrinkersohn» an, dem Wikinger, der so spricht, als hätte er eine Säge im Hals. Schändliches Volk! Die Hunde im Dorf beißen immer einen bestimmten Hund. Hunde sind sie, Hunde sollte ich sie nennen, verböte es nicht die christliche Gesinnung, Menschen Hunde zu nennen. Verzeih mir, Herr! Aber noch hier im winterkalten Wik kocht meine Wut auf, denke ich an all die Liebestaten der zwei, die mit Boshaftigkeit vergolten wurden.

Und noch eines ist mir unabweisbar gewiss: Heitu wäre trotz all seiner Fähigkeiten – namentlich im Bootsbau schon sehr bald mit einer Axt im Rücken aufgefunden worden, wäre da nicht das Thorsmal an seinem Arm gewesen. So fürchterlich diese Worte auch klingen mögen: Das Mal schützte ihn besser, als es das Kreuz vermocht hätte. Denn jeder im Dorf fürchtete, Olaf würde seinen Sohn zurückholen, und ein toter Sohn bedeutete Tod für alle.

Seltsam, dass die Toren nie in Erwägung zogen, ein über die Jahre gequälter und erniedrigter Heitu könne seinem rückkehrenden Vater von all dieser Schmach berichten, so dass der Bluttrinker-Olaf für den geknechten Sohn Rache üben könnte. (Ich meine schon berichtet zu haben, dass Olaf zu diesem Zeitpunkt bereits tot war. Da aber diese Kunde lange nicht zu uns vordrang, blieb ein gewisser, wenn auch bröckelnder Schutzwall um Heitu, Varga und Herward erhalten.)

Einmal kam ein Sendbote des Kaisers in unser Dorf. Er hatte den Weg verfehlt, war bei Verden nicht der Salzroute gefolgt, sondern dem dummen Rat eines Scholaren, der eine Abkürzung empfahl. Der Bote wollte nach Hammaburg, nutzte aber den unfreiwilligen Aufenthalt zu einem exemplarischen Gericht über einen Händler, der mit falschen Gewichten gehandelt hatte und den wir kurz zuvor in Eisen gelegt hatten, nachdem sein Schwindel aufgeflogen war.

Der Sendbote, ein fränkisch sprechender Sachse mit golddurchwirkten Gewändern und einer Pfauenfeder an seiner Samtmütze, ließ einen ganzen Tag über den Übeltäter Gericht halten. Alle Betrogenen mussten ausführlich und manche mehrfach über die Art und den Grad ihrer Schädigung berichten. Manche fanden an dieser Art öffentlicher Zeugenaussage so großes Gefallen, dass sie von Mal zu Mal die Schwere ihrer Schädigung tolldreister übertrieben. Den Sendboten schien das nicht zu stören, und ich muss zu meiner Schande gestehen, dass es mir an Mut gebrach, auf die Fehlerhaftigkeit so mancher Aussage hinzuweisen. Ausgerechnet die ärmste Frau im Dorf berichtete, sie sei beim Kauf von zehn Ellen (!) weißen Leinens mit einem zu kurzen Maßstock betrogen worden. Ein Köhler, der nicht auf drei zählen kann, behauptete, er hätte für sein Weib fünfzehn (!) irdene Krüge aus dem Rheinischen zu falschen Preisen erworben...

Die Enttäuschung im Dorf war groß, als dem Händler nur ein Auge gestochen wurde und nur eine Hand genommen. Man hatte schon den großen Eisenkäfig herbei geschleift, in dem man zum Ertränken Bestimmte ins Seevewasser warf.

Ich muss sagen, dass der Auftritt des kaiserlichen Sendboten einer der wenigen Momente in meinem Leben war, in dem ich gewahr wurde, dass unser Bardengau am Elbestrom ja auch noch zum Kaiserreich gehört. Seit den Tagen des Großen Karl hatte sich der feste väterliche Griff doch sehr gelockert, und nur der Versteckheit unseres Ramsolano war es wohl zu danken, dass plündernde Wenden, dass die bluttriefenden ungarischen Reiter und die Wikinger uns keine Gewalt antaten – zumindest nicht in jenen Jahren, den ersten Lebensjahren des Herward, von denen ich Euch gerade berichte.

Der Händler überlebte die Tortur, Varga (wer sonst?) pflegte ihn gesund. Kaum konnte er wieder auf seinem Karren sitzen, floh er die Stätte seiner Erniedrigung. Eine Gehilfin, eine Sklavin, die ihm wohl auch außerhalb seiner Dienstgeschäfte den einen oder anderen nützlichen Handgriff besorgt hatte, ließ er aus mir unerfindlichen Gründen zurück. Wollte er gar in ein Kloster? Auszuschließen ist es nicht.

Das zurückgelassene Sklavenmädchen starrte vor Dreck, und ich führte sie Nächtens und heimlich ins Gesindehaus des Sigurd von Ramsolano. Dort wusste ich in einem von innen verriegelbaren Raum einen Zuber, unter dem man Feuer machen konnte, um Wasser zu erwärmen.

Ich reinigte sie von den Haaren bis zu den Zehen, verweilte ein wenig an ihrer wohlgestalteten Körpermitte, was sie sich gern gefallen ließ. Warmes Wasser muss eine unbekannte Wonne für sie gewesen sein, und die Hände eines Mönches sind nicht grob und rissig wie die eines gemeinen Mannes. Und weil sie nichts besaß, um meine Fürsorge zu entlohnen, bot sie mir Genugtuung in einer Währung, die ich, dem Herrn sei es geklagt, verschiedentlich und bereitwillig auf meiner langen Pilgerreise durch dieses Leben angenommen habe.

Warum kann sich Liebe nicht regen, ohne dass sich der kleine Leib an meinem Leib regt?

Was wäre noch zu berichten? Von dem Sturm, der in einer Nacht fünf Köhler unter einer einzigen Eiche begrub? Von dem Feuer, das zwei Familien fraß, ehe wir es löschen konnten? Von einem Winter, der fast bis in den Sommer reichte, so dass die Vögel tot vom Himmel fielen?

All das vermischt sich in meinem Kopf, so dass ich nicht einmal die verlässliche Reihenfolge benennen könnte. Die Geburt – das sollte ich erwähnen – eines fünfbeinigen Kalbes machte es notwendig, eine Woche voller Bittgebete einzuschieben, was nicht verhinderte, dass der Stall, in dem dies Kalb geboren wurde, wenig später in Flammen aufging. Flammen reinigen, brennen die Sünde aus, heißt es. Mir scheint das ein seltsamer Glaube: Wäre es so, könnte ja noch ein irrgläubiger, eifernder Gottesmann auf den Gedanken verfallen, sündige Menschen zu verbrennen. Da sei Gott vor!

Würde ich meinen alten Kopf noch länger plagen, so fielen mir sicher noch mancherlei Begebenheiten aus dieser stillen Zeit ein ... ach ja, der unselige Tod eines Edelings, der sich in sein Schwert stürzte, als offenbar wurde, dass seine Frau ausnahmslos jeden Mann im ehelichen Bett empfangen hatte, der auf seinem Hof Hand- und Spanndienste verrichtete. Der armen Hohen Frau blieb nichts, als unsere Gemeinde mit

Schimpfgeschrei im Nacken zu verlassen.

Nein, von solchen Unpässlichkeiten sollte ich schweigen, liebe Leser, kennt Ihr doch sicherlich genug dergleichen aus Euren Tagen.

Das stille Glück dieser meiner mittleren Jahre war der heranwachsende Herward, dem ich, obwohl dergleichen sattsam unüblich war, in der Zeit zwischen unseren Gebeten Latein beibrachte, in Schrift und Wort, dazu noch etwas Fränkisch (Nordisch hörte er von seinem Vater Heitu) und vielerlei nützliche Dinge, die mich die verschiedenen Stämme zwischen Alpen und Friesland auf meinen früheren Reisen gelehrt hatten. Varga und Heitu duldeten es gern, spürten sie doch, dass Herward in der Obhut der Kirche besser aufgehoben war als unter den Dorfkindern.

Einmal nahm ich ihn mit, als ich in heiligen Geschäften dem Lauf der Elbe stromauf folgend bis Magdeburg ging. Ein Graf Roderich hatte unserem Stift eine gehörige Summe versprochen, sofern ich seine Bibel, die er ihres Wertes wegen nicht über Land zu uns nach Ramsolano reisen lassen wollte, daselbst in Magdeburg ausmalte. Herward mochte damals wohl acht oder neun Jahre gewesen sein, und diese Reisebegleitung schmückte mich, wie ein lebhafter Schmetterling eine nur dutzendschöne, schon leicht verblühte Blume schmückt.

Es gab nichts, was ihn nicht interessierte: Wo die Adler, die in der Mittagsglut über dem Elbstrom standen, schlafen, wollte er wissen. Ob ältere Engel Bärte trügen. Wie tief die Arme (er meinte Wurzeln) der Eichen in den Boden reichten. Warum die Frauen zwei Brüste hätten, obgleich sie nur ein Kind zur Welt brächten, es reichte doch völlig, dass die wenigen, denen wie der Varga zwei Kinder zugleich geboren würden, zwei Brüste hätten. Ob der Papst mächtiger sei als der Kaiser. Wie denn wohl Noah alles Getier auf Erden in einen einzigen Kahn geladen habe. Ob es stimme, dass die reitenden Ungarn aus vollem Galopp einem flüchtenden Mann den Kopf abschlagen könnten...

Solche Fragen wie die letztgenannte ängstigten mich ein wenig, war es doch unschwer zu erkennen, dass ihn Schwerter und Spieße, Schleudern und Bogen über alles gesunde Maß hinaus interessierten.

«Das schärfste Schwert ist das Wort Gottes», pflegte ich zu sagen, wenn er wieder einmal wissen wollte, warum die Krummschwerter der Mauren härter seien als die fränkischen Glattschwerter.

In Magdeburg durchstreifte er die Gassen auf eigene Faust, während ich im vornehmsten Raum des Grafen Roderich saß und bei allerbestem Licht Vignetten in seine Bibel pinselte. (Eine Bibel übrigens, die trotz ihrer vorzüglichen Aufmachung jämmerliche Abschreibfehler enthielt. Man muss sich als Scriptor manchmal für seine Brüder schämen! Aber dem Grafen, der nur dürftig lesen konnte, sagte ich nichts von meinen Entdeckungen.)

Abends, wenn meine Augen brannten von all der Ziselierarbeit, setzte sich Herward zu meinen Füßen und erzählte mir seinen Tag: Er wisse nun, wie viele Ellen Tuch aus Aquitanien gegen einen kopfgroßen Beutel voller Bernstein zu tauschen seien. (... Bernstein! Raf! ... Damals ahnten wir nicht, was Bernstein noch einmal für unser beider Leben bedeuten sollte.)

Unten am Fluss habe er gesehen, wie ein Pferd fast im Morast versunken wäre, und es wäre wohl vollends versunken, wenn er dem alten Kutscher nicht beigesprungen wäre, um es am Zügel herauszuziehen, und zum Dank hätte er diese aus Leder kunstvoll geflochtene Peitsche bekommen, und gegen wie viel Bernstein man wohl eine solche Peitsche eintauschen könne, und ob ich mir vorstellen könne, dass seinen Zwillingsschwestern die Ketten gefielen, die es unten am Hafen aus Fischknochen zu kaufen gäbe ... und ... und ... und.

Es schmerzte mich, dass Graf Roderich der heilige Sinn der Vignetten kaum interessierte. Er schaute nur danach, dass ich möglichst viel Goldfarbe verwendete. Und er verlangte von mir, dass ich in etwa jede zwanzigste Vignette sein Wappen einarbeitete. Eine wenig gottgefällige Tat! Aber unserem Stift winkte guter Lohn.

Auf dem Rückweg wäre fast ein Unglück passiert. Wir hatten die Stadt Magdeburg kaum verlassen, als wir mit ansehen mussten, wie ein grober Abodrit ein kleines Mädchen verprügelte, wohl seine Tochter. Herward sprang hinzu und Biss dem Mann in die Schlaghand, die gerade wieder auf das schreiende Mädchen niedersausen wollte. Daraufhin verprügelte der Grobian auch den Herward, und ich hatte genug zu tun, um mit Worten und Geschrei ihn von noch Üblerem abzuhalten.

«Warum hast du ihn nicht verprügelt, Agrippa? Er war kleiner als du», fragte mich Jung-Herward und wischte sich die Tränen ab, die Wut-, keine Schmerzenstränen waren.

«Ich streite mit Worten, nicht mit Fäusten.»

«Und wenn einer daheim in die Stiftskirche kommt und den Heiland vom Kreuz reißen will? Was tust du dann? Redest du mit ihm??»

«Ich würde versuchen ... ach, lass uns von anderem reden!»

«Gut, von anderem: Im Dorf erzählt man, ihr Heiligen Brüder seid nicht gar so heilig, sonst würdet ihr in einem richtigen Kloster weilen. Ist unser Kloster denn kein heiliger Ort, und was ist ein richtiges Kloster?»

«Auch diese Frage ist mir zu schwer. Ich bin müde, lass uns rasten!»

«Stimmt es, Bruder Agrippa, dass du der Frau des Schmiedes, die mit den sehr großen Brüsten, als du ihr letztes Kind tauftest, die Hand auf die Brust gelegt hast und nicht, wie es Sitte ist, die Hand auf den Kopf des Kindes ?»

«Willst du wohl endlich stille sein!»

«Was werdet ihr Brüder mit dem Silber machen, das der Graf für deine Pinselei bezahlt hat?»

«Wir werden das schadhafte Dach der Kirche ausbessern. Und wenn noch etwas übrigbleibt, könnten wir es den Fischern geben, damit sie neue Netze kaufen können. In den Netzen ist keine Masche mehr, die nicht geflickt wäre.»

«Warum sagen die Leute im Dorf, meine Mutter hat den bösen Blick? Was ist der böse Blick?»

«Heidnisches Gewäsch! Unserem Herrgott hat es gefallen, deiner Mutter ein blaues und eine grünes Auge zu machen, so wie es ihm auch gefallen hat, dein Haar hell und meines dunkel zu machen. Daran ist nichts Böses.»

«Und warum nennen sie Vater den Bluttrinkerssohn? Hat denn sein Wikingervater wirklich Blut aus einem Schädel getrunken? Ich habe schon mal einen Schädel gesehen. Daraus kann man nicht trinken, das Blut würde zu den hohlen Augen herauslaufen.»

Mir scheint es heute, als hätten wir auf dem langen Weg von Magdeburg zurück nach Ramsolano keinen Schritt getan, auf den nicht eine Frage Herwards entfallen wäre. Aber es war eine wunderbare Reise, auf der mich immer wieder Erinnerungen an die eigene Kindheit anwehten. Zu meiner Linken ging meine Vergangenheit in der Gestalt eines Knaben, zu meiner Rechten ging eine vermummte Gestalt, düster und schweigend. Meine Zukunft. Und es war doch nur mein Schatten.

Ob mein Schatten mit mir diese Welt verlassen wird? Oder werde ich als Schatten diese Welt verlassen? Wenn das Himmelreich lauter Licht ist, wie der Augustin sagt, wird dort kein Ort für Schatten sein. Aber der Schatten wäre sicherlich das Geringste, das man auf Erden zurücklassen muss.

Ich würde gerne noch länger verweilen in dieser unbestimmten Zeit stiller Zufriedenheit, erträglicher Fastenzeiten, guten

Brotes, süßen Honigbieres, erfrischender Gebete, beseligender Nähe zu den heilsspendenden Gebeinen so großer Heiliger, wie sie Ramsolano birgt ... Aber ich muss zu dem Punkt kommen, von dem an sich so vieles änderte.

Herward wuchs, als das geschah, glaube ich, schon der erste Flaum auf den Lippen, seine beiden Schwestern waren ... ich denke sieben oder neun. Aber da kann mir die Erinnerung einen Streich spielen. Varga war noch immer schön, ihr geschah das höchst seltene Glück, dass sie die Jahre, bis zu einer gewissen Grenze, schöner machten. Ihre Brüste – nichts schützt einen Mönch vor solcherart Betrachtung! – fielen nicht wie halbleere Mehlsäcke über den darunter gebundenen Strick, sie blieben rund wie die grünkugeligen Schalen der Kastanien, aber, gottlob, ohne deren Stacheln. Ihr Haar blieb rotgelb, während das gleichaltriger Frauen schon aschgrau herabhing. Auch das ein Umstand, der Varga nicht beliebt machte und ihr, während sie neben den anderen Wäsche schlug im Seevewasser, giftige Worte eintrug. Nur ihre Hände sagten die Wahrheit über ihre Jahre, sie zeigten die Rauheit des Lebens.

Heitu dagegen nahm ab. Die vielen Sticheleien hatten seine Seele ausbluten lassen. Die Furcht vor der Rückkehr des Olaf war so gut wie verflogen. Wir Mönche hatten zwar aus wohlerwogenen Gründen dem Dorf verschwiegen, was uns der Sänger über Olafs Ende gesungen hatte. Aber die Kunde sickerte durch. Ich habe Solanus im Verdacht – verzeih, mein Bruder im Himmel, wenn ich dir Unrecht tue.

Heitu wurde klein, innerlich klein ... ich weiß nicht, wie anders ich es sagen sollte. Jedenfalls wünschte ich mir – ohne wegen dieses unfrommen Wunsches besondere Schuldenlast zu spüren – immer häufiger, er möge wie in früheren Zeiten einen der Schmäher packen und ihn an seinem Leibesriemen in einen Baum hängen. Nicht, dass Heitu die Kraft dazu gefehlt hätte, er hatte wohl nur die Vergeblichkeit solcher Exempel erkannt.

Ich denke, Heitus Kleiner werden ist mir deshalb so überaus klar vor dem inneren Auge, weil er kurz danach noch einmal, wenn auch nur für eine kurze Frist, zur alten, vollen inneren Größe emporwuchs. Für ein paar wildbewegte Wochen war der Heitu noch einmal der kühne Recke, der würdige Vater eines Helden. Aber davon kann erst die Rede sein, wenn ich die Veranlassung habe, davon zu berichten.

Die Fastenzeit im Kloster zu Wik beginnt überaus pünktlich. Die Klarheit, die der Hunger über mich bringt, wird wohl dazu angetan sein, die schwierige Wegstecke, die nunmehr vor meiner Feder liegt, ohne jede Ablenkung und zielgerichtet anzugehen. Wünsche mir guten Mut dazu, lieber Leser fernerer Tage, denn sollte es mir trotz aller guten Vorsätze misslingen, so hättest auch Du den Schaden; denn ich vermute, Du wirst nicht gern nach all den Seiten, durch die Du schon gestiegen bist, dem Ziel entsagen.

Also beginnen wir unverdrossen mit der Nacht, in der ich Kunde vom Bischof in Hammaburg erhielt. Halt, nein, ich erbitte Eure Entschuldigung: Bevor ich davon berichte, muss noch von einer anderen Nacht die Rede sein. Gäbe ich den Bericht nicht hier an dieser Stelle, so entstünde leicht eine Lücke, die mich späterhin zu Rückgriffen zwänge. Ich kenne diese Art des Erzählens wohl vom frivolen Iuvenal, dessen unfromme Werke zu lesen ich heimlich im Kloster Corvey Gelegenheit nahm. Aber das Erzählen in der Art des Springtanzes, dieses hektische Hin und Zurück, stört das Verständnis, macht den Kopf wirr und bereitet Verschlingung in den Därmen.

Der Raub

Schaudernd halte ich den Gänsekiel, denn jetzt nähert sich mein Bericht jenem unseligen Tag im Jahre 895, den nicht der vertraute Glockenschlag einleitete, sondern ein Schrei aus der Kehle des Alkuin, ein Schrei, der deshalb so markerschütternd war, weil die brüchige Stimme des Alkuin eigentlich zu einem so lauten Ausbruch nicht fähig war und folglich ein jämmerlicher Laut in meine Zelle drang, der dem einer rossigen Eselin glich.

Mein erster Gedanke war, dass wohl der heftige Sturm der Nacht einen Ast auf das Dach des Stiftes geworfen haben mochte und der Alkuin – des Schadens angesichtig – denselben laut beklagte. Aber nein, dieser Schrei ... es scheint nicht nur ein inneres Auge, sondern auch ein inneres Ohr zu geben. Es war ein Geräusch, wie ich es nie zuvor und nie danach gehört habe, aber inwendig höre ich es noch heute in meinen einsamen Nächten vor dem großen Wiker Wald, wenn die Finger zu klamm sind zum Schreiben und die Augen brennen und ihr Licht flackert wie eine Kerze mit schlechtem Docht.

Ich stürzte die enge Steintreppe hinab. Noch ehe ich die Eichenbohlentür aufgetreten hatte, hörte ich die Stimme des Solanus, und sie klang nicht wie sonst, nicht so weich wie mürbe gekochtes Schaffleisch, sondern wie das Röcheln eines waidwunden Hirsches, den die Speere der Jäger nur unzulänglich trafen. Und dann stand auch ich vor der Katastrophe, und ich bin sicher, dass auch ich einen entseelten Schrei ausstieß, der dem Alkuin und dem Solanus (Sergius war, so meine ich, zu diesem Zeitpunkt nicht mehr in unserer Mitte) in Erinnerung geblieben ist.

Das große Eisengitter, das die Sakristei verschloss, hatte eine Riesenfaust aus der Mauer gerissen. Über den Hof verstreut lagen Äste und Herbstlaub, die der Sturm der letzten Nacht hierhergeworfen hatte. Die Faust aber, die das Eisen herausgerissen hatte, musste wohl so ungestüm zu Werke gegangen sein, dass ein Gutteil der Mauer zerbröckelt und ein Stück des Daches über dem heiligen Raum eingebrochen waren.

Mit einem Mal wurde mir klar, dass es nicht dieser Schaden war, den der Alkuin schreiend beklagt hatte. Aus der wüsten Öffnung kam er uns entgegen geschwankt und hielt die aus Eiche geschnitzten Kästchen empor, in denen die heiligen Reliquien des Sixtus und des Sinnitius ruhten. Sie waren leer.

Wie auf ein Zeichen fielen Solanus und ich auf die Knie und sangen das Miserere. Die Stiftsherren waren mittlerweile dazugekommen, um von uns den Morgensegen zu empfangen, und auch sie gaben ihrem Entsetzen Ausdruck. Sigurd, wiewohl damals schon ein alter Herr, dem die Gicht gehörig die Knochen verdreht hatte, warf sich in den Morast, und die anderen Herren, Botho und Arminius, taten es ihm gleich.

So verging eine Weile, die uns wie in einer Wolke des Schmerzes gefangenhielt.

Inzwischen war allerlei niederes Volk zuhauf gelaufen, und ich hörte Wortfetzen wie «...die rächende Faust des Thor» oder «Hexerei ... die Varga war's, die Varga, ich sag's, ich weiß es ...»

Und ich gestehe freimütig, auch ich habe eine Weile geglaubt, es könne nicht Menschenwerk gewesen sein, das dieses Unheil angerichtet hatte.

Sigurd war der erste, der sich besann. Ich sah, wie er, den Blick tief gesenkt, den Boden vor dem Loch in Augenschein nahm.

«Was suchen Sie, verehrter Herr?» fragte ich.

«Hufspuren von Pferden, oder Trittsiegel von Ochsen. Das Gitter kann keines Menschen Kraft herausgerissen haben.»

Es waren zwar allerlei Spuren zu sehen, doch nur von den Sandalen und Fußlappen derer, die inzwischen herbeigeeilt waren. «Hexerei, Hexerei», der Ruf hatte sich zu einem infernalischen Stakkato gesteigert, und ich sah, wie einige ganz ungeniert in der Art der Heiden die Handflächen gegen den Himmel aufhoben. Und sah es nicht in der Tat so aus, als grinste ein grimmiger Wotan aus dem Gewölk, zufrieden mit dem Streich, den er gegen die Christenheit geführt hatte. «... wir müssen die Kapelle einreißen, die auf Wotans Stein gegründet ist, los, los, holt Hammer und Seile ...», gellte es hinter mir.

Uns allen war klar, dass Ramsolano ohne die Gebeine des Sixtus und des Sinnitius nicht mehr sein würde als eine Ansammlung unbedeutender Hütten im Nirgendwo der Wälder.

Der bescheidene Wohlstand des Stiftes ... rührte er nicht daher, dass begüterte Seelen ihren Nachlass in unsere Hände gaben, damit wir für sie an den heilsspendenden wundertätigen Gebeinen das Himmelreich erflehten? Kamen nicht an den Namenstagen der beiden Heiligen Kranke aus allen Nordgauen, ja selbst noch aus Verden und Bremen, auf dass wir sie gesundbeteten? Wie steht ein Leib da, dem die Knochen fehlen, ach!

Alkuin war mit einem Schlag zitternd geworden, ein Leiden, von dem er nie wieder vollends genas. Solanus versagte die Stimme. Ich schlug meine Stirn solange gegen einen Pfosten, bis beide blutig waren. Und um uns herum gellte es aus hundert Kehlen: «Hexerei ... Wotans Rache ... ich habe ihn gesehen, aus einer Wolke schlug er zu, mit blitzendem Hammer ... seine Raben flatterten im Mondlicht davon ... Die Varga, ich sah sie gen Mitternacht ...»

War es nicht zu allen Zeiten so mit den Bekehrten? Schuf sich nicht auch das Volk des Moses ein goldenes Götzenkalb, als es Gottes Nähe eine Weile nicht spürte? O mein Gott, Dein Wort zu verbreiten heißt, Wasser zu füllen in einen löchrigen Balg!

Es war Heitu, der als einziger still und scheinbar unbewegt blieb. Schließlich nahm er mich beiseite und deutete in den Kronenbereich der Esche, die im Hof stand. Ich wusste nicht sogleich, was er mir sagen wollte, und wandte mich ab. Da sah ich, wie er sich mit ein paar kräftigen Bewegungen in den Baum emporschwang. Eine plötzliche Stille trat ein, aller Augen folgten dem Heitu, der mit großer Ruhe und Kraft höher stieg bis in die Krone. Und schließlich sahen es alle: Ganz oben war ein Tau befestigt, das von dort den Baum herabhing bis fast zur Erde. Heitu, vorsichtig seinen großen Körper balancierend, knotete den Strick los, so dass er zur Erde fiel.

Ich begriff. Ich nahm das eine Ende des Seiles in die Hand und ging die paar Schritte zu der Stelle, wo noch gestern das Gitter gewesen war.

«Hört mich an, Hohe Herren, Mitbrüder, und hört auch ihr, die ihr sogleich und voreilig den Wotan am Werk sahet! Ein Frevler hat das Seil am Gitter verknotet und das andere Ende im Wipfel der Esche. Der Sturm hat die Esche mit aller Macht geschüttelt und niedergebogen, so dass die Sturmeskraft wie in einem Segel mächtig wurde und das Gitter aus der Wand riss ...»

Eine Weile war es still. Dann hob Sigurd den Strick auf und sagte: «An diesem Seil soll der Übeltäter hängen. Ich will nicht eher von dieser Erde gehen, als bis die Heiligen Gebeine wieder an ihrem Platze ruhen.»

Solanus stimmte einen Gesang an, den ich nicht kannte, der aber angenehm beruhigend wirkte auf unsere aufgewühlte Schar. Der Rest des Tages verging unter Gebeten und Gejammer und Schwüren.

Mit dem ersten Licht des nächsten Tages schickten wir den besten Reiter des Dorfes gen Hammaburg, einen Mann, der vor vielen Jahren aus einem unaussprechlichen Land aus Sonnenaufgang zu uns kam, eine Witwe ehelichte, das Köhlerhandwerk erlernte und blieb.

Er überbrachte dem Bischof von Hammaburg ein Pergament, auf dem Alkuin in entsetzlich falschem Latein und unter allen erdenklichen Windungen den Verlust kundtat.

Ich habe all die Seiten, die ich bisher füllte, dem Thomasius verlesen, einem Novizen, dessen Geisteslicht um etliches heller strahlt als das all der anderen, die mit ihm in wenigen Wochen das Mönchsgelübde ablegen wollen – all hier in Wik am Holze.

Es trieb ihm Mal um Mal das Wasser in die Augen. Ich denke, das darf ich als Zeichen werten, dass mein Bericht nicht gänzlich misslungen ist; denn es waren Tränen der Anteilnahme.

«Bruder Agrippa», wandte er sich mit großem Ernst an mich, «wenn es wahr ist, dass die Heiligen Gebeine nicht mehr im Stift zu Ramsolano weilen, beten dann die Pilgerscharen, die alle Jahr zu Ostern von Wik am Holze nach Ramsolano aufbrechen, zu nichtswürdigen Knochen?»

«Soll ich es sagen, oder willst du dich gedulden, bis ich es dir verlese?»

«Ich will warten; denn die Worte, die aus deinem Mund vom Papier gelesen kommen, sind stärker als die frei gesprochenen Worte.»

«Meinst du?»

«Ja, das ist klar zu spüren.»

«Das ist seltsam. Da sollte es mich nicht wundern, wenn irgendwann jemand auf die Idee verfiele, ein eitles Geschäft daraus zu ziehen, aus geschriebenen Worten Wirkung zu schlagen.»

«Was, Frater Agrippa, soll daran eitel sein? Ist nicht auch der Heliand aufgeschrieben und voller wundersamer Geschichten?»

«Vorsicht, mein Sohn! Der Heliand ist Gottes Wort durch Menschenmund gesprochen und von Menschenhand geschrieben ...»

«So ist es Sünde, Bruder Agrippa, was du hier schreibst, Sünde, wofern es nicht Gottes Wort ist?»

«In den Regeln des Heiligen Benedikt ist nichts dafür und nichts dagegen gesagt, wenn einer zu anderen als gottesdienstlichen Zwecken schreibt.»

«Und warum schreibst du, Bruder Agrippa?»

«Ich muss, Söhnchen, ich muss.»

Die Aufforderung und der Beginn eines anderen Leben

Ein Jahr war vergangen, das traurigste, verzweifeltste, schwärzeste Jahr meines bisherigen Lebens. Der Winter war kalt, böse, bissig, biestig! Und der Frühling, die goldgepuderten Kätzchen an den Weiden, der Lobgesang der Vögel an den Herrn, die ersten Libellen, wie sie Diamantenblitze werfend in der Sonne zuckten ... alles war nicht dazu angetan, unsere Herzen zu erheben. Erstmals in meinem Leben fiel mir das Fasten schwer, und ich hatte derob ein gewisses Mitgefühl für Solanus, für den das Fasten Jahr um Jahr eine Folter der schlimmsten Art war. (Solanus umging das Fastengebot, das Fleischverzehr verbietet, nicht aber Fische, indem er Biber fing, die er kurzerhand zu Fischen erklärte, da doch ihre breiten, fleischigen, äußerst wohlschmeckenden Ruderschwänze Schuppen tragen.)

Der Bischof von Hammaburg, der Graf zu Bardowick, Sigurd ... sie alle hatten schwerbewaffnete Suchtrupps zusammengestellt, die sich wohl gegenseitig fanden, nicht aber den Gesuchten, den Dieb der Heiligengebeine. In Bremen und selbst im fernen Köln hatte die Hohe Geistlichkeit Belohnungen in einer Höhe ausgelobt, die schwindeln machte, Belohnungen für den, der die Reliquien auffände und den Räuber benennen könnte. Das versprochene Gold führte zu einer Vielzahl von wirren Fingerzeigen.

Das erste, was geschah, war, dass – o Schande! – die Nachbarn des Heitu ihn verklagten, er sei der heimliche Täter, denn er habe schließlich in verdächtiger Schnelle und Treffsicherheit das Rätsel um den Strick zu lösen gewusst. Als keiner auf diese dümmliche Anklage reagierte, behauptete eine Frau, sie hätte in der Nacht zuvor die Varga gesehen, wie sie nackt, nur mit lodernden Flammen um die Lenden, einen Bären mit feurigen

Augen an der Nase führte und dieses Untier auf ihr Geheiß das Gitter eingeschlagen hätte. Sie war sogar bereit, vor dem Altar kniend bei Gott dem Allmächtigen zu schwören, ein Vorhaben, das Alkuin auf mein inständiges Einreden nicht zuließ. War es doch die nämliche Frau, die mit Hilfe der Varga ein Kind geboren hatte, das blöde blieb. Ein unglücklicher Umstand, den die Verleumderin der Varga anlastete.

Ein Jahr erfolgloser Suche war vergangen. Man hatte zwar vor dem Dom in Bardowick unter großer Anteilnahme einen Mann gevierteilt, der eine Reliquie geraubt hatte. Aber es war eine mindere, und der Verdacht, der Dieb hätte auch die Sixtus- und Sinnitius-Gebeine an sich gebracht, ließ sich auch unter glühenden Zangen nicht bestätigen.

Mir war nur eines klar: Der wahre Täter musste ein Mann von einiger Geisteskraft sein. Denn kein Ochsengespann allenfalls die fürchterlichen Elefanten des Hannibal – wäre in der Lage gewesen, das festgegründete Gitter aus der Wand zu ziehen. Der Mann muss die große Kraft des Windes richtig einzuschätzen gewusst haben. Er muss die körperliche Gewandtheit besessen haben, in einen sturmgepeitschten Baum emporzusteigen. Und ... das war das eigentlich Wichtige: Er musste entweder Nächtens und im Sturm die hohe Stiftsmauer überstiegen haben oder aber gewusst haben, dass man über den großen Lagerschuppen durch eine kleine versteckte Luke in den Hof gelangen kann: eine Art Geheimeingang für uns Mönche, wenn einer zu sehr später Stunde noch Einlass wollte, ohne deshalb die Brüder zu wecken.

Ich bedauerte es über alle Maßen, dass mir dieser Gedanke an die Luke erst geraume Zeit nach der Tat kam. Zu diesem Zeitpunkt ließ sich nicht mehr feststellen, ob die Luke an jenem Schreckensmorgen offenstand oder nicht. Wenn aber ... so trieben mich meine Gedanken immerfort im Kreis ... wenn aber der Täter jenen einfacheren Weg durch die Luke gewählt hatte, kam für die Tat nur ein einziger Mann in Frage. Ich war es nicht, Solanus ist zu fett, Alkuin über jeden Frevel erhaben, Sergius hatten wir vor einigen Monaten auf dem Acker vor dem Friedhof begraben.

Ich ging in meine Zelle, kramte den Rosenkranz des Titus hervor, den er mir an jenem verregneten Oktobertag zurückgelassen hatte, und presste das Kreuz an mein Herz. «Ist es möglich denn, Vater im Himmel, dass einer der Unsrigen so tief sinkt ... Und wenn es möglich ist, so sage mir, warum?»

Oh, hätte ich damals ahnen können, dass Gott der Herr mir diese Frage durchaus beantworten würde! Ich hätte es nicht zu wissen begehrt.

Zum Jahrestag der Schreckenstat erreichte mich die Aufforderung des Bischofs von Hammaburg, mich «fratribus non scientibus» (ohne Wissen meiner Brüder) bei ihm einzufinden. Er, der Bischof höchstselbst, nähme es auf sich, sofern ich den Brüdern einen nicht wahrheitsgemäßen Grund für meine Abwesenheit benennen würde.

Und mit meiner geheimen Fahrt gen Hammaburg begann ein Lebensabschnitt, der mich aus dem geliebten Stift fortführen sollte, aus diesem Stift, in dem vier und schließlich nur drei mindere Mönche – Männer, die aus mangelnder Geisteskraft oder selbstverschuldeter Sündhaftigkeit ihr Gelübde nicht halten konnten – vor der Welt vergraben lebten, lebten indes in einem Zustand perfekten Friedens, lebten in der tätigen Sorge um eine kleine wankelmütige Christengemeinde, deren Alltagssorgen sie teilten, deren kleines Glück und großes Leid.

O Vater im Himmel, nur einmal noch lass mich die kleine Stiftskirche sehen, das Seevetal, das im frühen Sommer übersät war von Kibitzeiblumen, durch die dufttrunken die Schmetterlinge segelten. O Vater, ich verschmachte, ich verzehre mich nach all dieser Kargheit ... oder ist es, wenn ich es recht bedenke, nur die Sehnsucht sehr alter Glieder nach der Straffheit und Kraft meiner mittleren Jahre?

Aber ich will nicht klagen, brachte mich doch der neuerliche Gang der Dinge fest an die Seite des Herward, der in dem Jahre 896, in dem wir gerade weilen, sein fünfzehntes Jahr vollendet hatte und dessen Ebenmaß von Körper und Seele jeden, der sehen konnte, das Lob Gottes singen ließ. (Halt, nein: «Hätte singen lassen müssen» wäre recht berichtet; denn das niedrige Gebüsch beneidet die hohen Eichen.)

Gottes Wille war es wohl, dass, bevor der Herward so eng an meine Seite trat, ich noch eine Wegstrecke mit seinem Vater, dem Heitu, gehen durfte. Eine Wegstrecke, die zu den wundersamsten meines langen Lebens zählt ... Aber ach, einmal mehr begehe ich den Fehler zu raunen, statt zu berichten – zu berichten in der Reihenfolge der Geschehnisse, so wie der Heilige Rimbert in der wahren Abfolge der Jahre und Ereignisse das Leben des Heiligen Ansgar aufzuschreiben wusste.

Heiliger Ansgar, süßer Name, Missionar des Nordens, Gründer des Heiligen Klosters zu Corvey, Bischof zu Hammaburg und Bremen, Gründer auch unseres bescheidenen Stiftes, Du Gottesmann, in dessen Namen mir, dem fehlsamsten aller Mönche, das Gelübde abgenommen wurde, das Gelübde, das ich brach mit jeder Nacht in einem Weiberbett, o Du schönster Heiliger der Christenheit, halte Fürsprache für mich vor dem allerhöchsten Thron, auf dass ich die Kunde von der führenden Hand Gottes, exempelhaft am Leben des Helden Herward dargelegt, mit dem notwendigen Fleiß und Geschick zu Ende bringe. Denn mein Augenlicht beginnt zu flackern, und der Seiten sind noch viele zu füllen.

Die Fahrt zu Wasser nach Hammaburg

Ich denke, ich habe mit aller gebotenen Schicklichkeit meinen erhofften Lesern fernerer Tage kundgetan, dass es mit der Geisteskraft des Alkuin nicht und zu keiner Zeit zum allerbesten stand. Es konnte sehr wohl geschehen, dass er alles verfügbare Volk der Gegend um sich versammelte, um am Namenstag des Heiligen Ansgar eine etwas konfuse Predigt über den Heiligen Benedictus zu halten. Ja, es konnte geschehen, dass er die wundersame Heilung eines Lahmen, der die Reliquie des Sixtus berührte, ignorierte, während ihn die Genesung eines schon federlosen Hahnes in höchste Verzückung versetzte.

Aber nach dem Diebstahl der heiligen Reliquien war es, als sei sein Kopf von Auszehrung befallen, aus dem kleinen, krummbeinigen Männlein wurde ein zitternder Schatten, so wie ihn blakende Kerzen an die Wand werfen. In den Schauermärchen der Heiden hört man von Toten, die bei Vollmond wiedergehen. Und manchmal – der Herr sei bei mir! – erschien mir Alkuin in der kurzen Spanne Zeit, die ihm noch verblieb, wie ein lebender Toter oder ein Toter, der sich schrecklicherweise noch bewegte. Auch hörte ich nächtliche Schreie aus seiner Zelle, und die Weidenrute, mit der er sich geißelte, klatschte Stunde um Stunde, bis sie ihm ein gnädiger Schlaf aus der Hand nahm. Den Diebstahl rechnete er sich selbst als Verschulden an – etwa so, wie im Dorf die unfreien Hüterinnen des nächtlichen Feuers auch dann zur Rechenschaft gezogen werden, wenn nicht ihre Unachtsamkeit, sondern höhere Gewalt die Flamme verlöschen lässt.

Alkuins Zustand hatte den Vorteil, dass ich ihm meine mehrtägige Abwesenheit (der geheimen Hammaburg-Mission wegen) nicht zu erklären brauchte. Er bemerkte sie nicht. Und Solanus interessierte sie nicht. Er verbrachte jede freie Stunde damit, Melodien für Psalmen zu finden, die er in einer seltsam sich verjüngenden und verdickenden Schlangenlinie auf ein Pergament pinselte. (Der Einfaltspinsel behauptete, jemand, der diese Linien sähe, wisse, welche Melodie er, der Solanus, sich zu diesen Psalmen gewünscht hätte!) Also musste ich das hochherzige Angebot des Bischofs Ebo von Hammaburg nicht in Anspruch nehmen: Es bedurfte keiner erklärenden Notlüge.

Ich ging mit leichter Wegzehrung und einer ungeflickten Kutte im Gepäck die Seeve abwärts zu der Stelle, wo die Flöße mit Holzkohle beladen werden und wo allerlei Handelsware für die große Stadt zur Verschiffung in reetgedeckten Schuppen aufgestapelt liegt: gepökeltes Fleisch in Fässern, Buchweizen, viel Honig in rheinischen Tonkrügen, Seife (aber von der groben Art), Hirschhorn zur Fertigung von Löffeln, Fibeln, Gürtelschnallen und dergleichen, Felle, von denen einige so schlecht gegerbt waren, dass sie entsetzlich stanken. (Wie oft hab ich den Leuten im Dorf gesagt, dass man – wie wertvoll auch immer das Salz sein mag – nicht an demselben sparen darf, will man gute Felle herstellen!) Doch der Met, den wir im Stift zu brauen wussten, war geschätzt in Hammaburg.

Die Flöße aus gerade gewachsener Eiche, begehrter Baustoff für die Hammaburger Schiffszimmerleute, wurden dick mit Holzkohle überschüttet, der Haupthandelsware unseres Dorfes. Dann folgte eine dünne Lage lehmiger Erde, auf der Waren gelagert wurden. An beiden Floßflanken befanden sich Steuerruder, nach den Plänen des Heitu gefertigt, und am Heck ein großes Ruderblatt, das von zwei Männern bedient wurde.

Ich sah das schwankende Gefährt und bekreuzigte mich: Sollte ich nicht doch lieber den beschwerlicheren Fußweg wählen? Aber Bischof Ebo hatte es schließlich sehr dringlich gemacht in seinem Schreiben. Also vertraute ich mich Gott und der Geschicklichkeit zweier Köhler an, die von vertrauenerweckender Statur waren. Der eine versicherte mir treuherzig, er flöße diese Strecke nun schon seit seinen frühen Mannesjahren und er sei noch kein einziges Mal ertrunken.

Die Ablegestelle war etwa dieselbe, an der vor fünfzehn Jahren die Wikinger in jener Nacht, in er sie den Heitu zurückließen, ihre Boote ans Ufer zogen. Das Kreuz, das Alkuin hier hatte errichten lassen, war zu diesem Zeitpunkt schon von Eisgang gefällt und fortgeschwemmt. Aber ich musste, als wir langsam in die Strömung trieben, wieder an jene Nacht denken, an den Feuerschein, an den aufgeschlitzten Orto, vor allem aber den bleichen Sohn des Bluttrinkers ... wäre es für ihn nicht besser gewesen, er wäre vor Hammaburg gestorben? Aber was rede ich! Ein toter Heitu hätte keinen Helden mehr zeugen können.

Die Männer waren geschickt. Nur einmal verfing sich das klobige, bedrohlich überladene Gefährt im Ufergeranke der Seeve – die weit ausgreifenen Wurzeln einer Schwarzerle hielten uns gefangen –, aber einer der Köhler machte uns mit wenigen Axthieben wieder frei.

Ich konnte leicht ermessen, wie elend die Arbeit des Manövrierens ohne die Heituschen Steuerhilfen gewesen sein mussten. Als ich das lobend zu bedenken gab, knurrte einer der Köhler: «Ja, auf Schiffe verstehen sie sich, die Seeräuber, die Bluttrinker, die verfluchten!»

Am Ufer standen graue Reiher, unbeweglich in die Flut starrend, und einen sah ich, wie er einen gespießten Fisch emporreckte. Auch sah ich schwarze Störche, die sich mit feierlichen, langsamen Schritten ins Waldesdunkel zurückzogen, als wir näher auf sie zutrieben. Ich thronte auf einem mit Wachs versiegelten Fass voller Honig, von dem ich mir versprach, dass es, sollten wir kentern, mich wohl mit etwas Glück ans Ufer tragen würde. Aber mit jeder der zahllosen Flussbiegungen, die wir passierten, mit jeder bedrohlichen Enge, die meine Köhler meisterten, erfüllte mich mehr Zuversicht. Und als uns die Seeve schließlich in die großmächtige Elbe entließ, atmete ich laut und hörbar auf, was den älteren der Köhler zu der böswitzigen Bemerkung veranlasste: «Ab jetzt solltest du für uns beten, Bruder Agrippa, ab jetzt ist es nötig!» Und ich begriff schnell, was er meinte. War das Seevewasser zwar rasch, aber doch flach gewesen, so dass man im Notfall wohl mit nassen Röcken davongekommen wäre, sah ich nun nur noch gurgelnde, pochende Wassermassen von unbestimmbarer Tiefe, Wassermassen, gegen die sich die Köhler an den Rudern mit aller Kraft stemmten, galt es doch, dem Schifflein eine Richtung zu geben.

War mir das Floß in der Seeve noch groß, fast zu groß für das Flüsschen erschienen, so wirkte es in der Elbe nussschalenhaft und verloren. Das Gegenufer war in Nebeltücher geschlagen, nur ein paar hohe Bäume ragten darüber hin, geisterhaft abgeschnitten und so, als schwebten ihre Kronen über dem Fluss. Ein kühler Wind ging. Mir war unwohl, und die Köhler genossen meine Angst.

«Wie wäre es mit einem Bittgebet an die Wassergeister, heiliger Pater? Die Ewig Feuchten wachen über das Schicksal der Zu-Wasser-Reisenden ...»

«Schweig, Elender, verbohrter Sachse! Wenn Gott dich hört, könnte Er dich ins Wasser werfen ob deiner Lästerei, und das wäre nicht gut für den Fortgang meiner Reise!»

Ich gebe zu, dass die heidnischen Sticheleien aus den Mündern zweier getaufter Christen sehr kurzweilig waren, so dass meine Angst nicht überhandnahm. Aber ich war doch über alle Maßen froh und dankbar, als wir zwei Stunden vor Dämmerung die Palisadenmauern von Hammaburg sahen.

«Schaut», rief ich, «schaut das Tor in der hohen Mauer, ist es nicht wie das *Tor zur Welt*!»

Die beiden grinsten sich an, und ich erfuhr erst später, warum sie grinsten: Gleich jenseits des äußeren Tores schoben sich eklig verlotterte Hütten ineinander, Hütten, in denen freigelassene Sklavinnen den Händlern aus aller Herren Länder ihre Handreichungen feilboten. Stand nicht schon in den heiligen Schriften *St.Pauli,* welche Abgründe sich auftun im Weibe? Und auch der Große Paul war ein Seereisender.

In Hammaburg

Rom ist größer, herrlicher. Glendalough im Land der Iren ist heiliger. Köln ist ehrwürdiger, und der Duft von Gottesnähe weht vom hohen Gotteshaus über alle Hütten. Corvey ist kleiner, aber hat diesen Glanz von innen, jeder Stein leuchtet, wo ihn Ansgars Hand berührte ... Was dagegen ist Hammaburg?

Das erste, was sich mir aufdrängte, war ein recht strenger Geruch von Fisch: Im äußeren Hafen, der wie ein Halbmond vor dem inneren, dem eigentlichen Hafen liegt, hat man alles Unappetitliche versammelt – vom Gewerbe der ehemaligen Sklavinnen sprach ich schon – , dessen eine Stadt offenbar nicht entbehren kann. Und ich fragte mich, ob es eine gute Art sei, Ankömmlinge zu begrüßen, indem man sie erst durch die Gerümpelkammer in die besseren Räume führt. Aber ich habe diese Stadt nicht gebaut, und ich habe dieses Missgeschick nicht zu verantworten. Den Geruch ertrug ich gern, denn der Anblick eines Himmels, der angefüllt war mit schneeweiß gewandeten Vögeln, entschädigte mich für eine Weile.

Wenn man auf die Palisadenmauer steigt, die nach dem schrecklichen Wikingerüberfall 845 (dem Ramsolano, wir sprachen davon, seine Gründung verdankt) errichtet wurde, sieht man, dass Hammaburg noch immer von Sümpfen umzingelt ist, obwohl die Gottesmänner, die nach Ansgar kamen, verschiedentlich dazu aufriefen, tiefe Gräben zur Elbe hin zu ziehen. Man sieht auch die Anfänge dieser Gräben, aber sie sind verschlammt – verschlammt, ich muss es beim rechten Wort benennen, von den Exkrementen der Stadt, die offenbar gut verdaut. Im Hochsommer, so berichtete man mir, wehe ein ungutes Lüftchen über die Stadt.

Aber in der inneren Stadt findet das Auge dann doch allerhand, auf dem es wohlgefällig verweilen kann. Die Frauen der reicheren Kaufleute, deren es etliche zu geben scheint, kleiden sich in alles Tuch, das zwischen Orient und Okzident für Silber oder andere Münze zu haben ist. Ich sah Silberspangen aus Aquitanien, Bernsteinbroschen aus dem Norden, Diademe mit Funkelstein. Und mir entging nicht, dass die meisten Frauen mehr Speck auf den Rippen trugen, als kleidsam ist.

Der innere Hafen ist verstopft von Schiffen aller Bauart: friesische Flachboote, sächsische Elbkähne und ... ich traute meinen Augen kaum ... Wikingerschiffe!! Zwar nicht jene der überschlanken, furchtgebietenden Bauart, die schwimmenden Schwerter, die zu Raubfahrten dienen, sondern die bauchigere Variante für den Handel. Aber auch sie trugen die fratzenhaften Drachenköpfe am Bug. (Nur wenig später in meinem Leben sollte ich lernen, dass Raub und Handel für die Wikinger zwei Seiten einer Münze sind, wobei ihnen der friedliche Handel zeitweise durchaus angenehmer ist als das blutige Handwerk.)

Die Häuser am inneren Hafen sind wohlgefügt, sauber verputztes Weidenflechtwerk, meist in angenehm gedeckten Farben überstrichen, die Fenster mit schwerem Eisen gesichert: untrüglicher Hinweis auf Reichtum ... und ich musste wieder an das Gitter vor unserer Sakristei denken, das doch nichts genutzt hatte wider die Macht des Bösen. Die Kirche Ansgars war niedergebrannt, aber man hatte an selber Stelle ein festeres Gotteshaus errichtet, dessen bauliche Ausführung kein Lob des Herrn war. Der Baumeister hätte gut daran getan, sich ein paar erprobte Muster anzuschauen ... so aber wirkte das Gotteshaus mit seinem übergroßen Tor wie ein riesiges Maul an einem zu kleinen Kopf. Aber der Herr wird auch hier Wohnung bezogen haben, er nimmt ja Wohnung nicht wegen der Kunst der Baumeister, sondern um der Bedürftigkeit der Seelen willen.

Ein zerlumptes Kind, das meinen Stand an meiner Kutte erkannte, ergriff meine Hand und führte mich zu einem Haus mit weit überhängendem Dach. Hier also wohnte Bischof Ebo!

Er musste mich auf die Stunde erwartet haben, jedenfalls stand er mit ausgebreiteten Armen auf der Türschwelle. Während ich noch auf ihn zuschritt, um den Bruderkuss zu empfangen, sah ich, dass der jüngere der beiden Köhler, die mich so sicher hierhergeschifft hatten, den Weg zwischen Kirche und Bischofssitz kreuzte. Offenbar hatte er noch vor mir beim Ebo Audienz gehabt. Ein wunderlicher Gedanke! Warum sollte Ebo einen dreckstarrenden, ungebildeten, rohen Burschen zu sich laden...?

Ich hatte den Ebo nie zuvor gesehen, aber seine Kutte aus gebordetem Leinen, der Krummstab und sein eisernes Bischofskreuz sagten mir, wen ich vor mir hatte.

«Sei gegrüßt, Bruder, hattest du eine angenehme Fahrt?»

«Gott war mit uns.»

«Tritt ein. Und stärke dich!»

In einem großen Raum, dem wohl an die hundert Kerzen Wärme und Licht gaben, fand ich sogleich Gelegenheit, mir eine bessere Meinung von Hammaburger Fischen zu machen. Auf einem Eichenbohlentisch, der Beine hatte, wie sie wohl die fürchterlichen Elefanten Hannibals gehabt haben mochten, war gesottener Fisch in aller erdenklichen Herrlichkeit angerichtet. Und in hohen Kelchen funkelte doch tatsächlich roter Wein.

«Der ist weiter gereist als du, Bruder Agrippa!» sagte Ebo, dem das jähe Aufleuchten in meinen Augen nicht verborgen geblieben war.

Ebo war nicht älter als ich. Sein Gesicht war ebenmäßig, ja ich vermeinte sogar etwas Römisches in seinen Zügen zu sehen. Aber die Züge der Völker haben das Blut gehörig verwirbelt: Sah ich doch blonde Recken in Pisa und dunkelhäutige Weiber in Friesland. Und wie um meine Ahnung zu bestätigen, sprach Ebo ein Latein mit römischem Akzent, was uns sogleich Gelegenheit gab, auf das allerinniglichste Romerinnerungen auszutauschen. Ebo musste die Heilige Stadt etwa zu dem Zeitpunkt betreten haben, als ich sie wieder verließ: Wir hätten uns auf der Via Appia begegnen können. Ebo aber blieb, anders als ich, viele Jahre am Tiber, kannte mehrere Päpste und eine Vielzahl von Kardinälen.

Mir war die Weise hoher Geistlicher sehr vertraut: Er näherte sich dem Casus, um dessentwillen ich herbeizitiert worden war, unmerklich langsam, ein Umstand, der im offenen Widerspruch zu der Dringlichkeit zu stehen schien, mit der er mein Erscheinen gefordert hatte. Dem Fisch folgte noch eine himmlische Süßspeise, deren Art mir neu und unergründlich war. Ihr Zauber rührte wohl von den fischaugenkleinen Walderdbeeren.

Schließlich tat Ebo das, was man in der Kunst des Schwertkampfes einen «Ausfall» nennt. Während ich eine kleine Weile – ich meinte unbemerkt – in die Betrachtung eines Bildes versunken war (heidnische nackte Frauen, die von einem Geistlichen mit erhobenem Kreuz einen Abhang hinuntergejagt werden, an dessen Ende Höllenfeuer züngelt ... ein sehr schlichtes Bild, gemalt in der einfältigen Art unkundiger Menschen), während also meine Augen ein paar verräterische Momente an den Sündengestalten hingen, legte mir Ebo die Hand auf die Schulter: «Wie steht es bei dir, Bruder, mit dem vierten Instrument der guten Werke?»

In mir dröhnte eine Glocke, aber keine Betglocke, es war die Feuerglocke, die Warnglocke: Woher konnte Ebo von meiner Schwierigkeit mit dem Keuschheitsgelübde wissen? Woher? Sicher, es war bekannt, dass wir vier Mönche im Stift Ramsolano nicht gerade Leuchten der Christenheit waren. Aber dennoch!

Ebo, dem das entsetzte Aufflackern in meinen Augen ein zufriedenes Lächeln entlockte, wechselte sogleich das Thema, ohne noch Antwort zuzulassen. Er sprach von seiner noch immer andauernden Trauer um den Verlust der heiligen Gebeine, der Erfolglosigkeit verschiedener Suchtrupps. Er beklagte den Niedergang der kaiserlichen Macht und die Anmaßungen der Gaugrafen, denen die Sache Christi allenfalls lästige Pflichtübung sei, er sprach über den Heiligen Ansgar, zeigte mir einen Taufstein, der den großen, von den Wikingern gelegten Brand wunderbarerweise ohne eine einzige Spur von Schwärzung und Beschädigung überstanden hatte, wurde nicht müde, über die verschlungenen Beziehungen römischer Patrizierfamilien in allen Weltgegenden zu berichten, erörterte aufs vortrefflichste den Grad der Heiligkeit jener Gebeine, die einst dem Eisernen Arm der Christenheit, dem Großen Karl, seine weltliche Stärke gaben, weilte lange, lange, lange beim beklagenswerten Zustand der Heidenmission im Norden ... und nannte dann (erneuter gellender Glockenschlag in meinem Kopf!) den Namen des Mädchens Moira, des Mädchens, das der Händler, dem das Auge gestochen und eine Hand genommen ward, in meiner Obhut zurückgelassen hatte.

Er erkundigte sich mit einer Anteilnahme, die mir das Blut in die Wangen trieb, nach dem Fortgang ihrer Unterweisung in der rechten Religion, da sie doch ein armes, verwirrtes, wiewohl ansehnliches Heidenkind sei, das der Gemeinde Ramsolano beinahe ein Kind geschenkt hätte, wenn nicht das Kraut einer gewissen Varga veranlasst hätte, dass dieses Kind ungeboren bleiben musste ...

Und während ich noch wie von Donars Blitz geschlagen ... (Verzeih, o Herr! Wer viel unter Heiden weilt, der nimmt leicht von ihrer Rede an, ohne deren bösen Sinn zu meinen!) ... während ich also erschrocken dastand, fiel mir die Gestalt ein, die so eilig davongehuscht war, als ich den Bischofssitz betrat. Sollte...?

Es gab nur diese Erklärung. Mit den Flößen reisten nicht nur Holzkohle, Felle und süßer Honig, sondern auch die bittere Fracht der Afterrede ... einer Afterrede, die in dem nämlichen Fall leider nicht zur Gänze erfunden war.

Geneigter Leser, ich erbitte Deine Entschuldigung. So rächt sich der Versuch, die Beichte nur ungenügend abzulegen: Als ich Dir kürzlich nur flüchtig von der Moira sprach und wohl auch davon, dass dieses frische Kind meine Fürsorge und die christliche Liebe an ihr in der einzigen Weise bezahlte, auf die sie sich vorzüglich verstand, unterschlug ich, dass es Folgen gab, die ihren wunderschönen Leib ein wenig auftrieben, Folgen, welche die Varga auf meine Anweisung hin mit einem Schwitzbad in einer wüsten Kräutertunke beseitigte.

Der Auftrag

Bruder, du hast, um deine ungeheuerliche Tat geheimzuhalten, ein Leben töten lassen, das von Gott zum Leben bestimmt war. Ein Kind der Sünde zwar, aber ein Kind.»

«Pater, me peccavi!»

«Mit dieser Formel ist es in deinem Fall nicht getan.»

«Scio! Verstoße mich, nimm mir die Kutte, lass mich an den Galgen hängen, der am äußeren Hafen steht ...»

«Was konnte dich so tief sinken lassen?»

«Mein Fleisch ... mein Fleisch ist schwächer als das anderer Menschen ... brenne mir dieses Fleisch von den Knochen.»

«Bruder, du willst den einfachen Weg.»

Den einfachen Weg? Diese seltsamen Worte ließen mich Hoffnung schöpfen. «Was, Heiliger Ebo, ist der schwere, der gottgefällige Weg der Buße?»

Ebo ließ mich noch eine gewaltig überdehnte Weile zwischen Hölle und Hoffnung schmoren, dann rückte er stückweise mit dem heraus, was er sich zu meiner Entschuldung ausgedacht hatte. Nein, nicht ausgedacht: Er nannte es eine inspiratio, eine göttliche Einhauchung.

Und bevor ich ging – auf Beinen, die mich kaum noch trugen –, drückte er mich an seine Brust, küsste mich mit einer wahrhaft italienischen Glut und sagte mit tränenumflortem Blick: «Gott richtet. Mein Teil ist Verzeihung! Geh mit Gott! Und nimm die Reliquie des Heiligen Ansgarius, die hoffentlich noch immer fest vermauert im Stift liegt, mit auf deine Reise. Sie wird gutes Gelingen bewirken. Leb wohl, Bruder!»

Für Gottes Lohn setzte mich ein Fischer über die Elbe, und ich begann den Rückweg nach Ramsolano durch eine Nacht, die auch den darauffolgenden Tag verdunkelte. Mit einem Kuss hatte Ebo meine Buße besiegelt, mit diesem Kuss also wollte er mich in den Tod schicken. Ich war 47. Und mir war nicht danach zumute, singend in den Feuerofen zu gehen wie Jehan. Mich würde das Feuer, anders als den Jehan, sengen, so wahr mir Gott nicht helfe ... nicht helfe in meinen vergeblichen Kämpfen gegen die Abgründe unter Weiberröcken, nicht helfe gegen lodernde Lenden, schimmerndes Schamhaar, aufschießende Lust ... nicht helfe ...

O Vater, es heißt, wem Du eine Last auferlegst, dem gibst Du auch die Kraft, sie zu tragen. Wo ist diese Kraft? Sag mir, wo?

Zwei Träume in einer Köhlerhütte

Ich habe es anfangs vermieden, dem Thomasius, der großen Freude meiner kalten, späten Wiker Tage, dem Thomasius, der Fürsorgedienst an mir altem Sündermönch verrichtet und meinem Herzen sehr nahe ist ... ja, ich habe es vermieden, ihm das vorausgegangene Kapitel zu lesen. Aber da sein Kopf hell ist und ich die Seiten paginiert habe, wie es sich allso gehöret unter zünftigen Scribenten, bemerkte er die Auslassung.

«Bruder Agrippa, warum enthältst du mir vor, was du gestern geschrieben hast?»

«Es würde nur Aufruhr in deine Seele bringen, Söhnchen.»

«Ich fürchte keinen Aufruhr. Der Herr ist mein Hirte.»

«Ich habe Verantwortung, ich darf kein schlechtes Beispiel sein.»

«Redest du von Beispielen der Art, wie sie im Roten Haus vor der Stadt gegeben werden, wo die Fuhrknechte Einkehr halten und für Geld unter die Röcke gewisser Frauen fassen?»

«O Gott, woher weißt du ...?»

«Bruder Agrippa, du trägst deine Wunde offen. Wann immer die jungen Marktfrauen in den Hof kommen, um Feldfrüchte oder Brot abzuliefern, finde ich deine Augen geweitet.»

«Erst wenn mein Leib kalt ist, wird Ruhe sein ...»

«Lies, und dein Herz wird still werden ...»

Also las ich und siehe, es tat mir gut.

Mein Geist war so umzingelt von den Worten des Ebo und von der Last, die er mir als Buße auferlegt hatte, dass ich den Pfad verlor. Die Nacht verbrachte ich noch am rechten Weg in einer halbzerfallenen Köhlerhütte, aber als ich früh am Morgen meinen Weg fortsetzte, folgte ich gedankenverloren einem Bach, der hier breit in die Seeve einmündete. Ihn entlang- und nach Erkenntnis des Irrtums wieder zurücklaufend, verlor ich viele Stunden, und nur der Glücksfall, dass ich am Oberlauf des Baches einen Eisvogel sah, einen dieser diamantenbesetzten Wundervögel, versöhnte mich etwas. Die Heiden sehen in diesem Vogel, der ins Wasser tauchend kleine Fische erbeutet, einen Glücksbringer, und ich gestehe, dass ich heidnischen Schnickschnack immer dann gerne annehme, wenn er Angenehmes verheißt.

Als ich wieder zurück an der Seeve war, stand die Sonne schon tief, und ich schickte mich leise wehklagend darein, eine zweite Nacht in der modrigen Köhlerhütte zu verbringen. Vielleicht war ja diese Verwirrung schon Teil meiner Buße? Gott sei Dank war es eine leidlich warme Septembernacht – die Fröste waren noch gut einen Mond entfernt. Also quälte mich in dieser Nacht keine Kälte – jedoch Träume, Träume, wie sie sonst wohl nur die Vorhölle für die verlorenen Seelen bereithält.

Aus dem blutigen Schoß der Moira zwängte sich ein Säugling mit drei Köpfen hervor, eine Spottgeburt, trug doch jeder Kopf mein Gesicht: mein Kinder-, mein Männer-, mein Greisengesicht.

Schreiend fuhr ich hoch und stieß mit dem Kopf in einen Vorhang aus Spinnweb. Ein Nachtvogel polterte davon. Ich betete wohl an die zwanzig pater noster, bis mich der Schlaf zurückzog ... aber nicht ins Reich erquickenden Schlummers, sondern auf eine Tafel, die feierlich von Kerzen umstellt war und von Weinkaraffen, in denen sich das Licht brach. Ich selbst aber lag inmitten gerösteten Fisches, und eine hungrige Menschenschar umstand mich. In der ersten Reihe sah ich den Ebo, wie er einen Becher erhob und sagte: «Ich empfehle meinen hochwohlgeborenen Gästen, besonders von diesem fetten Fisch zu kosten» – dabei deutete er auf mich – «ich habe ihn selbst entgrätet. Bedient euch!» Ich wollte lauthals protestieren, aber ich war ein Fisch, war stumm. Mein Mund formte nur karpfenartige Ohs.

Oh ... welch ein Traum! Und war nicht auch der Fisch das Zeichen des Heiligen Petrus? Und wurde nicht auch er gekreuzigt wie der Gottessohn? Nur kopfunter. Ich erwachte erschöpft, und schleppenden Schrittes ging ich acht weitere Stunden, bis ich endlich die Zinnen der Sigurd-Burg vor mir sah.

Sigurd, die alte gute Seele, sah mich, als ich mich an seinem Haus vorbeidrückte, und er zog mich, ohne Fragen zu stellen, auf ein Lager aus Fell – welches, Gott ist mein Zeuge, wahrlich viel angenehmer war als die Strohsäcke im Stift. Er fragte nicht, und das war das größte Geschenk, das er mir in dieser Stunde machen konnte. Er wusch meine lehmbespritzten Glieder und hieß die Moira, die er auf meine Einrede zur Bedienerin in seinem Haus gemacht hatte, mir einen Dorn aus dem Fuß zu ziehen, da sein Augenlicht für dererlei nicht mehr taugte. Moira zog mir den Dorn mit den Zähnen. Und ich hatte einmal mehr Gelegenheit, mich zu verwundern, wie kundig dieses schöne Kind in Dingen war, die das körperliche Wohlbefinden betrafen.

Ich fiel in einen Erschöpfungsschlaf, und er war traumlos und erquickend. Als ich erwachte, erschien mir die Bußfahrt, die vor mir lag, nicht mehr gar so höllenfahrtsmäßig, würde doch die heilige Reliquie des Ansgarius mit mir ziehen: der größte Schutz, der außerhalb Roms verfügbar war in jenen Tagen. Ich neigte mein Haupt in die aufgehende Sonne und betete: «Dein Wille geschehe, unter den Heiden sei mein Platz!»

Beginn einer Reise, von der wiederzukehren ich nicht zu hoffen wage

So etwa muss sich mein Herr und Meister gefühlt haben, als er sich gegen alle Anfechtungen entschlossen hatte, am Palmsonntag nach Jerusalem zu gehen – in die Stadt seiner Feinde. Am Ende würde auch mein Märtyrertod stehen, und es war unwahrscheinlich, dass jemand meine Gebeine bergen würde, auf dass sie wundertätig fortwirkten. Und trotzdem war ich heiter, gelassen, zufrieden. Denn ein Geschmack wie von Sinn lag mir auf der Zunge. Den Geschmack von Sinn hatte ich lange missen müssen in gleichförmigen Tagen im Stift: zwischen der Früh- und der Spätmesse, zwischen kärglichem Mahl und gelegentlichen Freuden. Freuden, die ich noch dazu nicht im Gespräch mit meinen Brüdern teilen konnte, denn was hätte ich dem Alkuin, was dem Solanus von den dunkelroten Knospen der Moira erzählen können, was von der Litanei der Seufzer, die sie mich aufsagen ließ ... Aber auf der bevorstehenden Bußreise würde ich mich auch von diesen Gelüsten reinigen. Des war ich sicher. Alkuin schien meine dreitägige Abwesenheit nicht bemerkt zu haben.

Als ich ihn begrüßte, sah er mich eine Weile an wie einen Fremden, dann huschte ein freudiges Zeichen des Erkennens über sein Gesicht, und die Blickrichtung seiner Augen kreuzte sich hart: «Sag, Bruder Agrippa, wo doch die Gebeine des Sixtus und des Sinnitius heilig sind, da ist es doch gut möglich, dass sie allein zurücklaufen. Wir müssen nur heftig genug darum beten. Da!» Mit diesen Worten zerrte er seine Kutte empor, so dass ich die sich vielfach überlagernden blutigen Striemen auf seinem Rücken sah.

«O Gott, Bruder Alkuin ... das kann nicht gottgefällig sein!»

«Es ist noch ewig nicht genug ... solange Blut in mir ist, muss es fließen. Die Reliquien, weißt du, Bruder Agrippa. Sie müssen doch zurück. Meine Buße wird sie gnädig stimmen ... sie werden zurückkommen. Ich spüre es ... Lege deine Hand auf meine Wunden. Ja ... so ist es gut ... Sie kühlt, deine Hand. Wo bist du gewesen? Warst du in Rom? Wie geht es dem Heiligen Vater? Leidet er noch immer so himmelhoch an der Verstocktheit seiner Herde? O ja, ich weiß es wohl, er war ja bei uns in Bardowick, der Heilige Vater, als ich noch ein Knabe war, da ging er geradewegs auf meinen Vater zu und sagte: Den Knaben machst du mir zu einem braven Mönch, und sein Name sei Alkuin!» (Ich hatte zu Beginn meiner Zeit in Ramsolano den Fehler begangen, den Alkuin darauf hinzuweisen, dass – alle Engel des Himmels können es bezeugen! – noch kein Heiliger Vater seinen Fuß durch das große Tor zu Bardowick gesetzt hat. Damals ließ mich Alkuin für diese Leugnung seiner höchstmöglichen Berufung drei Tage im Stiftskeller schmachten.)

Alkuin brach ab und entfernte sich unter Schluchzen. Ich hatte nie das Gefühl, dass Alkuin uns wie ein Abt und Vater geführt hatte. Aber in diesem Moment spürte ich: Wir waren ab jetzt gewiss führer- und vaterlos.

Solanus, der mich stehen sah, während der Alkuin sich entfernte, legte mir seine schwere, fette Hand auf die Schulter: «Der Raub der Reliquien hat ihm den Geist geraubt. Wo warst du, Bruder?»

«Beim Ebo in Hammaburg.»

«Beim Ebo ...? Es heißt, er liebt fette Fische und die Musik.»

«Uns war nicht zum Singen zumute.»

Solanus ging kichernd, vermutlich zurück zu den auf-und abschwellenden Schlangenlinien, die er singend aufs Papier setzte. Ob er wirklich glaubte, auf diese Weise ließen sich Stimmen über die Zeit transportieren, so wie diese Buchstaben – mit Gottes Hilfe – meine Worte über die Zeit retten werden?

Oh, was ist das für ein Ort, dieses Ramsolano: ein gotteslästerlicher Mönch, der uns bei Nacht und Nebel verlässt, ohne ein Wort, ohne eine Zeile; ein verfetteter Bruder und ein verblödeter; und einer, dessen Gesellschaft mir unter all den vieren die ekelste sein sollte: Agrippa de Ramsolano, der verrucht genug ist, das geöffnete Tor zum Paradies nicht zu durchschreiten, wenn links davon geöffnet das rosige Türchen einer Moira liegt oder das einer anderen.

Aber auf meiner Missionsfahrt werden mir die Heiden dererlei ausbrennen. Das ist gewiss ... so dachte ich und war es froh.

Der späte Sommer hängte goldene Spinnweben in den Wind, bald würde sich das Laub verfärben. Ebo hatte mit Bedacht gesagt, ich solle mich den Winter über rüsten und mit dem beginnenden Sommer losziehen.

Es wurde ein langer, dunkler, harter Winter. Aber ich schaffte es meistens, mir die Moira vom Leib zu halten, ich taufte, segnete, tat die Arbeit für Alkuin (der nur noch leiblich unter uns war), für Sergius (der sich mit dem Hals an einen Strick gehängt hatte), für Solanus (der leiblich sehr zugegen war, aber sich jede freie Minute zu seinen Schlangenlinien stahl und im übrigen für jedwede harte Arbeit zu fett war). Genaugenommen war ich in diesem Winter der einzige Mönch in Ramsolano. Es gab Tage, an denen ich alle Stundengebete las, zwischendurch jemandem beim Sterben half und abends eingeschlafen war, noch während ich auf meinen Strohsack niederfiel.

Wenig nachdem der Schnee geschmolzen war, bat ich den Heitu zu mir: «Ich ziehe auf Geheiß des Bischof Ebo zu den Heiden, zu den Bärenanbetern. Normalerweise hätte mich wohl der Sergius begleitet, aber er hat das Jammertal in eine unbestimmte Richtung verlassen – wie du weißt. Willst also du mein Begleiter sein? Aber wisse, es steht nirgends geschrieben, dass wir wiederkehren ...»

Heitu sah mich an: «Werden wir alleine ziehen?»

«Du und ich und die Reliquie des Heiligen Ansgarius. Komme nach der Spätmesse in die Kirche und bringe einen eisernen Hebel. Wir müssen die Steinplatte heben, unter der das heilige Bein ruht. Aber sei still, sag auch der Varga nichts, vorerst. Und kein Wort zu Herward!»

Jetzt auch war die Stunde gekommen, Alkuin und Solanus von meiner Mission zu erzählen und davon, dass der Heilige Ansgarius mit mir reisen würde. Als Alkuin meine Worte vernahm, stürzte er schreiend über den Hof, watschelte in die Kirche und warf sich über die Steinplatte, unter der das Heiligste unseres Stiftes ruhte.

«Nicht auch noch dieses Gebein!» wimmerte er.

«Bruder Alkuin», sagte ich, und der Herr, des bin ich sicher, gab mir diese Worte ein, «das Bein des Heiligen Ansgarius, das hier so lange Seite an Seite mit den Beinen des Sixtus und des Sinnitius ruhte, wird mir den Weg zeigen ... und, so Gott will, auch den Weg zu den verlorenen Reliquien.»

Alkuin starrte mich an, und dann sagte er etwas, das wie ein Fels aufragte aus den schlammigen Spülwassern seiner Verwirrtheit: «Wird denn ein Vater, der zwei Söhne verloren hat, nicht den dritten und letzten aussenden, die zwei anderen zu finden? Ja, Bruder Agrippa, so soll es sein!»

Ich hatte mich innerlich auf langes Fechten und Zerren eingerichtet. Die Leichtigkeit, mit der ich den Ansgarius freibekam, war wie eine Bestätigung meiner Mission. Alles fügte sich.

Heitu kam in der Nacht ohne Stange. Er brauchte sie nicht: Wie zwei Eisenhaken grub er zwei Finger in die Spalte zwischen Gruft und Deckel und hob ihn auf. Wir schauten in den Steinkasten, der nichts enthielt als ein blaues Tuch, um das ein Lederband gewunden war.

«Heb es auf», sagte ich zu Heitu, denn ich fühlte mich zu schwach und zu ohnmächtig, es selbst zu tun. Aber auch den Heitu hatte eine heilige Scheu befallen. Ich weiß nicht, wie lange wir unbeweglich standen. Dann fasste ich doch selbst das Tuch und spürte den Knochen, und etwas ging auf mich über, das ich nicht benennen kann.

Ein halber Mond gab nur wenig Licht durchs hohe Kirchenfenster, die gedeckte Laterne flackerte, und wir standen und standen und wagten nicht, uns anzuschauen. Schließlich sagte ich: «Nimm diese Nacht Abschied von Varga, von Herward und deinen Töchtern. Und wenn wir morgen scheiden, so sag zuvor dem Herward, dass er an deine Stelle treten muss, sofern wir aus dem Land der Bärenanbeter nicht zurückkehren.»

Heitu nickte und ging. Und ich stand noch eine Weile allein, den wundertätigsten Knochen der Christenheit in meinen Händen. Allein? Nein, ich war nicht allein.

In späteren Jahren beschlichen mich Fragen wie tolle Hunde: Hatte ich denn das Recht, von einem Manne, der für Weib und Kind zu sorgen hatte, ein solches Opfer – und sei es um Gottes willen – zu erfragen? Und warum folgte er mir so fraglos? Es wird der edle Drang der guten Seele zu Höherem gewesen sein; denn es ist ja nicht wahr, dass dieser Drang nur in hochwohlgeborenen Menschen steckt. Fand nicht der Gottessohn eine edle Gesinnung in einem Zöllner? Aber auch dies mag wahr sein: Ich hatte Heitus flackerndes Lebenslicht einen Winter lang bewacht. Nun wollte er mir diese Liebe zurückzahlen.

Als ich dem Thomasius, dem Licht meiner späten Tage, dies alles gelesen hatte, blieb er sehr lange still, und ich glaubte schon, er hätte einen großen Tadel an der Art, wie ich alles niedergelegt hatte. Aber das war es nicht. Schließlich legte er mir seine schönen, schlanken Hände auf meine schon leicht gichtverkrümmten und fragte: «War Bischof Ebo ein Mann, der des Krummstabs würdig war?»

«Bei Gott ... wie meinst du das?»

«Nun, wenn du die Wahrheit geschrieben hast, und daran zweifele ich nicht, so hat er dich nicht zur Heidenmission überzeugt, sondern gepresst.»

«Gepresst?»

«Ja, er setzte sein Wissen um deine Verfehlung ein, um dich zu den Heiden zu schicken. Du wärest doch sicher nicht gegangen ohne diesen Zwang?»

«Sicher nicht. Denn dieser erschien mir als ein Weg in den sicheren Tod. Ich war nie ein Heiliger.»

«Wer aber war der Ebo? Ich hatte ein anderes Bild von ihm. Es wurde berichtet, dass er bei einem Überfall der Ungarn mit nichts als einem Kreuz bewaffnet auf die wüste Schar zuging ...»

«Das hörte auch ich. Und ich denke, die Kunde ist wahr. Aber sie ist auch in keinem Widerspruch zu meiner Geschichte. Ebo setzte immer alle geistlichen und weltlichen Mittel ein, um Jesu Auftrag zu erfüllen: Predigt allen Völkern! Und wenn seine satten Mönche nicht von den heimischen Fleischtöpfen fortwollten, so musste er sie – wie mich – mit Drohungen und Verlockungen antreiben.»

Wir saßen eine Weile, der Schnee fiel in großen weichen Flocken, und die Geräusche, die vom großen Wik, dem vielgerühmten Handelsplatz, heraufdrangen, waren seltsam dumpf, als kämen sie durch eine Wand. Als es aufhörte zu schneien, bot sich uns ein anderes Schauspiel. Ein Rabe flog spiralige Bahnen über dem großen Lagerhaus, wobei er sich aus hohem Himmel fast zu Boden fallen ließ.

«Weißt du, Thomasius, warum er das tut?»

«Nein.»

«Dort in der Buche, grad neben dem Tor zum Marstall, sitzt eine Rabin und schaut ihm zu. Er tut es aus Liebe zu ihr, nein aus Verlangen! Die Kreatur ist von Gott frei, ihrem Verlangen zu leben. Wir beide sind es nicht ... Meinst du, Bruder Thomasius, das Keuschheitsversprechen wird dir eine schwere Last sein?»

«Wenn ich Veranlassung hätte zu glauben, dass es mir auch nur halb so schwer werden wird wie dir, ich hätte nicht den

Mut, in zwei Monden mein Gelübde abzulegen. Aber mit Gottes Hilfe ...»

«Gottes Hilfe ... Manchmal denke ich, Gott kümmert sich nur um die großen Dinge. Mit diesen kleinen Dingen lässt er die Seinen doch sehr allein ...»

Thomasius schaute dem Raben zu, der es wirklich toll trieb. Ich habe noch nie gesehen, dass ein junger Bursche sich auch nur annähernd so ins Zeug legt, um seiner Auserwählten zu gefallen.

Schließlich riss sich Thomasius mit jähem Ruck von der Vorstellung los und schaute mich an. Und er sagte die Worte klar, wie mit einer neu gespitzten Feder geschrieben: «Ja, Bruder, ich denke, ich kann es schaffen.»

Doch dann schaute er mich erneut lange und durchdringend an: «Erzähl mir, was ist es, das alles Männervolk ins Rote Haus zieht? Ist es nur die böse Lust?»

«Du weißt ... dass ich ...»

«Ja, ich kenne sogar die Verkleidung, die du wählst, wenn du dich – zumeist am Thorstag, da es am unheiligen Donnerstag keine Spätmesse gibt –, wenn du dich ins Rote Haus schleichst. Du hast dort unter deinem Strohsack die Flickenkutte eines Köhlers aus dem hohen Holz. Die Köhlermaske gibt dir eine unverdächtige Veranlassung, dein Gesicht zu schwärzen.»

«Du weißt es ... und du hast mich nicht verraten?»

«Es ist eine Sache zwischen Gott und dir.»

Mir war das Wasser in die Augen gestiegen, vor Scham. Und vor Beschämung über die verzeihende Güte eines so jungen Menschen. Schließlich raffte ich mich auf und sagte: «Nein, Sohn, es ist nicht allein die Geilheit, die allerlei Männervolk in das Rote Haus zieht. Es ist die verruchte Freude am Verbotenen...

Du fragtest mich, ob der Ebo fehlsam handelte, als er mich zur Missionsreise presste? Nun, wenn es fehlsam war, so war es ein winziges Fehl. Und hab ich nicht auch den Heitu als Begleiter gedungen, wohl wissend, in wie große Nähe zum Tod unsere Reise führen würde?

Im Roten Haus aber ist immer wieder von ganz anderen Verfehlungen des geistlichen Standes die Rede. Das Volk schaut uns, die wir Hirten sein wollen, sehr viel genauer auf die Finger, als wir das gemeinhin vermuten. Man muss tief hinabsteigen, um das zu begreifen. Auch vor dem Heiligen Vater verschließt sich das Auge des gemeinen Volkes nicht in Ehrfurcht. Du fragtest: War Ebo des Krummstabs würdig? Betet man zu Recht an seinem Grab in Hammaburg? Im Roten Haus fragt man bisweilen sogar: Ist der, der die Mitra trägt, würdig, auf Petri Stuhl zu sitzen? So fragt das Volk, wenn es meint, dass geistliche Ohren und Augen fern sind.»

«Erzähl», sagte Thomasius, «und fürchte nicht, dass mich, was immer du gesehen und gehört hast, vom rechten Weg abbringt. Erzähl also!»

«Hol Wein, Thomasius ... damit mir nicht die Stimme versagt ob all der Ungeheuerlichkeiten!»

Befragung einer heil'gen Leich'

Sagt mir, Leser aus ferner Zeit: Ist es ein hinreichender Beweis der Wahrheit, wenn man eine gewisse Geschichte, deren Wahrhaftigkeit man mit Fug und Recht bezweifelt, aus verschiedenen Quellen erfährt? So erging es mir mit dieser Geschichte. Oder ist die Vervielfachung nicht eher ein Beweis dafür, dass sich üble Geschichten leichter ausbreiten als gute, als wahre und erhebende? Ich denke, geneigter Leser, wir wissen es beide nicht.

Ich will Euch aber nun fürderhin nicht mit längeren theoretischen Erwägungen die Zeit stehlen, ich will Euch an die Hand nehmen und dahin führen, wohin Ihr – wegen Eurer mir so weit überlegenen Sittlichkeit – selber nie gehen würdet.

Das Rote Haus ist eines, in dem zwar der Schmutz der Sünde alle Ritzen füllt, nicht aber der Schmutz, in dem sich Wanzen und Läuse so trefflich vermehren. Für wenig Geld füllen einem Frauen Bottiche mit heißem Wasser, kredenzen dem, der es bezahlen kann, Wein, Met, Kapaune, Schweinebacke und allerlei mehr. Meist nahmen diese teuren Dienste die weitreisenden Kaufleute in Anspruch, die sich hier für den letzten Teil ihrer Reise vom Warmen zum Kalten Meer rüsteten.

Meine mageren Bettelgroschen haben für dergleichen nie gereicht; also hielt ich mich an das, was für wenig oder kein Geld zu haben war. Zu bestimmten Jahreszeiten konnte ich auch mit Waldfrüchten zahlen; denn das darf ich behaupten: Es gab in meiner Zeit wohl kaum einen Mönch, der sich besser auf Pilze, Bucheckern, Beeren oder Süßwurzel verstand. Dass ich stets am vierten Tag, am Tag, der den Heiden besonders heilig ist, mich ins Rote Haus schlich, hatte noch einen anderen Grund als den, welchen der Thomasius Euch schon verraten hat. An diesem Tag wurde schon am frühen Abend die Mitte des großen Schankraumes freigeräumt, um Gauklern, Sängern,

Geschichtenerzählern Platz zu machen, die von dem lebten, was man ihnen nach der Vorstellung zuwarf.

Oft war es nur belanglose Kurzweil, die da zu sehen war: komische Käuze, die allerlei Geräusche mehr oder weniger trefflich nachahmen konnten – das Knarren einer schlecht geschmierten Wagennabe, das Brausen von Wind in den Baumkronen, Glockenläuten, Hahnenschrei, Schweinegrunzen und dergleichen mehr. Einmal sah ich einen alten, beinlosen Krieger, der noch die Schlacht gegen die Wikinger bei Ebstorf mitgemacht hatte, einen Greis, der einen Dolch mit Eisenknauf wohl über eine Distanz von zehn Manneskörperlängen sehr genau auf eine kleine Birkenholzscheibe warf, die sein Kumpan mit ausgestreckten Armen über seinen Kopf hielt. Derselbe Kumpan, der den Beinlosen hereingetragen hatte und wieder heraustrug, als beide um ein paar schäbige Münzen reicher waren. Häufig kamen Sänger. Sie waren von unterschiedlicher Begabung. Bei manchen bewunderte man mehr die Dreistigkeit, sich mit so wenig Gabe vor eine Menschenmenge zu trauen, andere schluchzten sich mit traurigen Weisen unversehens tief in die Seelen der hartgesottenen Besucher des Roten Hauses.

Beliebt waren Sänger, die Anzügliches sangen und somit dem Publikum Geschmack auf die Dienste der Frauen machten, die für viele der eigentliche Grund waren, dieses Haus aufzusuchen. An einen erinnere ich mich, der zum prustenden Gelächter des vollen Roten Hauses das Lustgestöhne der Weiber nachmachen konnte: sehr junger, junger, älterer und alter. Und ich schämte mich, dass ich, ein Mönch, der in diesen Schummerecken menschlichen Seins ein tumber Tor sein sollte, sehr wohl beurteilen konnte, wie trefflich der Mann seine Kleinkunst verstand.

Das Rote Haus ragt mit seinem hinteren Teile in das dichte Wiker Holz, was den Vorteil hat, dass auch solche Besucher, die gute Veranlassung haben, nicht gesehen zu werden, durch die Hintertür ungesehen ein und aus können.

Ich glaube, es war zur Zeit der Rauschebeeren, also hoher Sommer, als Telemach im Roten Haus seine Kunst feilbot. Ich hatte nichts erwartet für den Abend, hatte mir für fast kein Geld einen leichten Schwindelkopf vom Rauschebeerenwein verschafft und wollte eigentlich schon wieder durch die Hintertür entschwinden, wollte mir in der Quelle unterhalb der Klostermauer den Köhler abwaschen, um sodann durch den Klostergarten unschuldig und scheinheilig wieder in geweihte Gefilde zurückzukehren, als plötzlich noch ein Mann zur freigeräumten Mitte schritt, ein Mann, den ich zuvor für einen Zecher gehalten hatte.

Er war mittleren Alters, hatte das Stigma der hohen Backenknochen, wie es die Völker aus dem Osten kennzeichnet, seine Haut war gelbbraun, sein Haupthaar durchzogen erste Silberfäden, seine Kleidung schillerte bunt, zerschlissen war sie, aber sauber. Letzteres fiel mir auf, weil es selten war bei Vertretern dieser Zunft. Die meisten machten den Staub der Straßen zu ihrem ständigen Kleid. Aber was mich von Beginn an faszinierte, war sein Blick ... ich hatte das zuvor nur beim jugendlichen Herward gesehen und in geringerer Weise auch bei seinem Vater Heitu: Jener Blick, mit dem Kämpfer ihre Chancen erfassen.

Telemachos also schickte diesen Blick in die Runde – er las offenbar in den Gesichtern, welcherart er heute seine Kunst gestalten müsste, um nicht nur wertlose Münzen vorgeworfen zu bekommen. So dachte ich. Doch sehr bald wurde mir klar, dass es ihm um Bezahlung höchstens am Rande ging. Es war ihm um das zu tun, was er uns zu Gehör brachte. Es ging um – verzeiht mir, aber es gebricht mir an einem besseren Vergleich –, es ging ihm um VERKÜNDIGUNG.

Telemachos brauchte nicht, wie ich das von anderen Vertretern seiner Profession kannte, um Ruhe zu bitten. Er hob nur ein wenig seine Stimme, sprach wohltönend, aber ohne laut zu werden:

Ich will euch künden ein Gedicht,
so wie ihr es noch nicht gehört,
von einer heil'gen Leich', die nicht
zur Ruhe kam, wiewohl zerstört:
Enthauptet schwamm in Kot und Pfuhl
der, der da saß auf Petri Stuhl.
Das ist, bei Gott, gewiss geschehen.
Ich, Telemach, hab es gesehen.

Nun war es nachgerade üblich, dass Märchensänger beteuerten, all das, wovon sie sungen und sagten, selbst erlebt zu haben. Aber dieser Blick .... Herrje, könnte ich Euch doch diese Augen vor Eure Augen stellen! ... dieser Blick ließ keinen Zweifel zu. Es war keiner im Raum – und keiner heißt: auch ich nicht –, der zweifelte, sogleich die Wahrheit zu erfahren. Selbst die Frauen, die schon begonnen hatten, ihre auserkorenen Kunden mit flinken Händen ein wenig vorzuwärmen, ließen von ihrem Tun ab und stierten auf den seltsamen Mann. Einem alten Trottel, der fortfuhr, mit einem stumpfen Messer ein Stück ledernes Fleisch zu malträtieren, wurden Fleisch und Messer gröblichst weggenommen.

Telemachos zog einen geflochtenen Korb von Manneslänge in die Mitte des Raumes und warf den Deckel zur Seite. Ein vielstimmiger Schrei schien sogleich die Decke des Raumes abzuheben. In rotes, lila und blaues Tuch drapiert, grinste da ein hohläugiger Totenschädel. Die Fingerknochen waren vor der hohlen Brust gefaltet, an einem Finger erkannte man einen großen, wiewohl unechten Ring. Sagte ich, der Totenkopf «grinste»? Ja, er grinste tatsächlich, der bleiche Knochen brachte es fertig zu grinsen ... oder ist es nur die Erinnerung an das, was Telemachos diesen Kopf sogleich sagen ließ?

«Erheb dich, wenn ich mit dir spreche, Unwürdiger, Elender!» herrschte Telemachos das Gerippe an. Und der Knochenmann erhob sich – erneuter Schrei der Menge – bis in Sitzhaltung. (Nun gut, unter dem Gerippe hatte ein Helfer des Telemachos gelegen, ganz in Tuch gehüllt, der diese Täuschung bewirkte.)

Den Wortlaut der sogleich folgenden Rede, die durchsetzt war von Gesang, habe ich nicht behalten. Soviel aber hat sich mir eingeprägt: Telemachos gab sich als Papst Stephanus VII. zu erkennen, der den Leichnam des Papstes Formosus, welcher 891 verstarb, aus seiner Gruft holte und im Angesicht des Totenschädels eine Synode veranstaltete, die nur den einen Zweck verfolgte: dem Formosus den Prozess zu machen. Mit giftgeschwängerten Worten klagte der lebende Papst den toten an, er hätte sich sein hohes Amt erschwindelt, weil er vor Besteigung des Petrusstuhles verschwiegen hätte, auf dem Stuhle von Porto gesessen zu haben, folglich seien all seine Taten und Weisungen nichtig und des Teufels.

Telemachos sprach durchaus richtiges und gelehrtes Latein, das er aber sogleich in die Volkssprache übersetzte, wobei es ihm sogar gelang, schwierige Begriffe, wie nur wir Gottkundigen sie kennen, in Worte zu fassen, die schlichten Gemütern zugänglich sind. Das Skelett des Formosus versuchte (mit der Stimme des Gehilfen) seine Unschuld zu beweisen, wurde aber Mal um Mal vom Stephanus niedergebrüllt mit einer Gewalt, die alle Balken beben ließ. Jetzt erkannte ich die Klugheit, die darin steckte, dass der Telemachos zuvor nur leise bis halblaut gesprochen hatte: Das plötzliche, donnerartige Losschlagen seiner Stimme wirkte auf diese Weise noch lauter und gefährlicher, als es in Wirklichkeit war.

Schließlich ebbte die Stimme wieder ab zu einem schlangenartigen Zischeln: Der lebende sprach den toten Papst schuldig, riss ihm die Kleider vom Leib, dass wahrlich die blanken Knochen zu sehen waren, hackte der einen Schwurhand drei Finger ab, auf dass sie nie mehr schwören könne, und warf den dergestalt geschändeten Leichnam in eine Pfütze von

Rauschebeerenwein, eine Pfütze, die er den Tiber nannte.

Den Schluss bildete ein kurzer Abgesang: Fischer fanden den Leichnam des Formosus im Tiber, obgleich Stephanus – angeblich die Wiederkehr des Toten fürchtend – das Gerippe mit Gewichten hatte beschweren lassen. Die Fischer bestatteten den Formosus erneut. Stephanus aber wurde wenig später erdrosselt – ein Vorgang, den der Telemachos so beängstigend darzustellen verstand –, röchelnd, sich windend, augenrollend –, dass ein Holzknecht aufsprang, um das Schlimmste zu verhindern.

Ich hätte durchaus gern den Mann zur Rechenschaft gezogen, der sein großes Talent an ein so schmähliches Theater vergeudete. Hat nicht der Formosus drei Kaiser gekrönt? Darunter den Arnulf, einen Mann, dem unser Herrgott mehr Talente verliehen hat, als sich gemeinhin unter der Last einer Krone in einem Kopfe finden – den Arnulf, dessen Sein und Vergehen für mein Leben eine gewisse Bedeutung haben sollte ...

So dachte ich. Aber damals im Roten Haus hätte ich nur um einen hohen Preis Genugtuung von jenem Telemachos verlangen können: Ich hätte mich als Mönch am unpassenden Ort offenbaren müssen. Und so fragte ich mich denn selbst, was ich ihn hätte fragen wollen: War der Märchensänger gar ein verirrter Mönch? Was hatte er gesehen und gehört, dass solche Bitterkeit von seiner Zunge troff?

Ich weiß es nicht. Aber später erfuhr ich, dass in Bremen auf Geheiß des Bischofs ein Sänger ergriffen wurde, der die päpstliche Heiligkeit in den Schmutz getreten haben sollte. Mir scheint es nicht unwahrscheinlich, dass es der nämliche Telemachos war. Von einem Gericht hörte man nichts und auch nichts davon, wie es dem Ergriffenen erging. Aber darüber kann eigentlich kein Rätselraten aufkommen. Vielleicht wurde er in die Weser geworfen, vielleicht fanden Fischer den zerfressenen Leib und gaben ihm – nicht wissend, wer der

Mann war – ein christliches Begräbnis. Und wenn es so wäre? Wäre es nicht ein verzeihlicher Irrtum?

Thomasius hatte ruhig, aber ohne alle Anzeichen von Erregung oder Protest zugehört: «Glaubst du diese Mär, Agrippa ?»

Ich zögerte mit meiner Antwort und sagte schließlich: «Stephanus VII. wurde, wie wir wissen, in der Tat das Opfer einer Meuchlerhand ... Gott allein weiß die Wahrheit. Wir erwischen nur den Rocksaum. Und erwischen wir ihn, fehlt uns die Kraft, ihn festzuhalten.»

Die erste Probe der Wunderkraft Ansgarii

Im frühen Sommer, die Schwalben waren schon da, brachen Heitu und ich auf. Die Schwalben waren da ... sagte ich? Es ist ein seltsam Ding um die Schwalben. Bei einem Weisen, wiewohl einem Heiden, las ich, dass die Schwalben im Herbst sich ins Röhricht zurückziehen, mit den ersten Frösten kalt werden und wie tot ins Wasser fallen, daselbst am Grund den Winter verschlafen und zur warmen Zeit wieder aus dem Wasser aufsteigen.

Ich gestehe: Das erscheint mir nicht glaubhaft! Ich habe so manchen Frühling am Rande unserer Ramsolaner Fischteiche gesessen, sah Frösche und allerlei Getier am Wassersaum, aber nie eine aufsteigende Schwalbe. Das Rätsel, das darin liegt, dass uns so viele Vögel noch vor Einbruch der kalten Zeit verlassen, ist ja nicht damit gelöst, dass man feststellt, sie zögen sich vor dem Schnee zurück. Wohin? – frage ich. Es sind diese Fragen, die mich oft wünschen lassen, ich könnte in eine Zeit schauen, die vermutlich mit Gottes Hilfe viele Fragen zu beantworten weiß, die uns noch verschlossen sind.

Aber nicht vom rasenden Sichelflug der Schwalben wollte ich sprechen, sondern vom mühsamen Kriechen über die Erde, so wie es dem Heitu und mir aufgegeben war, zum Kriechen auf ein nur schwach bekanntes Ziel hin: dem Land der Bärenanbeter.

Den langen Winter vor unserem Aufbruch hatte ich genutzt, um alle Erkundigungen einzuziehen, derer ich habhaft werden konnte. Das war ein müßiges Geschäft; denn es war allzu offenbar, dass viele der Befragten nichts wussten, aber diese Lücke mit allerlei wirren Geschichten füllten. So gab der eine vor zu wissen, dass diese Insel des Heidentums von einem Feuerring umschlossen sei, der Tag und Nacht lodere. Ein anderer schwor, er hätte Drachen gesehen, welche die Grenzen bewachten. Ein altes Weib schließlich raunte mir zu, dass jedwede Person, die sich dem Land der Bärenanbeter auf mehr als eine Tagesreise nähere, von Bären zerfleischt würde. Diese Lesart schien mir von allen unglaublichen die glaublichste. Wusste ich doch aus Rom, dass dort im Volk noch immer das Andenken an blutige Spiele lebendig war, deren Sinn es war, Menschen von wilden Tieren zerfleischen zu lassen.

All diese Kunde – auch wenn wir ihren Wahrheitsgehalt im Allgemeinen bezweifelten – war nicht dazu angetan, unsere beklommenen Herzen froh zu stimmen. Halt, wenn ich «unsere» sage, so ist das ungenau: Heitu sah mit einiger Fröhlichkeit unserer Mission entgegen. Ja, es schien mir, als schrecke ihn ein ungewisses Schicksal weniger als das gewisse Schicksal, das darin bestand, im Dorfe geschmäht zu werden. Zwar fiel ihm der Abschied von Varga, dem Herward und den beiden Töchtern, deren Schönheit der ihrer Mutter in nichts nachstand, schwer. Aber schon als wir nach der ersten Seeveschleife stromaufwärts das Dorf nicht mehr sahen, begann er ein Lied zu pfeifen. Etwas, das ich lange nicht bei ihm vernommen hatte. Sigurd hatte es sich nicht nehmen lassen, uns höchstpersönlich für unsere Mission auszurüsten. Er gab uns einen neuen Ochsenkarren und ein junges, starkes Zugtier nebst Reiseproviant von der besten Art.

Das ganze Dorf stand versammelt, als wir aufbrachen. Nur Varga blieb in ihrer Hütte, sie wollte Heitu nicht mit Tränen das Herz beschweren. Welch kluge Rücksicht!

In den Augen älterer Menschen stand klar zu lesen, dass dies als ein endgültiger Abschied angesehen wurde. Aus der Hölle kehrt keiner zurück!

Ich legte, als unser Karren davonwankte, die eine Hand fest auf die lederumwickelte Reliquie des Heiligen Ansgar, und die Wärme und die Kraft, die sich mir sogleich mitteilte, half mir, diesen Abschied ohne Tränen und andere Schwachheiten zu überstehen. Mein letztes Winken galt dem Solanus und dem Alkuin, die zu meinem Abschied das große Kruzifix aus der Kirche herbeigetragen hatten. Solanus sang den Psalm vom guten Hirten. Und die Tröstung, die darin enthalten war, spürte ich sehr wohl.

Auch die Moira sah ich, sie hielt sich abseits der winkenden Menge; und erst als es keiner mehr sehen konnte, warf sie uns einen Blumenkranz aus weißen Siebensternen zu. Sie lachte, und dieses lachende Gesicht war das letzte, was ich von ihr sah. Darum auch blieb sie für mich immer jung und schön, denn Menschen, die unseren Gesichtskreis früh verlassen, altern nicht. Noch heute, in der Kälte meiner späten Wiker Tage, sehe ich diese Kinderaugen in einem Frauengesicht...

Genug davon! Der Weg nach Westen war bekannt. Wir folgten vorerst der großen Landstraße von Bardowick nach Bremen, würden aber an einer bestimmten Stelle, die man uns einigermaßen genau beschrieben hatte, in die Unwegsamkeit dichter Wälder abbiegen müssen. Aber dieser Ort war noch ein paar Tagesreisen entfernt.

Bis zu der Abzweigung waren wir Reisende unter Reisenden. Leidlich geschützt vor Plünderern durch die Nähe anderer Gespanne, die wir zumeist überholten, denn unser Ochse war jugendfrisch und schien Freude daran zu haben, das ihm abverlangte Tempo noch von sich aus zu steigern.

Darum auch nannte ich ihn Achill – hatte ich doch in Corvey Gelegenheit genommen, die lateinische Übersetzung einer alten griechischen Legendensammlung zu lesen. Dort war von einem Helden namens Achill die Rede, der schneller lief, als ihm die Augen seiner Feinde folgen konnten.

Die erste Nacht verbrachten wir nach Art der fahrenden Völker: Wir lehnten den Karren, die Räder nach oben, wie ein kleines Dach an einen Baum und begaben uns darunter zur Ruh. Daran hatten wir gutgetan; denn wir hatten wohl kaum zwei Stunden geschlafen, als uns ein furchtbares Unwetter weckte. Thor (verzeiht mir die heidnische Anwandlung) schlug mit hundert Hammern zu, der Himmel sprühte von Funken, die auch ein gleichzeitig niedergehender, sündflutartiger Regen nicht löschen konnte.

Und dann geschah es: In den Baum neben dem unseren fuhr das Feuer des Himmels. Es war, als zöge eine Glut ohne Flammen unter unseren liegenden Leibern hindurch, als koche unser Blut auf. Es gab einen Schlag, der uns lange Zeit taub ließ, so dass ich meine eigenen Schreie kaum hörte. Flammen schossen aus dem Baum neben uns empor, und ich sah, dass ihn eine unbeschreibliche Kraft gespalten hatte.

Ich presste das Bein des Heiligen Ansgarius an mein Herz und betete leise. Es war kein Zweifel möglich: Unser Baum war der mächtigste im weiten Rund. Er wäre das würdigste Opfer der Thorschen Attacke gewesen. Aber er (und damit wir) blieben verschont. Ich küsste die Reliquie ... und mir war sogleich ein wenig Furcht genommen vor dem, was da noch kommen sollte.

Heitu war mit praktischen Dingen beschäftigt. Er wrang unsere nassen Kleider aus. Achill, der wenig abseits graste, schien von all dem unbeeindruckt zu sein.

Der Regen löschte den brennenden Baum, und wir saßen noch eine Weile beisammen. Ich betete, und Heitu sang ein Wikingerlied von einiger Traurigkeit. Vermutlich dachte er mehr an die Varga als an den gerade überstandenen Schrecken. Aber dann sah ich, wie er – als er sich gerade unbeobachtet wähnte – mit zwei Fingern lange und bedeutsam über das Thorsmal an seinem Oberarm strich. War denn der Heitu im Herzen ein Heide geblieben, war sein Christentum nur so dünn wie das erste Eis im Herbst – während darunter tief und dunkel der Glaube seines Vaters, des Bluttrinkers Olaf, lag...? Diesen Satz aufschreibend, bemerke ich, dass ich nie Antwort fand auf diese Frage und dass ich sie – seltsamerweise – auch nicht mit aller Entschiedenheit suchte.

So verging die erste Nacht unserer Reise, und am Morgen zeugte nur noch der geschundene Baum von den durchlebten Schrecken. Schon lange vor Mittag hatte die Sonne die Pfützen getrunken, der Weg war ohne Schlamm, und Achill bescherte uns eine gute Fahrt.

Als die Sonne am höchsten stand, erreichten wir Hollenstedt, wo man für wenig Geld einen guten Met gereicht bekommt. Sie verwahren dort einen schweren irdenen Krug, in den kunstvoll Silberreife eingelegt sind. Aus diesem Krug soll Kaiser Karl getrunken habe, als er auf der Jagd nach dem Sachsenfürsten Witukind durch den Ort kam. Man ließ mich den Krug in den Händen wiegen, aber keinen Met daraus trinken, denn es hieß, wer aus diesem Krug tränke, auf den gehe Karls Siegesmächtigkeit über, und man hatte wohl derzeit keinen Bedarf an neuer Siegesmächtigkeit. Denn kaum eine Familie fand sich im Bardengau, die nicht vor etlichen Jahren junges Männerblut – für Karls Kampf um Christi willen – hat opfern müssen...

Ja, Karl war groß, aber kein Heiliger. Und ich schalt die arglosen Menschen ein wenig ob dieser Heilighaltung von Gegenständen. Aber während ich noch die Gelegenheit nutzte, an den Krug anknüpfend, den Umstehenden von dem einen Gott zu sprechen, der uns alles gibt und nimmt, zog mich Heitu zurück auf den Karren, um den sich allerlei Volks gesammelt hatte. Ochs, Geschirr und Karren waren schließlich von so frischer und neuer Art, dass es auffiel. Ein kleiner Junge fragte, und seine Augen leuchteten, ob man mit diesem Gefährt nicht leicht das Große Meer in einem Tag erreichen könnte, und ich erinnerte mich, dass ich in meiner Knabenzeit das Himmlische Jerusalem auch immer hinter dem nächsten Hügel vermutete.

Lange waren wir schweigend gefahren, unsere Köpfe nickten im Takt der Bewegung, die der Karren und Achill vorgaben, als schließlich Heitu etwas für ihn Seltenes tat. Er fragte.

«Hat der christliche Kaiser und haben die Markgrafen nicht Anstrengungen unternommen, den Bärenanbetern mit Feuer und Schwert das Christentum zu bringen?»

«Das haben sie, Heitu. Das haben sie, nach allem, was ich weiß.»

«Und warum gelang es nicht? Haben die Bärenanbeter mehr oder haben sie bessere Soldaten als Kaiser und Markgrafen?»

Ich ließ unwillkürlich den Achill anhalten; denn mit schlagender Deutlichkeit wurde mir klar, dass ich diese wichtige Frage in all meinen Erkundungsversuchen des letzten Winters nie gestellt hatte. Woran – genau! – lag es denn, dass im ganzen christlichen Nordland bis zur Elbe nur diese «Insel» (ja, «Insel» war vielleicht keine schlechte Vorstellung), dass nur diese Insel des Heidentums nicht von Gottes Wort erreicht wurde?

«Heitu, das Bärenland ist eine Insel des Bösen!» sagte ich mit großer Bestimmtheit.

«Eine Insel? Mit Wasser drum herum? Dann hätte der Kaiser Boote heranbringen lassen und wäre mit Kriegern übergesetzt. Es gibt nur zwei Möglichkeiten, Agrippa, entweder haben die Bärenanbeter ein überlegenes Heer, oder ihr Land ist unerreichbar ... schwer erreichbar.»

«Ein Ring aus Feuer ...? Eine Wache aus feuerspeienden Drachen? Pah! Heitu, sag mir nicht, du glaubst dieses Altweibergewäsch!»

Heitu tat, als hätte er meine barsche Entgegnung nicht gehört, und wie zu sich selbst murmelte er: «Nicht Feuer, aber vielleicht Sumpf ... Ein undurchdringlicher Gürtel aus Sumpf.»

Ein fränkischer Soldat in einer Birk

Thomasius war schon seit Tagen nicht mehr in meiner Zelle, ich vermisse auch sehr die langen gemeinsamen Spaziergänge im Kreuzgang, von dessen Ende man auf Wik am Holze herabschauen kann. Ja, ich vermisse auch seine klugen Fragen, seine mitfühlende Art. Thomasius und die elf anderen Novizen haben sich in Klausur begeben: Die letzte große innere Prüfung, bevor sie in einigen Wochen das Gelübde ablegen. Also kopiere ich tagsüber im – Gott sei Dank geheizten – Scriptorium still und fleißig den Benedictus, male meine Vignetten, so gut ich es vermag, und reserviere etwas Zeit und Papier, um den Herward voranzutreiben. Manchmal denke ich, es bedarf eines kleinen Wunders, wenn meine Zeit und mein Augenlicht noch reichen sollen, um den Herward zu vollenden.

Es ist, so hoffe ich, keine große Sünde, auf Papier, das zu heiligen Zwecken ausersehen ist, meine Kunde zu schreiben; fühle ich doch, dass durch dieses Schreiben keinerlei Versuchung in mir aufkommt, den heiligen Schriften etwas selbst Gedachtes hinzuzufügen, wie das so manch einer heimlich tut. Die Versuchung, Eigenes hinzuzutun, wird in meinem Fall vollends aufgesogen durch dieses ... andere Schreiben.

Anderen mag es da härter werden. Über dem Eingang zu unserem Scriptorium lese ich Tag um Tag auf einer großen Holztafel die Worte: *«Hier sollen die sitzen, die die Worte des göttlichen Gebotes und die geheiligten Worte der Kirchenväter kopieren; sie sollen sich hüten, die Worte mit ihren frivolen Gedanken zu vermischen, damit wegen solcher Leichtfertigkeit ihre Hand nicht irrt. Sie sollen sich eifrig bemühen, fehlerfreie Bücher zu schreiben und ihre eilende Feder auf dem rechten Weg dahingleiten zu lassen. Mit einem feinen Sieb sollen sie ihre eigenen Gedanken aussondern und alle Abschnitte in die rechte Ordnung bringen, damit der Lektor nichts Falsches vorliest oder vielleicht in der Kirche vor den andächtigen Brüdern verstummt. Besser, als Weintrauben zu keltern, ist es, Bücher zu schreiben, denn mit dem einen dient man nur seinem Bauch, mit dem anderen aber seiner Seele.»*

Nun, Gott sei es gedankt, wir Benediktiner mussten uns nie gegen den Wein entscheiden um unserer Seele wegen. Und hätten wir müssen, das Opfer wäre mir nicht so schwergefallen wie der Verzicht auf das Fleisch. Ich meine jenes, das man nicht mit den Zähnen zerreißt, sondern mit der Zunge liebkost.

Dies schreibend bemerke ich: Ein kleines Wunder ist geschehen. Seit ich vor einigen Tagen freimütig meine Besuche im Roten Haus gebeichtet habe – gebeichtet zwar nicht dem Abt, Bruder Theophilus, sondern Dir, meinem fernen Leser –, seit jenem Tag verlangt es mich nicht mehr sonderlich, hinabzusinken in Sündenpfühle. Ja, ich kann, jetzt wo kein Laub den Blick begrenzt, sogar das Dach sehen, erkenne die mit Ochsenblut gestrichenen Wände ... und es zieht mich nicht hinab. Ist es die Kälte des frühen Winters, oder ist es die Kälte des alten Blutes, welche der Lust nicht zuträglich ist?

Was auch immer mich schützt vor der lockenden Macht sündigen Treibens: Es ist mir Antrieb genug, wieder einzutauchen in den Fluss jener Tage. Einen Fluss, der leichter dahinsprang als heute.

Wir kamen gut voran. Zu gut, denn das bedeutete, dass wir schon bald den sicheren Weg, die schützende Nähe von allerlei reisendem Volk, verlassen mussten. Und richtig: Es gab mir einen Stich, als wir am dritten Tag gegen Mittag, nach einer labenden Mahlzeit aus Sigurds Vespersack, plötzlich den gespaltenen Stein sahen, einen dreifach mannshohen Brocken, in den, wie von Riesenhand, oben eine Spalte gesägt war. Man konnte ihn nicht übersehen ... und wie gerne wäre ich weiter gen Abend gefahren, um schon in wenigen Tagen vor der hohen Kirche zu Bremen zu stehen, mit Brüdern gleicher Gesinnung und untadeligeren Wandels zu sprechen.

Der Pfad, der hier – halb Abend, halb Mittag – abzweigte, war gerade breit genug, um unseren Karren durchzulassen, links und rechts fasste dorniges Buschwerk nach uns. Mit einem Mal war es dunkel, ja dunkelgrün um uns. Waren wir bisher einer breiten Schneise durch den unendlichen Wald gefolgt, einer Schneise, die jederzeit den kraftspendenden Blick zum Himmel erlaubte, so rumpelten wir jetzt abgeschnitten von Sonne, Mond und Sternen dahin.

Zum Glück fürchte ich den Wald nicht sehr. Wer wie ich seine Stimmen kennt, ist nicht sehr in Gefahr, in jedem Laut die Entäußerung von kommendem Unheil zu hören. Wir kamen durch eine Senke, in der der Boden von Blaubeeren übersät war, und wir aßen, bis Hände und Mund troffen von tiefblauer süßer Farbe. An einer Stelle, wo die Sonne einen kleinen warmen Fleck freistanzen konnte, schliefen wir ein, satt und einigermaßen zufrieden.

Ich glaube, ich träumte von Rom, von Brunnen und Mönchen, die im Schatten heidnischer Tempel Psalmen sangen. Als wir erwachten, war es Abend – und wir beschlossen, hier die Nacht zu verbringen, denn der Grund war trocken, und es gab eine klare Quelle, keine zwanzig Schritt weit entfernt. Achill banden wir mit einem Fuß und einem langen Seil an einen Baum, so dass er im weiten Umkreis Kräuter rupfen konnte.

Bevor wir uns zur Ruhe begaben, fragte mich Heitu: «Bruder, warum, denkst du, hat mein Vater Olaf nie nach mir geschaut?»

Ich zögerte einen Moment, doch dann sagte ich mit Festigkeit in der Stimme: «Heitu, ich habe es dir nicht gesagt ... aber jetzt ist es Zeit. Schon vor vielen Jahren brachte ein Geschichtensänger uns verlässliche Kunde vom Tod deines Vaters. Wir Mönche haben die Kunde geheim gehalten, denn – des waren wir gewiss – nur die Drohung, Olaf könnte wiederkehren, schützte dein Leben, das der Varga und das deiner Kinder.»

«Olaf ist tot? Wie starb mein Vater?»

«In einer furchtbaren Schlacht», log ich.

Heitu war eine Weile still, und ich spürte, dass er den Schmerz mit sich allein ausmachen wollte. Also schwieg auch ich. Es verging eine geraume Weile, bis Heitu leise, als hielte er eine Totenrede, sagte: «In einer Schlacht. Das ist gut ... dann ist er da, wohin er immer wollte. Wer in der Schlacht fällt, den bringen die Walküren nach Walhall.»

Ich fühlte, ich sollte nicht widersprechen. Nicht hier und nicht jetzt.

Wir setzten in der Morgendämmerung unseren Weg fort, der nun immer beschwerlicher wurde. Alle zweihundert Schritt mussten wir mit der kurzen Axt den Pfad breiter schlagen, sonst wäre der Karren Mal um Mal steckengeblieben. Und einmal versackte er bis zu den Achsen im Morast. Im Stillen dankte ich Gott für meinen Entschluss, den Heitu als Reisekumpan gewählt zu haben, denn spätestens an dieser Stelle hätte ich als Alleinreisender Karren und Ochse aufgeben müssen.

Den Achill plagten die Mücken, und immer häufiger versuchte er, bockspringend wie ein Fohlen, auszubrechen.

«Die Gegend wird immer sumpfiger, Agrippa. Und der Weg ist kaum noch zu erkennen ...»

Es waren nicht mehr Eichen, die ihre Blätterdome über uns wölbten, sondern Schwarzerlen und Pappeln, und immer häufiger standen Bäume kahl und tot im schlammigen Untergrund. Als der Wald schon fast gänzlich zurückgewichen war, zog ein großer schwarzer Vogel mit klatschendem Flügelschlag an uns vorüber. «Der Moorvogel», sagte Heitu, und was er dachte, bedurfte keiner Worte: Wir waren steckengeblieben.

Libellen umzitterten uns, der Wald lag jetzt hinter uns, vor uns ... ja, Herr sei bei uns, das musste der Schutzring sein, hinter dem das Land der Bärenanbeter lag! Soweit das Auge reichte, flache, braune Weite, in der tückische Wasseraugen blinzelten, und dort, wo Himmel und Land sich berührten, schlug die Luft

Wellen, als wäre sie Wasser. Dergleichen sah ich nur einmal zuvor über den Dächern der Heiligen Stadt in der Mittagsglut.

Achill war fast bis zum Bauch eingesunken, und Heitu schirrte ihn eilends los, auf dass sich das gute Tier unter Aufbietung all seiner ungestümen Kraft auf festeren Grund retten konnte. Unser Karren aber schob sich mit der Deichsel abwärts in den Untergrund.

«Rette, was dir wichtig ist, Agrippa», sagte Heitu und sprang selbst mit dem Proviantsack und einem Bündel verknoteter Tücher auf festeren Grund. Im letzten Moment barg ich des Ansgars Bein.

War das schon das frühe Ende unserer Mission? Ich schaute mich nach Heitu um, der ein paar Schritte abseits auf eine Birke zugegangen war. Und nun sah es auch ich. An den Stamm gebunden, etwa in vierfacher Manneshöhe, klebte ein Gerippe. Auf dem Schädel, der noch schwarze Haarbüschel trug, hielt sich, verrutscht bis zur Lächerlichkeit, ein Lederhelm, wie ihn die fränkischen Soldaten tragen. Der untere Teil des Körpers steckte noch in braunen Lumpen, den oberen hatten sich die Raben und Elstern freigepickt, nur noch wenig Fleisch hing an den Rippen, und dieses Fleisch sah schon grau und dürr aus.

«Eine Warnung», sagte Heitu, in dessen Gesicht keine Spur von Furcht war. Ja, erstmals seit langer Zeit sah ich etwas von der alten Kühnheit in seinen Augen. Für diese Kühnheit war nun wahrlich die richtige Zeit.

«Warte hier, Agrippa, ich schaue mich um!» Und ohne meine Zustimmung abzuwarten, war Heitu verschwunden. Ich war allein, und um nicht gar so allein zu sein, erhob ich meine Stimme und sang den Psalm vom Guten Hirten, der mir noch von unserer Abreise her im Ohr war. Dann betete ich still über dem heiligen Gebein Ansgarii, bis ich nach etlichen Stunden gewahrte, dass Heitu zurückgekehrt war und neben mir stand.

Als es fast nicht mehr weiterging

Wik am Holze, Nebelung, der 29. Tag im Jahre 920 anno domini. Was wird die Welt in tausend Jahren von diesem Jahr noch wissen? Wird die Wahl Heinrichs des Sachsen zum König, die im vergangenen Jahr so großartig begangen wurde, der große Neubeginn königlicher Würde und christlicher Gesinnung sein, von der das ganze Jahr gesungen und gesäuselt wurde? Ich werde es nicht mehr wissen, und Du, ferner Leser, der es wohl wissen könnte: Wird es Dich noch interessieren?

Hoffen darf ich indes weiterhin, dass Dich der Fortgang des Herward interessiert? Ja? Ich danke Dir!

Der Winter senkt sich früh ins Land. Ich bin lange nicht mehr zum Schreiben gekommen. Der Herward ruht. Zu viele der Brüder liegen krank darnieder. Zwei oder drei auf den Tod. Die letzten Tage bin ich, solange das Tageslicht reichte, von Krankenlager zu Krankenlager geeilt, habe Trost und Decken verteilt, habe mit denen gebetet, denen die Kälte die Stimme genommen hat und die ein würgender Husten quält. Es ist seltsam: Im Kloster gibt es achtzig Mönche zwischen dem siebzehnten und dem achtundzwanzigsten Jahr dagegen nur neun oder zehn, die in den Dreißigern oder Vierzigern sind, und ein großer Rest ist älter als fünfzig. Ich selbst bin mit siebzig Jahren der Drittälteste. Und es ist fast sicher, dass ich in wenigen Tagen der Zweitälteste bin ... Bruder Roland spuckt seit Tagen nur noch grünen Schleim.

Es scheint so zu sein, dass diejenigen, an denen sich die Winterkälte einige Male die Zähne ausgebissen hat, hart werden für ein langes Leben. Doch viele, ach so viele, erfrieren, ersticken an ihrem Husten, werden von Schwindsucht aufgefressen. Besonders die Jungen, die aus allzu reichen, behüteten Häusern zu uns kommen, aus Häusern, in denen noch immer

Holz genug da war, wenn die Winterfröste von Norden her ins Land fallen wie hungrige Wölfe ... sie sterben wie die Fliegen, wimmern nach Vater und Mutter, wo sie doch besser daran täten, nach Gott zu fragen. In dieser Woche rief schon zweimal die Totenglocke...

Mönchsein mag im Sommer als angenehme Beschäftigung gelten, doch erst im Winter zeigt sich, wer standzuhalten vermag. Im Eiswind geht Gottgefälligkeit durch Mark und Bein. Und manchmal schon dachte ich, die Hölle sei vielleicht eher ein Ort übergroßer Kälte als unmäßiger Hitze.

Die Novizen haben ihre Vorbereitung auf das Gelübde unterbrechen müssen; statt Psalmen und Gebete zu repetieren, leeren sie Nachtschüsseln, füttern die Schwachen ... Es ist ein Jammer!

Thomasius ist der Eifrigste von allen. Wenn mir die hohe Zahl meiner Jahre ärgerlich ist, dann deshalb, weil ich nicht mehr miterleben kann, wie er zu einem Heiligen heranwächst. Der Thomasius kann ein Benedictus werden, ein Ansgar oder wenigstens ein Rimbert. Er hat alles, was einen Heiligen ausmacht.

Auch mir hatte man das zugetraut, damals in Corvey ... ein Leben in Größe vor dem Herrn. Und hätte ich die Kraft gehabt, mir die sündige Wurzel allen Übels auszureißen, diese kleine Wurzel, die die meiste Zeit nur unscheinbar in den Falten der Kutte versteckt ist, nur um sich alsbald unversehens zur frechen Größe zu blähen, wer weiß, vielleicht wäre auch ich ...

Gestern habe ich Wölfe gehört. Die Leute in der Siedlung vor dem Wik bewachen nachts die Ställe. Ich sehe viele kleine Feuer, wenn ich nach Einbruch der Dunkelheit aus dem Fenster schaue. Und es fällt mir schwer, denen zu widersprechen, die Wölfe für Satansgeschöpfe halten, denn es ist schwer, nach einer durchwachten und durchfrorenen Nacht sein Tagwerk so zu tun, dass es ein Lob des Höchsten ist.

Der Herr ist mir gnädig: Ich ertrage die Kälte ohne allzu große Schmerzen. Mein Zellenfenster kann ich mit einer gut gefertigten Holzlade verschließen. Ein Zimmermann hat sie mir gefertigt, dessen Weib, das schon auf den Tod darniederlag, meine Gebete wieder zu Kräften kommen ließen. Das gute Holz schützt vor Schnee und dem schlimmsten Frost. Bei all der Kälte – Herrje, wann war es denn schon im November jemals so kalt? – tut es gut, zurückzukehren in den heißen Sommer des Jahres 896, des Jahres, in dem Arnulf zum Kaiser gekrönt wurde von jenem Papst Formosus, von dem der unselige Telemach wissen will, dass sein Leichnam geschändet wurde, geschändet vom Oberhirten Stephanus, der durch Möderhand fiel ... Herrje! ... Warum habe ich mir gerade den Arnulf merken können, wurden doch damals Könige im halben Dutzend gekrönt und entkrönt, Zwergenkönige sie alle, gemessen am großen Karl. Wird endlich Heinrich der Sachse, der vergangenes Jahr, 919, die Krone empfing, ein wenig wie Karl sein? ... Oder wird auch er wieder nur ein Karlchen?

Ich schweife ab. Wie kann ich Dich, geliebter Leser ferner Tage, für die Ereignisse des Jahres 896 gewinnen, wenn ich immer wie ein leseungeübter Mensch von dannen hüpfe. Das Jahr 896 war jenes, als der Heitu und ich uns anschickten, in das Land der Bärenanbeter vorzudringen.

Als Heitu zurückkehrte, fand er mich in einem gotterbärmlichen Zustand. Ich lag zitternd und mit von Mücken über und über zerstochenem Gesicht im Schlamm, und er hob mich auf und sagte: «Was ist mit dir, Agrippa? Hat dein Gott (bei Gott, er sagte «dein» Gott, war es denn nicht auch der seinige?) dir das Signal zum Rückzug geblasen?»

Ich wehrte heftig ab, zumal ich spürte, dass er in guter Zuversicht zurückgekehrt war, und ich täuschte mich nicht.

«Nicht weit von hier, da drüben hinter der Zunge von

Reetgras, teilt ein Flüsschen das Moor, und ich habe ein Boot gefunden, es war so gut versteckt, dass es mir einfach auffallen musste. Oder hast du schon mal eine schwimmende Insel am Ufer gesehen, auf der Farnkraut wächst?»

Unser Karren war unrettbar im Schlamm eingesunken. Unsere Habseligkeiten – allen voran das heilige Bein – lagen im Trocknen. Aber was war mit Achill?

«Ich werde ihn laufenlassen», sagte ich, aber Heitu schüttelte den Kopf. Er nahm die kurze Axt und fällte den Achill mit einem einzigen Schlag zwischen die Hörner. Das brechende Auge des großen Tieres drückte Verwunderung aus.

Nie zuvor und nie wieder danach aß ich so viel Fleisch wie an diesem Tag. Heitu hatte Feuerstein in seinem Rock, und es gab genug dürres Gras und Holz für ein Feuer. Achill war in der Tat ein sehr starkes Tier und meine Zähne schon damals nicht die eines Wolfes. Doch obwohl ich durch die Schwere meines übervollen Bauches fast zu Boden gezogen wurde, mahnte Heitu nach einem wohl zweistündigen Mahl, den Ort zu verlassen und den Fleischberg, der einmal ein gutes Zugtier gewesen war und schon bald den Füchsen und Raben zum Fraß dienen würde. Ein wenig gebratenen Fleisches steckten wir in Sigurds Proviantsack.

Sigurd! Würde der edle Spender von Karren und Ochse Verständnis haben für dieses Notopfer? Dieser Gedanke trieb mich um, während ich dem Heitu hinterherstolperte und alsbald wirklich vor einem guten, mit Pech ausgegossenen Boot stand, dem auch die Ruder nicht fehlten. Ich spürte sehr wohl, dass Heitu – der wiederum meine Schwäche spürte – das Kommando übernommen hatte. Aber mir war es recht. Schweigend hockte ich mich hinter ihn in das Boot, das mit großer Kunstfertigkeit aus einem einzigen Baumstamm gehauen war und tief und schwer im Wasser lag. Das heilige Gebein drückte ich gegen mein heftig schlagendes Herz oder auch gegen meinen zum Bersten gespannten Bauch. (In Speyer nämlich verwahrt man eine Reliquie, die besonders gegen Verdauungsleiden unfehlbare Hilfe leistet und deren Dienste sich die dortige Mönchschaft alle Jahre hoch versilbern lässt – von Menschen, die der Völlerei ergeben sind.)

Die Flut, die uns langsam entgegenströmte, war dunkelbraun wie Moorlöcher, und ab und an stiegen aus einer unbekannten Tiefe Blasen auf, wie ich solche schon bei unserem Fischteich unterhalb des Stiftes gesehen hatte. Enten strampelten an uns vorüber, und einmal mehr musste ich daran denken, wie es möglich ist, dass sie nicht vor Nässe versinken, wo doch ein Haufen Federn, wie ihn die reichen Leute in ihre Bettwürste stopfen, sogleich im Wasser versinken würde. Solche Rätsel – wiewohl ich sie nicht lösen kann verkürzen die Zeit.

Mit gleichmäßigen Schlägen trieb Heitu das Boot stromauf. Auch er war damals kein junger Mann mehr, aber seine Kraft schien auch in Stunden voll gleichmäßiger Ruderbewegung nicht zu erlahmen.

«Schau, Agrippa, das Wasser ist nicht mehr braun, es ist schon fast durchsichtig und klar. Das heißt, dass das Moor hinter uns liegt.» Ich starrte ins Wasser und: Wahrhaftig! In einiger Entfernung am Ufer sah ich wie zur Bestätigung rote Kiefernstämme – wusste ich doch, dass diese Bäume nasse Füße nicht gut vertragen. Wo sehr starke Kiefern gedeihen, kann kein Moor sein.

Wir mochten wohl drei oder vier Stunden gleichmäßig dahingeglitten sein, als ein Biberdamm den Fluss versperrte. Zuvor schon war das Wasser in die Breite gegangen, rechts und links erblickte ich Holzstöße am Ufer: Biberburgen.

«Wir müssen das Boot über den Damm ziehen, Agrippa», sagte Heitu, und er steuerte die Stelle an, wo der Damm das Ufer berührte. Schleifspuren im Morast ließen erkennen, dass andere vor uns schon gleichermaßen verfahren waren.

Wir sprangen ins flache Wasser, zerrten den schweren Bootskörper aus der Flut und waren gerade dabei, ihn unter einer tief überhängenden Weide hindurchzuwuchten, als aus dem Gezweig etwas herabfiel, das uns zu Boden schlug. Ein Netz.

Gefangen

Heitu war es noch gelungen, sein Kurzschwert zu ziehen, was sicher nicht zu unserem Vorteil war; denn so trafen nicht nur ihn, sondern auch mich schwere Keulenhiebe – eine Aufwölbung des Knochens über meinem linken Auge erinnert mich noch heute an diesen Eintritt ins Land der Bärenanbeter.

Damals aber war unser beider Erinnerung für Stunden ausgelöscht. Ich erwachte, und meine Hand wischte unversehens über eine Kruste geronnenen Blutes, die meine ganze linke Gesichtshälfte bedeckte. Zu meinen Füßen lag Heitu – gebunden. Er war noch nicht bei Besinnung, denn ohne Zweifel hatte man auf ihn, den augenscheinlich gefährlicheren von uns beiden, härter eingeschlagen als auf mich. Es war recht dunkel, über uns sickerten nur vereinzelte Sonnenstrahlen durch eine Art geflochtenes Dach. Die Wand hinter mir war feuchte Erde. Hatte man uns in eine Grube geworfen? Waren wir des Todes?

Ich fasste auf meine Brust und schrie sogleich auf: Man hatte mir das Bein Ansgarii abgenommen. Der Schrei weckte Heitu, der sich unter Stöhnen aufrichtete, so gut ihm das möglich war. Denn ihn hatte man, anders als mich, von Kopf bis Fuß gebunden. Mir hing nur ein übler Stein am Fuß, meine Arme waren frei geblieben.

Mein Schreien bewirkte nur, dass eine Gestalt über das Gitterdach trat und ihr Wasser über uns abschlug.

«Wer bist du?» rief ich.

«Gebt Ruhe, sonst bekommt ihr es noch dicker.»

Der Mann sprach Sächsisch mit einer stark fränkischen Färbung, und das gab mir die Idee ein, ihn neugierig zu machen. Also rief ich in fränkischer Zunge nach oben: «Ich denke, der Ort, wo deine Mutter es verabsäumt hat, dir zu sagen, dass man nicht auf Gottesmänner pisst, war Xanten.»

Er blieb einen Moment still, und ich Schloss daraus, dass ich den Ort, da seine Zunge in Kindertagen geschliffen wurde, gut erraten hatte.

«Sag bloß, dreckiges Christenschwein, wir haben in Xanten schon mal gemeinsam an dieselbe Kirchenmauer geschifft!»

Mein Mann aus Xanten wollte in seiner gotteslästerlichen Rede fortfahren, aber jemand anders zog ihn weg, und Heitu und ich waren wieder allein. Es folgten Stunden, in denen Heitu mehrfach vor Schmerz die Besinnung verlor. Ich dachte schon, nachdem ihn meine Stimme über lange Zeit nicht erreicht hatte, seine Seele sei von ihm gewichen, als er plötzlich mit ruhiger Stimme sagte: «Wenn sie uns töten wollten, hätten sie es auf der Stelle getan. Da sie es nicht getan haben, mag das heißen, dass sie etwas anderes mit uns vorhaben.»

Ich war mit gänzlich Unaufschiebbarem beschäftigt und sagte nur knapp: «... entschuldige, Heitu, es geht nicht anders!»

«Was geht nicht anders?»

«Das, was von Achills Fleisch blieb, hat mich soeben wieder verlassen.»

Heitu verzog, und dabei gelang ihm fast ein Lächeln, seine Nase: «Es muss viel gewesen sein.»

«Lass uns von anderen Dingen sprechen!»

Und so verging eine der schlimmsten Nächte meines Lebens, in Dunkelheit, Gestank und Anfechtung. Und zu aller Pein kam der übergroße Schmerz darüber, dass man mir das heilige Bein entrissen hatte.

Ich denke, wir müssen beide in einen ohnmachtartigen Schlaf gefallen sein; denn als ich erwachte, war es gleißend hell; jemand hatte das Holzgitter über uns zur Seite gezogen, neben mir hingen Taue, an denen sich zwei Gestalten herabgelassen hatten. Eine grobe Gestalt knüpfte mich, eine andere den Heitu an das Ende der Seile, und mit ungestümer Wucht wurden wir aus der Gruft gezogen.

So elend mir war, das plötzliche Licht war mir eine große Freude. Doch erst jetzt sah ich, wie übel sie den Heitu zugerichtet hatten.

Wer ist Ossos?

Bruder Roland ist fort. Zweiundsiebzig Jahre hat ihn der Herr auf Erden weilen lassen. Nicht, dass er mir besonders nahestand, er war der verschwiegenste Mönch im Kloster zu Wik am Holze, ohne deshalb je unfreundlich oder abweisend gewesen zu sein. Sein Schweigen deute ich so, dass er die Gesellschaft des Herrn unserer vorzog. Eine wahrlich gute Entscheidung. Nach Rolands Tod ist nur noch einer da, der älter ist als ich.

Es ehrt mich, dass Roland in seiner letzten Stunde nach mir verlangte. Die meisten wollen – so, als müssten sie sich des größtmöglichen Einflusses versichern, den einer höherenorts für sie geltend machen kann – den Abt an ihrer Seite, wenn sie von uns gehen.

Zum Schluss ließen auch dieser entsetzliche Husten und der grüne Schleimfluss nach. Es war, als wolle der Herr seinem Knecht Roland einen sanften Abschied gewähren.

Die verfrühte Kälte der letzten Tage ist gebrochen. Wir konnten die Kuhle für ihn leicht ausheben. Und als ich heute früh hinabstarrte mit den anderen auf den kleinen Leib, der da in Leinen geschlungen in der Erde lag, und ehe noch das Singen einsetzte, musste ich an die Grube denken, aus der man mich und den Heitu damals herauszog ... in ein Licht, das mir so unwirklich hell erschien wie die Sonne Italiens.

Da lag ich nun in Blut und Gestank und war erst so geblendet, dass ich die Gestalten um mich herum nicht erkennen konnte. Und als ich sie schließlich sah, wünschte ich mich in die Dunkelheit oder in die Blendung zurück: wüste, grobknochige Schlagetots, bewaffnet alle: Fränkische Langspieße sah ich blitzen – noch die düstersten Schergen pflegten ihr Mordgerät –, normannische Doppeläxte, fränkische Schwerter. Und allen Kerlen sprang die gleiche Mordlust aus den Augen.

Wir lagen auf einem großen Platz, der gesäumt war von flachen Hütten, nicht unähnlich denen, die ich vor Jahren in Friesland gesehen hatte. In einiger Entfernung sah ich eine Gruppe von Frauen, die von zwei Lanzenträgern daran gehindert wurden, ihre Neugier zu befriedigen und uns aus der Nähe zu betrachten.

«Wetten wir, wer länger brennt», sagte einer, der seinen Bart nach Art der Wikinger gezwirbelt trug, «der Mönch ist zwar kleiner, aber ich wette, er brennt länger als der andere. Für Wotan ist es nämlich eine besondere Freude, wenn Christen brennen. Er wird dem Feuer befehlen, dass es schön langsam brennt.»

«Schweig!» sagte ein anderer. «Ossos bestimmt, was mit den beiden geschieht. Untersteh dich, einen von ihnen zu rösten!»

«Man wird ja wohl noch mal ‚nen Spaß machen dürfen, wird man ja wohl noch, verdammter Schleimschiss, verdammter!»

Der, der sich soeben dagegen ausgesprochen hatte, uns zu verbrennen, und den der andere Taxus genannt hatte, trat dicht an uns heran, stieß mit dem Fuß nach mir, so dass ich auf den Rücken rollte.

«Der Hund ist total verschissen. Bindet sie beide los! In den Bach mit ihnen! Und dann gebt ihnen saubere Kleidung. Ossos mag keinen Gestank!»

Einer durchtrennte mit schnellen Schnitten Heitus Fesseln (also mussten sie an Tauen keinen Mangel haben), und dabei handhabte er sein Messer so geschickt, dass man auf einen erfahrenen Krieger schließen musste. Heitu konnte nicht aus eigener Kraft gehen, ein Keulenhieb hatte sein Bein übel erwischt, allerdings, Gott sei Dank, den Knochen nicht zerschlagen.

Der, der uns gern brennen gesehen hätte, trug den Heitu und warf ihn in den Bach. Ich folgte ihm, richtete ihn auf, sah dabei in sein gepeinigtes Gesicht und wusch ihn. Sein linkes Auge war von einem Keulenhieb vollständig zugeschwollen, die ganze linke Stirnhälfte blaurot verfärbt. Ich warf meine dreckstarrende Kutte von mir und tauchte ebenfalls ins Wasser. Der kalte Biss des Wassers tat gut. Ich lebte, und das war mir im Moment das Wichtigste.

Der, den sie Taxus nannten und der wohl so etwas wie ein Hauptmann war, warf uns friesische Jacken und Beinkleider aus grobem Leinen zu. «Beeilt euch, Ossos mag es nicht, wenn man ihn zu spät am Tag mit Kleinigkeiten wie euch belästigt!»

Ich lud mir den Heitu auf den Rücken, und vor der Speerspitze des Taxus schleppte ich uns in eine Richtung, die er mit seiner Waffe wies.

«Wer ist Ossos, mein Freund?» fragte ich mit ausgesuchter Höflichkeit.

«Du wirst es gleich wissen.»

«Die Farbe deiner Sprache verrät mir, dass deine Mutter aus dem Land der Abodriten stammt. Aus keiner großen Siedlung, eher aus einem kleinen Dorf, denn die Art, wie du ...»

«Spar deine Zauberkünste für Ossos, Christ, du wirst sie brauchen! Aber dein Gott liegt wahrscheinlich lieber faul auf irgendeiner Kirchenbank, als ausgerechnet dir zu helfen.»

Heitu war kein Hüne, aber ein kräftiger Mann. Und ich war noch viel weniger Hüne als er. Ohne die Einwilligung der Wache abzuwarten, ließ ich den Heitu, so sanft es mir möglich war, zu Boden gleiten. Durch das Waschen war die Wunde an seinem Kopf wieder aufgegangen. Sein Blick schwamm unbestimmt. «Sag der Varga, sag ihr ...»

Ich drückte ihm den Mund zu, es konnte nicht gut sein, wenn wir den Eindruck erweckten, als hätten wir uns schon aufgegeben.

Ich habe diese Minuten, die ich soeben zu schildern versucht habe, in meiner Erinnerung viele Male durchlebt, so dass es mir bisweilen schwerfällt zu unterscheiden, was wahres Erleben war und was späteres Nachdenken dazugetan hat. Aber ich bin mir doch sicher, dass ich damals mehr Zorn als Angst verspürte. Ich sage nicht: keine Angst! Nur: mehr Zorn als Angst. Zorn darüber, dass diese Heiden es wagten, meinen Gott faul und untätig zu nennen. Ich war plötzlich davon überzeugt, dass diese Lästerung – spätestens sie – Gott alarmiert haben müsste und dass er, schon um die Schmähung nicht auf sich sitzen zu lassen, etwas zur Besserung unserer Lage tun würde.

Heitu wehrte sich mit schwachen Kräften dagegen, dass ich ihn abermals auf meinen Rücken lud. Er humpelte nun neben mir her. In einigem Abstand folgte uns ein stattlicher Haufen von Kindern, die durchaus nicht anders aussahen als unsere Kinder. Langsam ging es weiter, bis wir vor einem Haus standen, das wenigstens zehnmal so groß war wie die Schilfhütten rechts und links davon. Es hatte eine Vorhalle, deren Dach auf wuchtigen, glattgeschmirgelten Eichenstämmen ruhte. Der obere, tragende Teil endete in Schnitzwerk: Bärentatzen.

«Wohnt hier euer Ossos?»

«Still, Mönch, ab hier redet jeder nur dann, wenn er gefragt wird!» Zur Bekräftigung drückte er mir die Lanzenspitze ein kleines Stückchen in die Haut meines Rückens. Die Stelle kann ich heute noch ertasten.

Aber ich war zuversichtlich: Gott würde es nicht hinnehmen, dass nichtswürdige Heiden einen seiner Diener und sei er der Fehlsamste von allen – behandelten wie Schlachtvieh. So dachte ich. Aber ich kann um der Wahrhaftigkeit willen nicht verhehlen, dass Gott mich zunächst in nie gekannter Weise verblüffte – verblüffte ob der Wege, die er seine Geschöpfe wandeln lässt: die Hirten und die Wölfe.

Erstes Gespräch mit Ossos

Fünf Tage ruht Bruder Roland nun schon unter der Erde. Und ich muss noch immer daran denken, was seine letzten verständlichen Worte waren: «Nicht meine Taten schmerzen mich. Sondern all das, was ich nicht getan hab, Bruder Agrippa. Verstehst du mich?»

«Ja, ich verstehe dich, Bruder Roland», antwortete ich, aber verstanden habe ich diese Worte nicht.

Meinte Bruder Roland, dass ihn angesichts des Todes die ungetanen guten Taten schmerzten? Aber dann hätte er doch – trotz aller Atemnot – gute Taten gesagt. Er sprach aber nur von ungetanen Taten.

Ich habe in meinem Leben viel getan, mehr getan als gelassen. Ob mir das eines nicht allzu fernen Tages, wenn an meiner Bettkante jemand sitzt, um mir hinüberzuhelfen, eine Erleichterung ist ... oder eine Beschwernis? Manchmal denke ich, es ist gut zu wissen, dass wir einiges nicht wissen können.

Seit langer Zeit war Thomas wieder einmal bei mir. Er scheint mir gestärkt aus der Klausur hervorgegangen zu sein. Er sprach davon, dass er sich wünschte, schon bald für würdig befunden zu werden, zur Heidenmission in den fernen Norden geschickt zu werden. O süße Einfalt, o heilige! Ich habe ihm nicht von meiner Missionsreise zu den Bärenanbetern erzählt, und ihn verlangte für dieses Mal auch nicht danach, meine Aufzeichnungen zu lesen. Später, sagte er. Später. Die Jugend hat eine andere Zeit. Für mich kann später die Ewigkeit heißen, in die ich – trotz vieler Sünden gegen Geist und Buchstaben meines Versprechens an Gott – einzugehen hoffe.

Doch auch um die irdische Zeit ist es seltsam bestellt. Der rinnende Sand im Stundenglas sagt mir, dass sie stets dieselbe Geschwindigkeit hat, aber mein Herz sagt mir, dass dem nicht so ist. Zu verschiedenen Zeiten in meinem Leben schien mir die Zeit unterschiedliche Geschwindigkeiten zu laufen. Die Stunden und Tage bei Ossos dehnen sich in meiner Erinnerung ... ja, ich möchte meinen, zu Monaten.

In dem großen Raum war es dunkel, zwar gab es Fenster Oberlichter, in der Art der südlichen Kathedralen angeordnet –, aber sie waren mit Fellen und Tüchern verhängt. Das einzige Licht kam von einem eisernen Fackelständer, der genau in der Raumesmitte platziert war, sieben stark rußende Fackeln warfen ein unruhig tanzendes Licht auf die Wände, an denen ich allerlei heidnische Götzenbildnisse gewahrte: vor allem aber Bärenfratzen – Bären, die Menschen fraßen, Bären, die aufrecht gingen, Bären, die sich mit Menschenfrauen paarten.

Nachdem sich meine Augen an das Dämmerlicht gewöhnt hatten, meldete sich meine Nase: Es roch streng, ich wendete den Kopf und gewahrte ein großes, reich verziertes Gitter in der linken hinteren Saalhälfte. Dahinter ahnte ich mehr, als dass ich sie erkennen konnte, zwei Bärengestalten.

«Gefällt es dir, Bruder Agrippa? – alles nach meinen Plänen gebaut!»

Diese Stimme! Ich fuhr zusammen, mehr noch, als ich mich unter den Keulenhieben zusammengekrümmt hatte. «Titus, bist du es?»

«Titus? ... den Namen habe ich fast vergessen. Das war in einem anderen Leben.»

Jetzt erkannte ich den Mann, der im Bärenkäfig stand, dann behutsam das Tor öffnete, herausschritt und hinter sich den Tierzwinger wieder Schloss.

Wahrlich der Titus – ohne Tonsur und mit üppig wallendem Haar, das auf die Schultern eines Wamses aus kunstvoll durchbrochenem Leder fiel. Seine Hose war von der Art, wie ich sie bei den Anführern der ungarischen Reiter gesehen habe, sehr weiches, schwarzes Leder, auf das mit grünen und roten

Fäden allerlei Schmuckwerk gestickt war. Heitu, den ich stützte, rieb sich die Augen. Nein, das war kein Fiebertraum. Das war infam. Das war Hohn. Es war mir, als müssten mir die Knie einknicken. Titus: Brutus! Nein, Judas!

Schließlich fasste ich mich und mühte mich, so etwas wie heiligen Zorn in meine Stimme zu legen: «Wo ist das Bein des Heiligen Ansgarius?»

Titus schaute mich belustigt an, sein Gesicht schien in den vier oder fünf Jahren, seit ich ihn zuletzt gesehen hatte, jünger geworden zu sein, das Asketische war angenehm weggerundet, den Leibriemen, ebenfalls aus kostbar verziertem Leder, überwölbte ein kleiner Bauch, wie ihn die Herren tragen, die sich für ihr Brot nicht allzu oft bücken müssen. Nein, das war nicht mehr das geschlagene Menschlein, das todmüde und regennass in meiner Zelle lag...

«Der Knochen, den mir die Männer gebracht haben? Dachte ich mir, dass er etwas Besonderes ist. Knochen sind eine gute Münze!»

Dabei grinste er, wie ich ihn in all den Jahren, in denen wir noch Brüder waren, nie habe grinsen sehen. Dieses Grinsen hatte etwas Gönnerhaftes, so lächelte man Sklaven zu, mit deren Arbeit man leidlich zufrieden ist.

Auf einen Wink des Titus – oder sollte ich Ossos sagen, nein, für mich war er immer noch Titus, ein entarteter Titus! –, auf einen Wink des Titus also brachte jemand Sitzkissen: ein seidenschimmerndes und zwei schlichte Leinensäcke.

«Warum bist du nicht in Ramsolano und fasst den Weibern unter die Röcke, wenn es keiner sieht, Agrippa?»

«Warum bist du hier?»

«Ich fürchte, Bruder Agrippa, du bist hier nicht in der kommoden Lage, eine Frage, die ich dir stelle, mit einer Gegenfrage beantworten zu können. Auch ist dies kein theologisches Seminar der Gottgelehrten. Also: Was wollt ihr beiden hier?»

(Diese Härte, woher und wie war diese Härte in seine Stimme gekommen?)

«Ich bin hier, um zu tun, was der Herr mir aufgetragen hat: den Heiden das Evangelium zu predigen.»

Ich spürte, wie mein Mut versuchte, sich zurückzuwagen, so wie ein von Räubern Vertriebener vorsichtig zu seinem Haus zurückschleicht.

«Soso. Das Evangelium. Welch kühne Idee! Mit nichts als einem Knochen bewaffnet. Das Kurzschwert deines Begleiters zähle ich mal als Essgeschirr und nicht als Waffe.»

«Es ist kein Knochen! Es ist das heilige Gebein des Ansgarius. Du hast selbst betend auf der Steinplatte gelegen, unter der sein Platz war, bis ...»

«Stimmt, und dabei habe ich mich mindestens zweimal erkältet. Es ist dies benediktische Bäuchlingsliegen auf Steinen eine Unsitte, die nicht gottgefällig sein kann. Haben wir nicht unseren Leib von Gott? Ja, also! Da sollten wir ihn nicht leichtfertig krank werden lassen. Hab ich recht?»

«Du spottest.»

Titus sah mich an – und sein Ausdruck war gespielt –, als hätte ich ihn böse mit Worten verwundet; dann wandte er sich nach hinten und sprach in Richtung Bärenkäfig: «Habt ihr gehört, Baldur und Gertrud? Man nimmt meine Worte nicht ernst.»

Heitu war, sobald er das Kissen unter sich spürte, in sich zusammengesackt und in einen ohnmachtartigen Schlaf gefallen.

«Kann er nicht eine Stunde mit dir wachen?» fragte Titus in gotteslästerlicher Anspielung auf die Worte unseres Herrn an seine Jünger im Garten Gethsemane.

«Er hat viel Blut verloren. Deine Soldaten hätten ihn fast totgeschlagen.»

«Ist er nicht der Sohn des Bluttrinkers?»

«Du kennst ihn. Warum also fragst du? Sein Name ist Heitu.»

«Richtig, Heitu ... Seltsam, wie schnell einem Namen entgleiten, die man nicht mehr braucht.»

Wir hatten Latein gesprochen, und ich konnte feststellen, dass Titus nicht mit den Worten rang, obwohl es doch unwahrscheinlich schien, dass er hier unter seinen wilden Spießgesellen viel Gelegenheit zur Übung fand.

Es entstand eine lange Pause, die mir Gelegenheit gab, mich umzuschauen. Wir waren nur scheinbar allein in der großen Halle. Im Zwielicht konnte ich im Hintergrund etliche Soldaten erkennen. Schweigende, vom Feuer ins Riesenhafte vergrößerte Schatten. An der Stirnseite des Raumes oberhalb des Bärenzwingers hingen Waffen, lange fränkische Schwerter von der besten Art, wie sie nur Heerführer tragen, aber auch normannische Streitäxte und slawische Langspieße. Schauerlicher aber als all das war ein bleicher Menschenschädel, der fast zur Gänze von einem Sax durchstochen war. Die Augenhöhlen hatte ein heidnischer Unhold mit hellgrüner Farbe umrandet.

Titus, der meinem Blick gefolgt war, lächelte und sagte: «Sein Name war Graf Gernot von Mainz, ein braver Gefolgsmann von König Arnulf. Der gute Gernot stand im Rufe, sich gedrückt zu haben, als es galt, ein Aufgebot gegen die Wikinger zu stellen. Um den Makel loszuwerden, schwor er dem Arnulf, die, so sagte er, letzte heidnische Eiterbeule auszudrücken im christlichen Frankenland. Wie du siehst, konnte er die Meldung über seine Niederlage nicht mehr selbst überbringen.»

Ich riss mich los aus der Umklammerung der hohlen Augen und bemühte mich abermals um Festigkeit in der Stimme: «Für wen halten dich die Leute hier, Titus?»

«Ich bin Ossos. Mittler zwischen dem heiligen haarigen Paar hinter uns und den Bewohnern von Irminsul.»

Ich konnte ein Lachen nicht unterdrücken: «Die beiden pelzigen Kreaturen sind Götter?»

«Du wirst noch Gelegenheit haben, ihnen deine Aufwartung

zu machen, Agrippa.»

Das sagte er mit einen angedeuteten Lächeln, das nichts Gutes versprach. Eilig wechselte ich das Thema: «Irminsul nennst du das Land hier?»

«Der Name sagt dir etwas, mein Bruder längst vergangener Tage?»

«Irminsul war das höchste Stammesheiligtum der Sachsen, ein grässlicher Pfahl mit heidnischen Fratzen, den der Eiserne Arm Gottes ausgerissen hat.»

«Karl von Aachen ... der Eiserne Arm Gottes? Er war nicht der Eiserne Arm Gottes, sondern Gottes oberster Henker. Hat er nicht in Verden viereinhalbtausend Sachsen köpfen lassen, unschuldige Männer, die sich ihm schon ergeben hatten?»

«Aufrührer, Gottesleugner, Kirchenschänder waren es.»

«Aufrührer wogegen? War es eine Sünde, dass die Sachsen weiterhin ohne König bleiben wollten, dass sie sich – anders als die Franken – ihre Führer selbst wählen wollten? Unser Irminsul ist nicht so leicht zu verbrennen wie die große Holzsäule. Und auch wenn die frankenknechtischen Grafen alle naslang ein paar Hundertschaften Soldaten schicken, um uns auszuheben ... bisher sind alle in diesem wunderbaren Sumpf steckengeblieben, der uns umschließt wie bestes Cordoba-Eisen einen Reitersoldaten. Und die paar, die durchkamen, kamen nicht sehr weit. Irminsul lässt sich kein zweites Mal verbrennen.»

«Weil Asche nicht brennt, Bruder Titus.»

«Wäre ich noch der christliche Eiferer, der ich einmal war, ich würde sagen: Dein Herz ist verstockt, Bruder Agrippa! Aber warum dich überzeugen? Es lohnt nicht ...» Er ließ halb in der Schwebe, was er damit meinte, schickte aber einen langen Blick zu den Bären hinüber, die sich ihre massigen Körper an den Gitterstäben rieben.

Ich sah dem Titus direkt in die Augen, denn von den Augen sagt man, dass sie die gleichen bleiben, so sehr sich ein Mensch auch wandelt: «Warum, Bruder Titus, soll ich mich von dir verstockt schelten lassen, von einem abgefallenen Mönch, der noch dazu die heiligen Gebeine des Sixtus und des Sinnitius geraubt hat?»

«An sich genommen. Und für einen guten Zweck, Bruder Agrippa.»

«Heitu war es, der sogleich erkannte, mit welch schandbarer List die heiligen Reliquien des Sixtus und des Sinnitius aus dem vergitterten Raum gestohlen wurden.»

«Heitu? Kluger Kopf!»

«Titus, ich flehe dich an, bei der Gott-Treue, die du nach den Regeln des Heiligen Benedictus versprochen hast: Was hast du mit diesen heiligen Beinen gemacht?»

«Sie haben einen wahrhaft christlichen Zweck erfüllt.»

«Was soll das heißen?»

Titus erhob sich von seinem prächtigen Kissen – ja, er war wirklich zu Kräften gekommen, aber es stand ihm nicht schlecht – und machte einem der Soldaten im Hintergrund ein Zeichen, so dass er sofort herbeisprang: «Halte den hier im Auge (dabei zeigte er auf Heitu). Der ist imstande und springt euch geradewegs in den Spieß. Das wäre nicht gut.» Dabei warf er einen weiteren vielsagenden Blick in Richtung Bärenkäfig.

«Folge mir, Agrippa! Du sollst endlich einmal ein christliches Werk sehen!»

Ich folgte ihm. Als wir durch die Vorhalle ins Helle traten, konnte ich erst ermessen, wie prächtig der Mann, der sich nun einen Mittler nannte, gekleidet war. Das Sonnenlicht ließ die grünen Schmuckbänder aufleuchten, so, als seien sie aus den Federn von Eisvögeln gespleißt. Sein Haar war kräftig, blauschwarz und glänzend.

Wir gingen einen Weg durch eine Reihe kleiner, jedoch bemerkenswert sauberer Häuser. Es hätten Ramsolaner Häuser sein können (wobei ich, um der Wahrheit willen, gestehen muss, dass jene ungepflegter waren als diese, die mir hier vor Augen kamen), ja, es hätten die Häuser christlicher Fischer, Köhler und Bauern sein können, wären an den Außenwänden nicht überall die Zeichen Wotans angebracht gewesen. Über den Eingängen glotzten Tierschädel, von der Sonne weiß gebleicht, manche von Winterfrösten halb zerrissen. Doch die Menschen, die ich sah, waren keinesfalls wild ... ja, ich fand keinen Unterschied zu denen jenseits des Sumpfes, von wo wir gekommen waren, nicht auf den ersten flüchtigen Blick wenigstens. Aber ich ließ mich täuschen: Die grausige Heidnischkeit sitzt im Herzen, nicht im Gesicht.

Sobald sie den Ossos sahen, neigten sie die Köpfe: nicht übertrieben tief, aber doch deutlich.

«Du wunderst dich, dass sie keine Reißzähne haben wie die Moorwölfe und dass ihnen kein Blut aus dem Maul trieft?»

Ich erschrak ein wenig, unmerklich, ob der Trefflichkeit, mit der Titus meine Gedanken erraten hatte, doch dann sagte ich ruhig: «Ich wundere mich nicht über diese armen missgeleiteten Heiden, ich wundere mich über dich, Titus.»

Wir blieben vor einem größeren, massiv gebauten Haus stehen, vor dem auffällig viele Kinder spielten, prachtvolle Kinder, gut genährt, sommerlich leicht gekleidet.

«Du weißt, mein Bruder, wie die allerchristlichsten Gaugrafen und Fürsten gegen all jene vorgehen, die sich nicht taufen lassen, obwohl man ihnen doch so eindringlich das Himmelreich verspricht? ... Es geht immer noch nach dem Wort des Henkers Karl zu Aachen, Gott hab ihn unselig: Tauche ins Wasser, Sachse, oder tauche in dein eigenes Blut.»

Ich schwieg.

«Ich fände es angebracht, du würdest mir antworten, Bruder Agrippa. Weißt du, wie hierzulande immer noch missioniert wird, oder weißt du es nicht?»

Ich schwieg abermals, denn ich wollte ihm keine Gelegenheit

zu einer billigen Posse geben.

Titus machte einem Kind ein Handzeichen. Es ließ ohne große Hast einen toten Vogel fallen, einen bunten, einen Stieglitz, meine ich, mit dem es gespielt hatte, und kam zu uns.

«Wie heißt du?»

«Sigbert.»

«Und wie alt bist du, Sigbert?»

«Ich werde nächstes Jahr zum Jul erstmals am Holzschwertkampf teilnehmen.»

«Wo sind deine Eltern, Sigbert?»

«In Walhall.»

Titus wandte sich abermals mit gespielter Fürsorglichkeit an mich: «Er will damit sagen: Seine Eltern sind tot.»

Wieder neigte sich Titus dem Knaben zu, der mir ganz ohne Furcht zu sein schien: «Wie kamen sie zu Tode, Sigbert?»

«Graf Guntram von Hollenstedt hat den Vater mitten im Dorf auf einen Pfahl spießen lassen, weil er zur Freya gebetet hat und nicht vor dem Kreuz abgeschworen. Und die Mutter haben sie den Wikingern verkauft als Sklavin. Von meinen Schwestern und Brüdern weiß ich nicht, was ihnen geschah.»

Titus schaute mich an, aber ich hielt seinem anmaßenden Blick stand, als er sagte: «Du hörst, Bruder Agrippa, es ist gerade von den üblichen Liebestaten der Christenheit die Rede! Was du hier siehst, ist ein Waisenhaus. Hier leben Kinder, deren Eltern alle aus höheren Beweggründen erschlagen wurden ... Hast du Fragen?»

«Wo sind die Beine des Sixtus und des Sinnitius?»

«An einem heiligen Ort. Ich meine, an einem Ort, der dir heilig ist.»

«Du redest in Rätseln, damit ich dich nicht verstehe.»

«Nach jener Nacht in deiner Zelle bin ich zurückgelaufen nach Irminsul, zurück zu Bruns und seinem jungen Weib, zurück zu all den Menschen, die mir niemals vorschrieben, vor welcher Hölle man zu zittern habe. Für sie war ich der arme Bruder, der wiederkehrte. Sie fragten nicht, sie gaben mir zu Essen, sie gaben mir Arbeit. Meine Arbeit war es, unter Anleitung ihres Zauberers Vargerex für das Wohl der heiligen Bären zu sorgen. Als Vargerex vor zwei Jahren starb, war ich der einzige, der sich auf die Bären verstand. Sie dulden sonst keinen Menschen in ihrer Nähe ...»

«Die Beine des Sixtus und Sinnitius! Wo sind sie?»

Aber Titus ließ sich nicht drängen.

«Wir sind hier eine Insel, umgeben von einem Meer aus Feinden. Wenn uns eine schlechte Ernte trifft, können wir uns nicht leicht andernorts Saatkorn kaufen. Wir haben keine Schätze. Da fiel mir der Bruns ein, der, der mich hier aufgenommen hatte und dem in Gottes Namen das Feld, Weib und Kinder verbrannt wurden und der in Gottes Namen aus Honstede an der Schmalen Aue verjagt wurde. Und ich meinte, es wäre nur gerecht, etwas zurückzuholen von dem, was doch im Namen einer seltsamen Heiligkeit genommen worden war. Die Luke übrigens war ein bequemes Einschlupfloch...»

Nun war es heraus, und in mir sprang wie eine reine Flamme die Empörung auf: «Du hast die Reliquien verschachert, du Hund, du elender Hund, der Herr soll dich vierteilen, ah, du Schuft ...»

Ohne dass ich es bemerkt hatte, waren uns Soldaten gefolgt, und ich hatte, noch ehe ich meine Zornesrede beenden konnte, die Spitze einer Lanze zwischen den Schulterblättern. Diese Einrede verstand ich. Titus fuhr in seiner Rede fort, als hätte er den Zwischenfall nicht bemerkt: «Mahnte uns Sankt Benedikt nicht zur Sanftmut, Bruder ... was höre ich aus deinem geweihten Mund? Unflätige Rede.»

Titus putzte ausgiebig die Stelle, an der ich sein Wams im Zorn ergriffen hatte, und sprach: «Mit dem Geld, das die Knochen einbrachten, habe ich dieses Haus für die Elternlosen bauen lassen. Ich habe dem Bruns den Wert seines niedergebrannten Hauses ersetzt. Seine Toten kann keiner bezahlen. Ich habe die Wege, die zum Moor führen, mit Holzbohlen befestigt, ich habe an die hundert Boote gekauft, ich habe in Rungholt, im nassen Friesland, fünfzig Sklavinnen freigekauft, weil die Männer hier sich fortpflanzen wollen ... Letzteres eine Tat, für die vermutlich keiner mehr Verständnis aufbringen wird als du ... und ich habe ein paar gute Christenmenschen bestochen, damit ich zeitig darüber Bescheid weiß, was die Prediger von Schwert und Feuer im Schilde führen. Deine Ankunft erwarten wir seit vier Tagen. Ihr wart säumig.»

«Du hast Opfersteine für Wotan und seine Spießgesellen aufstellen lassen!»

«Nein, Bruder, du irrst, bei uns geht das anders. Das haben die Menschen aus freiem Willen getan.»

«Die Steine, heißt es, seien zum Teil Altarsteine aus zerstörten Gotteshäusern.»

«Man nimmt, was man bekommt. Einige dieser Altarsteine waren übrigens, bevor sie Kirchensteine wurden, dem Wotan geweiht. Wir haben sie also gewissermaßen wieder in ihre alten Rechte eingesetzt.»

«Bist du von Gott abgefallen, oder hast du nie an Gott den Herrn geglaubt? Stimmt es also, was der Acutissimus sagte: Wer die Hölle leugnet, steht schon mit einem Fuß in der Hölle!»

«Der Acutissimus ... ein gelehrter Narr; er wollte mich in die Hölle schicken, auf dass ich endlich zittere. Aber was ich hier fand, war nicht die Hölle. Die Hölle, wenn es sie denn gibt, ist in uns.»

«Titus, hat es denn nicht auch in deinem Leben Zeichen gegeben, Zeichen, die dich ...»

«Zeichen? Du fragst mich nach Zeichen? Ich meine, wenn Gott durch Zeichen spricht, dann spricht er eine eindeutige Sprache. Zeichen der Schmach: Klosterbrüder, die sich auch dann noch vollfressen, wenn alles um sie herum vor Hunger schreit, die gern und lauthals von Barmherzigkeit singen, aber jede helfende Hand verweigern, sofern man sich dabei die verfettete Haut beschmutzen könnte. Brüder, die vom Sakrament der Ehe sprechen und den verheirateten Weibern nachts unter die Röcke fassen. Ein frömmelnder Graf zu Bardowick, der in Bremen und Hammaburg nur mit dem Entzug seines Geldes drohen muss, um seinen kopfschwachen Sohn zum Abt von Ramsolano zu machen. Bischöfe, die in Hammaburg alle Tage fetten Fisch fressen und mit vollem Maul von Gottvertrauen sprechen, und gleichwohl diejenigen, denen sie doch zuallererst vertrauen müssten, ausspähen lassen, als seien sie Kämpfer einer feindlichen Macht. Eindeutige Zeichen, mein Freund! Wahrlich, wahrlich! Soll ich noch von mehr Zeichen reden, von Fanalen, von Flammenzeichen, von brennenden Dinkelfeldern? Alles Zeichen. Wobei ich bei dir noch am meisten Zeichen von Liebe sah ...»

Ich sah ein, dass es für einen ordentlichen Disput unter Brüdern zu spät war, also fragte ich geradeheraus: «Was wird mit uns geschehen?»

«Das Thing wird bestimmen. Solange bist du mein Gast.»

«Dein Gefangener.»

«Nenn es, wie du willst, du weißt ja, Namen sind wie ein Odem in kalter Luft. Thordalf! (Ein Soldat sprang herbei.) Bring unseren Gast zurück, er ist müde und wird sich ausruhen wollen.»

Der Soldat, ein Sorbe, den überaus buschigen Brauen nach zu urteilen, packte mich am Handgelenk und zog mich in eine der Häusergassen. Titus blieb stehen, und mich umwendend gewahrte ich, dass er weiter mit dem Knaben sprach, der unzweifelhaft aus Hollenstedt geraubt worden war. Des war ich sicher. War ich sicher?

Geneigter Leser ferner Tage: Du wirst gespürt haben, wie schwer es mir gefallen ist, dies alles ohne gehörigen Kommentar niederzuschreiben. Unmenschlich groß war die Versuchung, den üblen Hintersinn in den Worten des Titus (des Ossos) sogleich mitzuteilen. Da ist es gut, dass ich mich in ungezählten Stunden im Scriptorium in der Disziplin geübt habe, alles so wiederzugeben, wie es überliefert ist, ohne allzu viel eigenes Hinzutun. Dass ich mich mit Kommentaren zurückhielt, hat aber noch eine andere Erklärung: Ich vertraue auf Eure Urteilskraft. Hege ich doch keinen Zweifel, für Menschen einer Zeit zu schreiben, aus der die Anfechtungen verstockten Heidentums endgültig gewichen sind, in der Götzendienst und Anbetung wilder Tiere nur mehr eine Kunde aus längst vergangenen Tagen sind. Eine Zeit, in der die Liebe des Herrn die Welt regiert und Krieg ein Wort ist, das man umständlich erklären muss, weil seine Bedeutung keiner mehr kennt.

Warten

Meine Erinnerung lässt mich ein wenig im Stich – und warum sollte auch sie treuer zu mir stehen als meine Beine, an denen das Alter nagt? Und so weiß ich nicht mehr zu sagen, wie lange wir in jenem festen, stets von drei Soldaten bewachten Haus verbrachten. War es eine Woche, waren es zwei, oder waren es nur wenige Tage?

Man gab uns reichlich zu essen. Ein Weib mit schweren Brüsten pflegte unsere Wunden, besonders die des Heitu, dem große Schmerzen im Kopf blieben, über die er aber nicht klagte, ja kaum sprach. Unsere Tage und ein großer Teil der Nächte waren angefüllt mit Fragen, die wir uns wechselseitig stellten, ohne Hoffnung, sie beantworten zu können. Die wichtigste: Was wird man mit uns machen? Halt, nein, Schande mir! Die wichtigste war natürlich die nach dem Verbleib des Ansgarius sowie die Frage, was der Unhold Ossos mit den Beinen des Sixtus und des Sinnitius angestellt hatte.

Ich spürte damals sehr deutlich, dass Ansgarius bei mir war. Ich sah vor meinem inneren Auge das Gesicht eines gütigen alten Mannes, das ich mit meinen äußeren Augen nie schauen durfte. Und dieses Gesicht sprach Mal um Mal, wenn mein Gemüt trotz aller Gebete in Nachtschwärze tauchte: Fürchte dich nicht, kleiner Mönch!

Was mich aber dennoch über alle Maßen bedrückte: Die Märtyrer, die den Heiden gepredigt hatten und von den Heiden erschlagen oder zu Tode gemartert wurden – denke ich nur an den Heiligen Bonifatius! –, sie alle hatten doch wenigstens nach ihrem Martyrium vor Gott den Herrn treten dürfen, um ihm große Erfolge zu melden. Ich aber? Gekommen war ich, den Heiden zu predigen, und wenn nicht Gott selbst mir seine rettende Hand reichen würde, stünden die Dinge wohl so, dass man mich (und den Heitu) erschlüge – bestenfalls nur erschlüge –, ehe ich auch nur den Versuch hätte wagen können, eine Seele zu retten. Tod ist bitter, sinnloser Tod ist Galle.

Einmal hörten wir eine halblaute Unterredung zweier Wachsoldaten; sie stritten darüber, ob man uns wohl eher auf dem Opferstein verbluten lassen würde oder ob man uns «den Bären übergeben» würde. Beides klang nicht erfreulich. Aber ich gestehe, dass sich in der Formulierung «den Bären übergeben» noch mehr Schrecken verbarg als in der klaren und eindeutigen Angelegenheit, die das Verbluten darstellt.

Einmal fragte ich den Heitu, warum er nicht bete. «Jeder soll das tun, was er gut kann. Bete für uns beide, Bruder Agrippa.» Ich kam nicht wieder auf das Thema zurück. Überhaupt beobachtete ich, wie Heitu diese heidnische Umwelt mit wenig Befremden betrachtete. Ja, man könnte meinen ... und ich stehe nicht an, diese Vermutung sogleich selbst gehörig in Zweifel zu ziehen ... ich hatte beinahe den Eindruck, als wäre ihm diese Umgebung vertraut. Waren es die alten Götter, die wir doch in Ramsolano so gründlich mit der Taufe abgewaschen hatten, waren es diese alten Götter, die in seiner Seele nur geschlafen hatten und jetzt begannen sich zu regen?

Drei oder vier Mal kam Ossos (ich werde ihn nun doch nicht länger Titus nennen, denn der Titus, den ich kannte, war in der Tat abgestorben) und erkundigte sich mit gesuchter Höflichkeit nach unserem Befinden. Seine Höflichkeit machte angst. Als der bösen Situation angemessener hätte ich es empfunden, wenn er schroff und hart gewesen wäre. Böse Geister sollen poltern, nicht säuseln!

Mit dem einen Wachsoldaten, es war der nämliche, dem ich seine abodritische Abstammung auf den Kopf zugesagt hatte, kam es zu kurzen, nicht unfreundlichen Gesprächen. Ich versuchte herauszubekommen, wann das Thing begänne, auf dem vermutlich über unser Schicksal entschieden werden würde. Zu dieser Stunde wollte ich meine Gebete bis zum äußersten steigern. Aber entweder wusste er es nicht, oder er vermied es geschickt, es uns zu offenbaren.

Heitu ging es nur langsam besser. Sein Körper trug alle Farben des Regenbogens, sein Kopfschmerz ließ etwas nach, verflüchtigte sich aber nicht vollständig. Auch klagte er darüber, dass das Bild, das seine Augen ihn erkennen ließen, seltsam zittere von Zeit zu Zeit, und obwohl er, wie auch ich, gut aß, verlor er an Gewicht.

Einmal erwachte ich davon, dass er im Traum laut den Namen seines Weibes rief. Lange blieb ich schlaflos, denn auch ich musste nun an Varga denken, der man es zur Sünde anrechnete, dass sie schöner war als andere Frauen im Dorf.

Eine merkwürdig zeitlose Zeit war das, in der ich in Angstschweiß lag, dann wieder von einem wahren Märtyrermut getragen wurde. In meinen Träumen dozierte Ebo, lachte Moira, weinte Varga, sang Solanus, lallte Alkuin, lächelte Ossos, ich war bald ein hoffnungsfroher Novize im hohen, heiligen Corvey, ein Novize, dessen schnelle, schöne Schrift dem Abt ein Lächeln voller Milde ins Gesicht setzte, bald aber war ich ein saufender Fuhrknecht, der eine johlende Menge damit zu beeindrucken suchte, dass er weiter pinkeln konnte als alle Herausforderer.

Im Traum wanderte ich auch wieder mit Jung-Herward die Elbe hinauf, von Ramsolano nach Magdeburg, vor uns der breite Strom, und im Ohr hatte ich wieder Herwards Fragen, Kinderfragen, zu klug, als dass sie ein Weiser beantworten könnte.

Eines Morgens, es mag der achte oder neunte gewesen sein oder auch der zwölfte Tag unserer Gefangenschaft, ich weiß es wirklich nicht mehr, wachte ich mit der festen Überzeugung auf, dass an diesem Tag eine Entscheidung über uns fallen würde. Und so geschah es. Ossos selbst bemühte sich zu uns, und er sah sehr ernst aus.

Tod, zeig dein Gesicht!

Damals schien mir der Tod so nahe wie heute. Nur stand ich damals gerade noch in der Spätblüte meiner Manneskraft, während heute mein altes Herz schon protestierend an meine Rippen pocht, wenn ich aus dem Scriptorium die Wendeltreppe hinaufsteige. Damals hatte ich Angst vor dem Tod. Heute nicht. Heute habe ich nur Angst vor den letzten Metern zur Schwelle, vor Schmerzen, vor einem unwürdigen Geröchel. Aber nicht vor der Stille danach. Herr, in Deine Hände befehle ich meinen Geist!

Als Ossos vor uns stand, uns lange anblickend, war es mir, als wäre er wieder der schweigsame Titus, der Bruder aus der Zelle am anderen Ende des Ganges im Stift zu Ramsolano. Der Mann mit der unerfindlichen Traurigkeit.

«Das Knochenorakel hat entschieden: Ihr werdet den Bären geopfert!»

«Wann?»

«Zum nächsten Neumond!»

«Warum nicht Vollmond, da sieht man mehr von dem Schauspiel!»

«Keiner wird zuschauen.»

«Wie tröstlich.»

«Kann ich etwas für dich tun, Bruder Agrippa?»

«Pergament und Papier. Ich will eine Nachricht an den Bischof von Hammaburg schicken.»

Titus (nun erschien er mir wieder mehr als Titus denn als Ossos) bedeutete mir gestisch, leise zu sprechen.

«Das mit der Botschaft muss ich heimlich erledigen. Aber es ist versprochen!»

Ein schweigsamer Mann, der Abodrit, brachte uns unsere eigenen, sauber gewaschenen Kleidungsstücke zurück. Ich schlüpfte in die Kutte, und der Gedanke, im Gewand eines Gottesknechtes zu sterben, barg eine gewisse Tröstung.

Keine Stunde später brachte mir ein anderer Soldat Pergament, Tinte und eine frisch gespitzte Feder. (Eine Schreibfeder in dieser gottlosen Einöde! – fast musste ich lächeln.) Ich betete um Erleuchtung, und als Heitu in tiefen Schlaf gefallen war – er durchschlief die Tage und wachte nachts, sang normannische Lieder, leise, leise –, als Heitu schlief, begann ich zu schreiben. Es war wie ein befreiender Aderlass. Damals spürte ich erstmals, dass Schreiben für mich noch eine andere Qualität haben kann als das Kopieren heiliger oder weniger heiliger Werke. Ohne die Erfahrung dieser Nacht hätte ich es wahrscheinlich nie unternommen, die Taten des Herward aufzuschreiben. Und nur Gott weiß, ob es eine Unterlassung gewesen wäre.

Was ich schrieb, ist mir entfallen. Doch ich weiß noch die kühne Schlussteile: *Bewahret mir, o Brüder, ein Angedenken als des Geringsten unter denen, die auszogen, den Heiden zu predigen.* Auch erinnere ich mich, dass ich den Bischof Ebo um ein kleines Lehen für die Witwe Varga bat, damit sie, der Herward und seine Schwestern nicht verschmachten müssten.

Ossos holte das Pergament selber ab, versiegelte es vor meinen Augen und sagte nur: «In drei Tagen.»

Wie ich diese drei Tage verlebte – ich sage «ich», weil Heitu immer dann schlief, wenn ich wachte und umgekehrt –, weiß ich nur noch ungefähr zu sagen. Ich habe wohl die meiste Zeit gebetet. Und ich darf mit einigem Stolz erwähnen, dass ich nicht nur für mich betete, sondern für all die Seelen, die meines Schutzes fortan entraten mussten.

Das Essen brachte uns eine junge, schöne Frau, nicht mehr eine der Soldatenwachen. Dieses wohl eine gefällige Geste von Titus, der wusste, was meine Augen mehr labt als eine Tafel mit Kapaun und Spezereien. Als die Schöne, unterstützt von drei weiteren jungen Weibern, eine Tafel mit herrlichen, braungerösteten Wachteln hereintrug, wussten wir, was das zu bedeuten hatte.

Die drei gingen, zurück blieb die Schönste, beugte sich zu meinem Ohr und flüsterte: «Ossos, der heilige Mittler, lässt fragen, ob ich dir nach der Mahlzeit noch ein paar genussreiche Stunden bereiten soll?»

Ich schaute sie an: «Wie heißt du?»

«Renata.»

«Renata – die Wiedergeborene. Das ist ein römischer Name.»

«Ich bin eine Freigelassene. Die Wikinger haben mich in Pisa geraubt und an die Friesen verkauft. Von dort hat Ossos uns freigekauft.»

«Du bist nicht versprochen?»

«Frage nicht. Sag, was du von Ossos' Angebot hältst!»

«Ist es auch dein Angebot?»

Sie schlug die Augen nieder. Ich entließ sie mit einer weichen Bewegung meiner Hand und fühlte mich sehr über meine niederen Lüste erhoben und erhaben.

Ja, ich wunderte mich über mich selbst.

Mehr aber wunderte ich mich über den Heitu, der – ich kann es nicht anders sagen – in einen tiefen Frieden gefallen war.

Nur einmal richtete er das Wort an mich, worauf sich ein kurzes Gespräch ergab: «In deinem Brief an den Bischof, hast du da auch von den Meinen gesprochen?»

«Ja, ich habe für die Varga ein Lehen erbeten.»

«Wird sie es bekommen?»

«Die Aussichten sind gut.»

«Gut. Ich sterbe leichten Herzens.»

«Willst du nicht eine Beichte vor dem Herrn ablegen, geliebter Heitu?»

«Ich werde selber mit ihm sprechen. Verlass dich drauf!»

«Aber nur ein ordinierter Gottesmann kann dir in Gottes Namen die Vergebung aller Sünden gewähren!»

Darauf antwortete Heitu nicht. Ja, er schwieg in einer Weise, die mir bedeutete, dass jeder Versuch meinerseits, seine Seele zu retten, höchst ungnädig zurückgewiesen werden würde. Die nächsten Worte aus seinem Mund hörte ich erst wieder Stunden später, als uns ein Soldat die Hände band und uns ein anderer mit spitzer Lanze den Weg wies. In den Tod. Was anderes hatten wir zu erwarten?

«Tod, zeig dein Gesicht und finde mich lachend!» sagte Heitu. Er sagte es in der Sprache der Wikinger. Und er lachte, lachte, während wir über regenglitschige Erde durch die Nacht stolperten. Kein böses Lachen war das, kein verzweifeltes, nein, ein befreites.

«Bete, mein Sohn!» sagte ich. «Bete!»

«Genau das tu ich, Bruder Agrippa. Hörst du es nicht?»

Aber er betete nicht, er lachte, bis unser Weg durch die Nacht in einer Mulde endete. In deren Mitte stand ein Palisadenzaun, von dem es scharf herüberwehte. Die Bären.

Der Bär

Vor der Wand aus gespitzten Pfählen stand Ossos. Nur er. Er ließ sich von der Wache das Ende des Stricks in die Hand geben, an den wir gebunden waren, bedeutete dem Soldaten zu verschwinden und richtete eine Lanze auf uns.

«Nur wir drei, Titus?»

«Nur wir vier. Ich, du, der Wikingersohn und der Bärengott.»

«Ich hatte gedacht, es würde ein großes Spektakel geben.»

«Hier ist nicht Rom.»

Es war zu dunkel – die eine Fackel, die Ossos aufgesteckt hatte, mühte sich im Sprühregen –, es war zu dunkel, als dass ich durch die Palisadenspalten den Bär hätte erkennen können. Und ich wollte es auch nicht. Was ich für Bärengeruch gehalten hatte – und nun endlich übermannten mich Angst und Schwäche –, war Leichengeruch, süßlich, gemein und durchdringend!

Titus schaute in die Richtung, in die der Soldat verschwunden war, und rief laut: «Hilferich! Komm zurück!»

Es blieb still, und nun erst begriff ich, dass sich Titus vergewissern wollte, ob wir auch wirklich allein waren.

Dann ging alles sehr schnell. Hinter der Palisade ertönte ein höllentiefes Gurgeln, dann Kratzgeräusche, sicher schärfte sich das Untier in Vorfreude auf frisches Fleisch die Krallen am Holz.

«Helft mir!» sagte Ossos, löste unsere Fesseln und trat ein paar dutzend Schritte zur Seite. Zuvor aber warf er den Spieß zur Seite, mit dem er uns bedroht hatte. Er schlug eine mit Erde bedeckte Plane zur Seite, und ein widerlicher Gestank fiel wie eine Wolke auf mich. Hinter der Palisade steigerte sich das Tatzengetrommel zu einem Totentanz der Gier.

Heitu begriff rascher als ich. Er ergriff eine der schon leicht verwesten Leichen, Ossos die andere, und sie schleiften sie zu dem Palisadentor. Mir ward übel, ich erbrach Wachteln in die Nacht, während Heitu und Ossos zwei tote fränkische Soldaten zum Palisadentor zerrten. Ich hörte die beiden ächzen, hörte wenig später ein wollüstig wildes Aufgrunzen der Bären, dann ein Knacken wie von Knochen. Und ich kotzte und kotzte und kotzte, bis mein Magen nur noch leer krampfte.

«Gib mir deine Kutte, Agrippa!»

Ich schaute auf und sah Heitu, der sich schon in das karge Lederwams eines fränkischen Soldaten gezwängt hatte. Ein Wams, das eben noch an einer Leiche geklebt hatte. Nun verstand ich. Sekunden später war auch ich ein Soldat des Königs Arnulf. Meine Kutte flog über den Zaun. Im Morgengrauen würden die Irminsulaner die Reste zweier zerfledderter Leiber finden und die Reste einer Kutte. Das Leder auf meiner Haut war schmierig und stank zum Gotterbarmen. O Gott, welch eine Nacht!

«Warum? Bruder Titus ... wa rum?» stammelte ich.

«Frag, wen du willst, Thor oder Jesus, aber nicht mich. Es muss schnell gehen!»

Verzeih mir, Leser, ich wäre es Dir schuldig, diese bemerkenswerten Augenblicke in aller gebührenden Deutlichkeit zu schildern. Aber ich sehe sie nur wie durch einen Nebel, schemenhaft. Ich sehe mich torkeln, höre mich stammeln, höre die malmenden Bärenkiefer, rieche Leichengestank und das Erbrochene, das mir an der Wange klebt, sehe eine Fackel, die jeden Moment im Regen zu verenden droht ...

Dann sehe ich mich in einem Boot sitzen, Heitu ergreift die Paddel, und ich höre die Stimme des Titus: «Dieser Bach mündet nach etwa einer Stunde Fahrt in einen Fluss. Wenn ihr dort seid, müsst ihr gut eine halbe Stunde stromaufwärts und dann erneut linker Hand in einen Bach mit hellem Wasser, der unter einer sehr hohen Eiche einmündet. Wo der Bach unter einer kleinen Steinbrücke hindurchfließt, steigt ihr aus und folgt dem Weg nach Abend. Von dort braucht ihr einen Tag bis Hollenstedt. Wiederhole, Wikinger!»

Heitu wiederholte, und ich starrte wie ein Trunkener in die Augen des Titus. Wahrlich, die Augen verändern sich nicht!

Als er das Boot in die schwache Strömung geschoben hatte, warf er etwas herüber: das heilige Gebein Ansgars, eingewickelt in das Pergament, das meine letzten Worte an Bischof Ebo enthielt.

«Und die Reliquien des Heiligen Sixtus und des Heiligen Sinnitius ?» (Diese Frage muss Gott mir eingegeben haben.)

Ich hörte ein verschlucktes Lachen und sah den Titus ein letztes Mal als Schatten vor der schwachen Fackel.

«Frage im Kloster ...»

Er nannte einen Namen, den ich aus reiflich und wohlerwogenen Gründen verschweige, handelt es sich doch um eines der höchstberühmten Klöster der Christenheit, einen Ort großer Heiligkeit, der nicht durch die Verfehlung eines einzelnen Abtes besudelt werden soll.

Soviel immerhin muss ich Dir, geneigtem Leser ferner Tage, dennoch anvertrauen, mit der Bitte, keine voreiligen Schuldsprüche zu fällen: Titus hatte für die ungeheuerliche Summe von vierzig Pfund Bruchsilber beide Reliquien an besagtes Kloster verkauft.

Nach allem, was ich weiß – und ich begehre nicht, die Einzelheiten zu wissen –, veranlasste der Bischof zu Bremen, nachdem die erlösende Kunde aus meinem Mund an sein Ohr gedrungen war, höchstselbst die Herausgabe der wundertätigen Gebeine. Der Übeltäter entging seinen irdischen Richtern, hatte ihn doch nur wenige Monate nach seinem schändlichen Handel mit Osscs der Schlagfluß aufs Sterbebett geworfen. Gott sei seiner Seele gnädig!

Die Beine des Sixtus und Sinnitius wurden später wieder nach Ramsolano überführt unter Singen und Beten. Ich werde

Gelegenheit nehmen, Dir, geliebter Leser ferner Tage, davon zu berichten. Dass der Papst, der Heilige Johannes IX., im fernen Rom, als man ihm das Mirakel der glücklichen Heimkehr kündete, eine ganze Stunde mit Dankesgebeten zugebracht hat, weiß ich nur vom Hörensagen. Aber ich will es gern glauben.

Das letzte, was ich damals im Bärenland hörte, war die Stimme des Titus, als ihn das Dunkel schon verschluckt hatte. Ja, es war die Stimme des Titus, nicht die des Ossos, und die Stimme war angefüllt mit Gelächter: «Vergiss nicht, eine wahrhaftige Legende zu schreiben, Bruder Agrippa! Wie gefällt dir die Überschrift: *Die wundersame Errettung des Heiligen Agrippa aus den Klauen des Wotan?* Und frag Solanus, ob er nicht eine Melodie dazu weiß!»

Mortem videntes
Der den Tod geschaut,
hat andere Augen:
Sein Blick begreift das Leben neu.
Der den Tod geschaut,
kann anders blicken
auf das, was liegt
zwischen Morgen und Nacht.
Der den Tod geschaut,
ist wiedergeboren,
geboren in seinen alten Leib.
Der den Tod geschaut,
ist Herold des EINEN,
der unser aller Stunde kennt.
Der den Tod geschaut,
ist frei und offen
zu sagen: HERR, es ist Zeit,
genug gelebt, genug gesehn.
Lass deinen Mantel
rauschen über mir.

Ende des ersten Buches und Ende der Vorgeschichte zum rechten Verständnis dessen, was, beginnend mit dem zweiten Buch, über die Taten des Herward zu berichten sein wird.

DAS BUCH HAITHABU

Wo der Reiher aufflog

Schon eine geraume Weile frage ich mich, ob ich mit dem Aufschreiben jener Ereignisse – die meinem eigentlichen Anliegen, die Taten des Herward zu bezeugen, vorgelagert sind –, ob eben mit dem bisher Geschriebenen nicht zu viel Papier nutzlos vertan ist, Papier, das eigentlich der Vervielfältigung heiliger Worte geweiht war. Wie, wenn mir am Ende Papier, Feder und Lebenszeit fehlten für den eigentlichen Gegenstand meines und Deines Interesses, geneigter Leser?

Besonders um meine ablaufende Zeit ist mir bange. Nicht wegen des Todes, den wir alle schmecken müssen; denn ich vermag nicht zu glauben, dass man in einer ferneren Zeit ein Mittel gegen diesen Vollender finden wird, so wie man in meiner Zeit ein Kraut gegen Magengrimmen und Schwindel gefunden hat. Mich fröstelt bei dem Gedanken, dass ich schon in Bälde vor einem Stoß beschriebener Seiten sitze, ohne dass ich in meiner Chronik bis zu jenem denkwürdigen Tage vorgedrungen bin, als der Herward ...

Aber ich sollte nicht in den Fehler verfallen, das Ende vor den Anfang zu setzen; denn die Geschichte des Herward beginnt da, wo die Geschichte des Heitu endet.

Und diesen Punkt zu erreichen, will ich mich sputen.

So muss sich meine Seele dereinst fühlen, wenn sie durch die Nacht des Todes gegangen ist und endlich am Horizont die Himmelspforte sieht. So sah ich Hollenstedt, nachdem die Sümpfe und das Grauen von Irminsul hinter uns lagen. Heitu und ich umarmten uns, küssten uns, wir sangen und tanzten auf der staubigen Straße, so dass ein Tuchhändler seinen Ochsenkarren anhielt und zu wissen begehrte, welche Schlacht wir denn wohl gewonnen hätten. Da erst wurde mir bewusst, dass ich noch immer in der Uniform des unglücklichen fränkischen Soldaten steckte, den der Bär an meiner Stelle gefressen hatte. Auch um diesen Menschensohn werden Weiber weinen.

Ich riss meinen Helm vom Kopf und zeigte dem Händler meine Tonsur: «Schau her, fahrender Mann, ich bin nicht der, der ich zu sein scheine ... Aber so ist das unter Gottes Sonne, was von fern aussieht wie ein Schwert, kann von nahem ein Kreuz sein. Verstehst du mich?»

Der Händler schüttelte den Kopf und gab den Ochsen den Ziemer.

Und so tanzten wir den Rest des Weges bis Hollenstedt, verneigten uns vor Bettlern und allerlei windigem Volk, das des Weges kam, verneigten uns, als wären es Könige, und verweigerten den Herren in bedenklichem Übermut den Gruß. Heitu sang in lauter kehliger Stimme normannische Gesänge, was in jenen Tagen nicht ratsam war, als noch genug Menschen lebten, die das Wüten des Großen Heeres erlebt hatten, gab es doch kaum einen älteren Menschen, der nicht einen lieben Menschen an die Dänen verloren hatte. Manche gar alles.

Erst als wir schon den Ringwall von Hollenstedt erreicht hatten, fiel uns auf, dass der Heerweg von unzähligen Füßen zerwühlt war, und wir fragten ein schon fast herangewachsenes Kind, das Gänse hütete, nach dem Grund.

«Der Bischof von Bardowick hat sein Aufgebot hindurchgetrieben. In Rüstringen trifft sein Heer mit den Friesen zusammen, und gemeinsam wollen sie den Wikingern den Eintritt in die Weser verwehren.»

«In die Weser? Weiß man mehr?»

«Die Elbe ist schon blutig rot. Nun soll es die Weser sein.» Die Elbe rot ....

Mit einem einzigen Schlag war unsere Freude vergangen. Wir liefen dem Tuchhändler hinterher und baten ihn, auf seinem Karren mitfahren zu dürfen. Heitu lüftete, während ich noch ganz auf die Einsicht des Mannes setzte, leicht sein

Frankenschwert, das er mit den Kleidern eines toten fränkischen Soldaten im Bärenland übernommen hatte, und der Händler nickte resigniert: «Wohin, mein Soldatenmönch?»

«Bis Ramsolano, ich bitte recht schön!»

«So sei es denn.»

Und so schaukelten wir voll düsterer Vorahnung den Heerweg entlang, den uns vor wenigen Wochen, die doch ein Menschenleben zurückzuliegen schienen, noch Achill gezogen hatte.

Trotz großer Sorge schlief ich ein, in den Schlaf gewiegt vom Rumpeln der Räder, weich gebettet auf Burgundisches Leinen.

Ich hatte einen Traum, den ich so oder ähnlich schon einmal, und den ich so oder ähnlich noch etliche Male danach hatte. Wieder lag ich in Hammaburg auf der Festtafel des Bischofs Ebo. Meine Haut hatte gerade jemand mit einem scharfen Messer geritzt, und er rief dem Bischof zu: «Ein schönes fettes Teil, Gott vergelt's, hochwürdiger Bischof!»

Ich wollte protestieren, wollte die Gesellschaft darauf aufmerksam machen, dass sie soeben im Begriff war, einen Menschen zu verzehren und keinesfalls einen Ochsen. Aber die Worte kamen nicht über meine Lippen. Ebo prostete seinen Gästen zu und sagte: «Den Seinen gibt der Herr! Ich empfehle die Wangen, sie sind besonders zart und knusprig. Oder lass uns zuerst von der Zunge kosten.»

«Was ist Euch, Mönch? Wollt Ihr Euch die Zunge rausreißen?»

Vor mir standen der Tuchhändler und Heitu, und beide sahen auf mich herab, der ich zwei Hände in meinen Mund gestopft hielt, wie um meine Zunge zu schützen vor dem triefenden Bratenmesser.

«Nichts, ein Traum», sagte ich, «lass uns weiterfahren.»

«Die Ochsen sind müde. Die vielen Soldaten haben den Weg

aufgewühlt und schwer gemacht. Die Tiere brauchen mehr Ruhe als sonst. Hier habt Ihr etwas Brot mit Schmalz.»

Wir aßen schweigend, bis Heitu schließlich sagte: «Was denkst du über das Blut in der Elbe, wird es stromauf die Seeve bis Ramsolano geschwommen sein?»

Ich sagte nichts. Was hätte ich auch sagen sollen? Aber der Händler, ein Mann mit einer unangenehm hohen Stimme, mischte sich ein: «Die Welt ist verworren. Ein Mönch im fränkischen Waffenrock. Ein anderer fränkischer Soldat, der mit normannischer Zunge Sächsisch spricht ... und ich ein Kaufmann aus Bremen auf dem Weg nach Bardowick, ein Kaufmann, nicht reich und nicht arm. Die Welt ist bunt wie die Gebetsteppiche der Mohren im tiefen Spanien. Oder noch bunter, wenn ihr versteht, was ich meine ...»

Er plapperte solange, bis ihm Heitu von hinten das flache Schwert auf die Schulter legte. Das ließ ihn verstummen.

Einen Tag später verstummten auch wir. Dort, wo der Heerweg auf einer robusten Holzbrücke die Seeve kreuzt, fanden wir einen alten Mann an das Gitter gelehnt. Ich erkannte ihn.

«Rutgar ... was ist mit dir?»

Wo seine Augen waren, schreckten uns nun zwei schwarzverkrustete Höhlen, und auch sein Rock war blutverschmiert.

«Agrippa ?»

«Ja, ich bin es, Bruder Agrippa. Rede, was ist geschehen!»

«Gut, dass du da bist, wenigstens ein Heiliger, der über unseren Toten beten kann. Wenigstens ein Heiliger ...»

Es war unmöglich, mehr aus ihm herauszubekommen. Schreckliches musste seinen Sinn verwirrt haben oder die Schmerzen der Blendung. Wir ahnten, was geschehen war. Aber noch blieb uns die Hoffnung, dass alles nur eine blutige Täuschung war. Wir hofften wie die Kinder, die sich mit Wünschen betäuben können.

Heitu stürmte so schnell das Seeveufer hinab, dass ich bald aufgeben musste, mit ihm Schritt zu halten. Das letzte, was ich vom lebenden Heitu sah, war ein fränkisches Soldatenwams, das hinter einer Flussschleife der Seeve verschwand. Und wo er verschwand, flog ein grauer Reiher auf, so als wäre Heitu an dieser Stelle aus der Welt gegangen und nur noch seine Seele schwänge sich empor.

Aber so leicht und schwebend war sein Abschied nicht. Als ich einige Zeit nach ihm Ramsolano erreichte, fand ich ihn tot. In sein Schwert gestürzt. Und ich hätte es ihm gleichgetan, hätte ich den Mut dazu gehabt. Ramsolano war nicht mehr.

Herward lebt

Es war nur eine kleine Abordnung von Wikingern gewesen, die auf dem Rückweg von Magdeburg, wo sie vergeblich den Bernsteinschatz des Slawenkönigs Isidor gesucht und ob der Vergeblichkeit ein wenig gezündelt und gemetzelt hatte und dann die Seeve heraufgerudert war. Der Haupttrupp, wohl an die tausend Mann, war an Hammaburg vorbei zum Meer gefahren. In der Elbemündung wollte er sich mit den Norweger-Wikingern vereinigen, um seine Plünderfahrt die Weser aufwärts mit noch größerer Wucht fortzusetzen. Hammaburg war für dieses Mal verschont geblieben.

Nicht aber Ramsolano. Den abgesplitterten Trupp von elf Booten führte ein alter Haudegen, einer, der unter Olaf dem Bluttrinker schon einmal vor bald zwanzig Jahren Ramsolano besucht hatte: in jener Nacht, als man uns den Heitu brachte. Rangar hieß der Alte, ein Mann, der wundersamerweise die große Manntränke überlebt haben musste, die den Olaf hinwegraffte.

Oh, hätte es doch auch ihn hinabgezogen ins feuchte Grab. Wohl nie hätte diese Mörderbande einen Abstecher von der breiten Elbe in die schmale Seeve unternommen. Was hatte sie an unserem armseligen Stift reizen können? Mehr Silber fanden sie doch in jedem besseren Kaufmannshaus!

So aber fand ich mein geliebtes Ramsolano niedergebrannt wie ein Herdfeuer am Morgen.

Die wenigen Überlebenden hatten die Toten schon bestattet. Fünfzehn Männern, achtzehn Frauen und dreizehn Kindern war es gelungen, sich in Sigurds Burg zu retten. Sigurd selbst tragischerweise nicht. Er hatte versucht, eigenhändig, unterstützt von einigen mutigen Männern, einen Wagen, beladen mit unserem Kirchenschatz, in seine Burg zu ziehen. Rangar fing ihn kurz vor der rettenden Burg ab und hieb ihn eigenhändig in zwei Teile.

Den anderen Stiftsherren ging es übler. Rangar ließ sie in eine Hütte treiben, an die er Feuer legte. Wie lebende Fakkeln stürzten die Männer ins Freie, wo sie in die Pfeile der Feinde liefen und zusammenbrachen. Rangar selbst hatte sich diese Scheußlichkeit vorbehalten, er schoss auf die rennenden, lebenden Fackeln und traf einen jeden der Stiftsherren in den Hals, nicht etwa in den Körper, der doch ein größeres Ziel geboten hätte. Unter allen Scheußlichkeiten war es diese, die am meisten bejammert wurde, dass einer so große Meisterschaft im Töten erworben hat...

Die jungen Männer und Frauen, so auch die Moira, nahm Rangar als Sklaven. Die älteren, darunter auch Varga, wurden erschlagen. Am schlimmsten aber erging es Bruder Solanus und Bruder Alkuin. Rangar ließ sie kopfunter an das Kirchentor nageln und verhöhnte die Sterbenden, indem er ihnen eine schreckliche Messe hielt. Dem Solanus schlitzten sie unter Gejohle den fetten Leib auf...

Ich weiß noch, dass mir vor Schmerz die Sinne schwanden, als ich all diese Einzelheiten erfuhr. Die Varga tot, ihre Töchter verschleppt, der Herward ... Ich fragte alle Überlebenden – und es war schwer, sie zu fragen, einige konnten noch immer nicht mehr als lallen –, ich fragte, ob jemand über den Verbleib des Herward Bescheid wüsste. Schließlich erfuhr ich, dass ihn Abt Alkuin auf Geheiß des Sigurd nur einen Tag vor dem Wikingerüberfall in das Klosterverlies gesteckt hatte – zu seinem eigenen Schutz. Im Dorf wollte man nämlich den Herward – ganz ohne ein Gericht – in der Seeve ersäufen, weil er den Schmied zusammengeschlagen hatte. Der Schmied wiederum, auch er unter den Toten, hatte zuvor des Herwards Mutter, die Varga, beleidigt, sie eine Teufelsbuhle genannt. Und als der Grobschmied keine Genugtuung geben wollte, hieb ihn Herward, wiewohl erst fünfzehn, mit wenigen Schlägen seiner Faust nieder. Höchst verwunderlich, galt doch der Schmied als der stärkste Mann weit und breit, hatte im gaugräflichen Aufgebot der Hollenstedter gegen die Thüringer gekämpft und dort Ruhm und Ehre erlangt, konnte – nur zum Scherz – vier Männer gleichzeitig heben.

Ich stürmte zum Stift.

O Vater, o Jammer! Das Dach des Stiftshauses war zur Hälfte verbrannt. Ein gütiger Regen hatte dafür gesorgt, dass die Flammen sich nicht auch noch den Rest des Hauses und die Kirche holten. Später erkannte ich, dass die Steingruft, in der das heilige Gebein Ansgarii gelegen hatte, aufgebrochen war. Welch wunderbare Fügung also, dass ich das Heiligtum bei mir trug, als die Wüteriche hier nach Schätzen suchten!

Der Eingang zum Stiftsverlies war verschlossen. Wir öffneten ihn mit vier Mann und fanden den Herward, dem Tode näher als dem Leben, angekettet und schon fast verdurstet. Doch wie sein Vater vor sechzehn Jahren, so kehrte auch er von der Schwelle des Todes zurück.

Ich lobte und dankte Gott, und insgeheim dankte ich auch dafür, dass Herward noch zu schwach war, um nach dem Verbleib von Heitu, Varga und seinen Schwestern zu fragen.

Den Heitu begrub ich im Hof des Stiftes. Am heiligsten Platz. Dort, wohin gegen Mittag der Schatten des großen Kreuzes fällt, unmittelbar neben dem Apfelbaum, unter dem er stand, als ich ihn wiedergeboren fand – damals, auferstanden dank Vargas Pflege. Das Schwert, in das er sich, kaum dass er vom Tod der Varga und seiner Kinder gehört hatte, stürzte, das Frankenschwert aus dem Land hinter den Sümpfen, verwahrte ich. Ob Heitu am Leben geblieben wäre, hätte er noch zeitig genug vom Überleben seines Sohnes erfahren? Ich weiß es nicht. Er hat die Varga mehr geliebt, als ein Mann gemeinhin eine Frau lieben kann. Eine Liebe, die mich beschämt.

Ich weiß nicht, ob meine Kraft ausgereicht hat, Dir, lieber Leser aus ferneren Tagen, ein Bild des Heitu zu zeichnen.

Wenn es mir nicht gelang, so denke an einen Baum, in dessen Schatten man ausruht, während schon tausend böse kleine Raupen ihm seine Blätter stehlen.

Was ich von Heitu begrub, war seine Hülle. Ausgehöhlt hatte ihn in den Jahren zuvor die Bosheit der Menschen. Christen allzumal. Ja, Christen. O Vater, die Taufe wäscht nicht die Bosheit ab. Sowenig wie eine Kutte die Sündhaftigkeit des Leibes verhängt.

Herward aber lebte. Und als er einen ganzen Krug voll Ziegenmilch getrunken hatte, fand er schon wieder die Kraft, sich langsam aufzurichten. «Wo ist Varga, wo sind meine Schwestern?»

Oh, weh mir, dass ich es sein musste, der die schreckliche Kunde überbrachte. So nahe sich unsere Seelen in den nun folgenden Jahren auch kamen, ich glaube, es blieb immer ein Riss, den ich verursachen musste: ich, der Bringer der schrecklichen Wahrheit. Ich, der ich gerade dem Tod vom Karren gesprungen war, nur um daheim die Ernte des Todes ansehen zu müssen.

Als sich Herward, den wir in die verwaiste Sigurdsburg hinübertrugen, etwas erholt hatte, trat ich den Fußweg nach Hammaburg an. Denn so grausig der Tag auch war, es würde andere geben, und Abt Ebo musste wissen, wo die Gebeine des Sixtus und des Sinnitius lagen. Diese Pflicht kam mir gelegen, zog sie mich doch fort aus all dem Elend.

Das Wasser der Elbe war graublau, nicht rot von Blut. Über dem äußeren Stadtwall hingen Wimpel, Seeadler schwebten über der Stadt. Der Fährmann, der mich übersetzte, machte Witze über den Kopfschmuck einer Kaufmannsfrau, so als wäre nicht noch vor kurzem der Tod mit drachenköpfigen Booten hier vorbeigefahren. Die Fischer landeten wie alle Tage ihre Ware an. Tod oder Nichttod, der Lebende will essen! Die

Frauen der verruchten Lust winkten wie alle Tage und trugen ihre Brüste hochgeschnürt, sie machten es gerade so wie die Marktfrauen, welche die schönsten Früchte zum Greifen nach vorn legen. Tod oder Nichttod, der Lebende will seine Lenden laben.

Ebo begrüßte mich mit offenen Armen. Wie damals. Und als er meine Geschichte vernommen hatte, weinte er, fing sich aber schnell wieder und versprach, fünf kräftige Brüder zu schikken, um den Wiederaufbau von Stift und Dorf voranzutreiben. Er bat mich, über den Verbleib der beiden Heiligenbeine Stillschweigen zu wahren, keinesfalls aber den Namen des Klosters zu nennen, das an so großer Heiligkeit gesündigt hatte. Er selbst, so sagte er – und dabei flüsterte er mir ins Ohr, als hätten wir Lauscher zu fürchten –, er selbst wisse Mittel und Wege, auf dass alles gut werde.

Solche Kunde tat meiner Seele wohl; also küsste ich seinen Siegelring und fiel in einer Kammer, die er mir wies, in einen langen, todesähnlichen Schlaf.

«Quo vadis?» fragte er, als ich am nächsten Tag den Rückweg antrat.

«Zurück zu den Überlebenden. Aber ich werde nicht bleiben. Zuviel von mir ist dort verbrannt und erschlagen. Wenn ich deinen Segen erhalte, werde ich zurückgehen zu den Heiden, Gottes Wort zu künden ...»

«So geh nicht zurück zu den Bärenanbetern, das Schwert, nicht das Wort, wird dort klären helfen, geh du in Ansgars Spuren, geh nach Nord, Bruder Agrippa! Geh nach Haithabu und künde Gottes Wort.»

Und auf dem langen Rückweg wurden mir diese Worte immer mehr zur Verheißung: Auf Angsgars Spuren. Nach Norden. Nach Haithabu.

Ansgars Spuren

Oft ist es mir so ergangen, wenn ich in langen trockenen Nächten bei mäßigem Tranlicht die Schriften gelehrter Römer kopierte, dass ich auf Namen stieß, die dem jeweiligen Autor in jenen Tagen offenbar so geläufig waren, dass er sie ohne jedwede Erläuterung niederschrieb. Da ist dann zum Erstaunen der späteren Leser von einem «Publius Quintilius» oder einem «Gracchus Agricola» die Rede, Männer, die in keiner anderen Schrift aus jener Zeit auftauchen, deren Verdienste oder Verbrechen heute, neunhundertundfünfzig Jahre später, keiner kennt. Sie werden aber vom Autor so dargeboten, als müsste sie ein jeder kennen. Und vielleicht kannte sie auch jedermann in den Tagen, als die Zeilen notiert wurden. Ich denke, den Autoren fehlte eine Ahnung davon, wie schnell Namen, selbst klangvolle, in der Zeit versinken.

Nun scheint es mir nachgerade unwahrscheinlich, dass der Name des Heiligen Ansgar jemals in der Zeit versinken könnte. Und doch kann ich es nicht ausschließen, dass Euch Späteren dieser Name nicht mehr das gleiche Leuchten in die Augen setzt wie mir.

Ich kann nicht erwarten, dass Ihr begreift, auf welch wolkengepolsterten Wegen ich zurücklief von Hammaburg nach Ramsolano, wenn Ihr nicht mehr recht wissen solltet, wer Ansgar war, der Missionar des Nordens, der erste Bischof von Hammaburg, der wiederaufgegangene Stern von Bethlehem, der einen Schweif zog über den nördlichen Himmel, Ansgar, dessen Worte noch in den verstocktesten Herzen ein Feuer entfachten, der Todkranke durch Handauflegen heilte, ja, der selbst einem Sturm Ruhe gebot. Und, so darf ich hinzufügen, dessen wundertätiges Bein einen sündigen Mönch aus dem Rachen der Bären rettete.

Eine schwere Träne hat soeben die Schrift auf diesem Blatt aufgelöst ... ich werde die Seite also noch einmal beginnen müssen. Aber an Ansgar denkend, beginnt alles, was gut ist in mir – und es ist wohl nicht allzu viel –, zu klingen und zu singen. Und meine Augen lachen und weinen zugleich. Ich, ich, ich ... der Mönch, den man wegen seiner Weiberei aus Corvey verstieß, den man, damit er vergessen werde und damit er sich bessere, in ein Stift schickte, wohin kein Mönch geht, der noch im Geruch von Heiligmäßigkeit und Würde steht, ich, ich, ich, ich, Agrippa de Ramsolano, soll auf Ansgars Spuren gen Norden ziehen. Ich werde mich reinigen dürfen von aller Schuld. Ich werde der sein dürfen, der ich immer sein wollte.

So höret denn mein Lied! Und wenn die Kunst des unglücklichen Solanus, der, an die Kirchtür genagelt, verröchelte, wirklich zur Blüte gekommen ist, so leset dazu eine Melodie vom Papier, sofern Ihr in der Lage seid, sie zuvor aufzuschreiben.

Ansgar – Stern über Nord

Nacht war's überm Sumpf, und Eulen ließen schauerlichen Ruf erklingen.
Zwei waren dort, den Heiden Gottes Wort zu bringen.
Gefangen sollte sie der Zahn des Bären zwingen.
Nacht war's, kein Stern, kein Mond und keine Feuerspäne.
Da riss das Untier auf den Rachen, dolchig spitzten seine Zähne.
Doch mit den Zweien war wohl eine große Macht,
des Ansgars Heiligbein hat das vollbracht.
So musst' der Heiden Bärengott zu Boden sinken
und sterbend noch an seinem Blut ertrinken.
Das hat des Ansgars Wunderkraft getan.
Drum höret, Heiden, hört und betet an!

Dies Lied kam mir wie von selbst in den Sinn, während mich mein fliegender Schritt zurück nach Ramsolano trug. Und wenn Du empfindest, geneigter Leser ferner Tage, es sei da ein gelinder

Widerspruch zwischen dem Lied und meinen Aufzeichnungen, so erlaube, dass ich daran erinnere: Es ist wohl ein großer Unterschied zwischen Richtigkeit und Wahrheit. Die Wahrheit ist von Gott, für die Richtigkeit will ich selbst einstehen.

Als ich die rußigen Flecken sah, wo einmal Häuser gestanden hatten, kehrte die Traurigkeit wieder, die ich aufbrechend zurückgelassen hatte. Was war aus Moira geworden? Ob die nordischen Teufel gleich in Scharen über sie hergefallen waren oder ob der Geschäftsgeist über ihre Triebhaftigkeit gesiegt hatte: Eine unbeschädigte Sklavin verkauft sich leichter. Wohin würde es die Töchter der Varga verschlagen haben? Oder ob sie gleich aus Kummer verschieden waren?

Herward kam mir entgegen. Er war in der kurzen Zeit, die Heitu und ich fort waren, zum Mann geworden, größer als sein Vater, breiter seine Schultern, kühner sein Blick ... und ja, das darf ich sagen, ohne den Heitu herabzuwürdigen, was mir fernliegt: Er war von der Art, wie sie Gegner das Schwert sinken lässt, wenn sie nur die Gestalt sehen. Ich habe diese Kraft nie zuvor und nie wieder danach bei einem so jungen Menschen gesehen.

Der Eiserne Arm Gottes, Karl von Aachen, soll «Siegmächtigkeit» gehabt haben. Allein sein Aufreiten an der Heeresspitze ließ Feinde wanken, selbst dann, wenn sie ihm mit ebenbürtigen Scharen entgegentraten. Ich habe gesehen, wie (doch davon wird später genug zu reden sein) drei gepanzerte Lanzenträger vor Herward zurückwichen, obgleich er ungepanzert war und nur ein Kurzschwert trug. Das nenn ich Siegmächtigkeit. «Heilagr» nennen die Wikinger jene, auf denen gottgegebenes Heil ruht.

Damals allerdings war Jung-Herward noch von den Strapazen im Stiftsverlies gezeichnet.

«Kennst du meines Vaters letzte Worte, Agrippa?»

Ich wollte sagen: Er war mir vorausgelaufen, er war schon tot, als ich in Ramsolano eintraf. Aber ich sagte etwas anderes, fielen mir doch Heitus Worte ein, jene, die er sprach, als wir uns im Land der Bärenanbeter anschickten, unseren letzten Gang zu tun: «Tod, zeig dein Gesicht und finde mich lachend!»

«Tod, zeig dein Gesicht und finde mich lachend ...» Herward wiederholte den Satz einige Male langsam, so, als koste er jedes Wort aus.

Wir gingen das letzte Stück Weges gemeinsam. Herward glühte, das spürte ich.

«Agrippa, ich weiß den Namen des Anführers. Rangar, ein Mann, alt, aber noch aufrecht, ein Mann mit einem langen grauen Bart, in den Lederbänder geflochten sind. Seine Waffe ist eine Axt mit einer Doppelspitze in Form zweier Flammen. Und es heißt, er sei ein gewaltiger Bogenschütze.»

«Rangar gehörte zum Trupp des Olaf, deines Gro ...»

«Nenn Olaf nicht meinen Großvater ... obgleich er es ist!»

Schien es mir eben noch, als wäre ich auf Wolken gelaufen, so spürte ich jetzt, wie sehr meine Füße schmerzten. In Sigurds Burg ließ ich mir warmes Wasser über die aufgeriebene Haut zwischen den Zehen gießen. Die Not hatte alle Unterschiede verwischt: Freie, Freigelassene und Unfreie lebten in der Burg, die Waisen eines Stiftsherrn spielten mit den Kindern einer erschlagenen Scheuermagd. Und in den Nächten drang Schluchzen aus allen Zimmern des Hauses. Das Weinen eines Kräuterweibes klingt nicht anders als das Weinen einer Hohen Frau.

Ich wusste, was meine Aufgabe war. Ich musste die versprengte und versengte Herde sammeln, sie um das Kreuz scharen, ihnen Mut machen, ihnen ein Beispiel sein. Und ich schaffte es. Schon einen Tag nach meiner Rückkehr aus Hammaburg zogen wir singend aufs Feld, um den reifen Buchweizen zu sicheln. Wir taten es, während ich, den anderen vorarbeitend, das Kyrieeleison sang. Ora et labora! Der Heilige Benedikt wird seine Freude an uns gehabt haben.

Es war gut, dass ich damals noch voll bei Kräften war, auch ein Arbeitstag vom Morgengrauen bis in die Nacht ermüdete mich nicht über die Maßen. Die Erwartungen, die man an mich hatte, richteten mich auf. Schon nach zwei Wochen konnten wir wieder ein Holzkohlefloß gen Hammaburg treiben lassen. Herward stand mir zur Seite. Sein Eifer übertraf womöglich noch den meinen, und oft geschah es, dass er irgendwo wie tot zusammensackte, ein paar Stunden schlief und, kaum erwacht, eine neue Arbeit an sich riss.

Wir begannen mit dem Bau einer zweiten Burg, um die wir die neuen Häuser gruppieren wollten. Denn wäre Sigurds Burg nicht so weit vom alten Dorf entfernt gewesen, hätten sich mehr Menschen retten können. Diese blutige Lektion hatten wir gelernt. Zu unserem großen Glück war Gundolf, der einzige Zimmermann im Dorf, am Leben geblieben. Er war zur Zeit des Überfalls fernab in den Wäldern gewesen. Er wusste, wie man die Trägerbalken setzt, wie man Keile eintreibt, wie man haargenau Bohlen einfügt. Auch er arbeitete jeden Tag bis zur Erschöpfung; denn es gab Gerüchte, dass nach der Plage aus Nord die Plage aus Ost unterwegs sei: die Ungarn, die Hunnensöhne, von denen es hieß, sie würden noch schrecklicher wüten als die Wikinger.

Die überlebenden Frauen teilten die Kinder unter sich auf. Alles fügte sich ohne allzu viele Tränen und Geschrei. Und Ebo hielt Wort. Nach drei Monaten, es war schon empfindlich kalt geworden, kamen fünf junge Mönche, drei aus Bremen, zwei aus Hammaburg, um Stift und Dorf wiederaufbauen zu helfen. Sie waren gut ausgewählt, brannten vor Eifer, sahen: Dies war ihre Stunde der Bewährung. Sie begriffen schnell, dass dies nicht die Zeit des Betens, sondern des Hämmerns, des Pflügens, der körperlichen Plage war. Und einer, ein friesischer Typ mit flachsblondem Haar, der sich Otho nannte, sang fast so schön wie Solanus, wenn nach einem langen Tag alles um ein großes Feuer zusammenkroch.

Zum Weihnachtsfest waren vier Häuser aufgebaut, fünf Frauen schwanger, die zweite Burg fast fertig, ein hoher Turm errichtet, von dem aus man weit die Seeve hinabschauen konnte, um so heraufziehende Feindschiffe schneller zu erkennen. Zum Geburtstag des Herrn sammelte sich die kleine Gemeinde in der Kirche, die wie durch ein Mirakel fast unversehrt geblieben war, und ich erzählte von der wunderbaren Geburt zu Bethlehem, wo ein Kind in die Welt kam, das geboren ward, um für uns zu sterben, auf dass wir den Tod überwinden können, so wie Er es tat. Und ich sang – so gut meine nicht eben solaneske Stimme mir dies erlaubte – mein Lied, das Lied von «Ansgar – Stern über Nord».

Es ging in diesen Tagen viel ohne die rechte Ordnung. Die Männer legten sich zu den Frauen in die Betten, es war nicht die Zeit für eine christliche Eheschließung. Die einzige überlebende Edelfrau, Gunda, Witwe eines Stiftsherrn, nahm die verwaiste Tochter eines Holzknechtes zu sich und zog sie an ihr Herz, als wäre es ihr eigen Fleisch und Blut. Ja, ich sage Euch: Kirche, König und Adelige hätten ein lautes Drohgeschrei angestimmt, hätten sie unsere Zusammenrottung erlebt.

Aber keiner starb uns mehr. Das war mir Beweis genug, dass Gott sich nicht allzu sehr über die wilde Vermischung der Körpersäfte in Betten und im Stroh grämte, dass er die Not sah, aus der heraus wir zu leben versuchten. Ich selbst – der Herr wird mir vergeben – zerschnitt das purpurfarbene Altartuch, damit die Frauen aus dem dicken Tuch Wämse für die Kinder nähen konnten. So liefen sie einher wie kleine Kardinäle. Nur unschuldiger als jene.

Als der Frühling kam, wandte ich mich an Gundolf, den Zimmermann, und frage ihn, ob er wohl imstande sei, ein gutes, starkes Boot zu bauen, das auch das Meer nicht zu fürchten brauche. Er nickte und begann noch am selben Tag mit der

Arbeit. Und ich merkte sehr wohl, dass Herward am Fortgang seiner Arbeit mindestens so interessiert war wie ich. Er wusste von seinem Vater Heitu, der sich unvergleichlich gut auf den Schiffsbau verstanden hatte, einiges über diese Kunst, und immer wieder konnte er Gundolf überzeugen, bestimmte Arbeiten anders, feiner, auszuführen.

Gundolf war ein schlichter Mann, es hinderte ihn nicht der Stolz der Hochwohlgeborenen daran, einen guten Rat, und sei es der Rat eines sehr jungen Mannes, anzunehmen. Und wunderbarerweise war auch das Gerede von «Wikingerbalg» und «Bluttrinkerspross» verstummt. Ich glaube allerdings auch, jeder, der so ein Wort gegen den Herward gewagt hätte, wäre alsbald unter dessen Blicken erstarrt wie Lots Weib. Oder aber man erinnerte sich an den Schmied, den Jung-Herward mit bloßen Händen gefällt hatte, wenige Stunden nur, bevor weit blutigere Gewalt über den Schilfdächern von Ramsolano zusammenschlug.

Als aller Schnee abgetaut war und der Kleiber seine laute Flöte hören ließ, lag das Boot fertig am Ufer der Seeve.

Ich sehe den Tag noch vor mir, als wäre er erst gestern vergangen: Die Seeve zerrt an dem wohlgeratenen Schifflein, so dass es scheint, als wolle es sich schon von selbst auf den Weg machen. Neben mir steht Herward, gegürtet mit dem Frankenschwert, in das sich sein Vater warf. Am gegenüberliegenden Ufer fliegt ein grauer Reiher auf, streicht mit rudernden Flügelschlägen davon ... und es fällt mir schwer, mir nichts dabei zu denken. Und Herward und ich, wir beide wussten, ohne dass ein erklärendes Wort gefallen wäre, dass wir schon bald in diesem Boot nach Nord fahren würden. Und das Boot nannten wir Heitu.

Spottgalgen

Welch schreckliches Geschrei musste ich vernehmen, als ich heute meinen Weg um Salz, Bärenklau und andere Gewürze nahm vom Klostergarten herab zum Wiker Marktplatz. Sie hatten ein Weib an den Pranger gebunden, und allerlei niederes Volk begaffte und bespuckte es. Als ich nur für kurz durch das Leibergewoge das Gesicht der Frau sah, erschrak ich: das Weib des herzoglichen Schirrmeisters!

«Was ist, warum hängt sie hier?» fragte ich einen Bauern, der gerade im Begriff war, sie mit den Bollen seines Esels zu bewerfen.

«Der Schirrmeister hat sie im falschen Bette erwischt. Und nun gehört sie uns!»

Ich habe es mein Lebtag nie begriffen, welche Lust Menschen daraus ziehen, andere zu schlagen und zu bespukken. Nun gut, im Krieg erschlägt man, aber welcher Sinn soll darin sein, jemanden zu schlagen, der schon geschlagen ist? Manchmal denke ich, das niedere und unfreie Volk genießt die seltene Gelegenheit, einen höherstehenden Menschen zu demütigen, so, als wollten sie Gott eine Nase drehen dafür, dass sie selbst nicht auf sauberem Linnen gezeugt wurden. Es muss eine Lust der oft Geschlagenen am Schlagen geben. Und so bahnte ich mir denn einen Weg durch die Menge, das Kruzifix als Wogenteiler voran.

Die Frau war nicht mehr bei Bewusstsein, ihr waren die Beine weggesackt, so dass sie nur noch an den Armen im Spottgalgen hing. Von ihrem kastanienbraunen Haar troff der Geifer des Pöbels.

«Helft mir!» keuchte ich und stellte sie wieder auf die Füße. «Du da, bring Wasser!»

«Hohoho! Das ist verboten. Die Strafe hat sie vom Schultheiß, nicht von der Kirch. Nur der Schultheiß kann die Strafe mildern.»

«Elender Wurm! Hol Wasser, oder ich bitte Gott, den Allmächtigen, dass er deine Hoden anschwellen lässt wie Kinderköpfe. Willst du das?»

Ich bekam mein Wasser, wusch der Frau das Blut aus Augen und Mundwinkel. Sie kam zu sich und schlürfte begierig das Wasser.

«Wer bist du ... du bist ein Mönch ... du bist Agrippa?! ... danke ... mehr, mehr Wasser ...»

«Hast du gesündigt?» fragte ich so leise, dass nur sie es hören konnte.

«Nicht zum geringsten Teil so viel wie der Zoltan, welcher ist mein vor Gott angetrauter Gemahl.» Das Wort «Gemahl» kam ihr gallig von der Zunge.

Das Sprechen musste ihre letzte Kraft aufgezehrt haben, denn sie verdrehte die Augen und sackte erneut in sich zusammen, so dass der Spottgalgen ihr die Arme abzudrehen drohte.

Ich stützte sie, was mir schwerfiel, denn meine Kraft reicht im Grund nur noch dazu, meinen eigenen Leib einigermaßen sicher durch den Tag zu tragen.

«Holt den Schultheiß!» befahl ich, so hochherrschaftlich mir das möglich war.

Denn eines hatte ich von den hohen Herren gelernt: Es gibt einen gewissen Tonfall, der die Niederen gehorchen lässt, ehe sie noch den Inhalt des Befehles recht bedacht haben. Aber es bedurfte des Befehles nicht, denn der Lärm hatte den, den ich herbeizuzitieren mich erkühnen wollte, schon von selbst herbeigerufen.

Eines wusste ich aus vielen, vielen Disputationen. Im Vorteil ist immer der, der Fragen stellt. Also fragte ich den Mann, der schwer trug an seiner schmiedeeisernen Würdenkette: «Seit wann steht auf Ehebruch die Todesstrafe?»

«Welche Frage, Mönch! Ein Spottgalgen ist kein Galgen. Die Frau steht am Pranger.»

«Sie ist tot, wenn sie hier noch länger steht. Und dafür wird man nicht den Henker zur Rechenschaft ziehen, sondern den Schultheiß, also Euch!»

Ich bemerkte, wie in dem fettglänzenden Gesicht des Schultheißen – der Lärm musste ihn von einem Braten fortgezerrt haben – zwei Regungen gegeneinander zerrten: Sein Augenschein musste ihm sagen, dass ich so unrecht nicht hatte, aber sein Stolz konnte nicht zugeben, dass er einen Fehler zugelassen hatte.

Er entfernte sich, und ich wollte schon verzagen, als wenig später der Henker zurückkehrte – ein Kerl, der seine Delinquenten schon mit seinem Mundgeruch töten konnte. Ohne jede Umstände Schloss er das Weib frei. Sie sackte sogleich erneut in sich zusammen. Der Henker band sie locker an den unteren Teil des Spottgalgens – liegend war ihre Position immerhin erträglicher, und eine gütige Ohnmacht bewahrte sie vor dem Hassgebrüll und dem Spucken des Pöbels, dem nun ich ausgesetzt war.

Ich begann einen Fürbitte-Psalm zu singen, und das fromme Geräusch – oder war es meine schlechte Singstimme? – ließ die Menge etwas zurückweichen, weit genug, dass die Spucke nicht mehr zu uns heranfliegen konnte. So verbrachte ich wohl zwei Stunden singend, bis dass der Henker abermals kam und sie endgültig freigab.

Es fand sich ein Fuhrknecht, ein rotgesichtiger Friese, der mir half, die Arme, die wieder ein wenig zu Kräften gekommen war, zu stützen. Wir humpelten also zu dritt durchs nördliche Stadttor, denn eines war klar: Rechtlos, wie sie nun war, konnte sie nicht in den Mauern einer ehrbaren Stadt bleiben. Erst im Ungeschützten, jenseits der Palisadenmauer, war sie in Sicherheit. Wir klopften an den Verschlag einer Frau, die ich eigentlich nicht kennen sollte, ist sie doch Bedienerin im Roten Haus. Sie fragte nicht. Sie half.

Die Leiden der Schirrmeistersgattin waren fürs erste vorbei. Meine würden spätestens dann beginnen, wenn die Kunde zum hohen Abt Theophilus gedrungen sein würde.

Im Gärtchen der Schankmagd balgten sich die Elstern, und genauer hinschauend bemerkte ich, dass ihrer vier auf eine einzelne einhieben. Sie sind so tumb wie Menschen, nur nicht so böse, denn sie wissen nicht, was sie tun – dachte ich. Und schweren Fußes trat ich den Weg hinauf zum Kloster an. Mein altes Knochengerüst ist nicht mehr dazu gut, anderen als Stütze zu dienen. Was mich indes mehr belastete: Theophilus wusste auch zu strafen. Mir drohte nicht der Kuss einer glühenden Zange, aber es gibt durchaus treffliche Strafen hinter Klostermauern, von denen die Laien nichts wissen.

Geneigter Leser, bewusst ist mir sehr wohl, dass Dich, was ich soeben niederschrieb, nicht in dem Maße interessieren kann, wie der Fortgang der Geschichte des Herward: mit dem Du mich gerade verließest, als wir am fertigen Boot Heitu standen. Ich erbitte Deine Entschuldigung, und damit Du sie leichter gewährest, biete ich eine Erklärung an: Die Geschichte mit der Schirrmeisterfrau, die sündig ward, hat mich dergestalt aufgewühlt, dass es nicht guttäte, mit dieser unmäßigen Bewegung in meinem Geist weiterzuschreiben. Und da ich sonst niemanden habe, um darüber zu sprechen – der Thomasius ist zu sehr mit frommen Exerzitien beschäftigt –, redet mein Gänsekiel mit dem Pergament.

Aber auf dass nicht Ablenkung Deiner Aufmerksamkeit geschieht, versichere ich Dir, dass die Strafe, die Abt Theophilus mir zuerkannte, gering war. (Fürs erste!)

«Uns steht es nicht wohl an, uns in die Dinge niederer Gerichtsbarkeit einzumischen. Wir sind die Künder von Gottes Gericht» – also sprach unser Abt und gab mir auf, mich eine Nacht lang zu geißeln. Eine leichte Strafe, habe ich doch festgestellt, dass es die Haut angenehm erwärmt, wenn man nicht zu hart zuschlägt.

Und während ich mir also des Nachts mit sanften Streichen die Rute gab, lag mein Blick auf dem großen Lagerhaus, das ein voller Mond mit weißem Licht übergoss. Die Schatten der Balkenkreuze, die das gewaltige Dach trugen, flossen über den großen Marktplatz. Aus der anderen Richtung von hinter mir flutete ein süßer Gesang herüber. Die Novizen sangen. Und unversehens ertappte ich mich dabei, wie ich das Klatschen meiner Rute mit dem Auf- und Abschwellen des Gesanges verband. O domine ... klapp! ... vobiscum ... klapp! klapp! ...

Der Morgen fand mich, die Rute noch umspannt, hingestreckt auf dem kalten Stein. Aber mein Geist war klar. Ich lobte Gott und trug meine alten Knochen hinab zur Morgenmesse. Der Tag gehörte der Übersetzung der Heiligentaten des Heiligen Sebastianus aus dem Latein ins Fränkische. Eine wunderreiche Geschichte, der es aber vielleicht durch unendlich vieles Abschreiben so ergangen war wie im vergangenen Jahr der Milch, die wir am Ostermorgen im Wonnegefühl der Auferstehung zu trinken pflegen. Süß von Waldhonig sollte sie sein, aber übersüßt, wie sie war, kriegte sie keiner so recht runter.

Ich schrieb also den Sebastian und warf mit großer Leichtigkeit einige Vignetten aufs Papier. Die Nacht würde wieder dem Herward gehören.

Und gerne kehre ich schreibend zurück, gilt es doch von einer Herzenserhebung sondergleichen zu berichten.

Ankunft und Aufbruch

O Himmel, wie süß sind Deine Wunder! Vermöchte ich Gutes zu tun, wie ich wollte, so würde ich wünschen, dass jeder aufrechte Christenmensch einmal während seiner Erdenwanderschaft den Himmel auf Erden haben darf.

Ich hatte ihn, Herr Jesu, ja, ich hatte ihn!

Es war der 6. April im Jahre des Herrn 898, der Namenstag des Heiligen Sixtus, es war dies vielleicht der einzige Tag, wo mein sündiger irdischer Leib wie auf einer lichten Wolke über die Erde gehoben wurde. Aber dieser eine Tag wiegt alles Schwere auf, das mein Teil war, wärmt in der Erinnerung alle taubgefrorenen Glieder, wischt alle Trauer fort über das ungelebte Gute: alles! Omnia et omnia! Die kleine Ramsolaner Gemeinde, die Überlebenden, wie wir uns nannten, war, angetan mit unserem besten Tuch, dem großen Zug entgegengeeilt, der von Hammaburg erwartet wurde.

Ich schritt voran, und auf einem samtenen Kissen in meinen Händen ruhte das heilige Bein des Ansgarius, das so viele Wunder schon getan und mich aus den Klauen der Bärenanbeter gerettet hatte. Wenige waren wir, und wären nicht die fünf jungen Brüder mit uns gewesen, die uns Ebo zum Wiederaufbau von Stift und Dorf gesandt hatte, unser Gesang hätte wohl recht kläglich geklungen.

Am Himmel stand der Schatten des Seeadlers wie ein schwebendes Kreuz, und dass dieser Vogel den Heiden heilig ist, störte mich in diesem Moment nicht: Denn da war ein Kreuz im Frühlingshimmelblau, und auch Heiden sind Menschen, Menschen, die noch nicht glauben, Menschen in Erwartung.

Als wir die große Allmende erreichten, vernahmen wir kräftigen Gesang: Gloria in excelsis deo ... Und kaum, dass wir das goldgeschmückte Kruzifix sahen, welches dem Zug aus Hammaburg vorangetragen wurde, löste sich unsere kleine

Prozession auf wie ein Haufen wilder Kinder: Alt und Jung hastete keuchend über die Allmende, so dass die Kühe und Schafe in heiligem Schrecken davonstoben, und obwohl ich nicht mehr der Allerjüngste war in jenen Tagen, war ich der erste, der das Kruzifix erreichte, sich niederwarf und die Tücher küsste, die von seinem Stamm herabhingen.

Ebo hob mich auf, küsste mich und sagte: «Tibi dies!» Dies ist dein Tag! Und ich entgegnete ihm, den Benedikt zitierend, gute Taten tut Gott durch uns, schlechte sind allein unser Werk und das des Teufels.

Und alsbald war da ein Singen, Springen, ein Küssen und Lachen.

Eigentlich war vorgesehen – und so will es die Sitte –, die heiligen Gebeine des Sixtus, des Sinnitius und des Ansgarius auf dem Altar unseres Kirchleins zu vereinen. Aber die Begeisterung verlangte nach sofortiger Tat. Und so legte ich das Heilige Bein des Ansgarius zwischen die zwei goldbestickten Schatullen, welche die zückgekehrten Beine des Sixtus und Sinnitius verwahrten – und die Freude der Heiligen über das Wiedersehen war spürbar, so als brausten tausend unsichtbare Zungen und vereinten sich zu einem göttlichen Choral: Gloria! Gloria! Gloria!

(Hier ist nicht der Ort, über die Beschämung eines gewissen hochberühmten Klosters zu berichten, als die Umstände des Reliquienschachers höchstbischöflich und unter Anwesenheit eines päpstlichen Legaten erörtert wurden. Die Rede geht, dass die Knochen des sündigen Abtes ausgegraben, zermalmt und auf einem Schandacker verstreut wurden. Aber das will ich nicht behaupten, ich möchte wünschen, dass Gnade vor Recht ergangen sei, scheint es mir doch so zu sein, dass der Mensch kein Recht hat, einen Menschen über den Tod hinaus zu strafen. Jenseits des Todes straft nur Gott.)

Einer aus dem bischöflichen Gefolge des Ebo, ein junger Kaufmann, der die Nähe schriftkundiger Mönche suchte, weil er sich davon Vorteile für seine Geschäfte versprach, berichtete in lauter, aber wohltönender Stimme, dass der Fährmann, der den Zug über die Elbe gesetzt hätte, seit seiner Kindheit an einem verkrümmten Rücken litte. Als er aber nach gelungener Überfahrt und mit Einwilligung des Bischofs Ebo seine Hände auf die Schatullen legen durfte, straffte sich sein Rücken, so als wäre er nie schmerzhaft verzogen gewesen. Und noch wenige tausend Schritte bevor man den Wald von Ramsolano erreichte, sei einem anbetend niedergesunkenen Köhler sein Gehör zurückgegeben worden, das er vor Jahren nach schlimmem Fieber verloren hatte.

Ebo, der sehr wohl die Sprache der einfachen Menschen zu sprechen verstand, wenngleich in einem lustigen, lateinisierenden Singsang, ließ den Lärm mit einer Bewegung seiner funkelsteingeschmückten Hand verstummen, erhob sodann den Krummstab gen Himmel und sprach Worte, die ihm Gott eingab:

Dies ist der Tag des Herrn, Brüder!
Lobpreiset Gott, Schwestern!
Räuberhand zerrte die heilsspendenden Beine des
Sixtus und Sinnitius fort von uns.
Gottes Führung, die Fürbitte des Heiligen Ansgarius
und der Mut unseres Bruders Agrippa
ließen es geschehen, dass sich dieses Wunder hier
an eurem so schwer geprüften Ort ereignet.
Danket alle Gott, erkennet seine Wege, die wunderbar sind.

Ich sah nur noch Farben und Bewegung, das macht: Meine Augen waren tränenblind, freudentränenblind. Man stützte mich; denn ein heiliger Schauer überwältigte meinen Leib mit wilden Zuckungen, so dass ich kaum auf eigenen Füßen gehen konnte. Und aus geübten und ungeübten Kehlen erklang ein

Gloria, das die ersten Frühlingsgräser schwingen ließ und die Himmelschlüssel tanzen.

Als man mich wenig später auf ein weiches Lager bettete, während mein Leib in heiliger Glut zitterte, stand Herward neben mir, drückte mir ein feuchtes Tuch auf die Stirn und schwieg. Er hatte nicht gesungen, nicht gebetet, nur geschwiegen, wie ich es von seinem Vater kannte ... und von Titus, der mir in einem kurzen Schlaf der Erschöpfung begegnete, mir noch einmal das tuchumhüllte Bein des Ansgarius zuwarf, während schon Heitu das Boot in die Flut drehte. Erwachend noch dachte ich, gebührt nicht auch dem abgefallenen Mönch, dem Bruder Titus, ein Dank? Bedient sich Gott nicht gelegentlich eines Werkzeuges, das kein Christ zu berühren wagt...?

Meine plötzliche Schwäche nach so großem Glück glich der des Wanderers, der mit letzter Kraft die Herberge erreicht und noch auf der Schwelle in Schlaf fällt.

Der nächste Morgen fand mich frisch. Ebo und Gefolge waren schon gen Bardowick weitergezogen. Es ging um Gewichtiges. Dem Vernehmen nach erhoben Köln und Bremen gegeneinander Anspruch auf das Bistum Hammaburg, und damit auch auf Ramsolano. Ebo würde darlegen, dass ein unabhängiges Hammaburg insbesondere der Heidenmission im Norden dienlich sei. Aber er würde die schärfste Zunge zwischen Alpenrand und Elbe, die Zunge des Acutissimus, in dieser Sache gegen sich haben. Doch es hieß von Ebo, trotz der gewaltigen Entfernung zwischen Elbe und Tiber hätte er gute Kontakte bis unmittelbar hinauf zu Petri Stuhl, auf dem in jenen Tagen Johannes IX. als Jesu Statthalter saß.

Herward stand, als ich erwachte, an meinem Lager und lächelte: «Der Bischof hat unser Boot gesegnet, und er lässt dir sagen: Wandle auf Ansgars Spuren!»

Dann reichte er mir einen Krug mit Milch, in die dick Honig eingerührt war. Herward! – wie ein verschöntes, verjüngtes

Abbild seines Vaters stand er da ... und lächelte.

Eine schon früh zu Kräften gekommene Aprilsonne befingerte meine Stirn, über die sich drei Falten zogen, Falten, die heute, viele Winter später, zu Gräben geworden sind. Gräben, hinter die es kein Zurück gibt.

Herward stand, ein geduldig Wartender, an meinem Lager. Er hatte sich mit dem Schwert gegürtet, in das sich sein Vater gestürzt hatte, ein solides Frankenschwert, dessen Griff jedem einzelnen Finger eine lederne Mulde zum Halt bot. Und das Schwert betrachtend, entfuhren mir die Sätze: «Ich reise mit dem Wort, du mit dem Schwert. Ist es gut, wenn Evangelium und Schwert in ein Boot steigen?»

Die Forderung des Schirrmeisters

Viel ist geschehen, Leser ferner Tage, seit ich die letzten Worte meines Berichtes schrieb. Erst erklärte ich mir mein Zögern, mit dem Bericht fortzufahren, so: Ich wollte gedanklich nicht die wundersame Milde jenes 6. April 998 verlassen, die zu schildern mir im vorherigen Kapitel sicherlich gründlich missriet. Denn so viel sei verraten: Der Fortgang der Geschichte wird uns unweigerlich in härtere, heidnische und wilde Zusammenhänge führen. Doch als ich mich endlich dazu finden wollte, den Faden an der Stelle aufzunehmen, wo ich ihn zurückgelassen hatte – an jenem Morgen unseres Aufbruchs gen Norden –, just in diesem Moment ließ mich unser Abt abermals zu sich rufen.

Wenn man die Zahl meiner Jahre erreicht, lernt man über das Lesen von Schriftzeichen hinaus ein wenig die Kunst, in Gesichtern zu lesen. Und im Gesicht des Abtes Theophilus stand Kummer. Das sah ich sogleich, als ich seine Zelle im Südflügel betrat. Die Kammer war nur wenig größer als die der Brüder, bot jedoch den prächtigsten Blick hinab auf Wik ... besonders im Mai, wenn zartes Grün die Häuser bekränzt, so als lebte unter jedem Armsünderdach ein poeta laureatus.

Die Augen des Hohen Abtes schwammen eine Weile ratlos in seinem gütigen Gesicht, dann endlich gewannen sie etwas Festigkeit: «Bruder Agrippa», er seufzte meinen Namen mehr, als dass er ihn sprach, «ich habe die ganze Nacht für dich gebetet, für dich und um Erleuchtung.»

«Für mich ... um Erleuchtung ... ?»

«Secundum modum culpae, et excommunicationis vel disciplinae mensura debet extendi. Qui culparum modus in abbatis pendat iudicio.»

Ich zuckte zurück. Warum sprach mir der Hohe Abt zu Wik am Holze den Beginn des vierundzwanzigsten Kapitels der Benediktenregel vor? (Der Schwere der Verfehlung muss die Art der Ausschließung und Bestrafung entsprechen. Die Schwere der Verfehlung zu beurteilen steht dem Abt zu.)

«Heiliger Vater, Mund Gottes im Kloster zu Wik am Holze, ich habe getan, wie Ihr mich geheißen: Ich habe mich eine Nacht gegeißelt.»

«Ich weiß es, und es ist wohlgetan. Aber der Schirrmeister, dessen Weib du in Barmherzigkeit schütztest vor allzu harter Pein, der Schirrmeister verlangt, dass zur geistlichen Strafe auch die weltliche komme.»

«So richtet mich denn.»

«Du weißt, ich bin kein weltlicher Richter. Um dich aber der weltlichen Gerichtbarkeit zu überantworten, müsste ich dich aus meiner Obhut verstoßen. Gravioris culpae (schwere Schuld – nur sie führt zur Verstoßung, Anmerkung des Übersetzers) vermag ich aber nicht zu erkennen.»

Ich sah die untrüglichen Spuren vertrockneter Tränen im Gesicht meines Abtes, und ich gestehe, es schmeichelte mir, dass ein so gottgefälliger Mann um meinetwegen, um einen fehlsamen Bruder, weinte.

Und also beeilte ich mich zu antworten: «Ich habe nichts mehr zu fürchten. Die Bären der Heiden, die Wölfe im Apenningebürg haben mich nicht zerrissen. Dann werden mich die Ratten im Schuldturm an der unteren Stadtmauer auch nicht verspeisen, zumal ich sehr mager geworden bin und sie sicher bessere Kost gewohnt sind.»

Der Hohe Abt, der gütige Theophilus, umarmte mich, eine Flut seiner Tränen drang über den Kragen meiner Kutte an meinen Hals. Einen kurzen Moment bedachte ich, dass ja nicht ich die Schirrmeistersgattin freigeschlossen hatte, sondern der Henker auf Veranlassung des Schultheißen. Und er wiederum auf mein heftiges Drängen. Aber das war Detail.

Theophilus seufzte und sprach, wobei er vom hohen Latein in ein warmes Fränkisch wechselte: «Das Tor des Klosters wird sich wieder auftun für dich, Bruder, denn es ist dafür gesorgt, dass deines Bleibens im Turm nur kurz sein wird.»

(Ich sollte noch erwähnen, dass der Schirrmeister der oberste Berater und Vetter des Herzogs zu Wik am Holze ist und dass auch ein starkes Kloster nur gedeihen kann, wenn die weltliche Macht nicht im Zorn vor den Klostermauern steht und mit der Hellebarde winkt.)

Ich befürchte, es muss Dich verwirren, ferner Leser, dass ich auch von den Wechselfällen des eigenen Lebens berichte. Ich hätte all das weglassen sollen ... Das Rote Haus ... Das Verhör der Heil'gen Leich' ... meinen unbotmäßigen Versuch, am Markt zu Wik am Holze dem Henker in den Arm zu fallen ... Andererseits: Du würdest es spüren, wenn es mir an der nötigen Konzentration gebricht. Spürst Du es aber, wirst Du den Grund zu wissen begehren. Ich denke, man muss mit seinem Leser sprechen wie mit einem Beichtbruder. Und so werde ich auch fürderhin ein wenig von dem einstreuen, was mir widerfuhr. Wenn es Dich langweilt, so hebe Deine Augen darüber hinweg wie über einen kleinen Stein, der den Fortgang auf breiter Straße nicht stört. So folge mir denn endlich zurück zu jenem Morgen im April, ans Ufer der Seeve, wo wieder die drei heiligen Beine vereint ihre Wunder wirken, wo ein wohlgefügtes Boot liegt, gefüllt mit kunstvoll verschnürtem Proviant und einiger Handelsware. Ein Boot, auf dem der Segen des Bischofs Ebo liegt wie ein sanfter Mantel aus Tau.

Mein letzter Gang in Ramsolano, bevor uns die kleine Schar verabschiedete und das Boot in die Seeveströmung schob, führte mich vor das Kirchentor, an das die Wikinger den Bruder Solanus und den einfältigen Alkuin genagelt hatten. Ich legte einen Finger in die Nagellöcher, von denen später einmal gesagt wurde, dass aus ihnen an jedem Jahrestag des Martyriums Blut tropfte. (Doch dafür will ich mich nicht verbürgen, gibt es doch derzeit in der Christenheit zu viele blutende Hölzer, als dass man nicht ein wenig Vorsicht walten lassen müsste ...) Und aufschauend in einen aufgeräumten Himmel, war es mir, als hörte ich ein letztes Mal die Engelsstimme des dicken Bruders, der nichts – und auch Gott nicht! – so sehr liebte wie die krustig gebratene Schwarte eines jungen Schweines, bekränzt mit Sauerampfer und den jungen Trieben des Adlerfarnes. Hernach gequetschten Apfel, honiggesüßt und mit Rosenblättern gerandet.

«Bitte für mich, mein fettglänzender Bruder, wenn du Gott nahe bist. Ich werde es brauchen können. Bitte für mich!»

Auf dem großen Fluss

Lange hatte Herward geschwiegen. Und auch mir war nicht zum Sprechen zumute. Zu sehr klangen mir noch die lieben Worte der Zurückgebliebenen in der Seele nach, als dass ich sie durch nichtsnutzigen Redefluss hätte überdecken mögen.

Herward tauchte die Ruder ein, und an der Feinheit der Bewegungen, die unser Boot jedes Mal vollführte, erkannte ich, wie perfekt es gearbeitet war. Die Last der Ladung, darunter Handelsware, die uns weiterhelfen sollte, ließ das Wasser außenbords kaum eine Handbreit höher steigen, als es am leeren Boot emporgeleckt war. Als ich schließlich seine Arbeit und die des Zimmermanns lobte, sagte er nur: «Ich hoffe, es ist gut genug für das Meer!»

«Du sprichst ja Nordisch?»

«Ja, so gut es mich mein Vater gelehrt hat. Und ich bitt auch dich, von Stund an Nordisch zu sprechen. Ich brauche Übung.»

Eine weitere Weile schwiegen wir – nordisch.

Otter spielten im Kielwasser unseres Bootes, das Heitu hieß und den Segen des Ebo trug. Ich sah in die runden, kecken Augen, sah die schnauzbärtigen Gesellen unentwegt Flussmuscheln vom Grund der Seeve emportauchen, die sie sich, auf dem Rücken schwimmend, wie Medaillons auf die Brust hielten, und ich musste unwillkürlich lachen.

«Ist es nicht, als hätte der Herrgott so manches Tier zu seiner eigenen Belustigung geschaffen, Herward?»

«Ich bitte dich, sag es auf Nordisch, Frater Agrippa!»

An der Stelle, wo sich die Seeve nach einem letzten großen Schwung der Elbe mitteilt, überholten wir ein Holzkohlefloß aus Ramsolano. Die Flößer – in einem erkannte ich den Zuträger des Ebo – winkten uns zu, indem sie die großen Ruderstangen kurz über den Kopf hoben.

«Weißt du», sagte ich, nun in einem unbeholfenen Nordisch,

denn meine letzte Übung in dieser Sprache lag lang zurück, «weißt du, wie viele Flöße wir verloren haben, bevor dein Vater sie flusstüchtig gemacht hat?»

«Sie haben es ihm nicht gedankt.»

«Nein, das haben sie nicht.»

«Für sie war Heitu stets der Sohn des Bluttrinkers Olaf. Und meine Mutter eine heidnische Zauberin. Gut genug, ihre Eiterbeulen auszuwaschen, aber nicht gut genug, dass sie neben anderen Frauen die Wäsche im Fluss waschen durfte. Und meine Schwestern ...»

«Lass es gut sein, Herward. Hasse nicht.»

Als der Elbstrom unser Boot erfasste, jubilierte mein Herz. Nie zuvor war ich auf einem Boot gefahren, das so kommod die Wellen teilte.

«Es fährt nicht, Herward, es schwebt auf den Wellen!»

«Warte auf das Meer. Mein Vater sagte, das Meer und die Elbe, das ist wie Sturm gegen Atem.»

Gegen Mittag passierten wir die sandigen Inseln, die Hammaburg vor nunmehr langer Zeit vor einem Wikingerüberfall geschützt hatten. Das war jener Überfall, dessen Misslingen den Heitu zu uns brachte. Jener Überfall, der unserer Geschichte so notwendig vorausgeht wie der biblische Sündenfall der Heilsgeschichte. (Verzeih, o Herr, den anmaßenden Vergleich!) Spitzflügelige, schlanke Vögel schwirrten darüber hinweg, stießen pfeilgleich in die Elbflut, um kleine Fische in die Luft zu entführen.

Hinter den Inselchen lag die Stadt, und ich musste an die verruchten Häuser denken, in denen es Lust für Geld gab. Und den Gedanken abwehrend – will sagen: umbiegend –, fragte ich: «Was fühlst du, Herward, wenn du eine schöne Frau siehst, sagen wir, so schön wie die kleine Schwarzhaarige, die so bitterlich weinte, als wir abfuhren?»

«Ich fühle, dass sie die Zeit wohl wert sind, die ich mir eines Tages für sie nehmen werde. Aber sie werden es schwer haben, mir zu gefallen: Oder sahst du je eine Frau, so schön wie meine Mutter?»

«Nein, nie.»

«Das will etwas heißen, denn du sollst ja ein Auge haben für ...»

«Schweig! Wir wollen nicht schon in den ersten Stunden unserer Reise in Streit geraten!»

Herward lachte ein sehr ansteckendes Lachen, das ich noch liebgewinnen sollte. Hoch stand er über den Wellen, das Ruder in seiner Hand – wiewohl aus massiver Eiche schien ihm leicht wie ein Kinderspeer zu sein: Heitu! – nur größer, schöner. Und ich verstand zum ersten Mal in meinem Leben jene Brüder, die ihre weichen Hände lieber auf Männerleiber legen denn auf blankgewetzte Schreibpulte.

So verging der erste Tag einer langen Reise, und der Abend fand uns auf weißem Sand, den Blick in den Sternenhimmel gerichtet.

«Kennst du das Reiterlein, Herward?»

«Mizar Alkor? Wie sollte ich es nicht kennen? Das winzige, flackernde Sternlein auf dem Deichselstern des Großen Wagens. Nur wer es sieht, durfte bei den kriegerischen Germanen die Lanze ergreifen. Ich sehe sogar zwei Reiterlein auf dem Deichselstern, ein kleines und ein ganz kleines.»

«Ich sehe keines, Herward, aber ich bin auch nicht zum Krieg ausgezogen. Ich bin ausgezogen, um Seelen zu retten. Und du?»

«Schlaf, es wird ein beschwerlicher Tag morgen!»

Der Traum, in den ich fiel, ist eines Mönches nicht würdig: Das Boot, in dem ich dahintrieb, weich und geborgen, war der Schoß der Moira, ich hörte ihre kleinen, atemlosen Schreie der Lust. Doch als ich erwachte, waren es Möwen, die im ersten Frühlicht den Spülsaum der Elbe nach Krebsen absuchten.

Rot auf Weiß

Eine Weile saßen wir und ließen uns von der Morgensonne die Kälte aus den Gliedern streicheln, als Herward plötzlich etwas entdeckte, das ihn aufschreien ließ, so, als wäre er ein erschrecktes Kind: «Schau, das Boot!»

«Was ist mit dem Boot?»

«Es liegt auf Land. Der Fluss hat sich zurückgezogen!»

«Das tut er immer, zweimal am Tag zieht er sich zurück und kommt wieder. Das Meer ist nicht allzu fern, und das Meer drängt sein Wasser in den Fluss ...»

Ich lachte und hielt abrupt inne, gewahrte ich doch, dass Herwards ungestüme Kraft nicht ausreichte, um den Bootsleib zum Wasser zurückzuziehen, und das wenige an Kraft, das ich dazutun konnte, reichte ebenfalls nicht.

«So sitzen wir denn fest, Bruder Agrippa, ehe wir noch recht aufgebrochen sind.»

«Nur bis zur nächsten Flut ... bis das Wasser zurückkommt.»

«Wer sagt dem Fluss, wann er zurückkommen muss und wann er sich erneut zurückzieht?»

«Gott, wer sonst?»

«Könnte man Gott nicht bitten, dass er die Angelegenheit für uns etwas beschleunigt?»

«Er hat wichtigere Dinge zu tun.»

«So wollen wir das Boot entladen, dann werden wir es zum Wasser ziehen und erneut beladen.»

Ich gab zu bedenken, dass wir viel Fleiß darauf verwendet hatten, das Boot gleichmäßig zu beladen, und dass wir abermals viel Zeit verwenden müssten, um es erneut zu tun, so dass der Zeitgewinn zum Schluss nicht so groß sei, als dass wir nicht auch auf die Flut warten könnten. Herward sah mich nur unwirsch an: «Sag es mir noch einmal auf Nordisch! Wir wollen nur noch Nordisch sprechen!»

«Auf Nordisch ist es mir zu schwierig. Also: Laden wir aus!»

Ich erahnte schon hier sehr wohl, dass es auf unserer Reise nicht nach Alter und Würde gehen würde. Herward hatte etwas beschlossen, und ich hatte mich zu fügen.

Es dauerte eine Weile, dann lagen fünfzehn Fässchen Waldhonig, an die hundert Schaffelle, eine Vielzahl geschnitzter Löffel, Leinen in dreierlei Güte, eine unübersehbare Menge von Axtstielen aus härtester Eiche und vielerlei sonst im weißen Elbsand.

«Was ist in den Fässern, heiliger Mann?»

Ich drehte mich um. Vor uns stand ein Mann, kaum älter als ich, ein wenig gebeugt, gekleidet nach der Art der Abodriten mit breitem ledernen Leibriemen und mit einem guten Gesicht, wie mir deuchte.

«Waldhonig. Beste Qualität!»

«Hmmmm ... zum Handel, nach Hollingstedt?»

«Erst einmal nach Rungholt.»

«Wollt Ihr Sklaven eintauschen?»

«Man wird sehen.»

«Rungholt hat noch immer die besten Sklaven, Haithabu hat die meisten, aber Rungholt die besten, ich weiß es, ich war zweimal dort. Sie sparen nicht am Futter, sie drehen einem keine verhungerten, kranken Verrecker an ...»

Der Mann ging uns unaufgefordert zur Hand, strich anerkennend über die Schaffelle, lobte die Beschaffenheit des Leders, und in der Tat hatte sich die Güte unserer Ramsolaner Felle gewaltig gesteigert, seit ich für den nötigen Salznachschub gesorgt hatte. Schließlich wandte sich der Mann unvermittelt an mich: «Wie, wenn ich Euch ein Fässchen Honig abkaufte. Was ist Euer Preis?»

«Zwei byzantinische Silbermünzen!» sagte Herward, der meinen strafenden Seitenblick abschüttelte.

Doch der Abodrit nickte bedächtig und sagte: «Ein sehr guter Honig verlangt nach einem sehr guten Preis. Und ich denke nicht, dass ein Gottesmann mir Schlechtes für gutes Geld verkaufen würde. Wartet noch eine geringe Weile, ich werde einen Karren holen; denn wenn ich genug Byzantiner zusammenkratzen kann, werde ich gleich der Fässer zwei kaufen ...»

Er sprang von dannen, und ich herrschte Herward an: «Wie kannst du so einen Wucherpreis verlangen?»

«Er hat akzeptiert ... und genau das nimmt mich wunder. Wann ward für ein Honigfass je mehr als ein Byzantiner gezahlt?»

Die Antwort kam schnell. Unser vermeintlicher Honigschlecker kam mit einer Horde mistgabel- und dreschflegelschwingender Männer zurück über die Düne gestolpert, und schon von weitem hörte ich ihn grölen: «Wenn ihr klug seid, springt ins leere Boot, denn so ein Boot könnten wir auch noch gut gebrauchen.»

Und da geschah es das erste Mal.

Herward erhob sich, zog sein Leinenwams glatt, gürtete sich mit dem Schwert, das er zur Arbeitserleichterung von sich gelegt hatte, und ging der Horde entgegen. Er ging langsam, aber nicht zögernd.

«Holla! Jüngelchen, du bist zu jung zum Sterben. Wir wollen euren Krempel, nicht euer Leben!»

Herward zog das Schwert und ging weiter.

Die Horde blieb stehen.

In der Erinnerung ist es mir, als dehnte sich damals die Zeit, so wie es nur im Traum zuweilen geschieht, dehnte sich zu einem zähen Fluss, so wie kalter Honig fließt.

«Herward! Lass ihnen die Ware!» brüllte ich, so laut, dass mir die Stimme kippte: «Es sind ihrer zu viele!»

Ein Schrei markierte genau das Ende der langsam fließenden Zeit, denn ab jetzt galoppierten die Ereignisse. Dem Schrei folgte eine Staubwolke, und als sich die gelegt hatte, waren die Männer fort. Herward kam zurück, in der Rechten das Schwert, in der Linken eine lange, eisenbesetzte Mistgabel. Um deren Mitte krampfte sich eine abgeschlagene Hand.

«Ein gutes Stück», sagte Herward und wog die Gabel in der Faust. Beiläufig entfernte er die Hand, warf sie ins Wasser: «Für so eine Gabel wird auch Geld gezahlt. Wir nehmen sie mit.»

Im weißen Sand blieben drei Blutstropfen. Ich betrachtete sie und dachte dabei an die Geschichte, die mir vor vielen Jahren ein Mönch in Mainz erzählt hatte, eine Kunde von drei Blutstropfen im Schnee und einem gewaltigen Streiter und Gottsucher.

«Komm, Bruder Agrippa, wir haben Zeit verloren!»

Ein Gericht zu Wik am Holze

Zeit verloren...? Ich weiß nicht, ferner Leser, soll ich Dich jung, mittelalt oder alt denken. Denn je nachdem, welchen Alters Du bist, wird die Zeit für Dich eine andere Geschwindigkeit haben. Früher war es mir, als läge zwischen Weihnachten und dem Osterfeste eine gewaltige Spanne Zeit, heute ... Aber ach, das sind die Klagen alter Männer! Das Gute am Übermaß meiner Jahre ist, dass mich wenig schreckt.

Ich denke, ich war der Ruhigste unter der großen Gerichtslinde, obgleich doch ich es war, der verurteilt werden sollte. Und ich spürte sehr wohl, dass dem Manne, der unter einer Fahne mit den gekreuzten kaiserlichen Schwertern zu Gericht saß, nebst zwei unbescholtenen Kaufleuten der Stadt, sein Amt schwer ward. Zum einen galt es, dem Schirrmeister Genugtuung zu verschaffen, zum anderen musste er fürchten, dass ein hartes Urteil gegen einen Mönch sein ewiges Seelenheil gefährden könnte. Er tat mir leid. Er schwitzte. Er machte Sätze, die so lang waren, dass er das Ende nicht fand, und hatte er es endlich gefunden, fand er nicht den Anfang des nächsten.

Zudem sprach er die notwendigen Formeln in einem Latein zum Gotterbarmen, verstolperte die Genera und brachte keine gescheite consecutio temporum zustande.

Der Schirrmeister indes machte seine Sache gut. Ich höre ihn noch: «Hat nicht Gott das Sakrament der Ehe gestiftet, auf dass es geheiligt werde von Adel, von Freien und Freigelassenen?» rief er aus. Und als nur zustimmendes Gemurre der im Halbkreis Stehenden zu hören war, fügte er hinzu: «Die Heiden töten untreue Weiber. Wir aber, im allerchristlichsten Glauben erzogen, überantworten sie nur dem milden Spott. Wenn aber auch schon das zu viel Strafe sein soll, so könnten wir doch gleich sämtliche Gesetze der Lächerlichkeit preisgeben. Dann mögen wohl die Ratten auf dem Altar tanzen und das Heilige

Brot nagen, dann mögen wohl die Huren den Segen spenden und die Diebe die Messe lesen.

Dieser Mann ... (dabei zeigte er mit einem schwertgleich herausgestoßenen Arm auf mich) ... ist der Gerechtigkeit in den Arm gefallen. Ich fordere daher seinen rechten Arm!»

Diese Worte lösten starke Beklommenheit aus, wusste doch ein jeder, dass hinter dieser Forderung wohl auch die hohe Herrschaft von Wik am Holze stand, die ein Exempel wünschte gegen die Einmischung der Geistlichkeit in weltliche Gerichtsbarkeit.

Schließlich fällte man ein mildes Urteil: einen Tag und eine Nacht am Spottgalgen.

Bis hin zu einer gewissen Stunde im Morgengrauen darf ich diese Stunden am Spottgalgen zu den erhebendsten und erhabensten meines Lebens zählen. Fünf, zeitweilig sogar zehn Brüder hielten zu meinen Füßen Wacht, sangen Psalmen, hielten einen immerwährenden Gottesdienst ab, und ich durfte mich erhoben fühlen in den Rang eines Märtyrers, ohne dabei übermäßig Schmerzen empfinden zu müssen.

Das Volk kam und brachte mir Trank und Speise. Lioba, die verstoßene Schirrmeistersgattin, um deret willen ich all diese Wohltaten erleiden durfte, kam – obgleich ihr das Betreten der Stadt streng untersagt war – und wusch mir mit klarem, kaltem Wasser die Stirn. Es war eine Freude.

In den frühen Morgenstunden schickte ich die fünf Brüder fort, auf dass sie noch zeitig zur Frühmesse ins Kloster zurückkehren konnten. Denn ich dachte mir, für all die freundliche Zuwendung, die mir zuteil wurde, muss schon ein wenig Martyrium sein.

Dass es dann doch etwas mehr wurde, war nicht vorauszusehen. Die Brüder waren kaum unter Singen und Beten verschwunden – still und grau lag der Marktplatz des großen

Wik, nur ein paar Katzen strichen an den Mauern entlang –, da erschien in gestrecktem Galopp ein Reiter. Ich blinzelte ihm schläfrig entgegen, denn das lange Stehen hatte mich doch sehr ermüdet.

Unmittelbar vor mir sprang er vom Pferd, sein Gesicht konnte ich nicht sehen, denn er trug eine grüne Kapuze. Mit den Füßen wischte er die Blumen beiseite, die man um mich gestreut hatte. «Ius fiat!» (Gerechtigkeit möge geschehen!) – ein Ruf, vermutlich mit verstellter Stimme, traf mich und gleichzeitig ein heißer Schmerz.

In mein Gesicht schlug mein eigenes Blut, und neben mir baumelte mein Arm, von meinem Körper getrennt.

Aus der Klosterkirche fluteten die Gesänge der Brüder herüber. Die Frühmesse hatte begonnen. Und ich weiß noch, dass man mich alsbald davontrug.

Nach Rungholt

Gibt es Schöneres als einen Fluss, ausgebreitet im Licht des Frühlings? Enten gaben uns das Geleit, und ein wunderbarer Vogel mit einem roten Schopf tauchte ein ums andere Mal unter unserem Boot hindurch. Herward sang ein Lied, das ich schon von seinem unglücklichen Vater gehört hatte. Er hatte eine gefälligere Stimme als jener, und es fiel ihm nicht schwer, den Ton zu halten.

Glatte Wogen, glatte Stirn,
so reisen wir zum Rand der Scheibe .
Hinter uns nur Eis und Firn,
sag einen Grund, warum ich bleibe.
Ich fuhr mit Björn in einem Boot,
folgte mit Ras der Seine Lauf.
Den einen schlug der Friese tot,
den andern spießt‘ der Franke auf.
Wer mit der Axt nur Bäume schlägt
und niemals einen fetten Herrn,
wer niemals Tod und Leben wägt,
ist wie ein Beutel ohne Kern .

So trieben wir dahin, und wenn Herward nicht gerade Nordmänner-Schlachtgesänge sang, verkürzten wir uns die Zeit, indem wir uns gegenseitig ausgefallene sächsische Wörter zuriefen, deren Entsprechung im Nordischen es zu finden galt.

Wir aßen Pökelfisch und tranken aus dem Fluss.

«Der Fisch ist salzig. Aber auch im Wasser spüre ich Salz, Bruder Agrippa.»

«Das bedeutet, dass wir dem Meer schon nahe sind. Meerwasser ist salzig ... wie die Tränen der Frauen.»

«Wie kann ein Mönch so viel über Frauen wissen, Bruder?»

«Wie kann ein junger Mann, der noch keine Schlacht geschlagen hat, wissen, wie man acht grobe Kerle in die Flucht schlägt mit nur einem Streich?»

«Du weichst meiner Frage aus. Aber ich antworte gleichwohl. Ich weiß, dass ich nicht falle, bevor ich nicht getan habe, was ich dem toten Vater versprach. Und da werden mich doch acht Lumpen nicht aufhalten können.»

«Hattest du ein Gesicht? Hat Gott dir gesagt, dass du unverwundbar bist, solange noch das Gelübde unerfüllt ist ...?»

«Ich sprach nicht von Gelübde. Es ist nur eine Gewissheit.»

«Und diese Gewissheit, ist sie von Gott?»

«Ich habe keine Gewissheit über diese Gewissheit. Ich weiß nur, dass es so ist. So sicher, wie dieses Boot aus Holz ist.»

Solcherart verplauderten wir die Stunden. Und so gewahrten wir anfangs nicht, dass unser Boot in raueres Wasser geriet. Das Meer!

«Wir müssen dort hinüberhalten, Herward, zurück zum Ufer. Den Seeweg nach Rungholt können nur erfahrene Schiffer wagen. Ich helfe dir rudern!»

Aber Herward hatte den Kurs schon gewechselt und trieb das Schiff mit gleichmäßigen Schlägen quer zu den Wogen. Gischt wehte uns in die Gesichter, ein feines Gesprüh aus Salz und einer wunderbaren Würze legte sich auf die Haut. Eine Wolke weißer Vögel säumte die Linie, jenseits der sich die Elbe im Meer verlor. Und wo Himmel und Meer sich berührten, lag ein Tuch, ein Morgenmantel, feiner, als ich ihn an den reichsten Muselmanen im spanischen Mohrenland gesehen habe.

Hier – so kam es mir in den Sinn –, wo sich Elbe und Meer vermählen, soll Olaf ersoffen sein und seine Mannen ... bis auf den einen, der ein halbes Menschenleben später nach Ramsolano zurückkehrte, um blutig zu vollenden, was Olaf begonnen hatte. Ich sprach nicht darüber, aber ich spürte, dass Herward in diesem Moment, da wir zurück zum Ufer strebten, an den nämlichen Mann dachte. An den, an dessen Händen das Blut der Varga klebte und das so vieler anderer ... Sigurds, Solanus', Alkuins ... und das Blut all der Kinder, die nicht wussten, wie ihnen geschah.

Wir erreichten das Ufer an einer überaus günstigen Stelle. Das Meer hatte eine kleine Bucht in das Land gewaschen, und eine Reihe windgebürsteter Weiden fing den Atem des Meeres ab, so dass wir wie in einen menschengemachten Hafen trieben.

In den Erzählungen eines alten Griechen aus der Zeit, lange bevor unser Heiland den Fuß auf diese Erde setzte, galt es immer als gutes Vorzeichen, wenn ein Boot an günstiger Stelle ans Ufer gelangte. Ein guter Verseschmied, dieser Grieche, und warum sollte man nicht die guten Vorzeichen von den Heiden übernehmen. Die schlechten mag man mit aller Glaubensstärke abweisen.

«Ein gutes Zeichen, Herward. Es hat uns direkt in einen Hafen verschlagen.»

«Ja, ein Hafen für Vögel. Schau dort, das Wasser ist weiß von Vögeln!»

Wir sprangen ins knietiefe Wasser und zogen das Boot an Land, und ohne dass wir hätten sagen können, von wo uns diese Zuversicht zuwuchs, waren wir sicher, dass uns der Fortgang unserer Reise schon bald bedeutet würde.

Wir aßen Brot und gedörrte Pflaumen, dazu luftgetrocknete Pilze des letzten Jahres, und wir schliefen mit der hereinbrechenden Dunkelheit ein: ein Mann, weit jenseits der Mitte seiner Jahre, und ein Jüngling, der schon mehr von einem Mann hatte, als die meisten zeitlebens je haben. Neben mir lag der Heliand, geschrieben in fränkischen Minuskeln und in Schweinehaut gebunden. Neben Herward lag das Schwert. Und zwischen uns lagen Welten, die unserer Nähe jedoch keinen Schaden taten.

Eine Decke aus Schafswolle, nässegeschützt mit wachsversiegeltem Leinen, hatten wir über uns geworfen. Und als mich dennoch ein leichter Sprühregen weckte, stand ich auf, vertrat mir die steif gewordenen Glieder und dankte Gott für die Aufgabe, die er mir übertragen hatte. Irgendwo würde ich die Spuren des Heiligen Ansgar kreuzen.

Dort hinten, wo jetzt nur ein einziger Stern die Nebelnacht zu durchstechen vermochte, lag irgendwo Haithabu, die Stadt der Wikinger. Würde die Kirche des Ansgar noch stehen? Würde es eine Gemeinde geben, und sei sie noch so klein? Würde Gottes Wort, aus meinem Mund gesprochen, auf nichts als Steine fallen? Wartete am Ende gar nur das Martyrium auf uns? Und Herward ... ? Die Wikinger waren keine Jämmerlinge, die davonliefen, wenn man einem von ihnen eine Hand abschlug.

Herward hatte den Umweg über Rungholt beschlossen. Zu gerne hätte ich den nächsten Weg nach Haithabu über Hollingstedt genommen. Aber wir waren zwei, und sein Wille galt. Das war nur zu klar, ohne dass ich damals hätte sagen können, warum. Und so fiel ich wieder in tiefen, traumlosen Schlaf.

Als ich erwachte, kitzelte Bratengeruch meine Nase. Herward hatte mit Pfeil und Bogen eine Ente erbeutet, die sich nun nackt und goldbraun über einem kleinen Feuer drehte. «Wenn es so weitergeht, Bruder Agrippa, werden wir richtig fett auf dieser Reise. Komm her, das beste Stück ist für dich!»

Lioba

Lioba gab mir nur die besten Stücke. Und da sie um meine kahle Zahnleiste wusste, kochte sie das Fleisch wunderbar mürbe. Woher sie all die Labsale und Köstlichkeiten brachte – schließlich war sie als Verstoßene mittellos –, wusste ich anfangs nicht, bis ich schließlich, es mag nach drei oder vier Wochen gewesen sein, und ich war wieder leidlich zu Kräften gekommen, das Bett verließ und unbemerkt in die Küche treten konnte, als dort eine alte Frau mit einem Krabbelkind unter ehrerbötigen Verneigungen ein noch lebendes Huhn und einen halben Brotlaib niederlegte: «Für den ehrwürdigen Pater Agrippa, und möge er Fürbitte sprechen für die Tochter, die meinige, die nicht aus dem Kindbett will finden, möge er heiligmäßig bitten für die Mutter dieses unschuldigen Kindes, wenn's beliebt ...»

Ich wollte die Arme über dem Kopf zusammenschlagen, aber links zuckte nur ein Stumpf, der noch ein wenig schmerzte. So ließ ich das Kind und die Alte, die unentwegt von «Fürbitte und Ehrwürdigkeit» murmelte, entweichen, ehe ich mich an Lioba wandte ... (Ach Lioba! Sie trug noch das Kleid einer Hohen Frau. Ein blaues Tuch, aber ohne Geschmeide, ein Tuch, das sich wie Wasser, das im Bergbach über runde Steine springt, über die Konturen legt, ohne sie zu verwischen. Wo sonst ein Gehänge aus edlem Metall die Taille umspannte, tat es nun ein einfaches Lederband ... aber verzeiht, davon wollte ich an dieser Stelle eigentlich nicht sprechen.)

Ich wandte mich also an Lioba und fragte: «Wem bringt die Alte Huhn und Brot, und wofür?»

Lioba übergoss mich mit lieben, milden Blicken: « Agrippa, du bist nun ein Heiliger. Ein halber Heiliger ...»

«Wie? Kaum hat man einen Arm weniger, schon ist man ein halber Heiliger?»

«Ich sprach nicht davon, um dich nicht zu erregen, weil du

fiebertest. Man fand den Schirrmeister, meinen Gatten, erwürgt im Bett seiner Konkubine. Und neben ihm lag die Hand, die ihn tötete. Man sagt, dein abgeschlagener Arm war es, der dies tat ... verlässliche Zeugen haben ausgesagt, eine treue Magd und der Käser, den ich selbst als einen ruhigen, ehrenwerten Mann kenne. Ein abgeschlagener Arm im Ärmel einer Benediktinerkutte hat ihn gerichtet

Ich fasste mir mit der verbliebenen Hand an den Kopf und sank wie benommen zurück auf die Lagerstatt: «Und was sagt das Kloster dazu?»

«Vor sechs Tagen noch waren drei Mönche hier. Du warst im Fieber, und sie sangen und beteten viele Stunden an deinem Bett. Und sie sprachen in großer Achtung von dir ... Der gewaltsame und doch wundersame Tod des Schirrmeisters zeige an, so sagten sie, dass du im Recht warst. Sein Tod sei ein Gottesurteil.» Sie unterbrach sich durch Schluchzen, fuhr dann aber fort: «... einen Arm opfern, um einer Sünderin wie mir Gutes zu tun, so wie der Heiland der sündigen Magdalena ...»

Sie verhaspelte sich in Zitaten und in ihren eigenen Worten, fand dann aber doch zum Eigentlichen zurück: «Die Brüder ließen Geld und eine neue Kutte zurück. Und man will auch dich zurück. Deine Zelle sei schon mit Veilchen und Lilien geschmückt und harre deiner Rückkehr. Und einer der Mönche, der jüngste, einer, den sie Thomasius nannten, ließ einen großen Haufen beschriebenen Papieres zurück und einen ebenso großen unbeschriebenes. Und er sagte, der Abt selbst sähe keinen Grund dagegen, dass du dich schreibend wieder einübst. Und kein anderer als du sei würdig, die Regula Benedicti in reinem, flüssigem Gold auf die große Tafel über dem Speisesaal zu schreiben.»

«Lass uns das Huhn essen, Lioba!»

Ein Fischerdorf und ein Handel

Es gehen in der Welt wichtigere Dinge verloren – der rechte Glaube zum Beispiel! –, wichtigere allemal als Glieder. Lasst uns also, ohne zu säumen und ehe sie erkaltet, zur Feuerstelle zurückkehren: an jenen Ort an der Elbmündung, dorthin, wo wir den Herward verließen nebst einer goldgelben Bratente, die mittlerweile verspeist ist.

Wie gut unser Landeplatz, den eine gütige himmlische Hand uns zuwies, wirklich war, sollte sich schon bald zeigen; denn nur wenig landeinwärts duckte sich ein Fischerdorf im Schatten mächtiger, windverrenkter Eichen. Die Bäume trugen auf jeder freien Astgabel ein Storchennest, und überall sahen wir die großen Vögel, wie sie, den Kopf nach hinten gedreht, mit den großen roten Schnäbeln klapperten.

«Warum tun sie das, Agrippa?»

«Ich denke, es sind Männer. Und warum, so frage ich dich, tun Männer verrückte Sachen? Sie wollen Gunst erringen.»

«Ich wunder mich, was du alles aus deinen heiligen Büchern liest. Aber sag mir lieber, ob wir unser Boot gegen einen Ochsenkarren tauschen können ober ob das kein guter Preis ist ...»

«Was, du willst ...?»

«Du selbst hast gesagt, der Seeweg nach Rungholt ist zu gefährlich für unerfahrene Leute, wie wir es sind.»

Immer wieder musste ich mich über die gradlinige Art wundern, mit der sich im Kopfe des Herward Entschlüsse zusammenfügten. Er hatte ja recht. So wunderbar das Boot auch gefügt war, schon ein wenig mehr an Wellengang, als wir bisher erlebt hatten, und es würde uns ergehen wie weiland dem Olaf. Und der hatte immerhin tauglichere Boote.

Zwei zottelige Hunde verbellten uns, so dass uns schon

bald ein paar Männergestalten aus dem Dorf entgegenkamen. Alterskrumm waren sie. Als Herward sie ansprach, wichen sie zurück. Ich bemerkte den Grund und wechselte von der Sprache der Wikinger, in die wir uns nun schon recht gut eingefunden hatten, ins Sächsische, was eine wohltuende Wirkung auf die Dörfler hatte.

«Wir sind Sachsen, keine Wikinger ... wie auch ihr Sachsen seid. In Christo Namen getauft?»

Der Älteste machte eine ehrerbietige Verbeugung vor mir – oder soll ich sagen, vor meiner Kutte? – und sprach ein Sächsisch, das mir doch recht friesisch klang: «Begehret ihr die Armenspeisung?»

«Nein, wir haben Besseres!» mischte sich Herward ein. «Folge uns!»

Der Älteste folgte, und ihm folgten vier kaum weniger alte Männer, die Väter der Fischer, die zu dieser Stunde auf dem Meer waren, wie wir wenig später erfuhren.

Vor ihren geduckten, mit Reet überladenen Dächern hingen Netze. Wir sahen Frauen, junge und alte, die damit beschäftigt waren, die Netze zu flicken. Und nun wagten sich auch Kinder ins Freie, Kinder, die mit Holzschwertern eine laute Attacke gegen uns ritten. Herward zog sein Schwert und ließ sich unter gespieltem Weh und Ach von den Knirpsen in die Flucht schlagen. Das gefiel auch dem Anführer der alten Männer, und er wurde freundlicher und gesprächiger, fragte schließlich die Fragen der Gastfreundschaft: Woher? Wohin? Warum?

Herward gab kurze, nichtssagende Antworten und lenkte ohne Umschweife auf sein Begehr: «Schaut dieses wunderbar gefügte Boot! In ihm haben wir vergangene Nacht einen schlimmen Sturm unbeschadet überstanden ...»

«Vergangene Nacht ... einen Sturm? Wo soll das gewesen sein?»

«Weit draußen im offenen Meer.»

«Verzeiht, junger Mann, dieses Boot würde auch einen sehr kleinen Sturm im offenen Meer nicht überstehen.»

«So sagst du, dass ich lüge?!»

«Nein, nein, nein ... nur, verzeiht mir, ich weiß von wenig Dingen, aber von den Jahren, die mir Gott geschenkt hat, habe ich gewiss mehr als die Hälfte auf dem Wasser verbracht, ich weiß sehr wohl ein Boot von einem Kahn zu unterscheiden. Dies hier ist ein Kahn. Kein schlechter Kahn, aber ein Kahn.»

Ich schob Herward sanft zur Seite und schaute dem Alten fest in die Augen: «Uns schickt Gott, unser Gott, dein Gott, der Gott aller Kreatur und auch der Fische, die er euch hoffentlich reichlich schenkt. Aber da drüben beginnt das Land der Heiden, der mörderischen Wikinger. Ihnen wollen wir das Evangelium bringen, damit sie sanft werden wie die Lämmer und nicht mehr sengend über Land und Meer ziehen. Verstehst du?»

Der Alte nickte. Das war kein schlechtes Zeichen.

«Um weiterzukommen, brauchen wir ein Ochsengespann, und der Karren darf nicht zu klein sein. Verstehst du

Der Mann verstand sehr wohl, gab aber vor, die ganze Sache überstiege seine Geisteskräfte.

Doch viele, viele Stunden später schwankten wir auf den Sitzplanken eines sehr alten Karrens davon, vor uns trottete ein sehr, sehr alter Ochse, und auf der Ladefläche lag nur mehr gut die Hälfte von dem, was unser Boot, das ein Kahn war, fassen konnte. Es gibt vieles, was alte Männer nicht mehr können. Feilschen gehört nicht dazu.

Verzeih, Leser, verzeih die Schrift, so krumm und ungeordnet wie die Krakelei der Novizen!

Ich war es über die Jahre gewohnt, beim Schreiben das Kinn in die linke Hand zu stützen, so dass es mir fürs erste beschwerlich war, ungestützt zu schreiben. Und wenn Du, lieber Leser, im Fortgang der Ereignisse nun Ungeschicklichkeiten in grö-

ßerer Häufung findest, so mag es – so seltsam es klingen mag – durchaus daran liegen, dass ich ab sofort in anderer Haltung schreibe. Ungestützt. Doch das Kissen, das mir Lioba unter mein mageres Altmännerabdom schiebt, tut Wunder.

Ein paar eingestreute Gedanken, die der Leser, ohne den Faden zu verlieren, getrost überblättern mag

Auf denn, gen Rungholt, mit frischem Mut! Und höret das Lied, das normannische, das Herward sang, damals, gegen den Wind, wie einen Vorausgruß an kommende Tage, die wir unter Wikingern verlebten – Nordmännern, Normannen, die sich selbst Wikinger nennen.

Was wächst im Sonnenglanze?
Das Brot, die Kinderschar, der Wein.
Was wächst unter der Lanze?
Die Not, die Schmach, die Pein.
Doch Not wird Gold, und Pein wird Glück,
kehr'n wir dereinst nach Haus zurück.
Hurrrräh, kehr'n wir zurück.

Dieses Wikingerlied niederschreibend, das Heitu sang, von dem es der Herward lernte, als er noch auf dessen Schoß saß und mit wunderweiten Augen Geschichten hörte von «Männern aus Nord und blutger Nacht», den Männern ohne Todesfurcht und ohne Schmerz, ja, ohne Schmerz für sich und andere ... da ich also dieses Lied niederschreibe, sollte ich berichten, was ich über die Wikinger wusste, bevor wir unter sie kamen. Nicht eben viel; denn das furchtsame Herz begehrt nichts zu wissen von den unabwendbaren Dingen, dem eigenen Tod, dem Schmerz, dem Kummer.

Im Jahre 845, so weiß ich verlässlich, verheerten Wikingerscharen Dorestadt und Paris. Und der Kaiser, den sie Karl den Kahlen nannten – so als könnte der Name des Großen Karl dessen alte Siegmächtigkeit zurückbeschwören –, Karl nicht und auch nicht Kaiser Lothar konnten das fünftausend Mann starke Wikingerheer zurückwerfen. Und im nämlichen Jahr geschah es auch, dass Hammaburg in Flammen aufging – ein schreckliches Ereignis, dem ich dennoch einen geheimen Sinn nicht abzusprechen vermag; denn hätte nicht Hammaburg gebrannt, wäre Ramsolano nie gegründet worden. Nun mögt Ihr sagen, kundige Leser ferner Tage, der Brand der ersten großen Kirche jenseits der Elbe sei ein arg hoher Preis für ein unbedeutendes Stiftlein an einem unbedeutenden Füßlein. Ich kann dem, sollte dies die Meinung derer nach mir sein, nicht widersprechen. Ich sage nur, es wäre ein Jammer und ein Schaden, hätte es Ramsolano nie gegeben.

Aber so hört denn, was der Heilige Rimbert, Bischof zu Bremen, schrieb, der Chronist und Nachfolger des Heiligen Ansgar. Ich habe in Ramsolano sein Zeugnis so häufig für die Archive in Bremen kopiert, dass ich es wohl noch aus dem Gedächtnis zustande bringe:

«Während sich die Arbeit in der Diözese und in der Mission lobenswert und gottgefällig gestaltete, tauchten unerwartet Piraten mit ihrer Flotte vor Hammaburg auf und belagerten es. Die überraschende Plötzlichkeit dieses Ereignisses ließ keine Zeit, das Heeresaufgebot der Grafschaft zusammenzuziehen, zumal auch der Graf der zugleich Befehlshaber des Ortes war, der erlauchte Herr Bernhard, nicht anwesend war. Als der Herr Bischof, der Heilige Ansgar, vom Herannahen des Feindes hörte, wollte er zunächst mit der Burgbesatzung und den Bewohnern des Handelsplatzes die Verteidigung übernehmen, bis Hilfe käme. Aber die Heiden griffen an, und schon war die Burg umzingelt.

Da erkannte Ansgar, dass er keinen Widerstand leisten konnte, und sann nur noch auf die Rettung der ihm anvertrauten Reliquien und Heiligen, zuvörderst der Gebeine des Sixtus und des Sinnitius. Sein Klerus zerstreute sich auf der Flucht, er selbst entrann ohne Kutte und mit größter Mühe.

Auch die Bevölkerung, soweit sie aus der Burg entkommen konnte, irrte flüchtend umher; die meisten entkamen, einige wurden gefangen, viele getötet. Nach der Eroberung plünderten die Feinde die Burg und den benachbarten Wik gründlich. Am Abend waren sie erschienen, die Nacht, den folgenden Tag und noch eine Nacht blieben sie. Nach gründlicher Plünderung und Brandschatzung verschwanden sie wieder. Da wurde der unter Ansgars Leitung erbaute kunstreiche Dom und der prächtige Klosterbau von den Flammen verzehrt. Da ging mit zahlreichen anderen Büchern die unserm Bischof vom erlauchtesten Kaiser geschenkte Prachtbibel im Feuer zugrunde. Alles ging zugrunde ...»

Dem Herrn sei Dank, nicht alles. Das Heiligste, die wundertätigen Gebeine des Sixtus und des Sinnitius, rettete Ans-gar ans hohe Ufer der Seeve, wo ihm die fromme Christin Ikia, die Mutter des Stiftsherrn Sigurd – den vorzustellen ich ja schon Gelegenheit nahm –, ein Haus schenkte. Dies Haus wurde alsbald ein Stift, wie Ihr wisst.

Zu gerne wüsste ich, ob dieses Stift in ferner Zeit mit Gottes Hilfe zum Kloster aufsteigen wird, wie es ohne Zweifel der Wunsch seines Gründers war. Oder haftete der Makel, dass an diesem Ort fehlsame Mönche wie ich zur Besserung weilten, so lange und wie mit Pech bestrichen, dass hier nie Größeres wachsen würde als das, was ich Dir, teurer Leser, vorstellen konnte? Ich weiß es nicht und wüsste es doch so gern.

All das flutet, so wie das Meer gegen die Küsten drängt, in meine Erinnerung; und ich weiß noch gut, wie aufgewühlt, doch glückshöffig ich damals an der Seite des Herward gen Nord reiste: auf den Spuren des Heiligen Ansgar, des Nordlandmissionars. Und ich weiß auch noch, wie schwer es mir ward, dass wir den Umweg über Rungholt nahmen. Denn all mein Sehnen zog mich nach Haithabu, wo Ansgar im Jahre 850 eine Christengemeinde mitten in der großen, grausigen Wikingerstadt Haithabu gründete.

Wie bebte mein Herz, als wir auf den harten Planken des Ochsenkarrens nordwärts schaukelten. Ich sang alle Psalmen, die ich kannte, und Herward sang Mal um Mal: Was wächst im Sonnenglanze...

Die Überfahrt auf dem Meeresgrund

Viel könnte ich erzählen über den vieltägigen Weg nach Rungholt ... Über ein schadhaftes Rad, das zu reparieren uns volle drei Tage und fünfzehn Schaffelle kostete, oder über die quälende Langsamkeit des Ochsen und über die sehnsüchtigen Gedanken, die ich dar ob an den Achill schickte, den geschenkten Ochsen des Sigurd, den schnellsten aller Ochsen, den ich aber gleichwohl fraß, noch bevor ich ins Bärenland gelangte – Ihr erinnert Euch? Ich könnte berichten vom Brand einer Hütte, den wir löschen halfen und zum Dank von einfachen Leuten mit Speis und Trank verwöhnt wurden. Berichtenswert wäre wohl auch der Met, der köstlicher schmeckte als mancher Klosterwein zu Fulda oder Speyer. Auch wären allerlei Vögel der Erwähnung wert, Vögel, wie ich sie noch nie sah, darunter bunte Gesellen, die ihr Gefieder aufplustern und wild umeinanderspringen ... aber all das werde ich nicht niederschreiben, denn ich höre, mein Leser, Deine Ermahnung: Komm zum Wesentlichen! Sage uns endlich, warum wir uns durch all diese wilden Begebenheiten haben quälen müssen. Warum belästigst Du uns mit abgeschlagenen Armen, mit den widerwärtigen Aufwallungen eines geweihten, aber gleichwohl sündigen Leibes und mit nassen Füßen? Gib uns nunmehr den Lohn für unsere Geduld...

Es sei. Doch kann ich mich nicht enthalten, von unserer Überfahrt nach Rungholt zu berichten. Rungholt liegt auf einer Insel – und doch nicht auf einer Insel. Ehe Ihr mir diesen soeben geschriebenen Satz als Beweis meiner Unglaubwürdigkeit anlastet, hört noch eine Weile zu.

Gott der Herr hat es so eingerichtet, dass sich das Meer zweimal am Tag gänzlich zurückzieht, so dass der nasse Meeresboden ausgebreitet daliegt, bedeckt mit allerlei Muscheln, und – Ihr mögt es glauben oder nicht – mit seltsamen, durchscheinenden Körpern, die sich anfassen wie dicke Grütze.

Zieht sich das Wasser zurück, so füllt sich die leere Weite alsbald mit einer Vielzahl von Vögeln, die hier Nahrung finden: Krebse, mit erschrecklichen Zangen, von denen mir die Menschen sagen, dass sie, im eigenen Sud gekocht, ein schmackhaftes Mahl ergeben. In der Regula Benedicti steht zwar, dass ein Mönch auf Missionsreisen auch fremde Speise zu sich nehmen darf, doch inwendig schauderte es mich vor dieser Suppe, in der noch die Zangen und Beine jener seltsamen Tiere schwimmen, die nicht vorwärts, sondern seitwärts laufen.

Wer auf dem Landwege Rungholt erreichen will, muss die rechte Stunde wählen: Mit dem gerade zurückweichenden Wasser muss er gen Abend reisen, über den Meeresboden, und dabei einem Weg folgen, der mit Stangen markiert ist. Als wir den Ort, wo man das feste Land verlässt, erreichten, kam mir die Erinnerung an Moses und den wundersamen Marsch des Volkes Israel über den Meeresboden. Und mir wurde überaus heiligmäßig zumute.

«Holla, ihr zwei, mit dem lahmen Ochs wollt ihr heute noch nach Rungholt?» rief uns ein (wie mir alsbald klarwurde: wohlmeinender) Fischer zu, als wir das Festland verließen, um auf dem Meeresboden den Stangen zu folgen.

«Wir haben keine Zeit zu verschenken!» entgegnete Herward und gab dem Ochsen die Peitsche.

Und so zog es uns hinaus, wiegenden Ochsenschrittes, in eine Weite, wie ich sie noch nie gesehen hatte. Oder hatte ich sie auf meiner ersten Reise gen Nord gesehen und nur vergessen?

Rechts und links des stangenmarkierten Weges zogen sich Wasserläufe, die mir mit großer Gewalt in den Sand gerissen zu sein schienen. Und diese Flüsschen füllten sich zusehends mit Meerwasser, während Rungholt in der Ferne erst schemenhaft zu sehen war. Schließlich sperrte so ein «Fluss im Meer» den Weg, und wir mussten ihn, bis über die Knie im Wasser watend, durchqueren. Der Ochs schnaubte unwillig, denn er war es, bei all den Jahren, die er auf dem Buckel trug, nicht gewohnt, durch bauchhohes Salzwasser zu gehen. Aber Herwards Peitsche und meine Gebete hielten ihn auf Kurs. Den Großteil unserer Ware hatten wir glücklicherweise verkauft, nur noch fünf Fässer Honig standen hinter uns – nunmehr schon fast im Salzwasser. Man hatte uns gesagt, dass auf der Insel Rungholt keine Bienen flögen und folglich Honig einen sehr guten Preis brachte.

Als der Ochs stehenblieb, weil er bei jedem Schritt tief in den schwarzbraunen Morast einsank, sprang Herward ins Wasser, packte das arme Tier mit Daumen und Zeigefinger in den Nasenlöchern und zerrte es unerbittlich voran. Ich zog die Kordel aus meiner Kutte und befestigte damit die Honigfässer, damit sie uns nicht davonschwammen. Während ich das tat, begann ich laut zu psalmodieren, wobei die rauen Zwischenrufe der Meeresvögel über uns aus meinem Lied eine schrille Kakophonie machten. Aber dem Herrn muss es trotzdem gefallen haben.

Denn, was soll ich Euch sagen, wir hatten kaum, nass und halb zu Tode erschöpft, die rettende Insel erreicht, da zog sich die salzige Flut über dem Meeresboden zusammen wie weiland in Ägypten. Nur dass für dieses Mal keine pharaonischen Wagenlenker ersoffen.

Aus den Nüstern des armen Ochsen blähten sich blutige Blasen. Und Herward fiel wie tot ins Gras. Ich glaube, er schlief, noch bevor sein Rücken die Erde berührte. Ich war nicht minder müde, doch fand ich die Zeit für ein Dankgebet, bevor auch mich ein wundertiefer Schlaf in seine Arme nahm.

Ein lieber Besuch

Ich glaube, der Schlaf war es, der mich gesunden ließ. Die ersten Wochen ohne linken Arm habe ich zum großen Teil verschlafen. Und immer wenn der Schmerz zu stark wurde, war dieses gütige Geschwisterpaar zugegen: Bruder Schlaf ... und Schwester Lioba.

Schon nach einem Monat begann ich wieder mit dem Schreiben, nunmehr mit höchstmöglicher Erlaubnis des Abtes. Und ich denke, die letzten Seiten zurückblätternd: Ich habe die Fähigkeit nicht verloren, wenngleich – und das ist seltsam – ich «ungestützt» zu schreiben ein wenig beschwerlich finde. War ich es doch gewohnt, ich sagte es schon, schreibend mein Kinn in die linke Hand zu stützen.

Heute Morgen kam Abt Theophil höchstselbst in Liobas Hütte. Der Abt ist noch kein sehr alter Mann, aber der Herr hat ihm nicht diese brotrindenharte Gesundheit gegeben, mit der er mich segnete, und so muss ich es ihm hoch anrechnen, dass er den Weg vom Kloster, über viele Stufen und Baumwurzeln, zu mir genommen hat.

Seine Knochen knackten wie trockenes Kiefernholz, als er sich auf meine Bettkante fallen ließ: «Nein, bleibe du nur liegen. Erweise Gott die Ehre, nicht mir! Wie ist dein Befinden? Fehlt es an irgendwelchen Dingen?»

«Nein, Bruder Abt. An nichts.»

Der Abt nahm einige der beschriebenen Blätter, aber ohne Kerze war das Licht zu schwach zum Lesen. So legte er sie ungelesen zurück. Und das war mir recht.

«Ich sehe, du tust viel, um nicht aus der Übung zu kommen. Hat man dir berichtet, dass wir uns von deiner Hand die Regula Benedicti in purer Goldschrift erwarten?»

«Man hat, und es ist eine unverdiente Gnade.»

Dann berichtete Theophil mir ausführlich, was während

meiner Abwesenheit alles geschehen war. Etliche Mönche waren unter gräflicher Führung zu einer Pilgerreise zum Altar der wundertätigen Walburga zu Monheim aufgebrochen – unter ihnen besonders die gichtigen Brüder, denn die Heilkraft der walburgischen Reliquie gegen Knochenschmerz war unter aller Christenheit gerühmt. Die Novizen waren aufgenommen worden. Nur einer mit Namen Bernhard hatte sich im letzten Moment anders besonnen, einer braunhaarigen Jungfrau wegen. Es hieß, er hätte noch in der Nacht vor dem Versprechen in wirrem Traum ihren Namen gerufen und auf Befragen des Abtes unter Tränen den Weg des Fleisches gewählt. (Dem Bernhard gilt mein stilles Gebet!)

Thomasius deuchte auch ihm, dem Abt, genau wie mir, als der hoffnungsvollste unter den jungen Brüdern. «Die Welt wird sich Großes von ihm erwarten dürfen», sagte der Abt, und ich pflichtete ihm bei. So vergingen die Stunden im Gespräch und im gemeinsamen Gebet.

Über den Tod des Schirrmeisters sprach Theophil nicht. Und auch kein Wort von jenem Arm im schirrmeisterlichen Totenbett, diesem Arm, über den ich aus begreiflichen Gründen keine Gewalt mehr gehabt haben kann. Aber aus anderer Quelle wusste ich, dass man das Zimmer des gewaltsamen Todes zugemauert hatte, ohne zuvor die Leiche des Unseligen noch einmal zu berühren. Kein Geistlicher war zugegen. Keine mildernden Gebete. Nicht einmal Weiberklage ließ man zu. Ob auch der Arm in der Kammer blieb ... ich weiß es nicht.

«Hast du einen Wunsch, Agrippa, so sage ihn!»

«Bruder Abt, wenn du fühlst, dass noch Schuld an der Frau Lioba haftet, so spreche sie frei!»

Der Abt betrachtete die hochgewachsene Frau eine Weile, so dass diese die Augen niederschlug und auf die Knie fiel. Dann legte er die Hand auf ihr Haar und sagte: «Deine Schuld ist von dir genommen. Tu förderhin Gutes und tu alles, was uns den

Bruder Agrippa schon bald gesund zurückbringt.»

Ja, das darf ich sagen, sie tut alles zu meiner Gesundung! Und am meisten hilft es mir, dass ich meine verbliebene Hand über ihre schönsten Gefilde wandern lassen darf. Mir fehlt ein Glied, das linke. Das ist wohl wahr. Aber mir fehlt nicht viel. Ich fehle viel.

Der Sklavenmarkt

Wenn ich heute, nach so vielen Jahren, an Rungholt denke, dann sehe ich nicht zu allererst den großen Sklavenmarkt, nicht die kleine Kirche (denn die Friesen waren in jenen Tagen noch keine sehr eifrigen Gottesfreunde), nein, dann sehe ich Rungholt so, wie ich es sah, als ich nach langem Schlaf am Spülsaum des Meeres erwachte: vor mir der Rücken des friedlich grasenden Ochsen, zu meinen Füßen der noch immer schlafende Herward und in der Ferne, auf künstlich aufgeworfenem Hügel, die hochaufragenden Reetdächer der Stadt.

Die Fahnen an den Masten der unzähligen Handelsschiffe peitschten einen blauen Himmel. Das Hafenbecken war überschrillt von Vogelgeschrei, denn die Weiber, die gerösteten Fisch feilboten, warfen die Innereien der Fische einfach hinter sich, woraufhin sich jedes Mal eine kreischende Wolke aus Federn und Schnäbeln zusammenballte. Ich merkte sogleich, welch nichtiger Ort Hammaburg gegen Rungholt ist. Allein die Gesichter: Südländer, leicht an ihrer braunen Haut zu erkennen, goldhaarige Nordmänner, rotbärtige Iren, Slawen, Abodriten, Thüringer, Wilzen, Sorben – aber kaum Sachsen. Nie gehörte Sprachfetzen und vertraute Laute schwirrten durch eine Luft, die salzig roch und gut.

Herward rieb sich alle paar Schritte die Augen. Fast war er wieder das Kind, als das ich ihn kannte, der kleine Junge, der am Ramsolaner Stiftsteich saß und sich nicht genug darüber wundern konnte, dass Frösche hüpften und nicht gingen. Es brodelte, es duftete und stank, es wimpelte, wirbelte und wuselte. Und am unteren Hafen waren auch wieder die unvermeidlichen Frauenhäuser, aus denen unflätige Schreie drangen.

Herward, nachdem er sich endlich an all das Fremde ein wenig gewöhnt hatte, kannte nur ein Ziel: den Sklavenmarkt. Der war leicht zu finden, grenzte er doch gleich an den berühmten

Rungholter Gefäßemarkt, wo es Ton- und Steingut aus aller Herren Länder und für jegliche Münze zu kaufen gab.

Der Sklavenmarkt war vom übrigen Marktgeschehen abgeteilt, ein übermannshoher Palisadenzaun verwehrte den Einblick. Am Durchlass stand ein Wächter. Man wollte nicht, dass empfindsame Seelen all das sahen, was sich dort an Elend, an schlecht versteckter Grausamkeit und dergleichen abspielte. Eine sehr christliche Gesinnung, meine ich, wobei es durchaus noch christlicher wäre, die Unglücklicheren milder zu behandeln; denn zu meinem Entsetzen musste ich gewahren, dass sich hier auch Christen im Angebot befanden, keineswegs nur verwahrloste Heidenseelen. Man hatte – immerhin das! – die Sklaven nur locker gebunden; schließlich konnten sie von der Insel nicht entlaufen.

Die meisten blickten sehr teilnahmslos auf jene, die hier waren, um sie zu kaufen, und sei es nur in der Absicht, sie an fernerem Ort mit Gewinn weiterzuverkaufen. Etliche, besonders die Dunkelhäutigeren, schienen zu frieren. Allerdings, und das gilt es lobend hervorzuheben, ließ man sie offenbar ungestört und regelmäßig ihre Notdurft verrichten, denn keinen Sklaven sah ich in verdreckten Lumpen. Herward blickte über alles hinweg und durch alles hindurch, so schien es mir. Er suchte.

Die männlichen Sklaven im vorderen Teil des Marktes schienen ihn nicht zu interessieren. Er teilte die Massen und pflügte sich zum Weiberangebot vor. Auch ich fand es hier interessanter. Den jüngeren Weibern hatte man die Brüste entblößt, und sie versuchten, sie wieder zu bedecken. Wohl mehr wegen der kühlen Frühsommerluft und weniger aus Scham.

Schließlich schien Heitu – sagte ich Heitu? Herward natürlich! –, schließlich schien Herward gefunden zu haben, was er suchte. Er baute sich vor einem Mann mit einer samtenen Kopfbedeckung auf, die eine sehr lange Feder wohl um Armeslänge überragte. «Du bist der Marktherr?»

«Ja, und ich bin für solche nicht zu sprechen, die nicht einmal wissen, dass man mich grüßt, bevor man mich anredet!»

Und da, ich schwör's, geschah es ein zweites Mal, was ich erstmals auf dem weißen Elbstrand sah, jenem Strand, den wir – Ihr erinnert Euch? – blutgetupft zurückließen.

Herward nahm den Marktherr in die Schranken seines Blickes, und es war, als zöge eine unsichtbare Hand jedwede Härte aus dessen Gesicht, so wie man die Haut von erkaltender Milch zieht.

«Was beliebt, der junge Herr? Die beste Ware steht drüben an dem Stand mit der gelbgrünen Fahne, nächst dem Wasser ...»

«Waren hier zwei noch sehr junge Frauen, Kinder noch fast, die solche Gürtelschnallen trugen?» Er hielt dem Marktherrn eine Schnalle unter die Nase, eine Schnalle von der Art, wie wir sie in Ramsolano fertigten und wie sie wohl auch seine Schwestern trugen. «Die Mädchen hatten meine Haarfarbe, vielleicht ein wenig heller noch, flachsblond. Angeliefert worden sollten sie sein von Wikingern oder vielleicht von Händlern, denen die Wikinger gemeinhin Sklaven zum Verkauf überlassen.»

Der Marktherr betrachtete die Schnalle und schüttelte langsam den Kopf. «Dass ich solche Schnallen nie an Sklavinnen sah, das besagt wenig. Denn solcherlei verkauft man extra. Und flachsblonde Jungfrauen, was soll ich sagen ... die gibt's hier alle Tage.

Schaut da hinüber! Die Kleine dort wird dich nicht enttäuschen, sie hat noch unter keinem Manne gelegen, und ich verschaffe dir einen guten Preis; denn der Händler dort hat seine Marktgebühr noch nicht bezahlt.»

«Wo in diesem verfluchten Hafen ist der Ort, wo man Gürtelschnallen kauft und verkauft?»

Der Marktherr hatte ein wenig von seiner anfänglichen Festigkeit zurückgewonnen, oder es war einfach so, dass er

Festigkeit zeigen wollte, wo sich doch nun ein kleiner Auflauf um die beiden gebildet hatte. Und so sagte er: «Sucht selbst, ich habe zu tun!»

Daraufhin packte ihn Herward unter den Armen, hob ihn mit ausgestreckten Armen empor und ließ ihn fallen, so wie man einen Pfahl niederrammt, den man ins Erdreich treiben will.

«Bei Freya!» rief ein Umstehender. «Verletze Er hier nicht den Marktfrieden, schon genug damit, dass Ihr hier euer Schwert tragt!»

Herward starrte den Mann nieder. Beiläufig. Und verschwand im Getümmel.

Erst am späten Abend fand ich ihn wieder. Er saß am äußeren Hafen und weinte. Weinte wie der kleine Junge, der er für mich noch immer war. Vor ihm auf der speckglänzenden Ufermauer lagen zwei kleine Gürtelschnallen.

Was der irische Mönch erzählt

Ich hatte ein brüderliches Gespräch mit einem irischen Mönch, der im Rungholter Hafen den Seefahrern predigte. Ein kleiner fester Kerl war das, stämmig, doch ohne ein Gramm Fett, und mit einer Stimme, die mühelos Sturm und Stimmengewirr durchschnitt wie der Eiswind die Nacht. Atemlos vor Staunen schaute ich ihm zu, wie er sich einfach unter das Volk stellte, eine kleine handliche Glocke schlug und sich Gehör verschaffte. Etwa so: «Tut Buße, denn wer nicht bekennt seine Sünde vor Gott, den verschlingt die See.

Tut gute Werke, dass Gott ein Erbarmen mit euch hat. Gebt Denare, Byzantiner, Solidi und was immer eure Taschen beschwert, gebt für das gottgefällige Werk eines Waisenhauses. Denn das sei euch allen gesagt: Wenn Gott im nächsten Herbst diesen sündigen Ort nicht mit einer großen Flut überzieht, dann ist es wegen dieser unschuldigen Waisen. Sind sie aber bis zum Herbst verhungert, so wird Gott keinen Grund sehen, seine Flut nicht über dieses Sodom und Gomorrha zu schicken. Des sollt ihr sicher sein.»

Ich lernte aus dieser Rede, dass der Christenmensch williger gibt, wenn man ihm einen einleuchtenden Grund nennt. Wie groß aber war mein Erstaunen, als mir der Mönch, der Kelvin hieß, später offenbarte, dass es auf ganz Rungholt kein Waisenhaus gäbe. Die Spenden brauche er, um den Grundstock eines Klosters legen zu können, eines Klosters, in das man durchaus auch die Waisen ertrunkener Seefahrer schicken könnte. Insofern hätte es auch mit dem Waisenhaus ein wenig seine Richtigkeit. Mehr aber als diese kluge Art, die Wahrheit zu biegen, ohne sie dabei ganz zu brechen, bewunderte ich die Stimme. Ich habe solche Stimme nur an Iren gehört, nie an Menschen aus anderer Weltgegend: Eisengeklirr, Sturmgebraus – gewaltig.

Nützlicher indes als seine Rede über Waisen und Geld waren für uns seine sehr feinen Angaben, die er mir über Haithabu machen konnte. Er hatte daselbst einen ganzen Sommer und einen halben Winter verbracht, und er zeichnete uns eine Skizze in den Sand, die so genau war, dass wir nur wenig später, uns dieser Skizze erinnernd, in Haithabu die Häuser der wenigen Christen fanden, ohne auch nur ein einziges Mal fehlzugehen.

Herward hatte nur eine einzige Frage an den irischen Gottesmann: «Lebt dort ein Fürst oder ein Führer namens Rangar?»

Als der Ire heftig bejahte und auch dessen Haus in seine Sandskizze aufnahm, lief ein Glühen über Herwards Gesicht. Ein Glühen, das mir nicht gefallen wollte.

Der Ire Kelvin wusste, wo es im Hafen die besten Fische gab. Es war das unscheinbarste Haus, nicht das größte. Die Fische wurden in einem Eisengitter in kochendes Öl getaucht ... und dieses schreibend, kann ich nicht umhin, unsere kärgliche Klosterspeise – Benedikt verzeih mir! – eine harte Prüfung zu nennen.

Herward ließ nicht ab, den armen Mönch nach Rangar zu befragen, den Teufel, der als einziger jene Mannstränke überlebte, in der Olaf ersoff, und der so viele Jahre danach unser Ramsolano verwüstet hatte. Herwards Unglück – der Tod der Mutter und des Vaters, die verschleppten Schwestern –, all das hatte ja nur einen Namen: Rangar. Und so entstand in jener Nacht ein klares, aber dennoch unglaubliches Bild.

Dieser Rangar, ein Mann in der Würde eines Jarl, musste zu den reichen, alteingesessenen Wikingern Haithabus gehören, ein bóndi (Mann von Stand), wohl gar entfernt verwandt mit dem Dänenkönig in Jellinge. Und was der Ire über ihn wusste, war angetan, uns gründlich zu verwirren: «Rangar, ein Mann so weich, so mild, so gut, dass sich die gesamte Christenheit dar ob schämen muss, denn selten sah ich einen Christen, der die Gebote der Nächstenliebe so gründlich erfüllte wie dieser Heide. Seinen Reichtum, aus dem Bernsteinhandel gewonnen, teilt er mit den Armen. Wenn einem armen Mann ein Schiff zerbricht – und das kann ich zweifachen Falls bezeugen –, so leiht er ihm eines aus seiner großen Flotte, bis jener ein neues erwerben kann. Die Waisen von Kriegern, die der Feind erschlug, nimmt er in sein Haus auf, als wären es seine eigenen Kinder ...»

Herward unterbrach ihn mit einer unwirschen Handbewegung: «Mönch, irischer, redest du uns von einem Manne Rangar, dem die eine Augenbraue fehlt, als Folge eines Schwertstreiches, wie ich vermute?»

«Ja, ja, ja, der nämliche! Eine hässliche Wunde in einem ach so guten Gesicht. Ein Mann von reichlich fünfzig Jahren, aber ungebeugt. Seine Hand zittert nicht, wenn er den schweren Metbecher erhebt, um auf das Wohl von ganz Haithabu zu trinken. Ich sage Euch, selbst in den heimischen Klöstern meiner Insel sah ich keinen besseren Mann. Und noch im Heiligen Rom, wo ich weilte, wird die Mühe groß sein, einen solchen Mann zu finden. Das sei der ganzen Christenheit ein Vorwurf.»

An diesem Abend betrank sich Herward. Das erste Mal in seinem Leben. Und solange ich ihn kannte, betrank er sich kein zweites Mal.

Nachdem der Herward – welch schreckliches Bild – nach dem siebten oder achten Becher Met singend und rülpsend die rettenden Gestade des Schlafes erreicht hatte, verbrachte ich noch einige Stunden schwatzend mit Kelvin an einem Feuer, welches allerlei Volks angelockt hatte.

Ich gewann sogleich das Herz des kleinen festen Mannes, als ich ihn fragte, ob er sich nach dem Heiligen Kelvin nenne, der vor nunmehr reichlich dreihundert Jahren die weltberühmte Mönchsstadt Glendalough begründete, den wohl heiligsten Ort auf Erden nach Rom.

«Bruder, du kennst Glendalough? Das Tal, in dem die Heiligen Engel des Himmels schweben, wo die Drosseln das Kyrie singen, die Bienen Nektar aus dem Himmelreich herbeiholen, wo die kunstfertigsten Brüder die besten Handwerker unterweisen, wo man die schmackhaftesten Fische isst, die der Herr eigens für die Gaumen der lautersten Menschen geschaffen hat, wo ...»

Kelvin hätte diesen Satz, der unversehens in hymnisches Heben und Senken übergegangen war, wohl nie zu Ende gebracht, hätte ich ihn nicht unterbrochen.

«Bruder Kelvin, ich hörte allerlei Wunderdinge über Glendalough, aber dem Herrn hat es bisher nicht gefallen, meine Schritte dorthin zu lenken.»

Mein Einwurf konnte Kelvins Wonnerede nur gerade eben unterbrechen, keinesfalls zum Versiegen bringen. «Oh, kein frommer Mensch sollte sterben, ohne das Himmelswasser des Heiligen Sees getrunken zu haben. Das Wasser, auf dem für alle Ewigkeiten Kelvins Segen ruht. Türme, Bruder! Türme, die selbst die mordbrennenden Wikinger nicht erklimmen konnten. Und die Kirche, deren Grund noch Kelvin selbst legte, birgt ein weißes Alabasterkreuz, das weißeste zwischen hier und dem Alpenschnee. Dies hier (er zeigte mir ein Kreuz mit Heiligenkranz, wie es die Iren tragen, aber eines, dem ein Teil fehlte), dies Kreuz hier an meinem Hals ist nur ein kleines Abbild der großen Herrlichkeit.»

Ich betrachtete und befühlte das feingeschliffene Alabasterkreuz, das Kelvin an einem Lederband trug: «Welch ärgerlicher Schaden, das Kreuz ist am Rande gebrochen.»

Kelvin verlangsamte sogleich seine Rede und zog mich mit Verschwörermiene zur Seite: «Die meisten lasse ich in dem Glauben, eine ärgerliche Ungeschicklichkeit sei schuld an dem Schaden. Doch einem Bruder in Christo muss ich die Wahrheit sagen, auch wenn die Wahrheit mir in diesem Fall nicht sehr schmeichelt. So höre denn, warum ich zwar den Namen Kelvins führen, aber nur ein halbes Kelvin-Kreuz tragen darf!»

Er legte sich recht bequem mit dem Rücken zum Feuer, so dass sein rotes Haar auffloderte, als sei es selbst aus Flammen gemacht.

«Alle sieben Jahre werden sieben Brüder in Glendalough ausgewählt, die nacheinander drei Tage und drei Nächte in der Einsiedlerzelle weilen dürfen, in der heiligen Zelle, in der Kelvin betend und fastend seine Heiligkeit erwarb. Ein rundes Steinhaus ist das, gefügt wie ein Bienenstülper, wohl knapp drei Schritt im Durchmesser. Die Regel besagt, wer drei Tage und Nächte in Kelvins Zelle singend und betend zubringt, ohne länger als für die menschliche Notdurft zu unterbrechen, auf den geht ein Glanz von Kelvins Heiligkeit über. Und als sichtbares Zeichen dürfen die, welche die Prüfung bestehen, Kelvins Namen führen und sein weißes Alabasterkreuz tragen. Und als unsichtbares Zeichen der Gnade fügt Gott selbst noch eine Gabe hinzu: lebenslange Gesundheit. Ein Bruder, der das Kelvin-Kreuz trägt, ist für Krankheit so unerreichbar wie der hoch fliegende Adler für einen Steinwurf. Und auch mich befällt fast keine Krankheit. Nur die Krätze und gelegentlicher Schnupfen.»

Kelvin machte eine lange Pause. Er hatte Latein gesprochen, so dass sich außer mir kein Zuhörer fand. Schließlich beendete er sie mit einem Seufzer: «Mir fehlten nur noch zwei Stunden auf die vollen drei Tage, die ich durchbetet und durchsungen hatte in Kelvins Zelle, hoch über dem See. Da übermannte mich der Schlaf wie weiland die Jünger Jesu im Garten Gethsemane. Aber da ich doch fast das Ziel erreicht hatte, gab man mir den größten Teil des Kreuzes und die Erlaubnis, meinem eigentlichen Namen Seamus das Kelvin hinzusetzen zu dürfen. So war es, Bruder Agrippa. Der Geist ist willig, aber das Fleisch ermüdet oft vor der Zeit. Das Fleisch ist schwach.»

«Wem sagst du das, Bruder Kelvin, wem sagst du das!»

In dieser Nacht wurde der Wunsch in mir geboren, mein Leben nicht zu beschließen, ohne Glendalough geschaut zu haben. Und der Herr erhörte mich. Ich stand, eine geraume Weile nach dieser Nacht auf Rungholt, tatsächlich im Tal der Heiligen, sah mehr, als eines Menschen Seele fassen kann. Und das sauber in Leder gewickelte, eng beschriebene Papier, das ich nun schon wieder so viele Jahre mit mir herumtrage, gibt einen Bericht voll Wonne und Schrecken, einen Bericht, den ich im Jahre 909 schrieb, und ich sollte ihn, wenn ich denn jemals die Zeit dazu fände, in guter Schrift auf kräftiges Papier schreiben. Doch, das Versprechen gilt, lieber soll auch noch mein zweiter Arm abfallen, als dass ich das Buch Glendalough abschreibe, ehe der Herward zu einem Ende gebracht ist.

Auf der breiten Straße

Es war uns ein leichtes, unser betagtes Rind – unter Einsatz des Honigs, der hier in der Tat vorzügliche Preise brachte – gegen ein junges zu tauschen, das fast die Rennqualitäten von Achill hatte. Der irische Mönch sagte uns anderentags, wann die beste Stunde zur Überfahrt über den Meeresgrund sei. Ich sehe noch seine kräftige Gestalt kleiner werden, während wir davonfuhren. Er stand und winkte, bis er ganz verschwunden war. Wie viele Freunde einer Nacht sind alsbald ausgelöscht in der Erinnerung? Wie viele bleiben? Kelvin indes sollte ich wiedersehen.

Herward hatte einen schweren Kopf von dem im Übermaß gekübelten Met, aber das hinderte ihn nicht, soviel zu fragen, wie ich ihn nie zuvor und nie wieder danach in einem fort habe fragen gehört. Ja, er war so ins Fragen vertieft, dass er aus dem Nordischen ins Sächsische zurückfiel.

«Höre, Agrippa, was sagt das Heilige Buch, gibt es Teufel in Engelsgestalt oder Engel, die mal Teufel, mal Engel sind?»

«Davon sagt die Bibel nichts.»

«Kann es sein, dass es Dinge gibt, die das große Buch nicht weiß?»

«Die Weisheit des Buches ist unerschöpflich, aber es ist denkbar, dass nicht alles für wert erachtet wurde, in dieses Buch aufgenommen zu werden. Gottes Wort hat hohes Gewicht, und vieles auf Erden ist ohne Belang und ohne Gewicht.»

«Dass aber einer gut und zugleich böse sein kann, wäre doch gewichtig genug, dass es im Buche vermeldet stünde?»

Ich geriet ins Schwitzen, obwohl uns ein steifer Wind von seitwärts anwehte; selten noch hatte mich eine Disputation unter Gelehrten so angestrengt wie die Fragen dieses Jünglings, der doch gerade so viel oder so wenig Latein und Buchstaben kannte, wie ich ihm gelegentlich beigebracht hatte.

Schließlich rettete ich mich, nur um Ruhe zu haben vor seinen Fragen, in eine lange Geschichte (die ich, ich gestehe es, noch etwas länger machte, als sie tatsächlich war).

«Höre denn, Herward! Bevor ich nach Ramsolano kam, verbrachte ich ein paar Jahre als junger Mönch im Kloster Corvey, das daselbst vom Heiligen Ansgarius aufgebaut ward nach Plänen, die Gott ihm im Schlafe eingab.

Es waren ruhige Tage, ich hatte die Kraft der frühen Jugend, und ich hatte den Tod nur ein einziges Mal gesehen, in seiner sanften Form, als meine Mutter starb.

Doch eines Tages bei der Weinlese stolperte ich über den Leib eines Mannes, der gerade erst gestorben war. Ein wildes Tier hatte ihm die Kehle zerfetzt. Wir trugen ihn zurück ins Dorf Höxter bei Corvey, und sogleich liefen viele Neugierige zuhauf. Der Mann war ein einfacher Fuhrknecht, und es kam vor, dass wilde Tiere Menschen anfielen. Wir begruben ihn mit der vorgeschriebenen Fürbitte, aber mit nicht mehr als dieser. Doch nur wenige Tage später fand ein anderer Bruder eine junge Frau mit denselben Wundmalen. Der Hals war vorn zur Hälfte abgerissen. Und als die Klage um sie noch nicht verstummt war, sie war die Tochter des reichsten Bauern, der fünf Weinberge sein eigen nannte, da lag im Keller eines Küfers ein Schankknecht, ebenfalls mit zerbissener Kehle.

Du kannst dir denken, was geschah. Die Menschen liefen laut schreiend und mit brennenden Fackeln durch die Wälder, um alle Wölfe zu vertreiben. Doch keiner sah einen Wolf. Nicht einmal einen Fuchs.

Die alten Weiber fingen an zu wimmern, dass die Drachen der Heidenzeit zurückgekehrt seien aus dem feurigen Erdenschoß.

Und so verging kein Monat, in dem nicht irgendwo im weiteren oder näheren Umkreis von Höxter eine Leiche lag, mit zerfetzter Kehle, doch ansonsten scheinbar unverletzt.

Der Abt rief uns zu einer drei Tage währenden Fürbitte

auf. Da, endlich! Am Morgen des dritten Tages öffnete sich die große Kirchentür, wir Mönche lagen im innigen Gebet ausgestreckt auf dem Boden, als eine Gestalt hereinwankte. Als sie ins Licht trat, das im großen Dom in der Mitte zusammenfließt, wie aus einem gewaltigen Strahlenkranz ausgegossen, da erkannten wir, dass der Mund des Mannes auf schreckliche Weise mit Blut verschmiert war.

Die Gestalt brach wimmernd zusammen und stammelte in einem fort: ‹Rettet mich, rettet mich, Satan wohnt in mir!›»

«So war die Gestalt ein Engel, der als Satan kam?»

«Höre zu Ende. Der Mann war ein ruhiger, frommer Mann. Ein großer Spender milder Gaben für das Kloster und für die Armen. Einer, der vom Kaiser selbst ein großes Lehen hatte, einer, der keinen Feiertag verstreichen ließ, ohne Gott und den Heiligen die Ehre zu erweisen. Einer, der für die Armen der Ärmsten eine Pilgerfahrt zu den Gebeinen der Heiligen Walburga von Monheim hatte ausrichten lassen. Eine Zierde der Christenheit. Einer, den jeder für würdig erachtet hätte, einer der Jünger Jesu zu sein.

Doch wenn der Vollmond hereinbrach, begann sein armer Leib zu rasen. Er gebärdete sich wie ein Wolf, lauerte Menschen auf und riss ihnen mit seinen Zähnen die Kehle auf. Ein Werwolf ...»

«Ein ... was?»

«Ein Werwolf. Ein Wesen des Teufels, so sagt man. Ein Mensch, in den Satan zeitweilig hineinschlüpft.»

«Was habt ihr getan?»

«Er wurde auf seinen eigenen Wunsch hin erlöst. Mit einem Beil. Und bevor man den Kopf getrennt vom Leib verscharrte, brach ein mutiger Bruder die Mörderzähne heraus ... nur um sicher zu sein.»

«Gut.»

Die Zeit war in Windeseile vergangen, und war uns noch

der feuchte Hinweg nach Rungholt quälend lang erschienen, so deuchte es mich jetzt, als flögen wir zurück zum festen Land, wozu in der Tat auch das muntere Ausschreiten des Jungochsen beitrug, den ich spontan Achilles secundus nannte, Achill den Zweiten.

Mein Bericht hatte den Herward fürs erste zum Schweigen gebracht. Und erst als wir schon eine Weile wieder festen Grund unter den Rädern hatten, sagte er: «Am besten gefällt mir an der Geschichte, dass ein Beil ein Ende gemacht hat und dass nicht endloses Geschwätz alles in die Länge zog.»

Die Straße nach Hollingstedt dehnte sich breit, so breit, dass sich manchmal zwei Gespanne überholten, während noch ein drittes, besonders schnelles an beiden vorbeizog. Am Straßenrand hatten viele Bauern ein Geschäft daraus gemacht, kleine Speisen zu verkaufen, knusprige Brotlaibe, noch ofenfrisch und dampfend aus Dinkelkorn, gedörrten Fisch und gelegentlich auch frische Eier und Milch. Fränkische Soldaten waren keine mehr zu sehen, denn kein Kaiserlicher im Waffenrock hätte sich an die Südgrenze des Wikingerreiches gewagt, es sei denn in einem großen Heer. Und ein wenig Sorge hatte ich, dass jemand Anstoß an dem fränkischen Schwert nehmen könnte, das der Herward trug.

Viele, teils breite Flussläufe waren kunstvoll mit hölzernen, ja gelegentlich sogar steinernen Brücken überspannt. Zu Anfang und Ende jeder Brücke waren kleine Häuschen angebracht, in denen wikingische Soldaten standen, die die Kunst aller Brückensoldaten beherrschten, stehend zu schlafen. Es gab Herbergen für mancherlei Geldbeutel. Für ungezieferfreie Betten musste man bisweilen einen halben Kölner Kaiser zahlen, verlauste Strohsäcke gab es schon für weit weniger. Unser Geldbeutel war nach Verkauf fast aller Handelsware gut angeschwollen, aber wir geizten mit Ausgaben, wussten wir doch nicht, wie nötig wir auf Barschaft angewiesen sein würden in Haithabu.

An den Weggabelungen hingen Tierschädel, teils bemalt, ähnlich wie ich sie jenseits der Sümpfe im Reich der Bärenanbeter gesehen hatte, und immer häufiger säumten sauber gesetzte Reihen von Runensteinen den Weg. Die Aufschriften konnte ich nicht lesen, aber ein einbeiniger Veteran, den wir zwei Tagesreisen mitnahmen, tat es für uns. Der Mann, von durchaus nicht geringer Herkunft, war als Jüngling noch im Großen Heer – dem fürchterlichsten Wikingerheer, das je Gottes schöne Welt verheerte – mitgezogen und hatte in der Schlacht bei Ebstorf ein Bein gelassen. Dieser Veteran also verlas uns so manche Inschrift. Sie besagten eins ums andere Mal, dass ein gewisser Sowieso dem Heerführer Soundso aus edler Gesinnung soundso viele Mannen mit dieser oder jener Waffenausstattung bereitgestellt hätte. Seltsam, dachte ich, welche Taten doch manche Menschen für würdig befinden, dass man sie noch in ferner Zeit lese. Wie viel besser zu wissen wäre es, enthielten die Steine die letzten Seufzer derer, die in unbenannten Schlachten gestorben sind.

Meine Kutte erregte auch hier, wo schon deutlich die Grenze ins Heidnische überschritten war, keinerlei Unwillen oder auch nur Aufsehen. Entweder kamen hier alle naslang Geistliche des Weges oder nie, so dass meine Kutte nur als absonderliches Gewand angesehen wurde.

Bisweilen sah ich auch Kruzifixe an Wegrändern, die meisten indes waren mit heidnischen Knochen gar lästerlich behängt. Wenn kein andreres Gefährt in Sichtweite war, hielt ich an und entfernte unter leisen Gebeten den hässlichen heidnischen Tand.

Herward war so schweigsam wie all die Tage zuvor. Nur dann und wann zog er die zwei Gürtelschnallen seiner Schwestern aus dem Hosensack und spielte mit ihnen, so wie Kinder spielen. Und ich dachte mir, da sitzt nun neben dir ein Mann, der seine Feinde mit den Lidschlägen seiner Augen zerschmettern kann und der doch noch ein halbes Kind ist. Ein Adlerjunges.

Am dritten Tag sahen wir gegen Mittag Hollingstedt aus dem Nebel, den Vorposten von Haithabu, den Westhafen. «Nun gibt es kein Zurück mehr, Herward», sagte ich, ohne mir viel dabei zu denken, woraufhin mein Begleiter lachte: «Wer hätte denn je zurückgewollt, Bruder Agrippa? Du etwa? Tausend Heiden warten auf die Taufe, sie haben in Haithabu schon neue Taufbecken aufgestellt und warten in langer Reihe. Agrippa, Agrippa, ich zuerst, ich zuerst, rufen sie ...»

Der Stumpf

Es ist etwas geschehen, von dem ich Dir berichten muss, verehrter Leser ferner Tage. Du magst mich schelten, ob der Unterbrechung, oder auch nicht, aber ich muss den Ochsenkarren vor Hollingstedt für kurz verlassen, um Dir zu sagen, was dieser Tage vor den Toren zu Wik am Holze geschieht. Wenn ich mich Dir nicht schon bisher als verlässlicher Chronist empfohlen hätte, müsste ich befürchten, Du würdest mich ab sofort für einen üblen Schwätzer und Schönredner in eigener Sache halten.

Glaube mir, es vergeht kein Tag mehr, an dem nicht einfache, stille, fromme Menschen in Liobas Hütte kommen, um mir zu huldigen. Sie lassen sich nicht abweisen, bevor ich ihnen nicht erlaube, den Stumpf meines linken Armes zu berühren. Berühren sie ihn aber, sind sie wie verwandelt. Gebeugte springen auf und sagen, sie verspürten eine Kraft wie nie zuvor. Und – ich getraue mich kaum, es niederzuschreiben! – einen trugen sie herein, auf einem liederlichen Bett aus ungehobelten Brettern, er berührte den Stumpf, sprang sogleich auf, schwankte einen kurzen Moment auf seinen dürren Beinen und lief dann laut singend den waldigen Hügel hinab zurück zur Stadt.

All das, so versichere ich, geschieht ohne mein Zutun. Ich sitze nur da, lasse den Tag vergehen, freue mich an den Wohltaten, die Lioba an mir vollführt ... und die Elenden und Beladenen kommen, drei, vier, fünf am Tag, sinken vor mir nieder, recken gichtige oder fieberschweißnasse Finger nach meinem Stumpf und sind wieder fort. Auch Misslingen stoppt den Strom nicht. Gestern starb ein Kind, unmittelbar nachdem die Mutter es an meinen Stumpf gedrückt hatte. Doch sie stammelte unter Tränen: «Zu Gott, zu Gott, Luitger ist bei Gott!»

Ich gestehe, ich bin verwirrt.

Sobald man mir Ruhe lässt, wende ich mich dem Herward zu. Doch immer wieder muss ich unterbrechen, so dass kein rechter Fluss aufkommen will. (Hast Du es womöglich schon gemerkt, mein getreuer Leser?)

Am Abend kamen zwei Mönche aus dem Kloster und zeichneten alles mit Kreide auf Schiefertafeln auf, was ich ihnen über die Aufmärsche in Liobas Küche berichtete. Die Heilungen, die ich verbürgte, unterstrichen sie mit dickem Strich.

Lioba kann all die Gaben, die man uns bringt, nicht mehr selbst verwerten. Zweimal, manchmal dreimal die Woche trägt sie alles heimlich zum Markt und lässt es von einer befreundeten Marktfrau verkaufen. Es selbst zu tun erschiene uns nicht schicklich.

Von dem Geld haben wir das schadhafte Dach ausbessern lassen. Aber der Reetbinder, der es tat, wollte keine Bezahlung, fiel, als ich ihm zwei Kölner Kaiser reichen wollte, auf die Knie und erbat nur Gesundheit für seinen spätgeborenen Sohn, der seit Geburt einen schief gestellten Fuß hat.

Gestern habe ich einen Besucher hinausgejagt, was sonst nicht meine Art ist. Er verlangte, der mir abgeschlagene Arm solle den gewaltsamen Tod seines Bruders rächen, der im Kampf gegen die Thüringer gefallen sei. Ein gewisser Hauptmann Severin solle dafür zu Tode gewürgt werden, dass er den Haufen des armen Bruders in eine längst verlorene Schlacht gehetzt hätte, nur um selbst in aller Ruhe fliehen zu können.

Ja, soll ich denn Gottes Gericht ersetzen? Wer bin ich denn eigentlich? Agrippa de Ramsolano. Ein fehlsamer Mensch. Einer, der schon mal an heiligem Ort an Rache dachte, einer, der nicht die Dunkelheit fürchtet, sie aber auch nicht sonderlich liebt, es sei denn, die Dunkelheit unter Weiberröcken oder in luftig verhängten breiten Betten. Ich – ein Wundertäter? Pahh! Geht mir vom Leib!

Aber sie sind wie Schmeißfliegen an einem nassgeschwitzten Pferd. Sie lassen sich nicht abschütteln. Mein Stumpf ist so etwas wie die Alraunen der Hexen im tiefen Odenwald. Ich komme mir vor wie eine Reliquie, an der noch zu viel Fleisch hängt. Das Wunderlichste aber ist: Manchmal spüre ich Schmerz in dem Arm, den es ganz offensichtlich nicht mehr gibt. Oder es juckt die Haut zwischen zwei Fingern, die nicht mehr vorhanden sind. Da werde ich doch fast selbst irre an all dem, was um mich her geschieht.

Seit gestern lässt Lioba an der Tür ausrichten, ich sei selbst nicht bei Kräften, die vielen Heilungen hätten mich erschöpft. So komme ich wenigstens dazu, am Herward weiterzuschreiben. Thomasius war da und hat mir zehn dicke, wunderbare, lichtstarke (sogar geweihte) Kerzen gebracht.

Wo waren wir stehengeblieben? Ach ja, vor Hollingstedt ...

Was der Jude erzählt

Ein mächtiger Fluss, in den mit dem gleichmäßigen Atem des Meeres salziges Wasser dringt, wirft hier ein hohes Ufer auf. Darauf steht Hollingstedt. Es ist ein Ort, den sie auch den Westhafen von Haithabu nennen, obwohl Hollingstedt und Haithabu noch gut anderthalb Tagesreisen über Land trennen.

Wir hatten kaum die Landungsstege erreicht, an denen breitbauchige Schiffe vertäut lagen, als Herward vom Bock sprang und einen, der aussah wie ein Weitreisender, mit der Frage bestürmte: «Landet ihr hier auch Sklaven an?»

Die Auskünfte waren ungenau und unbefriedigend. Doch so viel schien klar zu sein: Es geschah wohl eher, dass Sklaven aus dem Slawischen, nach der Seefracht über die Ostsee und Zwischenstation in Haithabu, von dort aus westwärts transportiert, als umgekehrt Sklaven vom Großen Meer über Hollingstedt gegen Haithabu getrieben wurden.

Die Antwort gefiel Herward nicht, und ich wusste warum, denn so viel hatte ich begriffen: Für ihn hatte unsere Reise zweierlei Ziele. Zum einen wollte er etwas über den Verbleib seiner Schwestern erfahren, zum anderen wollte er Rangar in Haithabu vor der Spitze des Schwertes sehen, in das sich sein verzweifelter Vater gestürzt hatte. Beides an einem Ort, Schwestern und Rache, wäre eine wunderbare Fügung gewesen. Ich sah seinen Kummer, und mir schien es ratsam, ihn damit allein zu lassen. Doch zu meinem Erstaunen zerrte er mich an der Kutte zurück, als ich mich abwenden wollte.

«Sind nicht vor Gott alle Menschen gleich, Bruder Agrippa?»

Die Frage verwunderte mich. «Aber ja, Herward, so steht es geschrieben.»

«Und die Sklaven?»

Das war nun – und darin werdet Ihr mir zustimmen eine der schwersten Fragen, die man einem Geistlichen stellen kann.

Ich flüchtete mich zu den Worten des großen Augustin, den ich oft genug kopiert habe, dass ich, wann immer es mir nützlich scheint, mir etwas von seiner Weisheit borgen kann.

«Augustin sagt: Die Freiheit ist das ursprünglich Natürliche, und die Sklaverei hat ihre letzte Ursache in der Sünde.»

«So hat Gott befunden, dass meine Schwestern sündig waren und deshalb zu Sklavinnen werden mussten?»

Mir war klar, dass ich bei einer falschen Antwort – nein, nicht bei einer «falschen», bei einer «ungeschickten» – einen Faustschlag riskiert hätte.

«Ein anderer Weiser hat einem Sklaven gesagt: Du bist Knecht? Sei getrost! Du wirst ein Freigelassener des Herrn sein, wenn du deinem irdischen Herrn getreulich dienst.»

Herwards Augen verengten sich, und aus diesen Augen kamen Blicke, die sich wie zwei eiserne Klammern, links und rechts, auf meine Schultern legten. Und zum ersten Mal sah ich, dass er – wenngleich in abgeschwächter Form – die Verschiedenfarbigkeit der Augen der schönen Varga hatte.

«Antworte mir, Agrippa, und antworte ohne den Augustin: Wenn dieser irdische Herr ein rotläufiges Schwein ist, das aus dem Maul stinkt wie verwester Fisch, ein sabberndes Schwein, das Gott lästert und die Hörigen über alle Maßen quält, ein Schwein, das das Ehesakrament in den Kot tritt ... dann sollen ... dann sollen meine Schwestern ihm auch dienen? ... getreulich dienen, auf dass sie im Himmel Freigelassene des Herrn sein werden? Ist es das, was du meinst?»

Es tat mir einen heißen Stich in die Brust, eine Beklemmung nahm mir die Luft, die ich zum Atmen gebraucht hätte. Ich brachte nur ein knappes «Vertrau in Gottes Gnade!» hervor. Herward aber war noch nicht fertig mit mir und Augustin: «Wenn ich in den Himmel komme und dieser Augustin dort weilt, werde ich ihm eine Frage stellen, der er nicht ausweichen kann.»

Dann ließ er mich sitzen und ging eine Weile ziellos über die Holzplanken, stierte hinab in die offenen Schiffsbäuche, in denen käfergleich allerlei Volks herumkrabbelte, warf Steine hinaus ins offene Wasser, versuchte wohl auch fliegende Vögel zu treffen und kehrte schließlich zu mir zurück – aufgeräumt, lächelnd.

«Es ist gut, Agrippa», sagt er und fügte hinzu: «Da unten backen sie Roggenfladen. Ich hab Hunger.»

Wir gingen hinab, kauften uns duftende Fladen und sahen zu, wie ein besonders großes, seegängiges Schiff entladen wurde. Wohl an die fünfhundert Stoffballen in allen Farben des Regenbogens wurden sichtbar und sogleich in großrädrige Holzwagen verstaut. Ein Mann vorgerückten Alters, über dessen bauchige Gestalt ein sonnengelber Rock aus bestem Samt floss, dirigierte alles, und er tat es in etwa fünf verschiedenen Sprachen, obwohl die Hafenknechte doch wohl bestenfalls eine Sprache verstanden.

«Holla!» rief ich. «Versuch es doch mal auf Arabisch, vielleicht verstehen die Toren dich dar ob besser.»

Der Gelbgewandete lachte kurz auf und wandte sich im Scherz in einer Sprache an die verdutzten Gesellen, die ich sehr wohl für Arabisch halten mochte, jedenfalls hörte ich so oder ähnlich vor geraumer Zeit Leute reden, die aus dem muselmanischen Cordoba kamen, um in Bardowick Bernstein zu erwerben.

Es entspann sich ein launiges Gespräch, in dem ich den Kaufmann (nichts anderes konnte er ja sein) schon arg damit in Erstaunen versetzen konnte, dass ein einfacher Mönch nicht weniger Sprachen zu sprechen weiß als ein weitreisender Kaufmann. Und so fanden wir uns schon bald bei schwerem Wein und mit leichter Zunge im Gespräch.

Der Mann hieß Nabukta von Bari, war jüdischen Glaubens und guter Dinge darüber, dass er seine Fracht nun über so viele Meere und Stürme bis fast zum Zielort, Haithabu, gebracht hatte. Und er hatte die Gabe des Erzählens.

«Weißt du, Mönch», sagte er, «unser gemeinsamer Gott, von dem ihr meint, er hätte einen Sohn mit einer Sterblichen gezeugt ... (und eh ich noch disputierend die schmähliche indirekte Rede richtigstellen konnte, huschte er weiter im Text) ... dieser Gott hat es schon oft arg schwer mit seinen Dienern. Es gibt Rabbiner, die, wenn man sie nach einem himmlischen Geräusch fragt, das Klimpern von Silbermünzen nennen, und es gibt Bischöfe, die würden auch noch die Seelen Ungeborener verschachern, wenn es dafür Geld gäbe ...»

«Höhöhö, Jude, was erlaubst du dir!»

«So höre: Als mein Urgroßvater, der reichste Kaufmann im Meer des Südens – und wenn nicht der reichste, so doch der reichsten einer –, als er an den Hof des Großen Karl kam, um ihm die besten Geschmeide des Orients zu offerieren, fand er den Großen Karl in arger Betrübnis. Aber es waren nicht die Langobarden, die ihn plagten, nicht die Thüringer, die Sachsen nicht und nicht die Abodriten, es waren die Geistlichen. Die, so sagte Karl, seien keine Seelenfischer mehr, sondern Goldfischer, Geschmeidejäger.

Und also heckten der Große Karl und mein großer Ahn einen Plan aus. Mein Urgroßvater bot einem Bischof, der es besonders schlimm trieb, eine balsamierte Maus zum Kauf an und erhielt von dem besitzgierigen Bischof für dieses ‹Wunder des Orients› so viel Silber, wie im gewaltigen Karlsreich kaum in einem Jahr für die Armenspeise ausgegeben ward.

Mein Großvater brachte Karl, wie abgesprochen, das Silber. Der Kaiser ließ die Bischöfe kommen und warf dem Sünder das Silber vor die Füße: ‹Ein Mäusedreck schert euch mehr als die Not der Armen!› rief er.»

Herward fand die Geschichte lustiger als ich. Denn ich meine, fehlsame Bischöfe können keinen wirklichen Schatten werfen auf gute Hirten, deren es doch wahrhaftig viele gibt. Und doch ... ich musste in dieser Nacht an einen gewissen Abt denken, der einem gewissen Titus zwei Heiligenbeine abkaufte, um deren Wunderkraft – nur um des schnöden Mammons willen – auf sein Kloster zu ziehen. Und ich musste daran denken, dass zur Strafe das unselige Gebein des treulosen Abtes zerrieben und zerstreut wurde. Mir war ein wenig warm und wohl ums Herz, als ich einschlafend sicher sein durfte, dass drei Heilige nun wieder sicher und froh zu Hause waren am hohen Ufer der Seeve. Und ein kleiner Mönch, dessen Name die Zeit verschlucken wird, durfte der Wegweiser Gottes sein bei dieser wundersamen Rückkehr des Sixtus und des Sinnitius.

In dieser Nacht, die ich neben Herward unter dem umgedrehten Ochsenkarren verbrachte – so wie vor nicht allzu langer Zeit neben seinem Vater Heitu –, in dieser Nacht schreckte Herward empor und schrie so gellend die Namen seiner Schwestern, dass die umliegenden Hunde erwachten und ein sinnloses Gekläff anstimmten, das lange nicht abklingen wollte.

Ich deckte den Herward zu, so wie man ein Kind zudeckt, legte das Schwert aus seiner Reichweite, denn hat man nicht schon gehört, dass Nachtwandelnde an ihren eigenen Waffen zuschanden wurden?

Der Morgen begann mit einem guten Omen. Nabukta, der jüdische Kaufherr, bat uns auf einen seiner großen Wagen hinauf, hieß uns, unseren Karren nebst Ochsen hintanzubinden, und so schwankten wir gemächlich gen Ost, ohne, wie tags zuvor, jede Beule in der Erde zu spüren.

Kloster oder Klause

Anfangs litt Lioba sehr an ihrer Verbannung vor den Palisadenzaun, der Wik umschließt. Besonders die Entfernung von ihren Kindern trieb sie manchmal in stumme Verzweiflung, so dass ich Stunden brauchte, um sie aus ihrer Starre zu befreien. Aber als sie erkannte, dass die Regeln der Verbannung nicht sehr scharf überwacht wurden, schlich sie Mal um Mal zur nächtlichen Stunde an den Wachen vorbei – meist in der Verkleidung einer alten Bettlerin –, um sich mit ihren Kindern zu treffen. Selbst mir sagte sie nicht, wo das heimliche Zusammentreffen war. Und das war ein kluges Verschweigen, denn was einer nicht weiß, kann er auch unter der Folter nicht verraten.

An ihrer meist aufgeräumten, ja heiteren Stimmung, wenn sie zu mir zurück in die Kammer schlich, merkte ich, dass es den Kindern wohlging. Wobei ich nicht ausschließen kann, dass das Ende des Schirrmeisters ein mildes und verzeihendes Licht auf die Verfehlung der Lioba warf, so dass sich so etwas wie stille Duldung einstellte. Ja, das darf ich sagen, ihre Traurigkeit war nur kurz, wie Schneeregen im April, dann brach die Sonne durch. Und diese Sonne begann mein altes Herz zu wärmen...

Heute zum Beispiel brachte sie einen Pferdekopf aus Lehm, den ihr kunstsinniger jüngerer Sohn Gunther selbst geformt und ihr zum Geschenk gemacht hatte. Nun steht das Bildnis stets blumengeschmückt neben dem Herdfeuer, und wenn die Flammen darauf fallen, scheinen sich die Züge des Bildes zu beleben, der Schattenfall täuscht vor, dass nun das Tier die Nüstern blähe und dass es mit den Ohren spiele. Ein wundersames Ding! Ich schwöre, die weißen, steinernen Rosse, die ich in Rom auf den Plätzen stehen sah, sind nicht besser geraten!

Mein Leben ist ohne Plage (von dem nie versiegenden Strom der Bittenden einmal abgesehen). Und wenn ich die Lioba am Morgen betrachte, denke ich: Zusätzlich zu all den

Vergünstigungen des Wohllebens in jenen Häusern, in denen man die Speckseiten stets dick schneidet, gibt es noch eine andere unverdiente Gnade. Während nämlich die Frauen der Armen und Unfreien schon mit dem Beginn des dritten Jahrzehntes zu verlöschen beginnen ob all der schweren Arbeit, war die Hohe Frau Lioba – wiewohl keine sehr junge Frau mehr – noch schön und glatt und ... (Ich sollte hier nicht weiter mit der Feder süße Worte malen, die sich für einen Mönch nicht geziemen!)

Die Besuche von Brüdern aus dem Kloster häufen sich. Und nach liebevollen und ausgeschmückten Schilderungen dessen, was dort geschieht, kommen sie alle unweigerlich zu einem Punkt: Das Kloster wünscht dringlich, dass ich zurückkehre. Zum einen soll ich die Regula Benedicti in schierem Gold schreiben. Aber was dem Abt wohl dringlicher erscheint – so sehr es auch die Brüder in Nebensächlichkeiten ihrer Rede verstecken wollen! –, ist der Wunsch, ich möge die wundersame Gnade der Heilkraft, die mir Gott noch in so späten Jahren geschenkt hat, im Dienste des Klosters, also an würdigem Ort, walten lassen.

Ein Mönch schuldet seinem Kloster vor allem eines: Gehorsam. Und ich schulde mehr. Denn als mich Abt Theophil vor einigen Jahren aufnahm, hatte es durchaus nicht an Gegenstimmen gefehlt, die meine Verdienste um die Heidenmission für geringer erachteten als meine Verfehlungen hinsichtlich einer bestimmten Regel. Und schließlich hatte sich auch in Form eines anschwellenden Gewispers die Kunde von den unwürdigen Umständen verbreitet, unter denen ich aus dem heiligen Glendalough hatte fließen müssen. Ich brachte unter vielen Tränen meine Beichte zu Papier, das ich nun schon viele Jahre fest verpackt wie ein böses Gift mit mir herumtrage.

Aber ich verzögerte den Entschluss, in die Gemeinschaft der Brüder zurückzukehren, Mal um Mal, und ich werde Euch den Grund nicht lange erfolgreich verschweigen können: Liobas

Hände, wenn sie sanft über mein altes Fleisch strichen, sprachen eine Sprache, die, anders als das bemühte Latein meiner Brüder, unmittelbar unter die Haut ging. Diese alte Haut, im Nordwind verledert, schrundig geworden unter den Bissen der Zeit und doch noch immer begierig nach Wärme...

Die Entscheidung, das spürte ich, ließ sich nicht länger aufschieben. (Ein sicheres Zeichen: Der Bruder, den sie mir gestern schickten, verzichtete auf den üblichen Klosterklatsch und kam gleich zur Sache.) Ich aber suche weiter – nach Art der gelehrten Griechen – umher spazierend Erleuchtung und Antwort. Und da kann es geschehen, dass ich, ohne es zu merken, durch das dichte Gestrüpp des schwarzen Holzes schreite, wie im Traum den fingrigen Ästen ausweiche, ohne es zu merken, über tote Stämme steige, während meine Gedanken nur um die eine Frage kreisen: Zurück in die klamme Zelle, zurück an den rechten Ort, oder bleiben, wo das alte Fleisch noch einmal ein wenig blüht ...?

Eine alte Mönchsregel sagt, man darf nicht vor vollen Fleischtöpfen über das Fasten nachdenken. Aber genau so ergeht es mir: Ich denke unter einer Bettdecke, die nicht ich gewärmt habe, über die härenen Linnen der Keuschheit nach. In Nächten, in denen ich mich der ehrbaren Lösung meines Dilemmas schon ganz nahe wähnte, spürte ich – wie das Austreiben eines alten Rosenstockes im Schnee –, dass sich unter der stets weißen Decke ein kleines Argument wohl um die Länge meiner verbliebenen Hand erhob und nicht still sein wollte. Welch teuflische, symbolische Einrede ...

Lioba aber sprach mit Engelszungen auf mich ein, und sie sprach so: «Höre, mein liebes Mönchlein, weißt du nicht, wo die Heiligen, die Einsiedler und Wundertäter hausen? Im tiefen Wald, an wundersamen Quellen. Dahin pilgert das Volk. Wir werden dir eine Einsiedelei bauen, in der es dir an nichts fehlt. Die Scheuern der Klöster bersten vor Reichtum. Was willst du da noch mehr auf das vorhandene Übermaß häufen? Und kannst du sicher sein, dass alle Bedürftigen im Kloster vorgelassen werden? Im Wald ist nur Gott dein Herr, und jeder, der zu dir will, kann kommen ...»

Und manchmal erwähnte sie beiläufig, dass ihr Sohn Gunther, um als Edler am Zug gegen die Ungarn teilzunehmen, die nun immer mordlustiger einherritten, ein gutes Pferd und eine fränkische Rüstung brauchte, dazu einen der neuen maurischen Bögen, die weiter schießen und genauer treffen als die üblichen, und einen Schild, nicht nur aus Holz, sondern mit gehämmertem Eisen überzogen. Und dass die älteste Tochter nicht in den abgetragenen Kleidern der Mutter das Sakrament der Ehe empfangen dürfte. Und dass man für ihren Jüngsten, den es sehr zu stillen Dingen zog, einen entlaufenen Mönch bezahlen sollte, der ihn Lesen und Schreiben lehren möge.

All das leuchtete mir ein. Aber ich weiß nicht, wie ich mich endlich entschieden hätte, für Mater Ecclesia oder Mater Lioba, wenn nicht ein Zeichen mir den Weg bedeutet hätte.

Als ich vor wenigen Tagen wieder einmal denkend und gehend, gehend und denkend mich von Liobas Hütte entfernt hatte, zog sich in Windeseile ein gewaltiger Sturm über mir zusammen, so wie ich seit vielen Jahren keinen gespürt hatte.

Wie ein wütender Fuhrknecht peitschte der Atem des Himmels die Bäume, so als seien sie allzumal störrische Esel. Und unmittelbar neben mir stürzte eine Tanne. Als ich mir das Loch betrachtete, das ihre Wurzeln aus der Erde gerissen hatten, erstarrte ich. Da lag im Erdreich ein Stein, der wundersam die Form eines Herzens hatte. Und eine Stimme aus dem Sturmgebraus sagte mir: «Auf diesen Stein sollst du deine Klause bauen!»

Und ich wusste, ich würde freudig gehorchen. Gelobt sei der Herr! Amen.

Der Wall

Gehört hatte ich schon von dieser gewaltigen Wand im Norden, doch als ich sie mit eigenen Augen sah, konnte ich mich nicht satt sehen. Kaum hatten wir im Mittagslicht und auf hohem Wagen Hollingstedt hinter uns gelassen, führte der Weg am Fuße eines wohl dreimal mannshohen Walles erst nach Ost und schon bald nach Nordost. Der Wall fiel zu unserer Seite hin sacht ab, endete aber zur anderen Seite, nach Süden zu – von wo man angreifende Scharen vermuten durfte – schroff in einer Palisadenmauer. Auf dem Wall standen in Abständen von vielleicht fünfhundert Schritt kleine Gruppen von Soldaten, alle mit schweren Bögen bewehrt, manche gar in Kettenhemden, so als erwarteten sie stündlich, dass Sachsen oder Franken von Süd heranzögen. In Abständen von vielleicht tausend Schritten hatte man kleine Ställe auf die Kuppe des Walles gesetzt, in denen, wie ich später erfuhr, Pferde standen. Ja, und an zwei Stellen schienen sich Feldküchen zu befinden, aus denen Rauch aufstieg. Vor der Palisadenmauer hatte ein Arbeitsheer längst vergangener Tage einen wohl zehnmal mannsbreiten Graben gezogen, der mit allerlei Sumpf gefüllt war.

Eine Abordnung von Soldaten kam vom Wall herabgetrottet und überprüfte die Wagen des jüdischen Kaufherrn, wobei sich die Gröblinge in höchst unangenehmer Weise ihre Finger an den wunderbaren Tüchern abwischten. Nabukta trat hinzu und beendete die Untersuchung mit ein paar Münzen, die er den Soldaten zusteckte. Doch einer, an seinem Metallhelm als Anführer zu erkennen, verlangte dennoch, Herwards Schwert zu sehen. Aber Herward nahm ihn – in der Weise, die ich nun schon kannte – in die Schranken seiner Augen, und der Soldat wandte sich, Unverständliches murmelnd, ab.

«Was hättest du getan, wenn er dein Schwert verlangt hätte, Herward?»

«Solange dieses Schwert nicht das Blut dessen getrunken hat, der das Blut meiner Mutter vergossen hat, so lange soll keiner außer mir dieses Schwert berühren.»

Ich hielt diesen Rigorismus für keine gute Idee, schwieg aber. Manche Kinder, manche Heiden und Helden sind unbelehrbar. Also wechselte ich das Thema: «Nun verstehe ich, warum all die schmählichen Raubzüge der Wikinger ungerächt blieben und kein königliches Frankenheer je im Gegenzug die Räuber ausraubte. Diesen Wall hier können nur Vögel überwinden. Oder was meinst du, Herward?»

Herward gab, wie das bisweilen seine Art war, nur kurze Antworten. Ja, bedenke ich es recht, fehlte ihm die fröhliche Geschwätzigkeit der Jugend...

Ich glaube, unser Nordisch klang zu diesem Zeitpunkt nicht mehr gar so schwerzüngig, wobei mir Herward überlegen war. Er wusste plötzlich Worte, die nicht ich ihn gelehrt hatte, Worte, die ihm sein Vater vor langer Zeit gesagt haben musste, Worte, die nun, da wir im Wikingerreich waren, wie von einem frischen Seewind freigeweht wurden.

Kurz bevor wir Haithabu erreichten, setzte sich Nabukta zu uns auf den Wagen. Er war in Festtagsstimmung: Vor ihm lag der größte Markt des Nordens, und es sollte doch mit dem Teufel zugehen (... der Teufel ist ja auch den Juden ein stetiger Schrecken!), wenn sich hier nicht genügend begierige Käufer für seine Tuche fänden.

«Sie haben von dem, was wärmt, genug, beste Felle aus den Ländern des ewigen Frostes, wunderbare Daunenröcke, grobes Leinen. Aber sie haben nichts, was den Leib über die nackte Notdurft hinaus schmückt und erhebt. Und das bringt ihnen Nabukta ...» Aber urplötzlich schlug seine Freude um in eine Art Schmerz: «Ich gäbe den halben Erlös der Ware, könnte ich bei Rachel sein, bei den Kindern, den liebsten Kindern der Welt, wahren Gottesgaben, der Jüngste kennt die Thora besser als ein Rabbi, er betet täglich für mich, und wenn er betet, spüre ich es über alle Länder und Meere hinweg ... gerade war es mir, als hörte ich seine süße Stimme.»

Nabukta weinte eine Weile, kehrte dann aber ebenso schnell, wie er seine Hochstimmung verlassen hatte, zu derselben zurück: «Da vorn, hinter dem Knick in der Mauer, liegt Haithabu. Es ist meine vierte Reise hierher. Und der Herr möge geben, dass es meine letzte ist, meine Knochen werden zu alt für all die Strapazen, und ich bin nicht Moses, der noch bis zu seinem letzten Tag die Wüsten und Weiten durchmessen konnte ...»

Ich ließ ihn reden, ließ seine Worte ins Leere fallen, denn all meine Sinne waren aufs höchste gespannt: Was würde noch übrig sein von der Christengemeinde, die Ansgar im Jahre des Herrn 850 hier begründet hatte? Würde noch etwas übrig sein? Oder würde ich von neuem beginnen müssen, wie ein Sämann, der ein wieder zugewachsenes Feld bestellen will?

Am Himmel stand das große Schattenkreuz: ein Seeadler. Ich sah, dass auch Herward es sah, und wir nickten uns aufmunternd zu. Und als auch Nabukta bemerkte, wie Herwards und meine Blicke dem Zeichen hoch über uns folgten, sagte er: «Der Thorshammer!»

«Nein, das Kreuz!» beharrte ich. Nabukta wiegte den Kopf: «Wer weiß, es mag auch die ausgebreitete Bundeslade sein, wer weiß das schon ...»

Das erste, was wir von der Wunderstadt erblickten, war eine Schar von Kindern, die uns entgegengewirbelt kam wie Apfelblütenregen im April. Eine Kinderschar ist – anders als ein Adler – ein Zeichen, über dessen Deutung kein Streit aufkommen kann zwischen Christ, Heide oder Jude. Kinder bedeuten Glück.

Nabukta wusste, was man von ihm erwartete. Er warf honigsüße Brocken vom Wagen herab, wie ich sie zuletzt auf den südlichen Märkten vor langer, langer Zeit genossen hatte.

Den Kindern folgten die Weiber, die sich allerdings kindischer als ihre Kinder gebärdeten, als sie die Stoffe erblickten.

Geständnis

Ob auch Lioba an den Erwerb teurer, kostbarer Stoffe gedacht dacht hat, als sie mir so heftig dazu riet, dem hochherzigen Angebot des Klosters zu widerstehen und nicht daselbst, sondern im Wald all jene zu empfangen, die sich Heilung von mir erwarteten? Wer kann schon in Frauenherzen blicken? Mir jedenfalls war es zeitlebens Freude genug, die zwei Erker zu betrachten, die das leibliche Haus des Frauenherzens überragen. Sprach ich schon von Liobas Brüsten? Sie sind nicht so groß und schwer und dem Boden zustrebend wie die vieler Frauen, die mehr als zwei Kinder geboren haben. Die Spitzen umgibt ein rötlich schimmernder Hof, der wie des Mondes Hof mal größer, mal kleiner ist. Und während ich auf die Verfärbung des Hofes keinerlei Einfluss habe – so wenig wie ein Mensch die Farbe des Herbstlaubes bestimmen kann –, vermag ich durch leichtes Spiel meiner Zunge und der mir verbliebenen Hand die lockenden Spitzen zu beträchtlicher Höhe aufzurichten. Verfahre ich so, entringen sich der Kehle der Schirrmeisterin wundersam glucksende Geräusche. Wie das Schlucken einer ausgedörrten Kehle.

Nein, ich werde nicht zurückkriechen unter die Augen der Brüder, nicht zurück in ihre kalten Verliese. Hat nicht vielleicht gar Gott beschlossen, mein altes Haupt noch einmal mit der einzigen Salbe zu salben, nach der meine Haut lebenslang gerufen hat? Will er mir nicht offenbar noch etwas Lohn zuteil werden lassen für all die langen Wege, die ich in seinem Namen gegangen bin? Oder ist all das nur unfrommer Selbstbetrug? (Es folgen fünfzehn unleserlich gemachte Zeilen.)

Doch warum – so wäre zu fragen – soll all dies Glück, das nur aus den Armen der Frauen genommen werden kann, nur denen zustehen, die keinen Gedanken je an die Besserung der Welt verausgabt haben? Ich will keinen Weinberg, kein

Vielzimmerhaus, in dem die Sklaven mir stündlich neue Gerichte vorsetzen. Ich will nur noch diesen Rubinkelch in Ruhe leeren.

Oh, dieses Girren
wie Wonne wild das Wasser wiegt,
wie wogt das weiße Weiberfleisch
hoch, himmelhoch wohl über meinem alten Leib.
Und träumend taumelt Tag zu Tod,
zum kleinen Tod, der mich umschließt,
aus dem ich lachend aufersteh,
zu kühlen meinen heißen Leib.
(Vergib mir, Herr!)

Der Zug in den Wald

Die Zeit mit Lioba wird mir leicht und schön. Es ist, als ob die Zeit sich rundet, zurück sich krümmt in die Tage, als ich noch unbeschwert und leicht durch die Welt ging, an Blumen roch, in Pfützen sprang, aß, wenn es reichlich gab, und hungerte ohne rechten Schmerz, weil ich mich noch bei brüllendem Magen an gebratenen Tauben satt träumen konnte.

Als Kind kannte ich kaum Kümmernisse.

Mein Vater war zu nicht ganz unerheblichem Wohlstand gekommen, machte doch keiner bessere Schlösser in Speyer als er. Betrachte ich es recht, war die Sündhaftigkeit der Welt sein (und damit auch mein) Vorteil: Denn je mehr Spitzbuben sich in die Häuser begüteter Speyrer Bürger schlichen, desto mehr fragte man nach seinen Schlössern. Ja, selbst in Zeiten, da alle Welt unter Missernten stöhnte, und sogar nach jenem schrecklichen Sommer, in dem die Heuschrecken alles Grün verheerten, hatten wir Mittel genug, um nicht in beißende Armut zu fallen. Schlosser erschien mir daher ein recht erstrebenswerter Beruf. Ich wäre ohne Zweifel auch ein Schlosser geworden, hätte nicht eine schlimme Krankheit meine Mutter zu Boden geworfen. Mein Vater tat ein Gelöbnis: Wenn der Herr gnädig sein wolle und sein Weib nicht dem Tode überantworte, so wolle er seinen nächstgeborenen Sohn der Kirche anvertrauen. Der Nächst- und Letztgeborene aber war ich.

Etliche Jahre später nahm das Kloster zu Corvey mich, einen Nicht-Edlen, auf – denn mein Vater offerierte nebst seinem Sohn auch einen Dienst, der in jenen Tagen selten war: Er erneuerte an allen Scheuern, Häusern und Kellern des Klosters die Schlösser. Vor nicht allzu langer Zeit bestätigte mir ein Bruder, der aus Corvey zu uns nach Wik am Holze kam, dass diese Schlösser noch immer solide und zuverlässig Dienst täten. Diese Kunde machte mich stolz, als wäre ich es gewesen, der diese Arbeit verrichtete.

Dass meine Mutter dann doch, fünf Jahre nach meiner Geburt und lange vor meinem Gang durchs Klostertor, sanft starb, wertete mein Vater – ohne dass er gewagt hätte, es auch so zu benennen – als Vertragsbruch. Gleichwohl hielt er seinen Teil der Abmachung.

Mein Vater verbrachte noch einige freudlose Jahre mit einer Haushälterin in Speyer und zog dann – ich war schon Novize zu Corvey – in die Gegend von Bremen zurück. Er hatte sich, wiewohl wir Fränkisch sprachen, immer als Sachse gefühlt, war doch sein Großvater noch vom Großen Karl (als Pfand und Geisel) im Sachsenkrieg aus der Bremer Gegend nach Speyer geholt worden.

Es ist mir eine seltsame Genugtuung, dass mein weltlicher Vater zum Sterben dahin zurückkehrte, wo seine Ahnen einst lebten. Und auch ich habe in diesen Tagen verschiedentlich die Versuchung verspürt, nach Speyer, an den Ort meiner Kindheit, zu gehen. Aber dann geschah die Offenbarung des steinernen Herzens, von der ich Dir, verehrungswürdiger Leser, wohl schon berichtete.

Gestern brachen wir auf: Lioba, zwei gute Zimmerleute und ich. Ein Wagen trug allen Hausrat, der uns beweglich genug erschien. In ein großes Tuch, wachsversiegelt gegen Feuchtigkeit, hüllte ich all das beschriebene Papier und das noch unbeschriebene, dazu gut hundert Kerzen der besten Sorte und Feuersteine. Man bestand darauf, dass ich auf dem Wagen säße und mich ziehen ließe, wiewohl ich mich durchaus stark genug fühlte zu gehen.

Eine sehr milde Sonne stand über der Hütte, als wir davonzogen. Wie war mir dieses bescheidene Heim doch teuer geworden. Wie viel Liebe und unverhofftes Glück war mir hierher gefolgt...

Lioba hatte ihre zwei noch nicht erwachsenen Kinder in gute Obhut geben können. (Ja, es berührt mich seltsam, dass sich

– offenbar um meinetwillen! – mehrere edle Familien erbötig machten, eine gewisse Zeit an Eltern statt für die Kinder zu sorgen.) Liobas ältester Sohn steht schon auf eigenen Füßen und begehrt nichts mehr als Kriegsruhm. Der Tor: Man sagte ihm, dass Soldaten allweil guten Wein saufen. Man sagte ihm nicht, dass sie bisweilen ihr eigenes Blut saufen. So muss er es wohl selber schmecken.

In der Nacht bevor wir aufbrachen, schlich sich Lioba noch einmal zurück in das Haus, in dem sie so lange an der Seite des Unholds gelebt hatte. Ich weiß nicht, was sie dort suchte, aber sie berichtete mir, als sie an der zugemauerten Kammer vorbeihuschte – dem Raum, in dem sie drei Kinder empfangen und geboren hatte –, hätte sie von innen ein gar schreckliches Stöhnen gehört. So, als riefe jemand ihren Namen. (... ich fühle, ich sollte diese Äußerung der Lioba ganz und gar unkommentiert und unerklärt lassen.)

Ich hatte keine Sorge, ob ich den Ort des Wunders, der Entdeckung des steinernen Herzens wiederfände. Ich mag mich wohl das eine oder andre Mal im Gewirr der Stege und Wege Haithabus verlaufen haben. Im Wald nie.

Die Zimmerleute – einen kannte ich sehr gut aus dem Roten Haus, aber meine Verkleidung war all die Jahre offenbar so gut, dass er mich nicht erkannte –, die Zimmerleute also hatten sich uns für Gottes Lohn erbötig gemacht. Aber kann ich Gottes Lohn versprechen? Wer bin ich?

Sie ließen sich indes nicht umstimmen: «Einem Heiligen den Ort richten schafft Eintritt bei Gott ...», meinte der Stammgast des Roten Hauses. Ob er da nicht weltliche und himmlische Eintrittsregelungen verwechselt?

Ja, ich hätte ihm widersprechen sollen – denn so leicht und eben sind die Wege ins Himmelreich nicht –, aber ich tat es nicht. Wusste ich doch nur zu gut, dass ein einarmiger alter Mann keine Klause bauen kann. Und diesen zwei braven

Handwerkern zuschauend, wie sie neben unserem hochbeladenen Karren kräftig ausschritten, musste ich an meinen Handwerker-Vater denken, wie er wohl vor so langer Zeit gen Corvey gezogen sein mochte, einen hüpfenden Knaben neben sich, der meinte, sogleich heiliger Engel angesichtig zu werden.

Und dann wieder in Wik am Holze, auf meiner hohen Karre sitzend, musste ich an Herwards und meinen Einzug in Haithabu denken. Erhöht, dank des von Stoffen schweren Hochwagens.

Zweiundzwanzig Jahre ist das nun her. Und ich wundere mich, dass die Bilder aus dem seligen Jahre 998 vor mir stehen, so als sei noch die Farbe frisch, mit der sie in meiner Erinnerung gemalt sind.

Haithabu

(gesungen mit der Sonne im Gesicht)

Nie sah ich dich, wie ich dich sah,
als meine Augen durstig tranken
erstmals von deiner Herrlichkeit:
Haithabu!

Goldfingrig schlief
die rote Sonne
mit hundert Dächern
und dem Meer:
Haithabu!

Von Holz die Stege
gut gefügt
und wimpelhoch grüßt
Mastenwald von
hundert Schiffen
diese Stadt:
Haithabu!

Hammerschläge,
Beilgesang
aus aller Winde Weltengrund
ertönen Dutzend Zungen: dass
ein neues Babylon erstehe.

Und ich?
Ein Mönch, ein Wicht, ein Staub,
geweht wohl in des Ansgars Spur
zu künden von der Gotteslieb,

steh traumbekränzt vor dir:
Haithabu!

Du durchschaust mich, geliebter Leser ferner Tage. Ich habe es mir nicht zugetraut, das Gefühl in Worte zu kleiden, das mich übermannte, als ich Haithabu erstmals erblickte. So habe ich mich denn zum Sangeston der Geschichtenerzähler geflüchtet. Verzeih also meine schlechten Verse – ich schrieb sie in der Hoffnung, Dir möge zu all dem eine rechte Melodie einfallen.

Denk Dir, geliebter Leser: ein Tal, das sich im weiten Bogen zum Meeresbusen hin öffnet. In gerader Linie reihen sich die Häuser, zu viele, als dass man sie zählen könnte, die Reihen durchzogen von Holzstegen und sauber verplankten Bachläufen. Nach Norden überragt eine Fluchtburg die Stadt mit pfeilspitzen Palisaden und einem Mastbaum, so hoch, dass er die Wolken schlitzt – behängt mit Wimpeln aller Völker, die hier weilen. Und über allem, wie eine mächtige Wolke aus Blau und Gold: die Fahne des dänischen Königs. Und über den Himmel ausgestreut ein Sommerschnee: weiße Vögel, Möwen, mehr, als ihr je saht an einem einz'gen Ort! Ich sah mehr, als meine Augen fassen konnten, und es war nur gut, dass ich saß, sonst hätte es mich niedergestreckt.

Derweil musste Nabukta fast mit Faustschlägen seine Ware gegen die anbrandenden Frauenmassen verteidigen.

«Gemach, gemach, es ist genug für alle ... für alle, die bezahlen können. Zerreißt mir nicht die Stoffe ... Zurück! Sie haben nicht drei Stürme überstanden, um hier zerfetzt zu werden ...»

Und wären dem armen reichen Kaufmann nicht ein paar umstehende Kerle zur Hilfe gekommen, wer weiß, vielleicht wäre seine Ware ein Raub der Begeisterung geworden.

Herward war vom Bock gestiegen und fragte einen der neugierig herbeigeeilten Männer: «Wo ist die Garnison? Wo lagern die Soldaten?»

«Soldaten? Die schlafen vor der Stadt. Einige auch in der Burg. Die meisten halten Wache auf dem Wall.»

«Wo ist ihr Führer, der Rangar?»

«Rangar? Du meinst den Jarl...? Rangar von Thorsberg?»

«Gibt es denn mehrere Rangars?»

«Das mag wohl sein. Aber nur einen Rangar von Thorsberg. Du wirst ihn noch bald kennenlernen, Sachse. Er lässt es sich nicht nehmen, alle zu begrüßen, die in die Stadt kommen.»

«Trägt er eine Narbe an der Stelle, wo ihm eine Augenbraue fehlt?»

«So kennt Ihr ihn? Aber, wer kennt ihn nicht!»

Der Mann geriet ins Plaudern: «Mein Name ist Ulf. Ich mache das beste Geschmeide von Haithabu und hätte wohl nichts dagegen, ein paar Bernsteingemmen und Silberschnallen gegen dibag (Seide) zu tauschen. Oder tauscht ihr nicht?»

«Frag den Juden!»

Herward ließ den freundlichen Mann stehen in einer Art, die mir doch sehr ungebührlich erschien, und tauchte im Gewühle unter. Bis zum Einbruch der Dunkelheit sah ich ihn nicht mehr.

Nachdem ich Nabukta geholfen hatte, seine Wagen durch die größer werdende Menge hindurchzudirigieren, langsam über die mit Holzbohlen ausgelegten Wege auf einen großen freien Platz unmittelbar am Hafen, nachdem ich also diesen praktischen Dank für die angenehme Reise abgestattet hatte, machte ich mich auf eine unbestimmte Suche.

Unbestimmt? Ja, zögernd möchte ich meine Suche nennen. Denn ich hatte Angst, eine energische Nachforschung würde mir sofort das niederschmetternde Ergebnis bringen. Ansgars Spuren verweht? Die Zeichnung, die uns der Ire auf Rungholt in den Sand gemalt hatte – nichts als ein Trugbild? Doch wie sprang mein Herz, als ich am Rande der Stadt, dort, wo sie an ein Flüsschen grenzt, eine etwas größere Hütte sah, vor die ein Birkenkreuz gepflanzt war, an dem ein roh geschnitzter Heiland hing.

Ich lief auf das Kreuz zu, begann noch laufend den Psalm der Lobpreisung zu singen und warf mich in das Gras vor meinen Herrn. Ich musste lange gelegen haben, denn als mich jemand aufhob, waren meine Glieder steif. «Dich schickt uns Gott, durch seinen Diener, den Bruder Bischof zu Hammaburg, Gott schenke ihm Kraft und Gesundheit», sagte eine Stimme. Ich schaute auf.

Thomasius

Vielleicht wäre es ein gottgefälligeres Tun gewesen, hätte ich mich entschlossen, über den Thomasius zu berichten. Er hat das Zeug zu einem Heiligen, wohingegen Herward nur – nur? ... «nur» sage ich und wundere mich über mich selbst –, nur ein Held ist. Wahrlich, es wäre gottgefälliger gewesen, die Geschichte eines Mannes zu schreiben, der Worte, nicht Schwertstreiche, zu setzen vermag. Aber meine Jahre werden abgelaufen sein, bevor noch der Stern des Thomasius zu leuchten beginnt, denn dass er leuchten wird, daran kann kein Zweifel bestehen.

Unser Abt, der gütige Theophil, hätte keinen besseren Bruder schicken können als meinen geliebten Thomasius. Er teilte das Gezweig und trat zu uns, segnete mit leichter Hand die Zimmerleute und Lioba und küsste meine Füße ... was mir ganz und gar nicht recht war. Ich hob ihn auf, mit dem einen Arm, der erstarkt war – so als auszuschließende er, dass nun die Arbeit für zwei künftig sein Teil war –, ich hob ihn also auf und küsste ihn herzlich.

«Sei willkommen, trink unser gutes Quellwasser, ich sage dir, es ist besser als Klostermesswein!»

Es vergingen wohl einige Stunden in angenehmem Plaudern, bis Thomasius schließlich sagte: «Unser Abt liegt krank darnieder, und er wünscht sich deine Fürbitte und deine heilende Hand – so soll ich es berichten.»

Ich schaute den Thomasius an und musste lachen: «So sollst du es mir berichten? Das heißt, du sollst etwas berichten, was so vielleicht nicht ganz der Wahrheit entspricht.»

Nun musste auch der Thomasius lachen. «Vielleicht bist du nicht ganz so heilig, wie alle Welt sagt. Aber sicherlich bist du noch schlauer, als ich immer schon vermutet habe?»

«Das heißt ...?»

«Unser Abt Theophilus ist so gesund wie ein Fisch im Wasser.»

«Ich weiß es ... Was meinst du, dass ich tun sollte?»

«Ich kann und darf dir nichts raten, was dem Willen unseres Abtes zuwiderläuft.»

«So ziehe für einen Moment den Mönch aus und rate mir als Freund.»

«Man würde dich in die Kapelle der Mutter Maria einschlie ... einquartieren, damit du dort Wunder wirken kannst. Du wärest dort eine lebende Reliquie. Aber du wärest (und er warf einen lachenden Blick auf Lioba), du wärest da vermutlich ein wenig allein.»

Es war schon die Zeit der Pilze, und ich bereitete dem Thomasius ein wunderbares Mahl: in dünne Scheiben geschnittene Steinpilze auf einen heißen Stein gegeben, bis sich das Fleisch goldbraun färbt, mit Kerbel und Kresse überstreuen; dazu feines Fleisch aus dem Rücken eines Hasen, in offenem Feuer krustig gebraten. (Letzteres musste ich in Ermangelung meiner Zähne – leider ihm allein überlassen.)

Die Nacht verbrachte Thomasius unter meinem Wolltuch. Bei Kerzenlicht las ich ihm all das, was ich seit unserem letzten intensiven Zusammensein über den Herward geschrieben habe. Es gefiel ihm. Doch er riet mir, ein gewisses Geständnis, unmönchisches Verhalten betreffend, zu entfernen. (Ich ringe noch mit mir: Soll ich alles sagen, was mich bewegt, oder soll ich nicht?)

«Was wirst du unserem geliebten Abt antworten, wenn du zurückgekehrt bist?» frage ich ihn, als er sich schon zum Gehen gewandt hatte.

«Die Wahrheit.»

«Und die wäre?»

«Die Bäume des Waldes halten den Agrippa mit allen Wurzeln fest, und würden wir ihn gewaltsam losreißen, ginge auch noch der andere Arm verloren. Und ein Mönch ganz ohne Arm hat nichts, das er betend zum Himmel erheben kann.»

Dann verschwand er. Und besagter Wald, von dem Thomasius gerade so bilderreich sprach, sah einen alten Mönch, dem die Tränen in die Hautfalten der Wangen rannen: Soviel Seelentiefe in einem so jungen Herzen! O Herr, Du schaffst wunderbare Gefäße Deiner Güte!

Und ich sitze da, schaue in die Kerze, bis gelbe Ringe vor meinen Augen tanzen und ich nicht mehr schreiben kann. Welch ein Mensch, der Thomasius! Die Stärke des Herward und die wundermilde Klugheit des Thomasius: Beides zusammengegossen hätte einen neuen Ansgar ergeben. Aber Heilige kommen weniger zur Welt als zweiköpfige Kälber.

Fast alle Menschenkinder, die den Schößen der Frauen entspringen, sind nicht nach dem Maß der Vollkommenheit geschaffen.

Die Nächte werden schon ein wenig kühler. Die Zimmerleute fürchten im Dunkeln die Stimmen des Waldes. Käuzchenschrei lässt sie aufwimmern, so als wären sie Kleinkinder, das Niesen eines Dachses halten sie für Spuk, ein fallender Ast und sie glauben, ein Werwolf schliche sich heran. Aber es sind brave Männer. Ich sage ihnen, solange sie sich nicht weiter als hundert Schritt aus dem Umkreis meiner Heiligkeit bewegen, sind sie sicher. Sie schwatzen viel bei der Arbeit – so wie einfache Menschen reden: Der Mund ist immer schneller als der Kopf. Der eine erzählte dem anderen, als sie sich unbelauscht wähnten, tolldreiste Geschichten aus dem Roten Haus – und ich weiß, dass er nur wenig übertrieb, wenngleich es – ich konnte meinen Protest nur mühsam unterdrücken –unwahr ist, dass gewisse Frauen im Roten Haus zu Wik am Namenstag der Magdalena gewisse Dienste ohne Bezahlung anzubieten pflegen. Wäre dem so gewesen, die Zahl meiner Sünden wäre noch um einige größer.

Unsere Klause nimmt Gestalt an. Ehe sich noch das Laub verfärbt, werden wir Richtfest feiern. Sollte ich den Theophil zur Einsegnung bitten?

Lioba ist mir nah, und ihre Wärme lässt mich an allzu viel durchlebte Kälte denken ... Sollte Kälte nur fehlende Wärme sein? – ein Gedanke, der mir immer wieder kommt. Dann wäre doch wohl die Welt besser, wenn sie mehr Seelenwärme hätte?

Ja, es fehlt nur noch wenig zur Vollendung meiner Klause. Und sie betrachtend, muss ich an eine besondere Kapelle denken in dieser Nacht, in welcher ich über Liobas Schlaf wache und den lauten Schlaf der Zimmerer. Ich denke an jene Kapelle, die wir vor so langer Zeit in Ramsolano über dem Unheiligen Stein errichteten, damals, kurz nachdem Heitu und Varga der Herward geboren worden war. Ob sie noch steht?

Herward. Ich sollte endlich zurückkehren, dorthin, wo ich ihn, die Schreibfeder in der Hand, verließ. Aber meine Hand krampft. Es fällt mir schwer zu schreiben, ohne dass ich das Kinn in die Linke stützen kann. Ich werde mich gewöhnen müssen. Also schreibe ich morgen, bei Sonnenlicht. Das schont die Augen. Gute Nacht, ferner Leser!

Herwards Empfang

Der mich aufhob, dort wo ich vor dem Bild des Erlösers niedergefallen war, hieß Einhard. Ich schaute auf und blickte in ein warmes, gutes Gesicht: ein Mann, nicht mehr jung, aber auch noch nicht alt, hochgewachsen, gewandet mit rotem Überwurfmantel, Pumphose und spitzen Weichlederschuhen. Sein Bart wallte, stand wie Otterfell, seiner Hand, die auf meiner Schulter lag, fehlten zwei Finger.

«Ihr habt eine lange Reise hinter Euch, erlaubt, dass ich Euch ein kleines Willkommen halte.»

Zwar hätte ich gern zuallererst das Kirchlein besichtigt, aber ich ließ mich willig von Einhard fortziehen zu seinem Haus am Ende der Stadt. Das gab mir Gelegenheit, Haithabu mit noch wacheren Augen zu betrachten – nun, da ich gefunden hatte, was ich suchte: Gottes Wohnung.

Die Häuser grenzten aneinander, winzige Höfe, nur durch Weidenflechtzäune voneinander getrennt. In den Höfen liefen Schweine, Hühner, Ziegen und Kinder. Zwar waren die Häuser unterschiedlich groß und in unterschiedlichen Pflegezuständen, aber ich sah keines, das erbärmlich wirkte.

Einhard nannte mir eine Flut von Namen: sächsische, fränkische, slawische, aber zumeist nordische. «Hier wohnt der Kauffahrer Godofried, hier der Fellhändler Oleg, hier ein Harald, dort ein Knut ...»

Schließlich, ganz am Ende der Siedlung, grenzend an ein Feld mit Dinkel, erreichten wir das Haus des Einhard. Es war von all den anderen nicht zu unterscheiden, nur dass dort, wo die Wikingerhäuser bunt behängte Tierschädel an der Eingangstür trugen, hier ein schlichtes Kreuz anzeigte, wes Geistes Kinder die Bewohner waren.

In diesem Haus fühlte ich mich vom ersten Augenblick an wohl: daheim in der Fremde.

Eine Frau, bekleidet mit demselben roten Webleinen, das ihr Mann trug, kam mir entgegen, fiel ehrerbötig, aber nicht zu lange auf die Knie, begab sich dann sogleich zurück an den Herd, über dem ein gewaltig großer Kessel hing, aus dem es verlockend herüberwehte: Fisch!

Das Auffallendste aber war eine nicht zu zählende Kinderschar, die, kaum dass Einhard das kleine Geviert seines Hofes betreten hatte, einen wogenden Kreis um ihn bildeten. (Ich sollte noch früh genug begreifen, was es mit diesen Kindern auf sich hatte, denn dass sie nicht alle den Lenden des Einhard entstammen konnten, sah man auf einen Blick: Zu unterschiedlich waren sie in Hautfärbung, Wuchs und Gesichtsschnitt.)

Wir setzten uns auf den Boden, der sauber mit weißem Sand ausgestreut war, und Sueva, des Einhards Frau, reichte uns je einen hochaufgefüllten Holzteller mit Fischsuppe und einem Gemüse aus dem Meer, das ich nicht kannte, in der nun folgenden Zeit aber noch oft essen sollte. (Vermutlich Tang, Anm. d. Übers.) Die Löffel waren mit grimmigen Drachenköpfen verziert, für die sich Einhard sogleich entschuldigte: «Man bekommt hier nur Löffel mit heidnischem Schnickschnack, ich wollte sie schon umschnitzen, aber es gibt immer noch wieder wichtigere Dinge zu tun. Aber iss, Fischsuppe muss man so heiß als irgend möglich essen!»

Im Reet unter dem Dach nistete eine Unzahl von Vögeln, so dass es bisweilen laut tschilpte und wir die Stimmen heben mussten. Die lärmende Kinderschar hielt Einhard mit kurzen, aber wirksamen Handbewegungen auf Abstand. Ehe ich noch selbst mit dem Fragen beginnen konnte, belagerte mich Einhard mit einer eindringlichen Inquisitionierung: Wer zu Fulda, wer zu Speyer Abt sei. Ob das Heilige Kreuz im Kloster zu Sankt Gallen noch an jedem Karfreitag blute. Ob der Neubau des Domes zu Bardowick Fortschritte mache. Was

Neues es von der Wunderkraft der Heiligen Walburga zu berichten gäbe. Ob ich von den Mirakeln am Grabe des Großen Karl zu Aachen Genaueres auszuschließende ... Ob es stimme, dass Papst Romanus auf den Stufen des Lateran gemeuchelt wurde ... Und so vergingen Stunden, ehe ich dazu kam, mir mit einigen Gegenfragen ein erstes Bild über die Gemeinde von Haithabu zu machen.

Als ich in der Stadt ankam, gab es dort fünfzehn christliche Haushalte. Dazu eine nicht genau bekannte Zahl von Sklaven und frijálgjafi (Freigelassenen), die getauft waren. Trotz dieser geringen Zahl war das Kirchlein häufig gefüllt, da weitreisende christliche Kaufleute die Gelegenheit nutzten, hier an geweihtem Ort dem Herrn für günstige Überfahrt, überstandene Krankheit oder gute Geschäfte zu danken – oder um das nämliche zu bitten.

Die Hüttenkirche, vor der ich anbetend gelegen hatte, war nicht diejenige, die Ansgarius im Jahre 850 mit Genehmigung des Dänenkönigs Horik hatte bauen lassen. Die nämlich hatte sein Nachfolger auf dem Dänenthron in Jellinge niederbrennen lassen, als er fand, die Christen gewännen zu viel Einfluss am Südrand des Reiches. Immerhin duldeten er und seine Nachfahren, dass in Haithabu weiterhin leise und unauffällig Gottes Wort verkündet werde – in einer Kirche, die nur ein Kreuz als Gotteshaus auswies. Die Dänenherrschaft sah wohl den Vorteil einer Missionskirche, die für christliche Reisende aus Mainz, aus Dorestadt und von überallher so wichtig war wie gute Herberge.

Einhard selbst war als junger Mann mit Händlern von Regensburg herauf nach Haithabu gekommen, um hier das Schiffsbau-Handwerk zu lernen; denn schon als Knabe hatten ihm die behäbigen Donau-Lastschiffe den Wunsch eingegeben, selber Schiffe zu bauen: Nur größere, schönere, bessere, solche, die das Meer nicht zu fürchten brauchten, sollten es sein.

Einhard blieb länger in Haithabu als vorausgesehen, heiratete eine Freigelassene, und so kommt es, «dass heute ein Christ die besten Wikingerschiffe baut ... stell dir vor, lieber Gast, die schrecklichen heidnischen Drachenköpfe setzt ein Christ vor diese Schiffe ... aber (und das flüsterte er mir zu, so als hätte er Lauscher im eigenen Haus zu fürchten) versteckt unter der Snelle (Stabilisierungskeil im Mittelschiff, Anm. d. Übers.) ritze ich bei jedem Schiff ein Kreuz und die heiligen Buchstaben IHS ein – in hoc signo, in diesem Zeichen wirst du siegen.»

All das erfuhr ich, und ich hätte gleich am ersten Tag noch mehr erfahren, wenn sich draußen nicht ein tumultischer Lärm erhoben hätte. Ehe wir uns noch erheben konnten, um die Ursache zu ergründen, wurde ein Mann durch die Tür gestoßen, so dass er mit dem Gesicht zu Boden fiel, und das umso härter, als seine Hände auf dem Rücken gebunden waren.

Ihm folgten zwei axtbewehrte Männer, gekleidet wie die Soldaten, die wir auf dem Damm gesehen hatten. Einer bellte mich mit scharfer Stimme an, einer Stimme, wie sie Soldaten bisweilen eignet, vom lauten Brüllen der Order aufgeraut: «Bist du der Mönch, der mit dem hier gekommen ist?»

Ich nickte Zustimmung.

An Kopf und Schultern des Herward klafften Wunden, der linke Ärmel seines Wamses war von Blut verkrustet. «Was ist geschehen?»

Einer der Soldaten spuckte auf den reglos daliegenden Herward. «Der hier hat den Marktfrieden gebrochen. Erst wollte er sein Schwert nicht beim Jarl zur Verwahrung geben. Dann hat er fünfzehn Männer, darunter acht Soldaten, blutig gehauen, als sie ihm das Schwert abnehmen wollten. Behaltet ihn! Und du, Mönch, du sollst morgigen Tags zum Jarl kommen und Rechenschaft geben darüber, warum ein Mönch neuerdings mit einem reißenden Wolf als Kumpan reist. Das Schwert haben wir dem Jarl übergeben.»

Sueva hatte, ohne dass es ihr jemand befohlen hätte, heißes Wasser vom Feuer geholt und begann dem Herward das Blut abzuwaschen, während Einhard und ich seine Fesseln lockerten. Herward war nur halb bei Bewusstsein. Und als ich sein zerschlagenes Gesicht sah, musste ich an das Gesicht des Heitu denken, wie ich es sah, als ich in der Kotgrube im Bärenland erwachte. O Heiliger Vater, muss sich denn das Unheil immer wiederholen! Muss wie der Vater so der Sohn verderben?

«Wo ist das Schwert?» knirschte Herward über blutige Lippen hinweg.

«In Sicherheit ... alles wird gut, versuche ein wenig zu schlafen.»

Aber Herward hörte meine Worte nicht mehr, er war schon in eine lindernde Ohnmacht gefallen. Wir trugen ihn auf ein Lager von weichem Otterfell. Durch den Türspalt lugten wohl an die zwanzig Kinder, magere, aber offenbar gesunde Kinder, «Kinder Gottes» – wie ich bald erfahren sollte.

So unheilvoll begann unsere Zeit in Haithabu, und hätte ich nicht ein tiefes Gefühl in mir verspürt, dass mich der Herr an diese Stelle gerufen hatte, ich hätte Haithabu noch zur selben Stunde wieder verlassen, den zerhauenen Herward im Reisegepäck.

Der Jarl

In der Nacht mussten Einhard und ich unter Aufbietung aller Kräfte den Herward an seine Lagerstatt fesseln; denn er wollte – trotz seines hohen Blutverlustes – das Schwert seines Vaters zurückholen. Wir betrachteten eine Weile im Licht einer Tranlampe den wieder entschlafenen Krieger, und Einhard fragte schließlich:

«Was ist das für ein wilder Mensch?»

«Einer, dem man Vater und Mutter erschlagen hat.»

Ich hütete mich zu sagen, wer dies getan hatte. Auch war ich mir zu diesem Zeitpunkt noch immer nicht ganz sicher, ob wir hier dem richtigen Rangar nahegekommen waren.

Der Schlaf wollte sich weder des Einhards noch meiner erbarmen, und so durchschwatzten wir die halbe Nacht. Und Mal um Mal wiederholte Einhard den Satz: «Er hat acht schwerbewaffnete Männer mit der bloßen Faust zu Boden geschlagen, Bruder Agrippa ... acht Schwerbewaffnete. Das muss ein Teufel sein.»

«Danken wir Gott, dass er nicht das Schwert gezogen hat, sonst hätten wir jetzt acht Tote und demnächst eine Hinrichtung, Einhard, danken wir Gott!»

«Wie aber kann einer, ohne eine Waffe zu benutzen, acht Schwerbewaffnete zu Boden schlagen ...?»

«Ich reise nun schon viele Tage neben ihm. Seine Mutter und sein Vater waren mir so nahe, als wären sie von meinem Blute. Aber der hier ... es ist etwas wie ... wie von Eisen in ihm. Wie ein Eisen, das in tausendfacher Glut gehärtet ist.»

«Der Jarl wird das Urteil über ihn sprechen. Aber erst wird er mit dir reden. Bring ihm ein Gastgeschenk, wenn du morgen zu ihm gehst ...»

Schließlich erreichte uns doch noch der Schlaf. Wir erwachten vom Hahnenschrei. Herward lag noch ruhig in seinen Stricken. Sueva hatte sie ihm ein wenig gelockert.

Sie bewirtete uns mit heißer Grütze, die Einhard hastig verzehrte, wollte er doch, noch ehe das Licht voll über dem Hafen ausgegossen war, auf der Werft sein. Seine Werft, wie er sagte. Schon in der Tür stehend, rief er mir zu: «Der Jarl ist ein vernünftiger Mann, erkläre ihm alles in großer Ruhe, dann wird nicht viel geschehen. Wenn ein anderer als er hier das Ruder in der Hand hätte, dann hätte man uns sicherlich schon mehr als einmal die Kirche angesteckt. Ein seltsamer Mann, der Jarl ... ein guter Mann.»

Die guten Gesichter vergisst man nicht so leicht. Da, wo sich die Nase wie ein kräftiger Keil in die Stirn senkte, begann ein gezackter, roter Strich, der die eine Augenbraue ganz ausgelöscht hatte. Ansonsten aber war es ein ebenmäßiges Gesicht. Sehr helle, wache Augen, ein erstaunlich schöner Mund, über dem sich ein imposanter Schnurrbart wölbte, dessen Enden mit dem nicht minder schönen Backenbart zusammenflossen. Im Haupthaar, das immer noch dicht und reichlich seinen Schädel rahmte, verlor sich die dunkle Farbe im Grau.

Den alten, wohl etwas zu schweren Körper hielt ein starker Wille aufrecht, nichts Krummes oder gar Greisenhaftes war zu spüren. Sein Kleid schien mir von der allerbesten Art, wie ich sie allenfalls am Leibe fränkischer Edelinge gesehen hatte. Und der Rock war plissiert mit einigen tausend Bernsteintränen, so dass der ganze Mann etwas ungemein Glänzendes hatte.

«Willkommen, Mönch!»

«Gott der Herr möge Euch segnen!»

«Oh, das hat er verschiedentlich getan ... schau dich um! Er hat mich reichlich belohnt, und er hat nicht einmal danach gefragt, ob ich getauft bin oder nicht.»

Der Raum erschien mir ... man kann es nur mit einem Wort sagen: glänzend. Die Wände waren mit den Fellen großer Tiere behängt, deren Namen ich nicht benennen kann. Und über den Fellen hingen in sich überlagernden Schwüngen Ketten von Bernstein, roh, geschliffen, silbergefaßt, goldgesprenkelt: Raf! – Bernstein, wohin man auch schaute. Auch fiel mir ein großes, silbergeschmiedetes Kruzifix auf sowie Taufgefäße, Weihwasserkessel und Kerzenhalter... Raubgut, ohne Frage.

Ich erinnerte mich an den Rat meines neuen Freundes Einhard und zog eine kleine Figur aus der Kutte, einen aus Elfenbein geschnitzten lachenden, dicken Mann, der die Beine seltsam unter seinem blanken Bauch verknotet hat.

«Nehmt dies als kleine Aufmerksamkeit. Es kommt von sehr weit her. Unendlich weit gen Ost glaubt man, dass Göttlichkeit in dieser Gestalt sei.»

«Glaubst du es auch?»

«Gott ist nur einer.»

«Soooo? Ich hörte einen irischen Mönch, der hier predigte, sagen, der Christengott sei dreifach?»

«Dreieinig.»

«Also wie Odin, Hel und Freya.»

«Nein, so sicher nicht.»

«Wir werden Zeit haben, das später zu ergründen. Nun aber sag mir, Mönch, was du da für einen zweibeinigen Wolf mit dir führst. Und warum du ihn ohne Kette frei herumlaufen lässt.»

«Herward ist ein Mensch, ein armer Mensch. Das Schwert, das er trägt, wurde ihm von seinem sterbenden Vater als großes Heiligtum anvertraut. Und weil er von hitzigem Geblüt ist, wiewohl kein garpr (hirnloser Hitzkopf, d. Übers.), fürchtete er, die Soldaten wollten es ihm für immer nehmen.»

«In Haithabu trägt man nur dann Waffen, wenn ich es befehle.»

«Das wird Herward von nun an berücksichtigen.»

Rangar von Thorsberg, der Jarl von Haithabu, der Statthalter des dänischen Königs in Jellinge, ja – und auch das! der Verwüster von Ramsolano, unterbrach an dieser Stelle unseren Disput und ließ das Frankenschwert holen.

«Er mag sein Schwert zurücknehmen. Aber er trage es nur, wenn es der Tag und die Sitte erfordern. Und hier ist unser Tag und unsere Sitte.» Und nach einer bedeutsamen Pause: «Im Übrigen möchte ich mir einen Mann ansehen, der mit bloßen Fäusten acht Soldaten zu Boden schlägt. Wenn er wieder auf eigenen Beinen stehen kann, schick ihn zu mir! Odins Licht erhelle dich!»

Die Audienz war offenbar beendet. Ich verneigte mich und ging. War dies wirklich derselbe Mann, der vor noch nicht allzu langer Zeit im blutbespritzten Kettenhemd Ramsolano verheert hatte? Für Zweifel gab es keinen Grund. Benommen und bis in die Tiefe meiner Seele verwirrt, lenkte ich meine Schritte der kleinen Kirche zu. Es hatte zu regnen begonnen, im Nu glänzten die Holzstege silbrig. Über dem Noor, der Meeresbucht, wölbte sich ein Regenbogen.

Gottes Bund mit Noah hat noch immer Bestand, dachte ich. Und er gilt auch für die vielen Menschen, die noch im Heidentum befangen sind. Ich wusste damals: Ich würde viel und hart arbeiten müssen. Wie hatte doch Ansgar gesagt? Beginne an den Füßen und am Haupt, ganz besonders aber am Haupt. Man würde Häupter, man würde Männer wie den Rangar für den rechten Glauben gewinnen müssen, dann würden auch die Füße, das Fußvolk, die richtigen Schritte tun.

Und plötzlich erschien mir die Kirche selbst gar nicht mehr so klein. Ich bekreuzigte mich, ließ das Frankenschwert vor dem Eingang liegen – denn es ist nicht gut, mit anderem als Gottes Wort gegürtet in sein Haus zu kommen – und trat ein. Hier also war meine künftige Wirkungsstätte. Ich würde taufen, segnen, ermutigen, zur Buße aufrufen. Ich würde wieder ein Diener des Herrn sein. Nützlich.

Ein nützlicher Mensch ist ein glücklicher Mensch. Ein fauler Mensch fault auch an seiner Seele.

Mein Wald

Nützlich sein! Welche sonderbare Wendung nimmt doch mein Leben. Es ist, als ob eine lange gerade Straße unvermittelt vor dem Ziel noch einmal abknickt. Hab ich doch schon auf unserem klösterlichen Gottesacker gestanden und mir des längeren die Stelle betrachtet, unter der ich wohl zu liegen kommen werde. Glaubte ich doch schon, mein Augenlicht flösse davon wie Regenwasser von einem Stein. Und nun dies!

Ich fühle mich nützlich wie in jenen Tagen, als ich mit frischem Mut in Haithabu eintraf. Man wispert um mich herum von meiner Heiligkeit. Und doch bin ich derselbe wie zuvor. So frage ich mich denn, ob die unzweifelhaft Heiligen, der Bonifacius, der Ansgarius, der Sixtus sich gleichermaßen unheilig gefühlt haben, wie ich mich unheilig fühle.

Ja, ich bin derselbe wie vor dem denkwürdigen Verlust meines linken Armes, verspüre dieselbe Lust, über verbotenes Fleisch zu streicheln, dieselbe Lust, den Vögeln zuzuhören.

Die Vögel! Warum singen sie? Zum Lobe des Höchsten – kann die einzig rechte Antwort heißen. Aber ich zweifle. Hörte ich doch Buchfinken und Zeisige so angestrengt und empört rufen, dass dies wohl kaum ein Lobgesang sein konnte. Und wenn es doch Lobgesang wäre, so muss es unter den Gefiederten zum einen arge Sünder geben, die nur ein jämmerliches Lied anzustimmen vermöchten, und zum anderen adelige Seelen, die singen wie der Solanus: Nachtigallen.

Und der finstere Nachtgesang der Eulen und Käuze? Auch das Lobgesang?

Der Wald scheint zu spüren, dass ich ihn nicht fürchte: Er öffnet sich, ohne Mühe finde ich Durchschlüpfe, ich brauche nur den Pfaden zu folgen, den die Rehe und wilden Schweine mir im Kraut vorzeichnen. Ich rieche die Nähe von Pilzen, und meine Augen, von denen ich schon fürchtete, sie seien im schlechten Licht der Kerzen eingetrocknet, vermögen plötzlich wieder die feinen blauen Beeren aus einiger Entfernung zu erblicken.

Lioba geht keinen Schritt allein in den Wald. Jedes Knacken ist ihr ein Zeichen, dass sogleich ein Bär oder Luchs in blutgieriger Absicht hervorbrechen wird. Lioba wird mich bald verlassen. Sie hat einen guten Blick für Schicklichkeit. Ein Heiliger, der im tiefen Wald in seiner Klause Wunder wirkt, darf nicht beweibt sein. Solche Heiligen pflegen Eremiten zu sein, sagte sie, und dann erzählte sie mir ganz und gar unerfreuliche Geschichten von Heiligen, die sich in Höhlen einmauern ließen, nur ein handgroßes Loch für gelegentliche Speise ... So weit wollen wir es nicht kommen lassen. Lioba wird – sie versprach es trotz ihrer Angst vor einsamen Waldgängen – mir täglich Speise bringen, und ich hoffe doch, dass sie nicht jedes Mal umstandslos in die Stadt zurückeilen wird.

Die Klause ist fertig. Die Zimmerleute sind fort. In den Sommernächten liegt schon eine erste Ahnung von Kälte. Und mich fröstelt bei dem Gedanken: Eremiten müssen auch im Winter allein sein. Ich werde die Brüder aus dem Kloster nicht zur Einweihung rufen. Ich werde mit den Menschen feiern, die am ersten Tag zu mir kommen: Kranke, Unglückliche, Menschen, die auf Wunder hoffen.

Es sind weniger Vögel im Gezweig als noch vor wenigen Tagen. Ich weiß es nicht zu sagen, aber ich denke manchmal, der Herr gibt ihnen ein Zeichen, das wir Menschen nicht verstehen. Und das Zeichen besagt, flieget in die warmen Länder, wo der Frost nicht beißt und der Winter nicht die Leichentücher auswirft.

Ihr haltet das für das Geschwätz eines alten Mannes, Leser ferner Tage? Mag sein. Aber ich schwöre: Als ich in Rom weilte, war daselbst kein Winter. Und wäre ich ein Vogel, würde ich die Kälte fliehen. Wenn Gott die Vögel klug genug geschaffen hat, dass sie kunstvolle Nester bauen können und Würmer selbst noch dort finden, wo kein menschliches Auge sie entdekken kann, warum sollten sie dann nicht auch klug genug sein, der Kälte rechtzeitig genug davonzufliegen? Fliegen? Fliegen kann etwas sehr Gutes und etwas sehr Böses sein. Können doch sowohl Engel als auch Teufel fliegen. So jedenfalls las ich es beim Augustin. Aber ich werde mich hüten, alles zu glauben, was zu lesen steht. Habe ich doch den einen oder anderen Mitscribenten im Scriptorium dabei ertappt, wie er beim Kopieren ein paar unpassende Zutaten einfließen ließ.

Morgen werde ich feiern: mit denen, die der Herr mir schickt. Und ich hoffe, auch Lioba wird dasein. Jede Stunde, die sie nicht bei mir ist, deucht mich kalt.

Wie oft habe ich die Brüder beneidet, welche die weibliche Berührung nicht suchen müssen, die glücklichen Brüder, die auch die schlanken Fesseln der Wasserholerinnen vor der Klostermauer mit demselben Gleichmut betrachten wie unsereins eine halbfertige Vignette. Nur in Zeiten großer Erfüllung und Gottnähe konnte ich Frauen aus dem Lotterbett in meiner Herzkammer verbannen. Meine Zeit in Haithabu war so eine Zeit. Sie war meine heiligste – auch wenn man mich heute für heilig hält.

Damals bebte und zitterte ich vor Glück darüber, in Ansgars Spuren den Herrn verkündigen zu dürfen. Und dieses Beben und Zittern schüttelte niedere Gedanken von mir ab, so wie ein Pferd sich zitternd der Fliegen erwehrt.

Die Kinder Gottes

Ich hatte ja dergleichen schon einmal erlebt, und insofern war meine Verwunderung nicht gar so groß: Damals, als wir den Herward mehr tot als lebendig aus dem Klosterverlies in Ramsolano zogen – wo er auf so wunderbare Weise vor dem Wüten der Wikinger verborgen war –, damals dauerte es keine drei Tage, bis er neu gekräftigt vor uns stand. So war es auch dieses Mal. Wären da nicht ein paar Schrammen an seinem Leib gewesen, keiner hätte annehmen können, dass dieser Mann mehr Schläge erlitten hatte, als ein Mensch gemeinhin überleben kann.

Am dritten Tag also stand er in Suevas Küche und bat um eine Kanne Wasser. Er trank in langen, gleichmäßigen Zügen, und ich bemerkte wohl das heimliche Wohlgefallen im Blick der Sueva, als sie dem trinkenden Jüngling zuschaute. Ein Wohlgefallen, das ich noch oft bemerken sollte, denn keiner, der sich den Herward betrachtete, blieb unbeeindruckt.

«Du bist ein Wikinger, obgleich du keinen Wikingernamen trägst?» fragte sie ihn schließlich.

«Mein Vater war Wikinger, die Eltern meiner Mutter kamen weit aus Ost.»

«Der Mönch hat uns von all dem Leid erzählt, das euren Ort heimgesucht hat.»

«Es war eine schwere Prüfung, die der Herr uns auferlegt hat», mischte ich mich ein; denn mir war immer noch sehr daran gelegen, Herwards Zorn nicht geradewegs gegen den Rangar prallen zu lassen.

Aber Herward schien fürs erste nicht an Rache zu denken. Ja, es schien ihn nicht einmal sonderlich zu interessieren, wie und unter welchen Umständen ich sein Schwert zurückbekommen hatte. Er hatte sich eines der überall herumwimmelnden Kinder, ein Mädchen, auf sein Knie gesetzt und rieb Nasen mit ihm, was die Kleine mit quiekendem Gelächter quittierte.

«All diese Kinder, woher kommen sie?»

«Gott schickt sie uns», sagte Sueva.

«Gott? Nimmt er sie jemandem weg, um sie euch zu schicken?»

Und dann erzählte Sueva, was ich anfangs nicht glauben konnte und dann doch bald als wahr erfahren musste.

«Es gibt Nächte, da wissen wir, dass irgendwann Säuglingsschreie über das Noor dringen werden. Meist kurz vor Mondaufgang. Ganz leise, dünne Schreie, manche vom Wind zerrissen. Dann fährt Einhard hinaus und fischt sie aus dem Wasser. All die, die nicht leben sollen.»

Herward wurde ruckartig steif: «So ... so ... wirft jemand Kinder, die eigenen Kinder...? Wirft sie jemand ins Wasser?»

«So ist es. Zu einer bestimmten Zeit und aus Gründen, die wir nicht kennen, werden Neugeborene dem Wasser übergeben. Das geschieht nicht oft, doch gewiss ein- oder zweimal im Jahr. Aber bevor das geschieht, legt eine unbekannte Hand einen frischen Lederriemen in die Kirche. So einen Riemen, wie er zur Befestigung der Ruder gebraucht wird. Dann weiß Einhard, dass er aufs Noor fahren muss.»

«Und ihr ernährt die Kinder, ihr zieht sie auf ...»

«Da ist noch etwas. An jedem Thorstag, den Gott werden lässt, liegt vor der Kirche Silbergeld, in einen Lederriemen geknotet. Dieses Geld nehmen wir, um den Waisen Hütten zu bauen, sie zu kleiden, zu nähren ... so ist das.»

«Und ihr auszuschließenden nicht, wer das Geld gibt, und ihr auszuschließenden auch nicht, wer das Zeichen gibt?»

Sueva antwortete nicht, sondern wandte sich ihrer Hausarbeit zu. Mir war klar, und auch Herward schien es so zu empfinden, dass sie auf diese Frage nicht antworten wollte. Und ich, der ich die Antwort meinte erraten zu können, behielt sie für mich. In jedem Fall musste es ein Mensch sein, der christlich genug war, um unschuldige Kinder nicht dem Meer zu überantworten, aber noch zu heidnisch, um mit den alten Bräuchen zu brechen.

«Wie heißt du?» fragte Herward das Mädchen auf seinem Knie. Es trug strohfarbene Zöpfe.

«Donata – das ist Latein und heißt die Geschenkte.»

«Wer sind deine Eltern?»

«Gott ist unser Vater. Und hier ist man uns gut. Soll ich dir das Lied vom behüteten Schaf vorsingen? Ich singe nämlich sehr gut.»

Donata wartete unsere Antwort nicht ab und begann mit sehr lauter Stimme zu singen, in der unbeschwerten Art der Kinder:

Der Herr ist mein Hirt‘,
nichts mangelt mir,
er führt mich hin zur grünen Au
und weidet mich, sein braves Schaf.
Des bin ich froh und singe
mäh, mäh, mäh, mäh

Herward setzte Donata im großen Bogen vor sich ab, stand auf und wischte sich mit einer schnellen Bewegung über das Gesicht. Ich glaubte eine Träne gesehen zu haben. Hatte er nicht auch als Halbwüchsiger seine kleinen Schwestern auf den Knien gewiegt?

Und die Frage, die er an Sueva richtete, bestätigte mir, dass ich seinen Gedankengang richtig erraten hatte: «Sag, Sueva, hat man in letzter Zeit Sklaven nach Haithabu gebracht? Hellhäutige Mädchen, Frauen schon fast, mit Haaren wie dieses Kind hier?»

«Das weiß ich nicht zu sagen. Aber fragt den Jarl.»

Herward schaute zu mir herüber, der ich aufzuckte, als Sueva vom Jarl sprach. Aber Herward lächelte mich an, und er sprach Sächsisch, auf dass Sueva uns nicht leicht verstünde: «Du musst nicht befürchten, dass ich mich noch einmal verprügeln lasse, Agrippa. Ich habe wohl gehört, was Einhard und du an meinem Krankenlager über den Jarl geredet habt, als ihr glaubtet, ich schliefe fest. Die Frage, ob jemand Engel und Teufel zugleich sein kann, scheint ja nun beantwortet zu sein. Oder hätte sonst Donata uns dieses Lied vorsingen können? Ohne den Teufelengel hätte jetzt ein Fischweib diesen blonden Zopf als Schmuck für ihr Bett im Schlamm. Ist es nicht so, alter Alleswisser?»

Es gab ein lastendes Schweigen, das Herward mit der Frage beendete: «Würdest du mich morgen zum Engelteufel begleiten, Bruder Agrippa?»

«Ja.»

Herward richtete den Blick in den Sternenhimmel, in das ewige Glitzerwerk der Nacht, das Gott über uns aufgehängt hat. Und als ich mich leise entfernen wollte, denn es war spät, und ich wollte noch im Gebet Segen für den morgigen Tag erflehen, da packte er mich am Ärmel meiner Kutte: «Agrippa, glaubst du, dass man aus den Sternen lesen kann, was kommen wird?»

«Gott hat die Bäume gemacht, die Eingeweide der Vögel und den Himmel über uns. Aber er hat all das nicht gemacht, damit wir darin lesen. Nur die Heiden sehen große Geheimnisse in all diesen Dingen.»

«Sagtest du nicht, ein Stern kündigte im Heiligen Land die Geburt des Herrn?»

«Ja. Aber das war ein Stern, den es nie zuvor und nie danach gab, ein Stern, den Gott eigens schickte. Sein Stern.»

«Und sagtest du nicht, dass Gott für Noah einen Regenbogen in den Himmel setzte? Und dass Gott zu Moses aus einer Wolke sprach?»

«Ja, so steht es geschrieben.»

«Also könnte es doch sein, dass sich Gott himmlischer Zeichen bedient.»

«Warum fragst du all das, Herward?»

«Ich habe gestern Nacht gebetet. So wie du es mich gelehrt hast. Ich wollte ein Zeichen von Gott.»

«Ein Zeichen ... wofür?»

«Ob ich den Rangar sofort erschlagen soll oder nicht.»

«Und ... ?»

«Wenn es ein Zeichen war, so war es eines, das ich nicht zu lesen vermag.»

«Was hast du gesehen?»

«Als ich mich vom Gebet erhob, verfinsterte sich in diesem selben Moment der Mond ... und als die Wolken ihn wieder freigaben, hatte er eine ganz andere Farbe. War er zuvor silberbleich wie der Kopf eines Toten, war er hernach glühend gelb wie ... Bernstein.»

Ich erschrak ein wenig: «Bernstein, sagst du? Woher weißt du, dass der Jarl?» Ich verschluckte den Satz und fuhr fort: «Das ist seltsam. Das Haus des Rangar hängt voller Raf. Bernstein, wohin man schaut, du wirst es morgen sehen, wenn wir zu ihm gehen.»

Herward verfiel in angestrengtes Nachdenken, und als ich mich abermals abwandte, um endlich Schlaf zu finden, hielt er mich ein weiteres Mal am Ärmel fest: «Sei unbesorgt, Bruder Agrippa, ehe ich nicht weiß, welchen Mondkopf ich zerschmettern soll, den silbernen oder den bernsteinernen, werde ich keine Hand rühren gegen den Mörder meiner Eltern. Ich gebe Gott zwölf Monde Zeit, mir zu sagen, was ich wissen muss: Totenschädel oder Bernsteinkopf?»

Ich hätte meinen jungen Freund nun wohl gründlich belehren müssen, dass Gott sich keine Fristen setzen lässt. Aber ich muss gestehen, dass es mir fürs erste eine Beruhigung war, dass unser morgiger Gang nicht geradewegs ins Verhängnis führen würde. Andererseits lag in Herwards Worten so viel Verworrenes, soviel von der Art, in der schon sein Vater den einzigen Gott mit den Nebelschleiern heidnischen Denkens umhüllt hatte, dass ich mich nicht in tiefster Seele getröstet fühlen konnte.

Ich schlief umwölkt ein, und wieder kehrte der Traum zu mir zurück, der mich als Fisch auf der Tafel des Ebo fand. Doch dieses Mal waren es nicht illustre Gäste, die der Ebo zu Tische geladen hatte, sondern finstere Heiden, die nicht einmal Essgeschirr in den Händen hielten, sondern nur grobe Messer und Wikingeräxte.

Ich erwachte schweißnass unter Einhards Strohdachhimmel, und um nur rasch wieder einzuschlafen, sagte ich mir an die hundert Mal: «Nur die Heiden glauben an schlimme Träume und Vorzeichen, nur die Heiden! Die Kinder Gottes glauben an das Wort.»

Herward vor dem Jarl und die Schmalzanbetung

Welch ein Tag! Über dem Noor lag ausgegossene Morgensonne. Wolkenschatten verschoben das Grün des Wassers ins Graublau, und eine kreischende Wolke von Möwen sagte mir, dass die Fischer mit reicher Beute von ihrem nächtlichen Zug zurück waren. Aus den winzigen Ställen, die in die ebenso winzigen Höfe gepfercht waren, drang allerlei Tiergeräusch: Fütterzeit. Die Kinder Gottes sangen in dem Haus, das Einhard ihnen gebaut hatte, den Psalm vom Guten Hirten. Hatte ich mich noch gestern vehement gegen die Heidenschrift der Vorzeichen ausgesprochen, so konnte ich mich nun einer gewissen Ermutigung durch diese friedlichen Zeichen nicht erwehren. Ist nicht doch ein so strahlender Tagesbeginn ein gutes Zeichen? Eines von Gott?

Ich hatte Herward überzeugen können, mit mir in der Kirche zu beten, bevor wir gemeinsam vor den Jarl treten würden. Davon versprach ich mir eine beruhigende Wirkung auf sein fieberndes Herz. Und so knieten wir in dem halbdunklen Raum vor dem Holzkreuz aus gebeizter Esche und sahen dem Christus – den ein kunstsinniger Mensch in den Stamm geschnitten hatte – ins Gesicht, und ich betete:

«Herr, mein Heiland,
als im Garten Gethsemane
ein Söldner
durch den Schwertstreich des Petrus
ein Ohr verlor,
setztest Du es ihm wieder an.
Du sagst uns damit:
Heilen ist mein Gebot, nicht Rache!
Und so bitte ich Dich

für diesen Menschen,
dessen Herz tief verwundet ist
von all dem Leid, das er ertragen musste.
Tue ein Wunder an ihm.
Nicht Rache sei der Tag,
sondern Reue derer,
die gesündigt haben.
Amen!»

Danach erhoben wir uns und lenkten unsere Schritte zum großen Haus des Jarl, auf das mir alle Wege Haithabus zuzulaufen schienen. Durch die Haupttür gelangten wir in die Halle, die ich nun schon kannte. Der Jarl saß – so als hätte er sich seit meiner letzten Begegnung mit ihm nicht bewegt auf seinem erhöhten Stuhl. Doch als wir eintraten, erhob er sich und kam uns entgegen.

Ohne Zweifel eine freundliche Geste. Ängstlich suchte ich mit einem Seitenblick zu erfassen, welcher Gemütszustand sich des Herward bemächtigt hatte. Aber sein Gesicht war glatt (... glatt wie die See vor einem großen Sturm?) und ließ keine Regung erkennen.

«Setzt euch und esst den besten Käse, der im Reiche des Königs Sven Tveskaeg zu haben ist!» Er legte dem Herward eine Hand auf die Schulter, in der Art, wie Wikinger Krieger begrüßen: «Ich sehe, du hast dein Schwert zu Hause gelassen. Das ist gut. Ihr seid fürs erste bei Einhard untergekommen, hat man mir berichtet?»

«Ja», antwortete ich, «und es fehlt uns an nichts.»

«Das ist gut.»

Rangar begann Käse zu essen, bot uns davon an, sparte auch nicht mit einem frischen Getränk aus vergorener Milch, winkte Mägde heran, die dampfende Grütze auftrugen, erkundigte sich, ob uns die Speisen behagten, was wir kauend und schluckend bejahten.

«Ich ahne», brach Rangar schließlich das gefräßige Schweigen, «warum ein Mönch hierherkommt. Alle Mönche möchten, dass wir aufhören, rohes Fleisch zu essen, und stattdessen das Manna essen, das vom Himmel regnet.»

Einen kurzen Moment der Unsicherheit war ich verblüfft: Woher weiß ein Heide vom Wunder des Mannabrot-Regens in der Wüste?

Rangar musste mein kurzes Aufmerken erkannt haben, er erhob sich mit einem feinen Lächeln um die Augen, verschwand zwischen Bernsteinketten, Kruzifixen, Silberschalen und kehrte mit einem Buch zurück, das ich sogleich als ein Meisterwerk der Aachener Schule erkannte: ein reich geschmücktes Evangeliar, in kostbare, silberdurchbrochene Elfenbeindeckel gebunden.

«Ein besseres Buch hat auch euer Heerführer in Rom nicht.

Ich habe mir von einem irischen Mönch, der sich Kelvin nannte, in zweiundzwanzig Winternächten vorlesen lassen, was darin steht. Vieles ist darin, was eine lange Nacht angenehm verkürzt. Aber ich kann nicht finden, dass ein Gott, der seinen Sohn den Feinden überlässt, ein guter Gott ist. Aber von dir (dabei wandte er sich an Herward) weiß ich ja wohl, dass du für weit geringere Werte als den Verlust eines Sohnes dich zu schlagen bereit bist.»

Herward, der bisher geschwiegen hatte, sagte – und er ließ doch tatsächlich die Ehrerbietungsformel fort: «Deine Soldaten haben mir nicht gesagt, dass Schwertertragen verboten ist. Sie haben das Schwert gefordert. Und ich habe ihnen geantwortet.»

«Weißt du, dass der eine davon siech ist? Du hast seinen Kiefer zerschmettert, und sein Weib kann ihm nur noch Brei einflößen. Er ist – wahrlich auf einen Schlag – ein alter Mann.»

«Das hab ich nicht gewollt, aber ich konnte es auch nicht verhindern.»

«Bist du der Wächter des Mönches?»

«Ja», sagte Herward, ehe ich noch zu einer schwierigen Erklärung ansetzen konnte.

«Sein Tun war nicht im Sinne Christi, und auch ich muss es missbilligen, wenngleich sein Irrtum begreiflich ist ...», beeilte ich mich zu sagen, aber ich bemerkte, dass Rangar den Herward keineswegs feindselig betrachtete, eher wohl mit einer kaum gezügelten Neugier. Er schaute den jungen Mann an, wie man ein wildes Tier betrachtet, dessen Stärke auf unterhaltsame Weise Respekt einflößt.

«Wo kommt ihr her?»

«Aus Bremen», log ich um des lieben Friedens und unserer Sicherheit willen; denn wäre der Name Ramsolano gefallen, wer weiß, was unser Schicksal gewesen wäre.

«Bremen – von nirgendwoher kommen bessere Fässer. Wir beziehen alle unsere Fässer von dort. Sie verlangen viel dafür, aber ein Fass, das für viel Geld lange hält, ist wohlfeiler als eines, das für wenig Geld schon nach einem Jahr zerbricht.»

«Du (... o gnädiger Gott, er duzte den Jarl doch tatsächlich!) hast ja wohl genug Schätze, um alles zu bezahlen, was bezahlbar ist», entgegnete Herward, wobei er mit ausholender Geste auf Geschmeide und Silber wies.

«Wer den König vertritt, den unvergleichlichen Sven Tveskaeg, sollte kein armer Mann sein. Im Übrigen bin ich der Meinung, dass Gold und Silber verteilt werden müssen, ehe die Haufen einem im Weg liegen.»

Hier sah ich die Gelegenheit, von dem gefährlichen Gegenstand unseres Gespräches abzuschweifen: «Ich hörte davon, dass Ihr dem Einhard das Holz geschenkt habt, damit er sein Waisenhaus bauen konnte. Eine gottgefällige Tat.»

«Weißt du, Mönch, es war so: Mich friert, wenn ich Menschen – Kinder noch dazu – frieren sehe. Da ist es mir schon lieber, man setzt ihnen ein Dach über den Kopf. In Haithabu schlafen sogar die Sklaven (bei «Sklaven» warf Herward den Kopf auf, aber er stellte nicht die Frage, die ich befürchtete) unter Dächern und bekommen besser zu essen als die Freien in manchen Gauen des Christenlandes.»

«Unser Gott sagt, was ihr einem der geringsten meiner Brüder getan habt, das habt ihr mir getan.»

«Euer Gott sagt viele Sachen, die weise klingen. Aber dennoch glaube ich nicht, dass Götter durch Bücher sprechen. Warum sollten sie durch Bücher sprechen, wenn ihnen der Donner, der Sturm und das Meer zu Gebote stehen. Was ist ein Papierrascheln gegen Sturmgebraus?»

Ehe ich noch etwas erwidern konnte, erklärte Rangar mit einer Handbewegung den theologischen Teil des Gesprächs für beendet und wandte sich an Herward: «Du, der du dich Wächter des Mönches nennst, die Brüder des Soldaten, den du für immer siech geschlagen hast, verlangen Genugtuung.»

«Nicht noch mehr Hauen und Stechen!» barmte ich.

«Schweig, Mönch! Hier sage ich im Namen von Sven Tveskaeg, dem ruhmreichen König aller Dänen, was rechtens ist und was nicht. Geh du nur in deine Kirche und bete für diesen hier. Er wird es nötig haben, denn keiner führt die Waffen besser als Erik Gabelbart, der älteste Bruder des siechen Soldaten.»

«Wann?» Herward schien in keiner Weise erstaunt oder erschrocken.

«Schon bald, ich lass es dich wissen, Sachse. Im Übrigen würde ich dazu raten, inzwischen deine Kräfte für Erik zu schonen.»

Als wir wieder im Freien standen, umfächelte uns ein warmer Wind, der Schmetterlinge und den Duft naher Roggenfelder herantrug. Weiße Wolkensegel waren am Himmel gesetzt, und ihre Ebenbilder trieben über das Noor, eine ewig unentschiedene Wettfahrt. Knaben hatten sich kleine, doch sehr kunstsinnige Boote gebaut, in denen sie durch die Kanäle Haithabus marodierten und einen imaginären Feind lärmend in die Flucht schlugen. Kinder sind doch allzumal die kleinen Spiegel erwachsener Verhältnisse, Spiegel, in denen sich in aller Überschärfe Wesen und Unwesen der Welt abbilden.

Ich war sehr zufrieden mit unserem Auftreten vor dem Jarl, ja ich war zuversichtlich, und so sagte ich: «Ich werde mit dem kriegerischen Bruder deines Opfers, mit diesem Erik Gabelbart, reden. Ich werde ihm klarmachen, dass du nur dein Eigentum verteidigen wolltest, ohne böse Absicht. Alles war ein Irrtum. Du kanntest die Gesetze des Ortes nicht.»

Herward machte eine Handbewegung, gleichermaßen wegwerfend und begütigend: «Er wird mich vor die Wahl stellen: Entweder ich gebe seinem Bruder wieder seine heilen Knochen zurück. Oder er will meine. Ich glaube, du kannst dir den Weg sparen ... Lass uns zum Hafen gehen! Ich werde Einhard bitten, dass ich mit ihm Schiffe bauen darf.»

Ich weiß nicht mehr, ob es gleich zu Beginn unserer Zeit in Haithabu war oder eine Weile später. Doch die Umstände sind mir noch so klar vor Augen, als sei es gestern gewesen.

Ich war auf dem Weg in die Kirche, um eine junge Frau zu taufen, die sich vom Heidentum abgewandt hatte, als mich ein halbwüchsiges Kind am Ärmel zupfte und mir bedeutete, ihm in ein Haus zu folgen. Ich war in Eile und wollte dem Kind verständlich machen, ich würde seiner Einladung später folgen, aber das Kind ließ sich nicht abschütteln. Also trat ich in das Dämmerdunkel einer Hütte, in der nur ein schwaches Herdfeuer glomm. Vor dem Feuer stand eine Frau, deren Leib – das konnte ich selbst im Dämmerdunkel erkennen – von vielen Geburten ausgezehrt war. Später erfuhr ich, dass diese wackere Heidin ihre Kinder nur mit Wasch- und Näharbeit ernährte, nachdem ihr Mann auf einer Kaperfahrt der Wikinger nicht Silber vor die Augen, sondern Eisen zwischen dieselbe bekam.

Kaum dass sich meine Augen an das Dunkel gewöhnt hatten, deutete sie auf ein Gefäß, das – schwach beleuchtet durch das Herdfeuer – im hinteren Teil des einzigen Raumes stand. Es durchzuckte mich wie eine heilige Flamme: eine Glocke! Eine kurze Untersuchung beseitigte jeden Zweifel: Dies war die Glocke, die der Heilige Ansgar zur Begründung der ersten Christengemeinde vor nun bald fünfzig Jahren mit Genehmigung des Dänenkönig Horik hier hatte aufhängen lassen. Die Glocke war, mit der Öffnung nach oben, in den Boden eingelassen und zur Hälfte mit Schmalz gefüllt.

Ich bekreuzigte mich, sank nieder und hielt ein stummes Gebet des Dankes. Es war dieses Niederfallen, das mir den Spottnamen «Schmalzanbeter» eintrug.

Die Frau verlangte eine ganz und gar unmögliche Summe für die Herausgabe der Glocke – einer Glocke, die doch gewisslich auf räuberische Weise der Kirche abhanden gekommen war. (Geschehen war dies sicherlich in den Jahren, nachdem der Sohn des alten Horik – der, den sie Horik den Knaben nannten – im Jahre 856 des Heils den Thron in Jellinge bestieg. Horik der Knabe hatte nicht die weitherzige Duldung des Christentums wie sein Vater.) Aber die glückliche und wundersam vorherbestimmte erste Begegnung mit der Glocke schien mir nicht der rechte Zeitpunkt, um sogleich in harte Verhandlung einzutreten.

Ich segnete die Frau, was sie sich trotz ihrer Heidnischkeit gefallen ließ, schlug auch das Kreuz über das Kind, das mich hierhergeführt hatte, und verließ beschwingt die Hütte, um zur Taufe zu eilen. (Die Glocke erwarb ich ein Jahr später zu einem gerechten Preis.)

Oje! Es dauerte keine zwei Tage, dass mir eine johlende Kinderschar erstmals das Wort hinterherrief, das mich nun nicht mehr verlassen sollte: «Schmalzanbeter, Schmalzanbeter, Schmalzanbeter ...»

Und nur zwei, drei Wochen später erklang zum ersten Mal das Lied, das Snorri, Haithabus Geschichtenerzähler und Chronist des Rangar, gedichtet hatte.

Es kam ein weitgereister Knecht
des Christengotts, das ist bezeugt.
Er wollt' uns weisen, wie man recht
zu beten hat, das Knie gebeugt.
So neigt denn alle Kopf und Hals
und betet an das fette Schmalz.
Ja betet an, ja betet an,
so lehrt es euch der braune Mann[IV].

Der gelbe Mantel

Die Nacht, bevor Nabukta von Bari, der jüdische Kaufmann, uns wieder verließ, werde ich nicht vergessen. Er kam in meine Hütte in einem ärmlich zerschlissenen Wams und lachte sehr zufrieden: «Dieses Wams habe ich soeben gegen meinen Seidenmantel getauscht», feixte er.

«Holla! Ein schlechter Tausch!»

Nabukta lächelte wie in Vorfreude auf einen guten Witz: «Ich denke, ein sehr guter. Schau, Mönch, was wird denn wohl passieren, wenn ein Kaufmann mit leeren Ochsenkarren über Land zieht, aufgeputzt wie zum Laubhüttenfest? Alle Räuber der Gegend werden sich sagen: Ha! Wenn die Wagen leer sind, müssen die Geldsäcke voll sein? Hab ich nicht recht? Also wird ein alter Mann mit einem lumpigen Sack zurückreisen, einer, dem die Räuber eher eine Brotrinde zuwerfen, eher, als dass sie auf den Gedanken verfielen, in seinen Sack zu schauen. Ist es nicht so?

So habe ich es auf all meinen Heimreisen gehalten. Und jetzt bin ich hier, um die letzte Nacht mit dir durchzuschwatzen, denn was mir auf langen Reisen am meisten fehlt – wenn ich einmal von Weib, Söhnen, Töchtern und deren Kindern absehe –, sind gute Gespräche mit Männern, die Bücher gelesen haben, denen man nicht erst die Wundermächtigkeit von Erzvater Abraham erklären muss und nicht die wundersamen Verse des Homer.»

Nabukta hatte ein Fässchen des besten Weines gekauft, der in Haithabu zu haben war, und funkelnd perlte der Saft in die Kelche. «Auf Abraham, auf Moses, auf die Propheten ... und auf den Rabbi Jesus!»

Wir leerten das Fässchen allein, und so kam es, dass mir Zeit und Zusammenhang abhanden kamen. In meiner Erinnerung ist es mir, als wäre die Nacht angefüllt mit nur einer einzigen fortlaufenden Rede aus dem Munde des Juden, ein steter Fluss der Worte, nur durch kurzes Weinschlucken unterbrochen.

«Höre, Mönch. Ich denke, dass die Menschen Gottes Kinder sind und dass sie nicht deshalb besser oder schlechter sind, weil sie im Schatten einer Moschee, einer Synagoge oder einer Kirche geboren wurden.

Sind wir nicht beide der Meinung, dass Gott alles lenkt? Wenn aber dem so ist, wenn kein Blatt vom Baume fällt, ohne dass ER es will, so muss es doch auch sein Wille sein, dass dieses Kind von Siriusanbetern gezeugt wird und jenes von christlichen Eltern. Sag, wenn ich irre!»

Ich schwieg, wohl auch, weil meine Zunge, anders als seine, schon wie ein klobiger Kahn im Wasser lag, unfähig, den Redefluss ordentlich auszusteuern.

«Ich traf immer wieder zwischen Byzanz und Birka hoch im Norden auf Menschen, auf Juden, Christen, Heiden, die böse wurden, weil sie meinten, rechten Glaubens zu sein. Schau her!»

Er öffnete sein Bettlerwams und zeigte mir eine grässliche, lange Narbe, die seine Altmännerbrust quer zeichnete.

«Das ist nicht die Handschrift von Räubern, mein lieber Mönch! In Padua fiel ich vor nunmehr wohl zwanzig Jahren unter die Christen. Nicht etwa, dass sie mir vorwarfen, ich hätte mit falschen Gewichten gewogen oder schlechte Ware als gute vorgetäuscht. Der eine, der gar nicht aussah wie ein Schlagetot, sagte ... und er sagte es, ohne zu schreien und ohne jede Erregung: ‹Dieser hier ist vom Stamme der Unseligen, die den Heiland gemordet. Wer solche erschlägt, tut gottgefällige Tat.›

Dann zog er ein langes Messer und hieb auf mich ein. Keiner hob eine helfende Hand zu meinen Gunsten. Man ließ mich für tot liegen. Ich aber konnte mich, als die Mörder abgezogen waren, in den Schatten eines elenden Hauses flüchten, wo mich gute Menschen versteckten und gesund pflegten. Auch sie waren, das sei nicht verschwiegen, Christen.

Mönch, ich sage dir, es ist nicht diese Wunde hier, die ich mit mir herumtrage, es ist eine tiefere Wunde, die mich schmerzt. Es gibt Nächte, da schrecke ich unter Schreien aus dem Schlaf, weil ich Bilder sehe ... Bilder, dass alle Welt vorrückt, um die Kinder Israels zu erschlagen.»

So redete der Jude, und er wusste seine Nachtmahre sehr wohl in anschauliche Bilder zu kleiden: «Im Frankenland, mein Mönch – so sehe ich es in meinen Nachtgesichten –, im Land der Wälder, wo doch der Christenglaube die heidnischen Menschenopfer längst verboten hat –, im Frankenlande reißen sich die blutigen Wölfe von den Ketten, um die Kinder Israels zu jagen. Und die sie fangen, verbrennen sie. Dieser Traum kehrt immer wieder. Und erwachend bin ich dankbar, dass es nur ein Traum war.»

So redete der weitgereiste Jude, und wir sprachen auch noch über mancherlei mehr, über die Art, wie man auf gottgefällige Weise Fleisch isst (eine seltsame Vorstellung!) und warum der Sabbat und nicht der Sonntag heilig sei, darüber, dass die Mohren Cordobas die besten Süßspeisen machten und dass sie teuflisch schöne Weiber hätten. So verging die Nacht, und ich vergoss Tränen der Rührung und des Lachens.

Der Wein zog mich gegen Morgen in einen tiefen Abgrund, an dessen Rand ich wohl noch ein paar närrische, tapsige Tanzbewegungen vollführt hatte; Nabukta hat mich sicherlich als Schlafenden verlassen.

Am hellen Tag erst fand ich die Tranlampe, die am Abend zuvor noch randvoll war, leergebrannt. Der weiße Sand des Bodens war mit Weinflecken gesprenkelt, so, als hätte hier jemand ein Huhn geschlachtet. Um die Reste zerbröckelten Brotes kämpften Mäuse. Welch ein seltsames Abendmahl war das ... Und voller Schrecken und Scham dachte ich daran, dass diesen Morgen etliche Gläubige vergeblich auf den Morgensegen in unserer kleinen Kirche gewartet hatten...

Zwei Tage später erfuhr ich von einem Waffenhändler, der von Hollingstedt kam, dass ein vermeintlicher Bettler erschlagen im Hafenbecken von Hollingstedt gefunden worden war, ein Mann, in dessen Wams man sehr viel eingenähtes Gold fand, das den Dieben offenbar entgangen war ... entgangen wohl deshalb, weil sie genug in einem geflickten Sack gefunden hatten.

Und ich bemerkte auch, dass ein gewisser Händler in Haithabu an schönen Tagen einen gelben Seidenmantel trug. Und der nämliche Händler, den sie Ole den Alleskäufer nannten, war es auch, der im Frühjahr darauf fünf Handelsschiffe von der allerbesten Bauart bei Einhard bestellte und sie schon bei Kiellegung bezahlte.

Mittsommernacht

O Brüder und Schwestern in Christo, was soll ich erzählen von der kürzesten Nacht, dem Tag der hohen Sonne, dem Mittsommernachtsfest in Haithabu. Kein Tag im Jahr der Heiden gleicht diesem. Und ich denke mir, die Heiden, da sie doch so unerleuchtet sind, brauchen diesen Tag, an dem sie dem Lichte huldigen, wohingegen Christen zur dunkelsten Zeit das Licht des Herrn begrüßen. Zu Mittsommernacht stehen die schon fast Toten von ihren Strohlagern auf, um mitzufeiern. Ganz Haithabu schwebt, schwelgt dann in nabid (Bier) – wobei Ruitgar, der Braumeister von Haithabu, eigens für diese Nacht noch ein Kräutlein in die Sudpfannen wirft, das er geheim hält, dessen Wirkung aber nun wahrlich kein Geheimnis ist. Ich denke, es wird Bilsenkraut gewesen sein, was Ruitgar heimlich in den Kessel warf.

Auf allen Stegen und besonders auf der Mole drehen sich knusprige Schweine über dem Feuer, so dass die Ratten sich tollkühn hervorwagen, um teilzuhaben. Die weitgereisten Kaufleute, die zum ersten Mal ein Mittsommernachtsfest erleben, stehen anfangs stumm und überwältigt am Rande. Und einen aus dem fernen Sicilia hörte ich sagen, dass so etwas selbst in Messina nicht gesehen ward.

Was mich, einen Gottesmann, mit Schauder und Abscheu erfüllen sollte, aber mir doch – heute, wo ich dieses nach so vielen Jahre schreibe – insgeheim das alte Fleisch erschaudern lässt: Die Weiber zeigen dem tobenden Mannsvolk, wenn erst genügend Bier geflossen ist, fast ohne Aufforderung viel von dem, was sonst den Blicken rechtmäßiger Ehemänner vorbehalten ist. Eine wahrhaft himmelschreiende Sauerei! Sah ich doch einmal, als ich mich nach einem vom Tisch gefallenen Hühnerbein bückte, die stille, unscheinbare Tochter eines Töpfers auf allen vieren, wie sie unter dem Tisch damit beschäftigt war, einem verheirateten ... Aber der Anblick ist es nicht wert, notiert zu werden. Nur so viel sei gesagt: Bier ist beileibe nicht der einzige Saft, der zu Mittsommernacht weiß aufschäumt.

Von all den Mittsommernachtsfesten, die ich sah, war das erste das eindrücklichste, und das mag sehr wohl daran liegen, dass sich erste Eindrücke besonders tief einfurchen, so wie mir auch heute noch scheinen mag, dass der erste Backenstreich, den ich als Knabe von meinem Vater, dem Schlosser, erhielt, der schwerste Schlag in meinem Leben war, was ganz und gar unmöglich ist.

Aber ich kann schon noch genauer sagen, warum mir dieses erste Fest des Lichtes – schon bald nach unserer Ankunft in Haithabu – so stark im Gedächtnis geblieben ist. Hörte ich doch zum ersten Mal die Geschichten des Snorri, des isländischen Geschichtenerzählers, der alle großen Kaperfahrten des Rangar mitgemacht hatte (ja, auch seine unselige letzte, die den Herward zum Waisen machte) und der darüber in wundersamen Versen zu berichten wusste. Ein Meister! Und ich sollte mich kasteien, dass ich so wenig von dem, was er erzählte, notiert habe.

Die meisten seiner Geschichten waren mehr oder minder glaubhafte Lobeshymnen auf Rangar von Thorsberg, den Jarl zu Haithabu, den glückhaften Kaperfahrer, den Mann, der zu Hause milde und in der Ferne furchtbar war, den Mann, der mehr Bernstein gehäuft hatte in seinem Leben als wohl irgendwer sonst.

Ich erinnere mich an die Geschichte, wie Rangar eine als uneinnehmbar geltende Stadt in Sicilia zu Fall brachte. Für die Wahrheit kann ich mich nicht verbürgen, wohl aber dafür, dass Rangar selbst wohlgefällig nickte, wenn seine Taten berichtet wurden. Ja ich sehe den Snorri noch vor mir, die langen, eisgrauen Haare vollführten wilde Tänze, wenn er den Kopf hin- und herschleuderte zur Bekräftigung seiner Worte – so, als hätte er zwei Jahrzehnte hinter sich und nicht deren fünf –, wie er auf den Tisch sprang, von dort unsichtbare Brände oder

Speere schleuderte und die Zuhörer allein mit Worten fast zur Raserei brachte.

«... und als wir vor die uneinnehmbare Stadt kamen, vor der schon Odo der Schädelbrecher unverrichteter Dinge umkehren musste, überfiel uns alle eine große Verzweiflung. Wie diese Mauern überwinden, deren Zinnen sich in den Wolken verloren, aus denen es heißes Pech und feurige Brände regnete, sobald man ihnen zu nahe kam?

Rangar erkannte sogleich, dass ein Anrennen nur hohen Blutverlust der ohnehin geschwächten Mannschaft bedeutet hätte. Also verlegten wir uns aufs Aushungern.

Aber die Belagerten warfen wie zum Hohn halbe Schweinehälften herab und Schläuche voll besten Weines, was uns alle sehr entmutigte.

Nur Rangar behielt seine Zuversicht. Denn Loki, der Listenreiche, hatte ihm im Traum offenbart, wie das Kriegsglück zu wenden sei.

Tag für Tag flogen aus der Festung unzählige Vögel herab auf die Felder vor den Mauern, um Körner zu sammeln. Rangar ließ sie mit Leimruten fangen. Dann machten sich alle Männer, so als wären wir Frauen, die in diesen Dingen geschickter sind, daran, den Vögeln Seidenschnüre ins Schwanzgefieder zu binden.

Auf ein Zeichen hin setzten wir Feuer an diese Bänder, und die Vögel flogen in größter Not zurück zu ihren Unterschlüpfen unter den hölzernen Dächern der Stadt.

Ein günstiger Wind half, und im Nu brannte die Stadt nieder. Zwar verbrannten auch alle kostbaren Stoffe, und die Ernte an Sklaven war schwach, aber an Edelmetall blieb noch genug für uns alle.

Und wir lernten ein weiteres Mal, dass unser Häuptling nicht nur stark und kriegsmächtig ist, sondern auch von feinstem Verstand ...»

Eine andere Geschichte, an die ich mich erinnere, ging ungefähr so: «Und als wir vor die größte Stadt der Insel kamen, die von den Weitreisenden Sardinia genannt wird, erkannten wir sogleich, dass keine Waffe stark genug wäre, sie zu brechen. Also legten wir einen Ring von Menschenleibern um die Stadt, so dicht, dass keine Maus ungesehen hinein- oder hinauskonnte.

Aber wann immer wir an einer. bestimmten Stelle angriffen, hatte sich gerade dort eine starke Macht der Verteidiger versammelt, so dass mich der unvergleichliche Rangar eines Tages zur Seite nahm und also fragte: ‹Höre Snorri, wenn es doch so ist, dass wir immer dort auf starken Widerstand stoßen, wo wir angreifen, so frage ich dich: Wie kann das sein? Haben die Leute hinter den Mauern mächtige Götter, die unsere geheimen Pläne wissen und sie verraten?›

‹Oh, das glaube ich nicht, Häuptling Rangar›, sagte ich, ‹ist es denn nicht viel wahrscheinlicher, dass wir einen Verräter in den eigenen Reihen haben?›

Rangar beauftragte mich, den Verräter ausfindig zu machen und ihm, Rangar, geheim zu berichten. Ich legte mich drei Nächte auf die Lauer, und in der vierten sah ich einen Griechen, der sich uns angeschlossen hatte, wie er nachts zur Mauer schlich und eine Nachricht an einen Faden band, der heruntergelassen wurde.

Daraufhin ließ Rangar ein Fest unter allen Unterhäuptlingen und Bootsführern ausrufen. Es floss viel Wein, der aber nur gefärbtes Wasser war, und alle Führer taten so, als sänken sie betrunken zu Boden. Das war nun genau das, was der Spion seinen Kumpanen in der Stadt angekündigt hatte. Ich hatte dem Verräter nämlich unter dem Mantel der Verschwiegenheit berichtet, dass Rangar mit viel Wein der sinkenden Moral seiner Mannen aufhelfen wollte. Die Belagerten brachen daraufhin mit großem Getöse aus, um uns zu überrumpeln, liefen aber in unsere Waffen, und es endete schrecklich für sie. Den Griechen aber pfählten wir auf der höchsten Zinne der Stadt.»

Ich könnte wohl noch einige dieser Geschichten erzählen; doch habe ich Veranlassung zur Zurückhaltung, fühle ich doch, dass Snorris Verse – auf stumpfes Papier gekratzt und ohne seine Stimme – farblos werden, so wie ein bunter Stichling, aus seinem Element geholt, nicht mehr rot schimmert, sondern nur noch blässlich.

Eine Liedstrophe allerdings, die eine frühe Begebenheit aus dem Leben Rangars erzählt, aus einer Zeit, als Snorri noch nicht mit ihm fuhr, ist mir ganz besonders haftengeblieben, und Du, geneigter Leser, wirst sofort erfassen, warum:

Als Rangar, Sohn des Eisenbiegers,
erblüht war zu kriegsmächtiger Gestalt,
war er der kühnsten einer unter Olafs Mannen.
O Olaf, Bluttrinker, der du doch
musstest so viel salz'ges Wasser saufen,
da, wo das Meer die Elbe trinkt.
Ja dorten erfüllte sich das Schicksal so vieler.
Odin – kein anderer war's – nahm sie alle auf Walhall.
Nur einem – ich schwör's – gewährte der Vollstrecker
eine große Huld: Schwimmend erreichte er das Land.
Wundersam weise diese Rettung:
Denn hätt' ihn Odin nicht verschont,
nie wär' Haithabu so herrlich erblüht – Haithabu.
Du Bernsteinschatz am Sund der Schlei,
verdankst du doch deinen Glanz
dem Manne, den Odin verschonte.
So leeret die Becher auf Rangar, den Liebling der Götter!
Bernsteingebadeter, Bernsteinbesonnter!

Die letzte Zeile nötigt mich zu einem kurzen Kommentar: Später erfuhr ich nämlich, dass Rangar nur jene Dichtung für würdig hielt, bei großen Festen gehört zu werden, in der Bernstein vorkam, was wiederum bewirkte, dass Snorri kaum vierzig Zeilen sang, ohne dass irgendwie das gelbe Funkelwerk dazwischenglomm. Bei langen Schlachtgesängen musste daher das Eisen «Bernsteinfunken» sprühen (was mir ganz und gar unmöglich erscheint), Bier hatte Bernsteinfarbe (was noch angehen mag), und schöne Frauen schmückten bei Snorri ausnahmslos Bernsteinaugen, selbst die nordischen Frauen, die doch allemal blauäugig wie die Vergissmeinnicht sind.

Aber, von des Snorris Gesängen abgesehen, gab es noch ein anderes ganz und gar einmaliges Ereignis, das mir meine erste Mittsommernacht unvergesslich machte. Herwards Kampf mit Erik Gabelbart, dessen Bruder mein junger Wegkumpan am Tag seiner Ankunft in Haithabu unabsichtlich zum Krüppel schlug. Du erinnerst den Vorfall, sorgsamer Leser?

Normalerweise regeln die Wikinger, wenn Blut zwischen zwei Männern geflossen war, die Sache schnell, wenn möglich noch am gleichen Tag. Aber in diesem Fall hatte Rangar dem Erik befohlen, sich zu gedulden bis zum Mittsommernachtsfest. Der Kampf sollte das Fest krönen.

Sich Gedulden war aber das, worauf sich Erik am schlechtesten verstand. Nachts hörte man ihn wie einen verwundeten Wolf heulen: «Zittere, Herward, Hel, meine Streitaxt, wird dich fressen, dein Blut werden die Hunde von Haithabu lecken ... ahhhhhhhhh grääääähh ...»

Tagsüber vollführte Erik Gabelbart eindrucksvolle Übungen mit der Streitaxt, wann immer Herward in seine Nähe kam: Er schleuderte die Axt über vier Mannslängen und traf noch fingerbreite Hölzchen, er ließ das Mordinstrument so schnell über dem Kopf kreisen, dass es einen heulenden Ton gab, kurzum, er tat alles, um Herward zu erschrecken, der aber auf all das nur mit einem milden, fast freundlichen Lächeln reagierte. Und einmal hörte ich ihn sagen: «Ist das

Unglück deines Bruders, das ich von Herzen bedauere, nicht schon genug, Gabelbart?»

Erik Gabelbart war ein Berserker. Ich habe dieses Wort erstmals in Haithabu gehört, und es ist schwer, ein lateinisches Wort dafür zu finden. Ein Berserker ist ein Krieger, der ohne jede Todesfurcht in die Schlacht zieht, dessen höchste Freude das Hauen und Stechen ist und der auch dann noch weiterkämpft, wenn ihm ein Pfeil im Arm steckt oder ein Kurzschwert im Bein. Man erzählte von Erik Gabelbart, dass, wenn es zum Kampf Schild an Schild kam, dort, wo er stand und schlug, immer eine Ausbuchtung in den feindlichen Linien entstand, so schrecklich ginge er zu Werke.

Damals an den Tagen vor Mittsommernacht und dem Zweikampf machten sich allerlei Leute einen Spaß daraus, dem Herward immer tollere Geschichten über Gabelbart zu erzählen: dass er einen ausgebrochenen Stier an den Hörnern zurück in den Verschlag gedrängt habe, dass er während der Belagerung von Paris mit bloßen Händen brennende Teergeschosse geschleudert habe, weiter als jede Wurfmaschine, dass er ... einerlei! Herward hörte aufmerksam zu und sagte dann meist: «Schade um so einen Mann!»

Aber ich will mich nun beeilen zu vermelden, was aus dem Kampf wurde. Ich sah ihn mit übermüdeten Augen, hatte ich doch die ganze Nacht und den Tag davor damit zugebracht, Gottes Beistand auf den Herward herabzuflehen oder, besser noch, betend die Absage des Kampfes zu bewirken. Letzteres misslang.

Es war viel Bier geflossen, aus fünfzig Luren wurde geblasen, Snorri hatte erzählt, Sklavinnen aus dem Wendischen hatten traurige Lieder gesungen (ich glaube, das Traurigsein fiel ihnen in Haithabu nicht schwer), als endlich der Jarl Rangar sich in seinem Hochstuhl aufrichtete und allso sprach: «Volk von Haithabu! Vor zwei Monden kamen ein Mönch und ein junger Mann zu uns. Ihr kennt sie mittlerweile alle. Ein böses Missverstehen, an dem ich diesem Herward keine Schuld geben will, führte dazu, dass Torste, Sohn des Rolf, für immer siech geschlagen ward durch die Hand des Herward. Auch wenn ich dem Herward daran keine Schuld zu geben gewillt bin, ist das Rachebegehren des Erik Gabelbart, welcher ist Bruder dem siechen Torste, rechtens. So sollen nun die Götter durch die Waffen sprechen. Gebt Raum!»

Gabelbart, dessen roter Bart tatsächlich in zwei wüste Gabelspitzen auslief, stürmte in den freiwerdenden Kreis auf dem großen Anger, an seinem mächtigen Leib hing viel eisenbeschwertes Leder, den Kopf überwölbte ein gewaltiger hjálmr (Helm), der einem Schwächeren den Kopf in die Brust gedrückt hätte. Herward trug nur ein leichtes Kettenhemd von der Art, wie es die Franken zu machen verstehen, und Beinschienen, denn man hatte ihm gesagt, dass Gabelbart gern nach den Beinen seiner Gegner schlüge, wobei er den Streich so ansetzte, als zielte er nach dem Kopf, und erst im Niedersausen gebe er der Langaxt eine Wendung nach unten. Er selbst nannte diesen Schlag, den nur er beherrschte, die blutige Mondsichel.

Herwards Schild war schindelartig mit Eisenschuppen überzogen, sein Schwert steckte tief in der Scheide. Und dieses Schwert war es, das ein großes Gemurmel verursachte, noch ehe der Kampf begann. Schließlich gebot der Jarl Ruhe und wandte sich an Herward:

«Ich weiß, dass dir dieses Schwert viel bedeutet. Aber der Rächer seines Bruders hat als der Geschädigte die Wahl der Waffen. Und er hat sich für Hel, die Langaxt, entschieden.»

Herward warf den Kopf in den Nacken und sagte: «Mag er seine Waffe wählen, ich wähle meine.»

Der Jarl wischte sich über die Stelle, wo ihm eine Augenbraue fehlte, und einen Moment schien es, als wüsste er nicht, ob er belustigt oder verärgert reagieren sollte. Er entschied sich für Strenge: «Junger Mann, ich weiß nicht, wie man das in Sachsen hält, aber hier gilt nordisches Recht. Und hier ist es seit Urvätergedenken so, dass in einem Streit aufs Blut derjenige die Waffen bestimmt, der eine Forderung hat.»

Für einen winzigen Moment sah ich so etwas wie Entsetzen und Schwäche in Herwards Gesicht. Doch dann sagte er mit fester Stimme: «Von dieser Sitte höre ich hier zum ersten Mal. Jener, der meint, mich erschlagen zu müssen, hatte lange Zeit, um sich auf den Axtkampf vorzubereiten. Ich erbitte nur sehr wenig Zeit, soviel Zeit, wie ein guter Trinker braucht, um drei Hörner zu leeren.» Rangar gewährte die Frist mit einer knappen Handbewegung.

Erik Gabelbart heulte auf: «Feigling, er versucht sein Leben zu verlängern!»

Herward winkte Einhard heran, mit dem er, sich einen Weg durch die heftig bewegte Menge bahnend, in der Bauhütte der Werft verschwand.

Was die zwei in der Bauhütte trieben, um die sich sofort eine Traube neugieriger Gaffer bildete, erfuhr ich erst später. Einhard riss mit einer groben Beißzange die Eisenschuppen von Herwards Holzschild. Und als Herward wieder ins Freie trat, trug er einen nackten Holzschild und in seiner Schwerthand ein Äxtchen, ein Kinderspielzeug, das Einhard für seinen Sohn gezimmert hatte, Stiel und Schneide aus weichem Erlenholz.

Als man den Herward so zurückkommen sah, ging ein Aufschrei durch die Menge. Gabelbart aber schienen die Augen aus seinem rotgeäderten Berserkergesicht zu quellen. Schließlich brüllte er: «Dir wird das Spaßen gleich vergehen. Lass es anfangen, o Jarl!»

Rangar ließ die beiden Kämpfer Aufstellung nehmen, wobei zwei Mann den Berserker festhalten mussten, auf dass er nicht gleich losstürme. Dann hob der Jarl die Hand und ließ sie sinken. Es wurde still, so dass der Angriffsschrei des Berserkers wie ein Stoß aus einer Lure die Luft erfüllte. Zu meiner Schande muss ich gestehen, dass ich die Augen im Gebet geschlossen hielt, aber weniger aus Glaubensinbrunst, vielmehr wollte ich vermeiden, dass mich die Bilder dieses grausigen Spiels fürderhin verfolgen sollten. Aber ich öffnete sie unwillkürlich, als ich ein Krachen und Splittern hörte. Gabelbarts Axt hatte sich tief in Herwards Holzschild verbissen, was dieser ohne Zweifel beabsichtigt hatte, denn so machte es ihm keine große Mühe, dem Gegner das Mordinstrument zu entwinden. Schon lagen Holzschild und Axt am Boden. Ich sah noch, wie Herward einen schnellen Schritt auf den Berserker zumachte und ihm mit seiner rechten Beinschiene quer vor das Standbein schlug, so dass der schwere Kerl zu Boden ging. Er hatte noch kaum die Erde berührt, als Herward auf seiner Brust saß, beide Hände wie eine große Zange um seinen Hals gelegt.

Was dann geschah, ist Legende. Allein Snorri hat drei gänzlich unterschiedliche Lieder über den Hergang des Kampfes gedichtet. Jeder, der sich einen Platz in den ersten Reihen hatte erkämpfen können, hat es offenbar anders gesehen als sein Nachbar, und Herward weigerte sich, viel darüber zu reden. Mir scheint nach reiflicher Überlegung, dass sich das Ende des Kampfes, der keine zehn Herzschläge lang währte, so zugetragen haben könnte: Der Herward drückte den vorspringenden Teil des Halses, den man auch den Adamsapfel nennt, mit beiden Daumen so gewaltig nieder, dass sich der Hüne nur noch ein einziges Mal aufbäumte und dann in sich zusammensackte. Es war gewaltig, einen so lauten Mann plötzlich so still und unbeweglich liegen zu sehen.

Ja, ich erinnere mich, die stillste Stille meines Lebens gehört zu haben, nur das Schlagen von vielhundert Herzen war in der Luft. Und dann fiel der Schrei einer alten Frau in die Leere des Augenblicks, einer Frau, die nun schon in kurzer Zeit und ohne dass Krieg war, den zweiten Sohn verloren hatte.

Der Jarl richtete sich in seinem Stuhl auf und sagte: «Die Götter haben entschieden. Und jeder, der versucht, diese Entscheidung zu verändern durch neuerliche Angriffe gegen den Sieger, den trifft das Gesetz mit aller Schärfe.»

Man hörte leises Murren, aber keinen Widerspruch.

In der Folgezeit kamen häufig Soldaten, meist solche, die das Danewerk (so nennen die Franken und Sachsen den großen Wall) bewachten, um den Mann zu betrachten, der einen Berserker mit bloßen Händen getötet hatte. Herward begegnete ihrer Neugier mit unendlicher Geduld – ja, ich wunderte mich nicht wenig, wie viel kluge Besonnenheit er sich zugelegt hatte. Nur einmal, als einer behauptete, Herward hätte den Recken Erik mit christlicher Zauberei zu Boden gesteckt, sagte Herward: «Ich zeige dir diesen Zauber, Freund. Achte auf diese Hand!» Und während der Soldat noch glotzäugig auf die Faust stierte, hatte er sie im Gesicht und fiel der Länge nach in den Staub. Es gab abermals ein großes Geschrei unter dem zusammengelaufenen Volk, denn der Mann lag da, als sei er tot. Doch er erhob sich nach einer Weile, torkelte wie ein Betrunkener und schlich sich davon.

Zwei Häuptlinge kamen, einer sogar aus der entfernten Königsstadt Jellinge, um Herward als Heerführer zu werben. Aber er beteuerte mit ausgesuchter Liebenswürdigkeit, wie sehr er sein Schiffszimmererhandwerk liebe und wie wenig ihm am Soldatsein gelegen sei. Und ich, dem manche dieser Reden hinterbracht wurden, war stolz auf den Sohn des Heitu, so als wäre ich der Vater.

Der Weg nach Walhall

Es mag wohl noch vor Einbruch des Herbstes gewesen sein, als Rangar meinte, mir einen neuerlichen Beweis seiner Hochherzigkeit geben zu müssen. Er ließ mich rufen – unpassender Weise während ich im Heliand las, um mich auf die Messe vorzubereiten – und trat mir strahlend entgegen.

«Männer wie du gefallen mir. Man lacht über dich, nennt dich Schmalzanbeter, und du bleibst fest, ohne böse zu werden. Ich möchte nicht, dass Männer wie du würdelos sind.»

«Großer Jarl, meine Würde verleiht mir Gott, der mir auch mein Amt verliehen hat. Also können Menschen mir auch meine Würde nicht nehmen.»

«Gut geantwortet. Ich mag solche Antworten, die von der Beweglichkeit des Geistes und der Zunge zeugen. Wie du überhaupt in meinem langen Leben der erste Fremde bist, der Nordisch, fast ohne mit der Zunge anzustoßen, sprechen kann.»

«Auch das ein Geschenk meines Gottes.»

«Als ich während meines zweiten Zuges meine Hände verschiedentlich in muselmanisches Blut und Cordobas Schätze tauchen konnte, lernte ich deren Sprache recht gut (und er gab mir ein paar Beispiele von Tönen, die er tief aus dem Bauch herausholte), aber ich gebe zu, ich sprach nicht im entferntesten so gut Arabisch, wie du Nordisch sprichst.»

«Wem Gott das Amt gibt, den Heiden zu predigen, dem gibt er auch die Zunge, um in ihrer Sprache zu reden!»

«Bei Mjöllnir! Kann man mit dir kein Wort wechseln, ohne dass du im Dienst bist!»

Aber Rangar beruhigte sich sogleich wieder, nahm mich freundlich an der Schulter und führte mich zu einem niedrigen Häuschen, das ein wenig abseits seines weitausladenden Wohnhauses stand – mit der hinteren Hälfte über den Kanal gebaut.

Den Grund für diese ungewöhnliche Bauweise erfuhr ich sogleich.

«Es ist nicht gut, dass ein Mann wie du, der so sehr auf seine Würde achten muss, seinen Arsch wie alle anderen über den Steg halten muss, wenn ihm der Drang das befiehlt. Schau, was ich habe!»

Damit stieß er die Tür der kleinen Hütte auf. Auf einer Bank an der Rückwand saß eine seiner jungen Frauen, die sogleich eilig ihre Röcke zusammenraffte und kichernd verschwand.

Nun erkannte ich den Sinn der Sache. In die Bank waren verschieden große Löcher gesägt. Ein gewaltiges für den Jarlshintern, mittelgroße für seine Frauen und kleine für die Kinder.

Das Erstaunen auf meinem Gesicht machte ihm große Freude, und er sagte: «Einer wie ich ist nicht deshalb viel in der Welt herumgekommen, um völlig unbelehrt nach Hause zu gelangen. Ich habe mir viel abgeschaut. Diesen Ort nennen die Mohren in der hohen Stadt zu Cordoba (er krächzte ein seltsames Wort, das ich mir nicht merken konnte) – das heißt auf gut Nordisch: Ort der großen Erleichterung. Eine wunderbare Sache. Man sitzt bequem, und die Dinge, von denen man sich zu trennen gedenkt, treiben fort, so dass kein Geruch einen belästigt. Sag selbst, wie findest du das?»

Ich wollte dem Jarl nicht die Freude nehmen und behauptete, eine so kluge Vorrichtung noch nie gesehen zu haben. (Dabei fiel mir ein: Hätte sich Rangar genauer betrachtet, was er alles in Ramsolano niederbrannte und zerschlug, hätte er darunter auch den stillen Ort hinter dem Lagerschuppen bemerken können, der diesem hier nicht unähnlich war.)

«Eine gute Sache, o Jarl! Und ich danke für den Vorzug, hier bisweilen rasten zu dürfen.»

«Wenn dich meine Frauen oder Kinder stören, schick sie fort. Sie können warten.»

Den Jarl traf ich an diesem Ort verschiedentlich; denn er ließ es sich nicht nehmen, mich oft zu begleiten, und weil es die Höflichkeit gebot, nicht schneller fertig zu werden als er, der viel aß und häufig davon Verstopfung bekam, darum geschah es, dass ich an manchen Tagen lange mit entblößtem Hintern über allerhand wichtige und unwichtige Dinge mit ihm sprach. Wenn sein Vorhaben leicht vonstatten ging, überkam ihn regelmäßig große Dankbarkeit. Und es war auch wohl das Ergebnis einer solchen unter lautem Krachen bewirkten Entspannung, dass er uns Christen anbot, mit den Nicht-Christen das Julfest zu feiern.

«Ich weiß», sagte er, während er sich mit einem weichen Lumpen über den Hintern fuhr, «dass ihr zur selben Zeit die Geburt eures Gottes feiert wie wir das Julfest. Aber das soll euch nicht hindern, von der besten Fischsuppe zu kosten, die es auf der Welt gibt. Und ich habe immerhin die Fischsuppen gegessen, die sie an den Gestaden des Warmen Meeres zu speisen pflegen! Unsere ist reich angefüllt mit Hering, Scholle, Dorsch. Dazu Durchgedrehtes von Plötze und Zander. Es verlangt auch keiner von euch, dass ihr auf das Wohl der Freya oder des Odin trinkt. Und ich selbst verbürge mich dafür, dass an diesem Tag keiner euren Gott lästern darf. Na, wie steht es ...?»

Das Angebot kam aus so lauterem Herzen, dass ich gerührt die Kutte über meinen blanken Teil niederfallen ließ und mit ihm das Häuschen verließ. Es machte ihm offenbar Freude, Gutes zu tun. Und als ich ihn – das war allerdings später vorsichtig fragte, wie das zusammenginge, die blutigen Kaperfahrten in ferne Länder und seine Friedensliebe zu Hause, da schaute er mich lange an, ehe er antwortete: «Wenn ich am Ende der Welt Köpfe spalte, sehne ich mich danach, zu Hause Köpfe zu streicheln. Und umgekehrt. Nur in den letzten Jahren hat mich die Trägheit des Alters eingeholt. Diese Hand hier wird wohl keinen Schädel mehr spalten.»

Kurz vor dem Julfest war es, dass ein alter Mann mich rufen ließ, von dem es hieß, dass er schon geraume Weile vergeblich auf den Tod wartete. Ich war guter Hoffnung, dass er sich am Tor zum Jenseits zum einzig wahren Glauben bekehren wollte, aber als ich seine dunkle, muffige Hütte betrat, in der eine noch dunklere und muffigere Frau regierte, merkte ich schnell, dass es ihm um anderes ging.

«Hör zu, Christenhäuptling, ich weiß, dass mein Tranlicht flackert. Aber ich gebe dir das hier ... (damit hob er ein Silberkreuz aus seinem Strohlager empor, ein gutes Stück, das er vielleicht in jungen Jahren einem Priester, vielleicht gar einem Bischof entrissen hatte) ... dieses Kreuz sollst du haben, wenn du es fertigkriegst, dass ich den Tag vor Jul auf meinen zwei Beinen stehen kann.»

«Nur einen Tag? Und dafür willst du dieses Kreuz hier geben?»

Seine Frau, die mit halbem Ohr zugehört hatte, obwohl der Alte versucht hatte, sie mit matten Handbewegungen aus dem Haus zu scheuchen, fiel uns ins Wort: «Er redet ja schon wie einer, dem die Sinne schwinden. Das gute Stück für einen Tag! Eine Schande ist das!»

«Sage mir, warum so viel Silber für nur einen Tag, und warum soll es der Tag vor dem Julfest sein?»

Der Alte brachte ein Lächeln zustande, so dass sich ein Netz aus Fältchen über seinem Gesicht zusammenzog wie ein Fischernetz, und Heringsfischer war er auch den längsten Teil seines Lebens gewesen.

«Auszuschließendem weißt du von unseren Göttern, Christenhäuptling?»

«Genug, um sie nicht zu mögen.»

«Dann kannst du am Tag vor Jul noch ein wenig dazulernen. Und wenn ich dann auf meinen Beinen stehen kann und stark genug bin, ein Kurzschwert zu halten, dann ist das Kreuz hier dein.»

Ich wog das gute Stück mit der Hand. Massives Silber, über das in der Manier irischer Künstler ein breites Band geflochtener Rosenblätter lief. An den Nagelstellen erblühten Rosen. Das Kreuz wäre ein unerhörter Schmuck unseres Gotteshaus, dachte ich, oder – die unfrommere Möglichkeit – eingeschmolzen gäbe es uns die Mittel, viele christliche Sklaven freizukaufen.

«Ich werde Gott bitten, dich an diesem Tag auf die Beine zu stellen. Es ist seine Entscheidung, nicht meine.»

Der Alte, ich glaube sein Name war Ryga, gniggerte zufrieden, ließ seine leeren Kiefer schmatzend aufeinanderfallen und schlief ein.

Am Tage vor Jul betrat ich mit dem ersten Licht die Hütte des Siechen und fand ihn tatsächlich vollständig angekleidet und umgürtet mit einem Kurzschwert. Er grinste mich freudig an und sagte: «Den Schild nehme ich nicht etwa deshalb nicht, weil es zu schwer wäre, er wäre hinderlich bei dem, was ich vorhabe. Dein Gott hat schon Kraft. Mir geht es gut genug, dass ich die tausend Schritte zur Allmende allein gehen kann. Folge mir, wenn du ein Spektakel erleben willst. Und das Kreuz hole dir, wenn meine Kraft bis zuletzt gereicht hat. Wenn meine Kraft aber nicht bis zuletzt reicht, so unterstehe dich, Hand an das Silber zu legen!»

Gemeinsam gingen wir den Steg landeinwärts. Auf dem Holz lag schon Raureif, und die Wintersonne ließ ihn funkeln. Ryga ging sehr langsam, blieb häufig stehen, um rasselnd nach Atem zu ringen, war aber noch kräftig genug, um mein Angebot, ihn zu stützen, mit einer unwirschen Bewegung seiner knochigen Hand abzuschlagen. Lediglich das Kurzschwert durfte ich ihm tragen, was einer der seltenen Anlässe in meinem Leben war, dass ich eine Waffe trug. Als wir die von hohen Weiden gesäumte Allmende erreichten, traute ich meinen Augen nicht. Trotz der frühen Stunde säumten wohl an die fünfhundert Menschen das Wiesenrund. Aber sie schwiegen, als ginge es darum, einen Gottesdienst zu beginnen.

Den Jarl sah ich in der ersten Reihe, er trug seinen festlichen Bernsteinmantel und stützte sich auf ein ebenfalls bernsteinverziertes Schwert, das er «Glimmerauge» nannte. Etwa in der Mitte der Allmende hatten sich in zwei Reihen, etwa auf doppelte Armlänge voneinander entfernt, Männer aufgestellt. Sehr alte, wohl die ältesten des Dorfes. Ryga humpelte dazu und stellte sich ans Ende der Reihe, die den Zuschauern am nächsten war.

Keinen Moment zu früh, denn schon ließ der Jarl ein gutes Dutzend Luren blasen (nur ein Dutzend, es konnte also kein sehr bedeutendes Ereignis sein).

«Höret, Krieger von Haithabu, darunter solche, die mit mir in guten wie in schlechten Zeiten gesegelt und gerudert sind. Es riecht nach Blut. Und in Walhall werden die sein, die im Kampf fallen!»

Daraufhin erhoben die alten Männer ein Kriegsgeheul, das ein wenig brüchig und greisenhaft klang. Sie ließen die Schwerter, Lang- und Kurzäxte aufeinanderprasseln, und mehr als die Hälfte von ihnen sank sogleich zu Boden. Einige stöhnten, aber andere stießen Laute aus, die ich eher als den Ausdruck freudiger Erregung deuten möchte denn als Schmerzensbekundungen. Einer, ich höre es noch wie heute, brüllte unablässig: «Nach Walhall, nach Walhall!» bis ihm das eigene Blut den Mund auszuschließendes.

Von den kahlen Feldern zogen schwarze Vögel herüber. «Wotan schickt seine Raben. Es steht gut um eure Reise!» munterte Rangar die Greise auf, die noch standen. Da es der Zufall gewollt hatte, dass von der einen Reihe nur noch wenige, von der anderen aber noch viele standen, schlug nun jeder gegen jeden. Zum Schluss standen nur noch zwölf oder fünfzehn, bluttriefend, als kämen sie gerade von dem Schlachtfeld vor Dorestadt, wo ein damals vielbesungener Waffengang stattfand, der den Wikingern zwar den Sieg, aber nur mäßiges Glück beschert hatte. Schließlich gingen ein paar junge Burschen mit blanken Waffen mitten unter die auf den Tod verletzte Schar. Einige brüllten Sätze wie: «Du hast meinen Oheim erschlagen ... nimm dies dafür!» Oder: «Deine Mutter hat meiner ein Ei gestohlen, dafür musst du mir büßen.» (Man bedenke, die Mutter eines Greises!) Es schien mir ziemlich beliebig, was sie brüllten, denn einige machten der Einfachheit halber immer die gleiche Anschuldigung, wen auch immer sie gerade niederschlugen.

Als ich den Ryga fallen sah, den ein Knabe mit einer Forke aufspießte wie ein Bündel dürren Reisigs, musste ich forteilen, um mich nicht vor so vielen Menschen öffentlich zu erbrechen. Ich würgte den Hering der letzten Nacht empor und spuckte ihn in einen Kanal.

Als ich wieder zu mir kam, stand Herward neben mir, klopfte mir den Rücken und sagte: «Sie wollen es so, Bruder Agrippa. Es ist ihre Himmelfahrt. Wer in der Schlacht fällt, kommt nach Walhall. Wer auf dem Stroh stirbt, den fressen die Würmer. Und Haithabu entledigt sich so der Hände, die nur noch in die Suppe fassen, aber nichts mehr hineinbrocken können.»

Ich stützte mich auf Herward, der mein Elend mit einem schönen Lächeln auffing. Und ich sagte: «Manchmal kommen mir Zweifel, dass man diesen Menschen die Liebe Gottes ans Herz legen kann.» Herward ging nicht auf meine Zweifel ein, ihn bewegte anderes: «Hast du die Augen des Jarl gesehen, als das Schlachten begann? Das waren nicht die milden Augen des guten Jarl. Das waren die Augen, die meine Mutter wohl noch ganz zuletzt hat sehen müssen.»

Und ich hatte das Gefühl, diese Beobachtung machte Herward Freude. Er hatte den Mann gefunden, den er lange vergeblich gesucht hatte.

Ein geworfener Kamm und geworfene Lose

Ich kann nicht sagen, dass die Heidenkinder begierig nach dem Worte Gottes lechzten. Sie mochten die Geschichten der Bibel sehr. Sie mochten sie aber auf eine Art, die mir zu denken gab. Als ich einmal die heilige Geschichte des Jonathan darbot und schilderte, wie er im Bauche des Walfischs vom Herrn erlöst wurde, erntete ich tobendes Gelächter. Ein Mann stand auf, der auf verschiedenen Booten der Norweger-Wikinger so manchen Wal erlegt hatte, und erklärte, ein Mann in einem Wal sei so tot wie ein Mann in einem Wolfsrachen. Und ein Gott, der solche Geschichten von sich erzählen lässt, müsse ein lustiger Gott sein, der weiß, was den Menschen Spaß macht.

Schlimm erging es mir, als ich zum ersten Mal vor einer größeren Schar von der Kreuzigung Jesu erzählte. Ein Gott, der es kampflos geschehen lässt, dass seine Feinde seinen einzigen Sohn töten, sei kein Gott, dem man sich anvertrauen wolle. Wie sollte denn wohl ein Gott, der seinen Sohn nicht zu schützen vermag, Menschen schützen können, denen er nicht blutsverwandt ist?

Die Taufe hingegen war nicht unbeliebt. Aber wohl ganz überwiegend deshalb, weil wir ein sauberes, gut gewebtes Leinenhemd und einen Scheffel Dinkel boten für jeden, der sich von den Heidengöttern lossagte und dem Einen Gott die Ehre erwies. Nicht selten sah ich einen, den ich taufte, Tage später das Knochenorakel befragen. Einer kam mit zerrissenem Taufhemd und sagte, ihn velange erneut nach Gottes Segen, denn dieser Segen hielte den Körper vorzüglich warm.

Und auch die Händler von Haithabu gingen mit Heidentum und Christentum so um wie mit zwei gleichrangigen Gütern. Nicht weit von meiner Hütte betrieb ein Gießer sein Handwerk. Er kerbte in Specksteine kunstvoll Formen für Broschen und

Gemmen, die er dann mit edlem Metall oder Eisen ausgoss. Eines Tages sah ich, dass er für Thorshämmer – am Halsband zu tragen – dieselbe Hohlform nutzte wie für Kreuze. Wenn Thorshammer-Amulette gewünscht wurden, füllte er den oberen Teil der Kreuzhohlform mit Tonerde, so dass nur ein Hammer übrigblieb. Wurde danach ein Kreuz gewünscht, kratzte er die Tonfüllung wieder heraus.

Manchmal hätte ich mir Feindschaft gewünscht, wusste ich doch, dass die christlichen Bringer des wahren Glaubens immer dann Wunder wirken konnten, wenn man sie bedrängte. Aber man bedrängte uns nicht. Man ließ uns gewähren. Ja, mehr als einmal wies Rangar Bürger von Haithabu zurecht, die uns verspotteten. Und einmal, als jemand am heiligen Freitag ein nacktes Huhn an unser Kirchenkreuz nagelte, ließ er den Übeltäter öffentlich auspeitschen.

Aber quälend langsam nur wuchs unsere Zahl. Vielleicht wäre alles leichter und schneller gegangen, wenn mir die Wunderkraft einer Reliquie zur Seite gestanden hätte, etwa das Wunderbein des Ansgar, das mich aus den Fängen der Bärenanbeter gerettet hatte. Aber auch ein Bein mit niederer Segenskraft, etwa von einem einfachen Bischof, wäre mir recht gewesen.

Willig ließen sich die Sklaven Gottes Wort predigen, denn dass vor Gott alle Menschen gleich seien, klang ihnen verheißungsvoll in den Ohren. Rangar hatte erlaubt, dass zweimal während eines Mondes den Sklaven gepredigt werden dürfe, wobei darauf zu achten sei, dass kein aufrührerisches Wort fiel.

In Haithabu wurden die *Arbeitssklaven* (die unzähligen *Handelssklaven* hielt man an schweren Ketten in einem Geviert nahe dem Wasser) des Nachts an einem sicheren Ort verwahrt, wo man sie in leichte Ketten legte. Dass es nur leichte Ketten waren, hatten sie Rangar zu danken. Als der nämlich sah, dass die schweren Ketten hässliche offene Wunden an den Beinen hervorriefen, die die Arbeitskraft erheblich beeinträchtigten, ordnete er diese Erleichterung an.

Die Sklavinnen, von den Männern getrennt, doch im gleichen Haus gehalten, wurden häufig zu Weberei und Spinnerei eingesetzt. Ich kann nicht sagen, dass es den Arbeitssklaven – anders als der Handelsware – in Haithabu übermäßig schlechtging, aber ich denke, dass in ihren Herzen, einerlei ob es christliche oder heidnische Herzen waren, eine verzehrende Flamme brannte: Zurück, zurück, zurück.

Herward interessierte sich sehr für das Sklavenhaus. Wann immer dort ein Händler auftauchte, hielt er ihn fest, und immer war es die gleiche Frage: «Weißt du von zwei hochgewachsenen Mädchen mit hellblondem Haar, die von Wikingern in Ramsolano bei Hammaburg geraubt wurden?» (Keine ungefährliche Frage, denn wie leicht hätte sie an das Ohr des Rangar dringen können, des Mannes, der ja wohl an diesem Raub hervorragend beteiligt war.)

Die Antwort war immer: nein. Nur einmal erfuhr Herward etwas, das ihn aufwühlte. Ein Sklavenhändler von Bornholm, ein kleiner Mann mit listigen Schweinsäuglein, sagte ihm: «Wenn ich sehr blonde, hochgewachsene junge Sklavinnen zu verkaufen hätte, würde ich sie ins Land der Mohren verkaufen. Dort zahlt man für Derartige das Fünffache wie für Dunkelhaarige.»

Ich hatte anfangs große Sorge, dass Herward eines Tages zu Rangar gehen könnte, um ihm die Spitze seines Schwertes auf die Brust zu setzen und nach dem Verbleib seiner Schwestern zu forschen. Aber mir wurde bald klar, dass dies nicht sein Weg war. Herward hielt es mit Gott wie schon sein Vater. Er war Christ. Aber nicht allzu sehr. Und als ich ihn tadelte, dass er selten im Gebet anzutreffen sei, sagte er etwas, das auch Heitu hätte sagen können: «Ich glaube, Gott mag kein langes Gerede. Die Worte, die du mir von Jesus erzählt hast, waren immer kurz. Mir gilt sein Beispiel.»

Wenn ich zum Sklavenhaus ging, begleitete er mich regelmäßig. Die Wachen erkannten uns schon von fern und ließen uns ohne Umstände ein. Viele Sklaven brauchten ärztliche Pflege, und es kam mir sehr zugute, dass ich von Varga einiges gelernt hatte. Am meisten nutzte mir die Kenntnis zweier Pflanzen, die, zu Pulver zerstoßen und in Fett aufgelöst, die eiternden Wunden von Peitschenschlägen leichter heilen ließen.

Eine Zeitlang schien mir Herwards auffällig große Bereitwilligkeit, mir während der Gottesdienste im Sklavenhaus zu ministrieren, mit seiner schweifenden Sehnsucht zusammenzuhängen, doch noch etwas über den Verbleib der Schwestern zu erfahren. Und tatsächlich frug er unablässig, ob nicht dieser oder jener auf einem der Märkte, durch die sie gewandert waren, zwei bestimmte Mädchengestalten gesehen hätte. Ein Sklave, ein Wende mit einem zu kurzen Bein, sagte, ja, auf dem großen Markt zu Dorestadt hätte er zwei solcher Mädchen gesehen. Aber es stellte sich schnell heraus, dass der Mann log, um sich interessant zu machen.

Aber eines Abends – ich hatte über eine Bibelstelle gesprochen, die in einem Sklavenhaus angemessen ist: «Selig sind die, die um meinetwillen Schmerz und Unrecht erleiden» –, eines Abends also bemerkte ich, wie Herward lange und versonnen auf eine junge Sklavin blickte, die ihr kurzgeschorenes braunes Haar (kurz war Vorschrift wegen der Läuse) mit dem Mus roter Beeren gefärbt hatte, Beeren, die sie wohl während der Arbeit in einem der großen Gärten beidseits des Flusses beiseite geschafft hatte. Auch trug sie ihr Grobleinen nicht nach der Art der anderen Frauen wie einen Sack. Sie hatte sich einen Strick gegriffen und ihn so gebunden, dass er ihre Brüste ein wenig hob und außerdem ihre Taille doppelt umspannte. Ihr Gesicht war ebenmäßig, schön, die Augen lebhaft, sie hatten nichts von der Stumpfheit derer, die nichts mehr erwarteten als einen Teller voll Grütze und wenig mehr erhofften, als dass die Peitsche nicht in ihre Haut Biss. Diese Sklavin, das war klar, war keine Dutzendware, wie sie über alle Märkte der Welt geschwemmt wird, von Arbeit und Kummer gebrochen. Auch schien sie bisher das eher seltene Glück gehabt zu haben, dass sie kein Peitschenschlag im Gesicht getroffen hatte.

«Wenn du willst, Herward, frage ich, wem sie gehört.»

Herward fühlte sich ertappt und grinste ein Grinsen, das ihn unversehens wieder zu dem Jungen machte, den ich aus Ramsolano kannte. «Gut, Bruder Agrippa, bitte frag!»

Ich schaute ihn durchdringend an: «Es würde unsere Lage allerdings sehr erschweren, wenn du Begehrlichkeiten entwikkeltest, die eines Freien nicht würdig sind.»

«Sagtest du nicht immer, Gott bestimmt, was Würde ist?»

«Was weißt du von Gott?»

«Das, was du mir erzählt hast.»

«Ich werde erst einmal in Erfahrung bringen, ob sie Christin ist. Aber ich warne dich, wer sich einer Sklavin wie einer Frau nähert, begeht schweres Unrecht. Wir haben Probleme genug.»

Herward winkte ab: «Genug für heute, Bruder Agrippa, lass uns gehen.»

Als wir die Messbecher und den kleinen tragbaren Altar zusammengerafft hatten, sah ich aus dem Augenwinkel, wie Herward der Sklavin mit den beerenmusfarbigen Haaren im Hinausgehen etwas zuwarf. Einen Kamm. Einen Kamm für so kurze Haare?

Es mag zwei oder drei Tage nach diesem Kammwurf gewesen sein, dass Herward mich fragte, ob ich nicht gedächte, das Kreuz des Ryga zu verkaufen, der nun – wenn seine Wünsche in Erfüllung gegangen sein sollten – in Walhall wohnte.

«Verkaufen? Warum?»

«Sagtest du nicht, du wolltest christliche Sklaven freikaufen?»

«Ich habe darüber nachgedacht.»

«Welche gedenkst du freizukaufen?»

«Ich werde Gott die Entscheidung überlassen, ich werde das Los werfen.»

«Ich bitte dich, dass ein Los auf die mit den beerenroten Haaren fällt. Mir ist, als leuchtet ihr Gesicht durch all die Nächte, die ich seit meiner Kindheit durchschlafen habe.»

Ich schaute mir den Mann an, der einen Berserker mit bloßen Händen erwürgt hatte, der acht Soldaten mit bloßer Faust niederschlug ... und ich sah wieder einen kleinen Jungen, an dessen Seite ich die Elbe entlangwanderte, den Blick auf Seeadler und Wellenschlag gerichtet.

Die Entscheidung war keine leichte. Mein Wunsch war es, einen hohen Turm aus Stein zu bauen, der die Glocke tragen sollte, die endlich kein Schmalz mehr enthielt. Ja, ich wünschte sehnlichst, dass ihr Rufen wieder weit über Haithabu hinaus gehört werde. Einhard, der sich nicht nur auf das Schiffebauen verstand, hatte schon einen wunderbaren Plan auf Pergament gezeichnet, und der Jarl hatte zu verstehen gegeben, dass er gegen einen Turm nichts einzuwenden hätte. Wir sollten ihn nur ja schön hoch bauen, dass er bei Überfällen als Fluchtburg tauge.

Wohl an die hundert Mal beugte ich mich im Gebet über das große Silberkruzifix, das mir Gott in die Hände gelegt hatte, weil dem Ryga sein Wille geschehen war. Vergeblich erflehte ich ein Zeichen. Das einzige Zeichen, das ich erkannte, war das flehentliche Flackern in Herwards Augen. Also entschied ich mich gegen den Stein- und für einen Holzturm, den Einhard ohne viel Aufwand erbauen konnte. Wir ließen das Kreuz einschmelzen, und mir brach fast das Herz, als die wunderbaren Rosen in der Glut dahinwelkten, bis schließlich das heilige Bild ganz verschwommen war und nur noch ein schwerer silberner Klotz zurückblieb. Dann warf ich unter dem Birkenkreuz, nachdem ich zuvor inbrünstig um Erleuchtung gebetet hatte, die Lose. (Ich weiß sehr wohl, geliebter Leser ferner Tage, dass das Losewerfen eine heidnische Unart ist. Dieses Losewerfen hatte ich aber durch lange Gebete ganz in das Belieben Gottes gelegt.) Und siehe: Die eine, auf die es Herward so besonders ankam, traf ein Los, ohne dass es also nötig geworden wäre, Gottes Entscheidung zu korrigieren.

Ich hatte mich vorher eingehend erkundigt, und der Preis, den mir ein Kaufherr aus Byzanz, der damals mit großem Gefolge in Haithabu weilte, für das Silber zahlen wollte, erschien mir eine angemessene Basis für emsiges Feilschen. Nach vielstündigem Handel, in dem der Byzantiner die Unsicherheit der Wege beklagte, auf denen er seine Schätze zurückbringen wollte in seine ferne Heimat, und ich die Reinheit des Silbers lobte, dem unzweifelhaft auch in geschmolzener Form Gottes Segen innewohnte, nachdem also all diese nötigen und kunstvollen Reden verklungen waren, hatten wir genug Kölner Kaiser, um acht Sklaven freizukaufen. Und es blieb auch noch genug für das Holz des Glockenturmes.

Gott hatte es gefallen, dass nur zwei der acht Freizukaufenden Christen waren, einer ein dunkelhäutiger Mann namens Samuel, von außergewöhnlichen Körperkräften, ein Mann, der sich nach seiner Gefangennahme vom Judenglauben zum Christentum bekehrt hatte, die andere eine Wendin, deren schöne Stimme viel gerühmt wurde. Maja, die junge Abodritin mit den beerenroten Haaren, zeigte zwar Interesse für den Einzigen Gott, hing aber zu dieser Zeit noch den windigen Göttern ihrer windigen Heimat an.

Als ich Herward in gespielter Beiläufigkeit erzählte, dass Gott auch jene Maja auserwählt hätte, nahm er mich – der ich immerhin damals kein mageres Leichtgewicht war – und warf mich in die Luft, als wäre ich ein Kind. Leider war er so glückstrunken, dass er es verabsäumte, mich ordnungsgemäß wieder aufzufangen, so dass der Gottesentscheid zugunsten jener Maja mir einen gehörig gestauchten Arm bescherte.

Zwei Wochen lang musste ich mit der falschen Hand den Segen austeilen. Und wäre ich ein unfrommer Mensch mit heidnischem Gemüt, ich hätte dieses nun für ein übles Vorzeichen halten müssen.

Als alle Kölner Kaiser an die Besitzer bezahlt waren (drei der acht Sklaven gehörten dem größten Getreidebauern Haithabus, der wenig später für günstigeres Geld fünf neue Sklaven kaufte), ließ Rangar die Freigekauften zu sich kommen und sprach sie mit einer wohlgesetzten Rede frei. Dann versammelte ich mich mit der ganzen Christengemeinde von Haithabu unter dem Birkenkreuz, und wir dankten und lobten Gott. Lauter als der Jubel der Freien war nur das Wehklagen jener, auf die kein Los gefallen war, und ich tat mein Bestes, sie der Fürsorge des Himmlischen Vaters zu versichern, in dessen Reich es weder Peitschen noch Fesseln gibt.

Und zurückdenkend an diese Jahre, deren Ränder in meiner Erinnerung unscharf geworden sind, zurückdenkend will mir scheinen, dass der seltsam heidnische Tod des Ryga doch im großen Plan des Herrn verzeichnet war als eine notwendige Tat. Ganz sicher aber wird der Herward dieser Meinung sein. Ganz sicher. Und ich sehe noch das Bild vor mir, wie sich die zwei das erste Mal in der Art der Liebenden davonschlichen. Ich musste mein Antlitz bergen und weinen, kamen mir doch die Erinnerungen an Heitu und Varga und an jene Tage, als ihr Glück in Ramsolano noch in Blüte stand.

Wahrlich, wahrlich, das Los derer, die wie wir Mönche nur mit dem Herzen lieben dürfen, ist Augenlust. Doch für mich gab es in jenen Tagen so viel zu tun, zu segnen, zu taufen, zu heilen, dass ich kaum heimgesucht wurde von den Anfechtungen des Fleisches. Vielleicht, so will es mir scheinen, gelang es den heiligsten Heiligen der Christenheit deshalb so gut, der sündigen Wurzel der fleischlichen Lust ihren Willen zu diktieren, weil ihr Leben stets erfüllt war von Taten. Und auch meine

Tage damals in Haithabu waren tatenvoll und meine Nächte meist nichts als tiefer Schlaf.

Doch von einer schlaflosen Nacht kann ich nicht schweigen. In dieser Nacht geschah eines jener Wunder, an denen mein Leben so reich ist wie das Leben kranker Menschen an durchwachten Stunden.

Ich war nach einem Tag voller Mühsal im Dienste des Herrn auf mein Lager gesunken und wohl schon fast über die Schwelle des Schlafes getreten, als Herward laut lärmend in meine Hütte drang, die Maja hinter sich herziehend, als sei sie eine strohgestopfte Puppe.

«Erzähl, Maja, erzähl meinem Bruder Agrippa, was du soeben mir erzählt hast!»

Maja wandte sich scheu ab; ihr Haar war noch kurz und trug noch immer die Farbspuren von rotem Beerenmus. Flackernden Blickes versuchte sie meine Hütte auszuspähen, so als ob ihr hier von irgendwoher ein Unglück drohe. Ich habe diesen Sklavenblick bei Freigelassenen oft bemerkt, diesen Blick, in dem noch die Verletzungen ungezählter Peitschenhiebe liegen.

«Sei unbesorgt, meine Tochter!» sagte ich. «Hier wohne nur ich, und der Herr Jesus ist bisweilen mein Gast – wie ich hoffen darf.»

Maja hockte sich zu Füßen meiner Lagerstatt und machte sich sehr klein – das Sklavenhafte, so dachte ich, lässt sich nicht abschälen wie ein Schorf, unter dem die Haut bereits geheilt ist.

«Erzähl, meine Sommerblume, erzähl doch endlich!» drängelte Herward und sprang dabei auf und ab wie ein Kind, das vor Eifer fast an seinem Geheimnis erstickt.

«Ich war wohl noch nicht viel größer», begann Maja tastend, «als dass mein Kopf bis zum Leibriemen meines Vaters reichte, mit dem er mich und meine Schwestern häufig schlug. Ich denke, er schlug uns auch deshalb so oft und so hart, weil ihm kein Sohn vergönnt war.»

«Überspring das Nichtige, komm zu der Sache mit den Schlägen, die an mich gingen!» drängelte Herward erneut, der sich nun weiß Gott gebärdete wie ein Heidenknabe vor seinem ersten Julfest.

«Mein Vater war arm, ich lebte in Magdeburg mit meiner Mutter und meinen Schwestern vor der Stadt, denn Vaters Gewerbe war der Dreck, der Kot der Tiere. Dort wo die Wagen der Zugochsen umgeladen wurden, sammelte er den Kot der Ochsen, um ihn über die Felder der reicheren Bauern zu streuen. Dafür gab es zu wenig Lohn, um eine Familie zu ernähren.»

Ich gähnte. All das hätte doch wohl auch zu einer angemesseneren Zeit erzählt werden können. Herward aber, der meinen Missmut bemerkte, riss das Wort an sich: «Du erinnerst dich, dass du mich als Knaben mitnahmst nach Magdeburg, wo du alldorten eine Bibel ausgemalt hast bei einem Manne, der mehr Silber als arme Leute Läuse hatte. Und du erinnerst dich, wie ich vor der Stadt versuchte, einen Mann daran zu hindern, seine Tochter zu schlagen?»

Augenblicklich war ich wach. Maja schlug die Augen nieder, und dieses Niederschlagen der Augen erzählte die Geschichte zu Ende; wie ein Stoß Herbstblätter wehten die Erinnerungen über die nächtige Türschwelle. «So warst du es, mein Kind ...?»

Maja nickte und brach in Tränen aus, die ihr von Herward mit übergroßem Einsatz fortgemusst wurden, so dass ich beide – dies war immerhin die Hütte eines Gottesknechtes – zur Ordnung rufen musste. Schließlich beendete Maja mit wenigen wohlgesetzten Worten ihre Geschichte: «Als dieser dort, an dem mein Herz hängt, sich um meinetwillen schlagen ließ, da lernte ich, dass es besser ist, Schläge zu bekommen, als ein Unrecht unzerkaut herunterzuschlucken. Und es war viel Unrecht, was mein Vater mir zu schlucken gab. Denn er hatte keinen Gott und wusste nichts von Gut und Böse. Und weil ich ihm nicht immer seinen Willen tat wie meine Mutter und meine Schwestern, verkaufte er mich eines Tages – ich war schon zur vollen Größe gewachsen – für drei Kölner Kaiser an einen Sklavenhändler, den sie in Magdeburg Ruitgar die Spaltlippe nannten. Und mit ihm musste ich, in schweres Eisen gelegt, die Elbe hinab übers Meer bis Rungholt zu dem großen Sklavenmarkt fahren.»

Wir schwiegen eine Weile, bis schließlich Herward beschloss, die wunderbare Fügung mit geröstetem Schwein und Met der besten Sorte zu feiern. Und so geschah es. Draußen zog das erste Morgenlicht auf den Kanälen landeinwärts. Die Katzen, deren es viele gab in Haithabu, beendeten ihren misstönenden Nachtgesang, und ich segnete das junge Paar und sprach die Worte: «Die Wege des Herrn sind wunderbar!»

Und für kurze Zeit sonnte ich mich in dem Trugschluss, diese göttliche Fügung würde Herward dazu bewegen, den Herrn des Himmels und der Erde auch eine gewisse Sache zu Ende bringen zu lassen, die unerledigt in seinem jungen Herzen lag wie ein nur halb geschliffenes Schwert.

Friedliche Zeiten und deren Ende

Und so verging eine sanfte Zeit. Herward und Maja bauten sich eine kleine Hütte, klein zwar, aber aus bestem Holz, denn Herward erhielt inzwischen für seine Arbeit in Einhards Diensten gutes Geld. Ja, es gab sogar Schiffsverständige, die seine Arbeit höher schätzten als die des Einhard.

Die Tage waren wie Atemzüge: tief manche, flach andere, schnell oder lang. Es wurde gestorben wie überall. Leben wuchs nach. Ebo schickte zweimal Emmissäre, die sich über den Fortgang der Missionierung erkundigen sollten, und beide Male reisten sie befriedigt wieder in Richtung Hammaburg. Meine Bitte, man möge mir wunderkräftige Reliquien schikken, blieb allerdings ungehört. Das war bitter, aber ich musste wohl einsehen, dass die Kirchenoberen nicht ohne allergrößte Notwendigkeit Heiligenbein in unsicheres Heidenland schikken wollten.

Die Unsitte, Neugeborene im Noor auszusetzen, ging merklich zurück, und ich bin kühn genug, dies ein wenig dem Einfluss meiner heftigen Bußpredigten zuzurechnen. Auch kann ich mich nicht erinnern, dass zu meiner Zeit in Haithabu Menschenopfer vorkamen, obwohl allenthalben davon gewispert wurde, besonders als im zweiten Jahr eine schlimme Mäuseplage über Haithabu hereinbrach und Asa, der Zauberer, ein wahres heidnisches Feuerwerk aufbot, um die Tiere in die Flucht zu schlagen. Asa forderte energisch: Menschenblut gegen Mäusebrut. Sonst hülfe nichts mehr. Und ich bin mir ziemlich sicher, an wessen Blut er da vorrangig dachte. Aber Rangar winkte ab, und Asa musste sich fügen.

Ach ja, Asa! Man kann sagen, dass er sich selbst zum Menschenopfer machte. Asa war der Seher und Zauberer von Haithabu, und er war wohl der einzige, der sich von Anfang an gegen mich gestellt hatte. Ich erinnere mich, ich weilte wohl kaum drei Wochen in Haithabu, als er eines besonderen Tages, der der Freya geweiht war, einen schrecklich bemalten Ochsenschädel durch die Stadt trug und brüllte, der Christenhäuptling würde Unglück über alle bringen, das hätte ihm Freya im Rauchorakel offenbart.

Keiner schenkte ihm besondere Beachtung, denn das muss gesagt sein: Sowenig sich die Wikinger-Heiden mühen, ins Himmelreich zu kommen, so wenig Aufmerksamkeit schenken sie meistenteils auch ihren eigenen Göttern. Sie rufen sie an, wenn sie einen Wunsch haben, sie vergessen sie, wenn alles seinen gewohnten Gang geht. Sie stehen unbeweglich in Schreckensstarre, wenn ein schweres Gewitter über der Stadt steht, denn in dererlei Spektakel meinen sie die Nähe zorniger Götter zu verspüren. Aber kaum ist das Unwetter vorüber, widmen sie sich wieder in großer Selbstverständlichkeit ihren Geschäften.

Doch dieser Asa ließ nicht nach, gegen unsere Gemeinde zu hetzen. Als ein Krabbelkind vom Steg fiel und ertrank – unweit unserer Kirche –, klagte Asa uns öffentlich an. Als eine der Frauen des Jarl über einer Geburt verstarb – sie war eigentlich zu jung fürs Gebären –, da behauptete Asa, durch Thors Mund erfahren zu haben, dass ich dieses Unglück bewirkt hätte. Aber Rangar jagte ihn von der Schwelle und sagte, auf eine Frau mehr oder weniger solle es ihm nun wirklich nicht ankommen, er solle wiederkommen, wenn es Wichtiges zu vermelden gäbe.

Diesen Rat hatte sich Asa offenbar zu Herzen genommen. Wenig später erschien er vor Rangar – in einen lächerlichen, zerzausten Wolfspelz gehüllt, auf dem Kopf einen Bärenschädel – mit der Kunde, die Stadt werde abbrennen, wenn man mich nicht rechtzeitig vertriebe oder besser gleich töte.

Diese Worte, das war zu spüren, machten einen gewissen Eindruck auf Rangar, denn vor Feuer hatte er eine gewisse Furcht. Seltsam, wo er doch so viel Feuer gelegt hatte während vieler blutiger Kaperfahrten. Trotzdem jagte er Asa abermals aus seiner Burg mit den Worten: «Rede mir nicht von Bränden. Deine Worte sind Brandsetzung.»

Zwei Nächte später brannten fünf Hütten am Hafen nieder, und Einhard und Herward kämpften mit dem Mute der Verzweiflung, um zu verhindern, dass das Feuer auf die Werft und ihr großes Teerlager übergriff. Es gelang ihnen mit Hilfe vieler mutiger Helfer, und ich sehe noch, wie sie rauchgeschwärzt und atemlos auf den Holzplanken am Hafen lagen, nachdem die Flammen erstickt waren.

Asa aber schrie seinen Triumph in die Nacht: Hatte er nicht das Unglück kommen sehen?

Da erhob sich Herward von der Holzplanke, auf die er sich gelegt hatte, um seine gesengte Haut mit Wasser zu kühlen, und er überbrüllte den Asa: «Hört zu, Leute von Haithabu, folgt mir in die Hütte des Asa. Ich denke, dort werden wir etwas finden!»

Es wogte sogleich eine gehörige Menge dem Hause des Asa zu, denn schlafen wollte und konnte in dieser Nacht keiner. Und richtig. Da fanden sich, nur flüchtig versteckt, Stangen, mit teergetränkten Lumpen umwickelt. Asa gestand. Aber er tat es unter Gezeter und Verwünschungen.

Rangar ordnete an, dass Asa noch am darauffolgenden Tag ertränkt werde. Und ich sehe noch, wie der Eisenkasten mit dem zeternden Heidenpriester langsam im Wasser des Hafens versank, ich höre noch, wie bis zuletzt seine Verwünschungen über die Stadt hallten.

«Wotan wird von eigener Hand ein brennendes Schiff in diesen Hafen schicken, auf dass ganz Haithabu brennt wie Zunderholz. Das wird er tun aus Rache, weil ihr einem Christengeschwätz zuhört, wo ihr besser daran tä... brrr ... uaaah ... bllllluubb ...»

Schließlich war da noch ein Gurgeln, dann stiegen nur noch Blasen auf. Dann war es still.

Herward hatte in der Nacht zuvor ein paar böse Brandwunden davongetragen, die Maja nach meinen Anweisungen mit dem Mus durchgekauter Bärenklaublätter bestrich.

Maja, deren Haar schon bald nach ihrem Freikauf in dunkelglänzenden Wellen herabfiel, erblühte: So wie aus einem niedergetretenen Gebüsch ein fruchtender Baum erwachsen kann. Ich denke, sie war eine der schönsten Frauen in Haithabu, und das war schon eine delikate Sache: eine Freigelassene schöner als die Weiber gutbetuchter Händler und gesegneter Bauern, prosperierender Heringsfischer und wohlhabender Pelzhändler. Und ein Jahr später gebar sie dem jungen Schiffsbauer, zu dem Herward nun geworden war, einen Sohn, den sie Heitu nannten. Und, o Wunder, auch er hatte die Zweifarbigkeit der Augen.

Es war eine ruhige Zeit, während der ich häufig Gelegenheit hatte, die kluge, umsichtige Art des Rangar zu bewundern, sei es beim Schlichten von Marktstreitigkeiten, sei es, wenn er festlegte, wie viele Haithabu-Taler oder Kölner Kaiser für wie viel Bruchsilber zu zahlen seien, sei es bei allfälligen Verleumdungsklagen – denn immer gab es jemanden, der seine Ehre verletzt wähnte –, sei es bei unerklärlichen Schwangerschaften, von denen fast ausschließlich die schöneren Weiber befallen wurden, sei es – und das besonders! – bei überhöhten Steuerforderungen aus Jellinge: Der König aller Dänen hatte nämlich wenig Hemmung, in mageren Jahren von seinen Untertanen um so mehr zu fordern.

Als ein reicher Hispanier sich länger in Haithabu aufhielt, ein Mann, der ein gänzlich entartetes Christentum predigte, ein Evangelium, dessen Künder nicht Jesus, sondern ein gewisser Mohammed sein sollte, da hörte der Jarl diesem Manne ebenso lange und aufmerksam zu, wie er sich von mir aus der Bibel hatte erzählen lassen. Ja, er lud mich ein, mit ihm und dem Hispanier zu disputieren, und ich erinnere mich noch daran, wie gut Rangar seine Fragen zu setzen verstand, wie er das eine oder andere Mal mich gegen den Hispanier anlaufen ließ, als wären wir zum Schwertkampf Mann gegen Mann bestimmt.

«Jesus hat böse Geister in Schweine fahren lassen, so sagtest du doch, mein guter Christenhäuptling. Und Mohammed sagt, man dürfe kein Schweinefleisch essen. Nun frage ich euch beide: Womit haben diese armen Schweine solche Geringschätzung verdient? Wenn alle Geschöpfe geschaffen sind – das sagt dein Christengott, und das sagt ja auch dein Allah –, dann wird man doch nicht davon ausgehen können, dass ein Gott unreine Tiere geschaffen hat. Es sei denn, er hätte sich beim Erschaffen dieses Tieres ganz fürchterlich geirrt. Aber beide sagt ihr, dass sich euer Gott nie irrt. Also scheint mir da mit den Schweinen eine fürchterliche Verwirrung passiert zu sein. Und wir Heiden (er nannte sich wirklich so und lachte dabei) tun gut daran, dass wir die Schweine für gute Tiere halten, besonders die gerösteten.»

Solche Rede erboste den Mohren nicht weniger als mich, und es konnte geschehen, dass wir – denen doch nun wirklich wenig gemein war – gemeinsam gegen den alten Fresssack aneiferten, was ihn nur zu immer tolleren Spitzfindigkeiten anstachelte.

Gerne schenkte er sich und mir im Angesicht des Mohren Wein oder Bier ein, wusste er doch, dass der Mohr das für Sünde hielt – ein seltsamer Gedanke, wo doch Jesus selbst aus Wasser Wein gemacht hat. Dann wieder heuchelte er größtes Interesse für ein Buch, das der Mohr «Koran» nannte und in dem steht, was ein jeder zu tun und zu lassen hat – solches Interesse zeigte er aber nur, um mein Buch, das Buch der Bücher, zu beleidigen.

Aber Beleidigen ist, ich gestehe es, nicht das rechte Wort, denn alles geschah so spielerisch, so zwischen Bier und Fleisch, zwischen Lachen und Suff, dass man keine wahrhaft schlechte Absicht erkennen konnte. Und wenn ich von wundersamen Errettungen erzählte, die Gott bewirkte, erzählte er mir von den Opfern seiner Züge – die Seine, die Elbe und die Weser hinab –, von Opfern, denen alles Beten nichts genützt hätte. Noch während seines letzten großen Zuges geschah es, so brüstete er sich, dass er ein großes Schlachtfest mit einem sehr fetten Mönch feierte, den er an ein Kirchentor nageln und aufschlitzen ließ, auf dass der Arme alle Heerscharen des Himmels herabzubefehligen versuchte. Bis zuletzt hätte der Mann gesungen.

Solanus!

Ich musste unter dem Vorwand, das Bier hätte mir den Magen überfüllt, hinauseilen, lief in die Sternennacht und weinte, während Rangar und der Mohr noch bis in die Morgendämmerung weiterdisputierten.

Rangar segelt (nicht) wieder

Nach durchplauderten Nächten konnte es geschehen, dass Rangar mich wie ein frierendes Kind zudeckte, noch selbst danach sah, dass mir ein Krug frischen Wassers gegen den Nachtdurst aufgestellt wurde, ehe er selbst mit einer oder mehreren seiner Frauen zu Bette sank. Engelteufel.

Lange wog ich mich in der Illusion, dass Herward seine Rache vergessen und begraben hätte, ja ich sah ihn sogar gelegentlich ruhige Worte wechseln mit dem mächtigsten Mann Haithabus. Und als der Jarl drei neue Frachtschiffe bestellte, verbrachte Herward lange Zeit in seiner unmittelbaren Nähe, denn Rangar ließ es sich nicht nehmen, den Fortgang des Schiffsbaus von der Kiellegung an Schritt für Schritt selbst zu überwachen. Er prüfte das Holz, indem er mit seinem Schwert darin herumstocherte, lobte die Festigkeit der Spanten und die Stabilität der Eisenbeschläge, schaute auf das Schiffchen der Weberinnen (Sklavinnen zumeist), die das besonders feste Segeltuch herstellten, und korrigierte auch mit großem Sachverstand die Blattbreite der Ruder. Eine Veränderung im Wesen des Rangar bemerkte ich erstmals, als eines Tages – ich meine, es war an einem kühlen Oktobertag im letzten Jahr dieses unseligen Jahrhunderts – die Kunde vom Tod des Kaisers Arnulf nach Haithabu getragen wurde.

Was wissen wir heute noch von den Fürsten, die in Sparta herrschten oder in Korinth? Kaum dass ihre Namen bekannt sind! Was wissen wir noch von den Hetmanen, die unter Attila geritten sind? Wenig genug. Kann ich mich denn also darauf verlassen – geliebter Leser ferner Tage – dass Du den Arnulf kennst?

Wenn Du ihn kennst, so vergib mir meinen Argwohn. Wenn nicht, mögen Dir ein paar Bemerkungen meinerseits helfen: Im Jahre 887 war es, da sein Stern als Herrscher aufging, und 899 spät im Jahr war es, dass er erlosch, nachdem er schon eine Weile unter schwerer Krankheit geflackert hatte. Man berichtet, dass der Verdacht der ehelichen Untreue auf Kaiserin Utas schön gerundeten Schultern lastete – ein Verdacht, der im Übrigen mit Hilfe von zweiundsiebzig Eideshelfern zerstreut wurde. Gleichwohl muss der nagende Verdacht wie ein böser Wurm am schon schwachen Kaiserherzen weitergefressen haben.

Im Jahre des Heils 896 noch ward Arnulf, auch wohl Arnulf von Kärnten genannt, die Kaiserwürde zuteil, verliehen vom Papst Formosus, von dem ich später im Roten Haus zu Wik am Holze hören musste, dass sein Leichnam von einem Nachfolger auf Petri Thron so arg geschändet wurde. Der Arm des Arnulf aber lag schützend selbst über den Grenzen des Reiches, dessen äußerer Teil, gen Nordost hin, der Bardengau ist. Doch all das – so wendest Du zu Recht ein, geliebter Leser – erklärt nicht die große Bewegung, die Arnulfs Tod in Haithabu auslöste.

Nun war es so, dass es in Haithabu einen Stoßseufzer gab, der immer dann gen Himmel geschickt wurde, wenn es aus irgendeinem Grunde besonders schlechtging ... bei Zahnschmerz, Hungersnot, unerwartetem Tod, Unfruchtbarkeit eines Eheweibes – bei solchen oder ähnlichen Anlässen fühlte man sich am Noor «wie mit dem Rücken zur Dyle».

Und wer den Stoßseufzer besonders tief und ausführlich gebrauchen wollte, sagte: «Ich fühle mich wie mit dem Rücken zur Dyle und Arnulf vor mir.» Im Jahre 891 nämlich schlug Kaiser Arnulf, der fränkische Kaiser, der damals noch kein Kaiser war, bei Leuwen an der Dyle die bis dahin sieggewohnten Wikinger fürchterlich und vernichtend. Rot von Wikingerblut war die Dyle, und der Schrecken saß so tief, dass sich einige Jahre kein großes Wikingerheer mehr übers Meer und auf die fränkischen Flüsse wagte, von kleineren Kaperfahrten, wie sie Rangar unternahm, einmal abgesehen. Denn die kleinen beweglichen Verbände lohnten keine kaiserliche Mobilmachung, sie galten als Unwetter, die man vorüberziehen lassen musste. Ich habe mich im Übrigen von der Wucht der Snorri-Gesänge nie über die wahre Größe der Rangarschen Raubzüge täuschen lassen. Es war ja der Lebensunterhalt des Snorri, dem Rangar einen Spiegel vorzuhalten, in dessen Glanz sich der Jarl und Kaperfahrer gefiel.

Als nun vom Tode des Arnulf zu hören war, da schien es, als sei ein schwerer Alptraum von der Stadt genommen, denn auch in Haithabu gab es wohl keinen Steg, an dem nicht ein toter Bruder, Vater oder Großvater zu beklagen gewesen wäre – geblieben im roten Wasser der Dyle.

Und als nun im Winter 899 – ich seh es noch wie heute, ein langer Regen hatte die Kanäle anschwellen, lassen und die Wolken lagen wie dickgefressene Würmer über Land und Wasser – die Kunde vom Tode des Kaisers Arnulf durch die Stadt getragen wurde, begann eine andere Zeit. Da ging es wie ein Ruck durch die alten Glieder des Rangar. Er stand noch am gleichen Tag gerüstet und gegürtet auf dem Hauptplatz, so als wollte er unverzüglich zum Streit ausrücken. Seine eine Augenbraue war gesträubt wie der Kehlbart eines wütenden weißen Raben, auch trug er sein Kampfschwert, nicht das bernsteinschimmernde Schmuckschwert «Glimmerauge», und sein Blick war so, dass keiner versuchte, ihm standzuhalten.

Ganz Haithabu war versammelt, nie sah ich eine größere Menschenmenge an diesem Ort.

Und vor mir stand ein anderer Mann als der, den ich in durchschwatzten Nächten kennengelernt hatte. Da stand der Verwüster von Ramsolano, der Schlächter derer, die mit mir Zelle an Zelle gelebt hatten, der Mörder der Varga ... und ich sehe noch den Herward neben mir, wie ein Feuer aufgeht in seinen Augen: «Das ist der, den ich gesucht habe», zischelte er in mein Ohr.

Rangar erhob seine Stimme, in der plötzlich Eisen klirrte:

«Fett habt ihr angesetzt, Männer von Haithabu, die ihr euch bóendr nennt. Wisst ihr noch, wie man ein Schwert anfasst, oder taugen eure Hände nur noch, um Löffel zum Munde zu führen? Aus dem Süden kommt ein Zeichen. Arnulf ist tot. An seiner Eisenfaust hat sich manch Däne und Norweger eine blutige Nase geholt, nun aber liegen Sachsenland und Frankenland offen, offen für uns. Wer will da heimskr (häuslich, dumm) sein? Ich stelle dreißig Schiffe und manngörõ (Kriegsausrüstung), und ich erwarte, dass auf diesen Schiffen Männer sich einfinden, die den Unterschied zwischen einer Holzaxt und einer Streitaxt kennen. Rangar segelt wieder!»

Dieser Ruf löste unbeschreibliche Begeisterung unter den meisten Männern aus. Weniger bei den Frauen. «Rangar segelt wieder», hallte es über alle Schilfdächer hinweg, echote es über dem Noor. «Rangar segelt wieder», plapperten die Kinder, die nicht wussten, was das zu bedeuten hatte – etwa den Verlust ihrer Väter. Nur eine ältere Frau wagte es, ihre Stimme gegen die allgemeine Worttrunkenheit zu erheben, und ich hörte auch nur deshalb, was sie halblaut sprach, weil ich ihr am nächsten stand: «Wegen Gold rücken sie aus, und auf jeden Batzen Gold kommt ein zerhauener Knochen ...»

Die Händler, die sich zu diesem Zeitpunkt gerade in Haithabu befanden, beeilten sich abzurücken, und sie taten gut daran. Denn einem Rohlederhändler, der nicht schnell genug zusammenpackte, nahm man kurzerhand sein gesamtes Warenlager ab; denn die lange fahrtenlose Zeit hatte manch ledernes Kriegsgewand verschimmeln lassen. All das war beunruhigend, doch am meisten beunruhigte mich Herward, dessen Frau zum zweiten Mal schwanger war und dessen Sohn gerade die ersten Worte brabbelte. Eine ungute Freude stand in Herwards Gesicht. Aber er hatte sich zu früh gefreut.

Rangar hatte zwar den Sturm entfacht, aber er konnte sich nicht an dessen Spitze stellen. Und das kam so: Am folgenden Tag stand er – noch immer in schwerer Rüstung – auf der Werft, um Einhard und Herward zu instruieren, wie die bestellten Handelsschiffe in Kriegsschiffe umzurüsten seien. Er ließ es sich nicht nehmen, seinen altersschweren Leib auf das höchste Gerüst hochzuwuchten. Was er nicht hätte tun sollen. Plötzlich ein vielstimmiger Schreckensschrei, und der Jarl lag mit zerschmettertem rechten Bein auf dem Rand des gemauerten Beckens.

Doch noch auf dem Krankenlager und am gleichen Tag setzte er seine Instruktionen fort, bellte Befehle, ließ Männer bei sich vorstellig werden, teilte Mannschaften ein, bis ihm in später Nacht die Stimme versagte und er nach mir und einer Medizin rufen ließ. Ich träufelte ihm Honigmilch ein, so dass aus einem Krächzen wieder eine vernehmbare Stimme wurde.

Ab sofort hieß es nicht mehr: «Rangar segelt wieder», sondern: «Rangards Flotte segelt wieder» – ein Unterschied, der Herward bleich vor Zorn und Enttäuschung machte; denn eines war klar: Nach seinem Sieg über den Berserker Erik Gabelbart galt er als der gefährlichste und beste Kämpfer der Stadt. Unvorstellbar daher, dass die Kaperflotte ohne ihn ausliefe, um Skagen zu umrunden und dann in Richtung auf die vielen erhofften, ungeschützten fränkischen Schatztruhen vorzurücken.

Rangar selbst trug dem Herward die Ehre an, das Boot, das die Wikinger das Speerspitzenboot nennen, zu befehligen, und er, Herward, solle nur einem Manne namens Gorm Eisenarm untertänig sein, den Rangar an seiner Stelle, da ihn ja nun sein wehes Bein an Land festhielt, zum Flottenführer ernannte.

Nie sah ich Herward so verzweifelt wie in dieser wirren Nacht. Hatte doch sein Schwert nur Hunger auf den einen, der sich ihm fernab von Haithabu als der offenbaren sollte, den es zu töten galt als den Mörder der Mutter, als den Verschlepper der Schwestern. Endlich war der Mantel aus Mildtätigkeit und

Güte gefallen, durch den hindurch kein Schwert zu stoßen war. Endlich war aus dem Kaufmann wieder ein Mordbrenner geworden. Und nun das! Nun also würde dieser Engelteufel grollend und maulend auf dem Krankenlager zurückbleiben, während die Schwertspitze, die ihn töten will, davonsegelt. Zu Rangars höherem Ruhm.

Nie vergesse ich das Gesicht des Herward, als er zwei Wochen später an Bord ging, ein Plünderer wider Willen, unfähig, auch nur der Maja und seinem Sohn einen lieben Abschiedsblick zu schenken. Das einzige, was er sagte, galt mir, und er zischte es mir durch geschlossene Zähne zu: «Sorge dafür, dass ich ihn in guter Verfassung vorfinde, wenn ich zurück bin!»

Die See war ruhig, als sich fünfunddreißig Schiffe aus dem Noor hinausdrängten. Nur leicht aufgeraut war die Wasserfläche von einigen hundert Ruderblättern. Und doch trog das sanfte Bild; denn jeder wusste, dass es gefährlich war, einen Zug zu Beginn des Winters zu wagen. Aber Rangar hatte alle Zweifler niedergebrüllt, galt es doch, den Norweger-Wikingern zuvorzukommen, die ohne Zweifel in gleicher Weise auf das Niedersinken des kaiserlichen eisernen Schildes reagieren würden. Man musste in Haithabu den Vorteil nutzen, dass die Nachricht vom Sinken des fränkischen Schutzschildes etwas länger brauchen würde, um auch die norwegischen Gebirgstäler zu erreichen. Ein strandhögg (schneller Schlag am Ufer) lebt vom schnellen Streich.

Als das letzte Langschiff verschwunden war, stieß Rangar einen wahrhaft gotteslästerlichen Fluch aus und fügte, an mich gewandt, der ich neben seiner Trage stand, hinzu: «Es ist die schlimmste Gemeinheit, die sich die Götter ausgedacht haben, dass der Mensch alt und fett wird. Es hätte in meinem Leben wahrlich genug Möglichkeiten gegeben, jung und stark in Walhall anzukommen. Der Tod hat mich ausgespuckt wie einen faulen Apfel.»

Dann schlug er auf die Schiene seines gebrochenen Beines, als wollte er es noch ein weiteres Mal zerschmettern, sank zurück auf seine Bahre und wimmerte vor Wut und Schmerz: «Was ist ein styrismaõr (Steuermann) zu Lande?»

(Leider zu) kurzer Bericht einer langen Geschichte

Ich fürchte, es fehlen mir die Zeit und das Papier, um aufzuschreiben, was dem Herward auf seiner Kaperfahrt wider Willen geschah. Ob er selbst, der doch mit mir aus der Heimat ausgezogen war, um die Plünderung an Ramsolano zu rächen, ob am Ende er selbst nun seine Hand zu Mord und Plünderung gehoben hat? Ich weiß es nicht. Ich glaube aber, wenn ich es recht bedenke, dass ihn der Herr davor bewahrt hat, solcherart die eigene Seele zu beschmutzen.

Das zu glauben, habe ich folgende Veranlassung: Ich weiß, dass – die Flotte mochte wohl zwei Wochen unterwegs gewesen sein – eines Morgens früh, es war noch dunkel, viele Frauen schreiend vor das Haus des Jarl zuhauf liefen, die Hände rangen und behaupteten, sie alle hätten in derselben Nacht schlechte Träume gehabt. Träume voller Blut und Geschrei.

Je länger ich darüber nachdenke, desto sicherer bin ich, dass dieser frühmorgendliche Auflauf exakt zu dem Zeitpunkt geschah, zu dem ihre Männer, Söhne und Brüder von den Rüstringer Wikingern niedergemetzelt wurden.

Die Rüstringer Wikinger hatten die Haithabu-Flotte in ihren Hafen in die große Bucht westlich von Bremen gelockt, um – ihr gleisnerisches Angebot auf Vereinigung der beider Flotten brechend – alle Haithabu-Schiffe zu versenken und viele Haithabu-Männer abzuschlachten. Denn was Gorm Eisenarm, der Mann, dem Rangar die Führung anvertraut hatte, nicht wusste, war dieses: Die Rüstringer Wikinger waren, seit Rangar sie das letze Mal besucht hatte, Lehnsmänner des Frankenkaisers geworden. Davon wusste man in Haithabu nichts. Und das gab den nun fränkisch gewordenen Wikingern die Möglichkeit, Gorm zu täuschen, der sich in Rüstringen unter gleichgesinnten Landsleuten wähnte und so geradewegs ins Verderben segelte.

Gorm fiel in dem Gemetzel, das fortan die Schlacht im Flachen Wasser genannt wurde, und so war einer der Jüngsten aus Rangards Flotte, Herward, derjenige, der den Fußmarsch der Überlebenden zurück durch winterkaltes Land befehligte. Herward hatte vielfach die Möglichkeit, sich auszuzeichnen, denn die Gaufürsten, Gefolgsleute des Westkaisers zu Worms, setzten alles daran, die Flüchtigen aufzureiben. Es wurde später viel erzählt von der Schläue und der Kriegslist eines so jungen Mannes, der es fertigbrachte, dass hundertfünfzig ausgehungerte und für den Landkrieg schlecht gerüstete Wikinger unweit Bremens fünfhundert hochgerüsteten, teils berittenen Häschern standhielten. Als seine Glanztat galt indes die Eroberung von fünf sächsischen Flachschiffen bei Burghorst, mittels derer sie die Elbe überwanden.

Noch knapp hundertdreißig Männer waren es, die im Februar des Jahres 900 schwankend und vor Schwäche zitternd Haithabu erreichten. Ohne Beute, mit nichts als dem nackten Leben und der schlimmen Nachricht für viele Frauen, dass sie vergeblich gewartet hatten. Rangar, der trotz seines Alters noch einige dunkle Strähnen in seinem Grauhaar hatte, wurde in einer einzigen Nacht weiß. Ich aber hielt ein Dankgebet für jene ab, die wieder heimgekehrt waren, und Bittgebete für die vielen, die nun wohl ruhelos von Ebbe und Flut über den Grund der Nordsee gezerrt wurden.

Herward nahm seine neugeborene Tochter in die Arme, mit deren Taufe Maja und ich in guter Hoffnung auf die Wiederkehr des Vaters gewartet hatten. Wir nannten sie Renata, denn wie eine Wiedergeburt erschien uns die Wiederkehr von Menschen, denen so viel Tod begegnet war.

Es verging fast ein Jahr, ehe die Wunden soweit heilten, dass Haithabu wieder zu halbwegs normalem Leben zurückkehrte. Die Forderungen des Jahreslaufes halfen dabei: der Heringszug, die Felder, die bestellt werden mussten, die Händler, die bewirtet werden wollten, die Vogeleier, die gesammelt werden mussten, die Zeit des Weidenschnitts und des Korbflechtens.

Der König in Jellinge sandte Siedler, Besitzlose, denen eine große Flut im nördlichen Reich das Land geraubt hatte. Sie nahmen, ohne dass viel gefragt wurde, in den Häusern Wohnung, die nach der Schlacht im Flachen Wasser ohne Hausherr geblieben waren. Und einige heirateten zweckmäßigerweise gleich die Witwen, die dortgeblieben waren. Einige Soldaten, die auf dem Danewerk Dienst taten, quittierten und nahmen sich, ohne dass jemand widersprach, Wohnrecht in Haithabu. Zwei Männer, welche die herrenlose Situation in so vielen Häusern nutzen wollten, um Vieh zu stehlen, ließ Rangar ohne ein Gericht ertränken. Das schaffte ein wenig Zuversicht bei all denen, die den Arm der Obrigkeit schon für gänzlich verdorrt hielten.

Zum nächsten Julfest war auch Rangar soweit erholt, dass er sich wieder anständig betrinken konnte, ohne weinend über dem Bierkrug zusammenzusinken. Ich erinnere mich, ihn damals in einer so quirligen Mischung aus Lachen und Weinen gefunden zu haben, dass ich es wagte, eine nicht ungefährliche Frage zu stellen, die mich indes schon lange umtrieb: «Sage, o Jarl, warum metzelt ihr Winkinger auf euren Zügen gar so fürchterlich drauflos? Ist es nicht genug zu erschlagen? Muss man denn auch noch blenden, an Tore nageln, brennen und spießen? Das ist nicht nur große Sünde vor Gott, das ist doch auch ganz ohne Sinn!»

«Der Sinn ist einfach, Christenhäuptling. Von Feinden, die vor einem weglaufen, kann man nicht getötet werden. Wir sparen uns jede zweite oder dritte Schlacht, weil uns der Ruf großer Scheußlichkeit vorausfliegt. Das ist wie eine unsichtbare Brustwehr. Kämpfe, die man kampflos gewinnt, weil alles davonläuft, schonen das eigene Blut und die eigenen Knochen!»

Aber Herward, der dieses Gespräch zu meinem nicht geringen Schrecken mit angehört hatte, sagte: «Ein Krieger, der

Weiber und Kinder aufspießt, ist es nicht wert, ein Krieger genannt zu werden.»

Rangar, der den metallischen Klang in Herwards Stimme sicherlich nicht überhört haben konnte, schwieg. Da war nur ein langer Blick, den ich nicht deuten konnte. Damals noch nicht.

Unserer Kirche brachte diese schwere Zeit guten Zulauf, denn viele meinten, die alten Götter hätten den Zug des Gorm Eisenarm übers Meer nicht zu schützen gewusst, also sollte man es mit neuen Göttern versuchen. Ich nutzte die Gelegenheit, indem ich vielfach die wunderbare Geschichte erzählte, wie unser Herr Jesus dem Sturm auf dem See Genezareth gebot einzuschlafen und wie er trockenen Fußes über die Wogen ging. Sehr beliebt war in jenen Tagen auch die Geschichte von Moses, der das Ägypterheer im Roten Meer ertränkte, und vielfach hörte ich, dass dieser Gott sicherlich die Rüstringer in ähnlicher Weise mit Fluten geschlagen hätte, wäre man nur entschlossen unter seinem Feldzeichen gesegelt.

Rangar selbst blieb unentschlossen, was sich darin äußerte, dass er den diversen Knochenamuletten, die er zu Feiertagen um den Hals trug, ein Bernsteinkreuz hinzufügte. Kein großes, aber immerhin ein Kreuz. Nicht ich hatte es ihm umgelegt – wie hätte ich aber damals ahnen können, dass ich es sein würde, der es ihm abnehmen würde...

Snorri dichtete eine schier endlose Heldengeschichte, in der er den Gorm Eisenarm im Flachen Wasser westlich von Bremen mit hundert Pfeilen in seiner Brust noch weiterkämpfen ließ, in der Herward eigenhändig hundert Feinde vernichtete, indem er ihnen – wie weiland dem Berserker Erik – die Gurgel zudrückte, und in der schließlich Thor selbst die überlebenden Haithabu-Männer in einem Wolkenschiff mit himmelhohem Segel über die Elbe trug, während die Walküren dazu eine kräftige Musik auf riesigen Muschelhörnern bliesen.

Aber Rangar verbot es Snorri, das Gedicht anlässlich des Julfestes zu singen. Immerhin ließ er zu Ehren von Gorm einen mannshohen Gedenkstein aufstellen, auf dem zu lesen steht:

Wie es wahrhaftigen Helden geziemt, kämpfte Haithabus großer Recke, Gorm Eisenarm, Sohn des Orm von der Langen Insel, gegen Feinde, die sich als Freunde verkleidet hatten. Ewig wird in den Lüften sein Heldenlied erklingen. Nie wird die Schmach der falschen Freunde vergessen werden. Dies sagt und gelobt Rangar, Jarl zu Haithabu.

Ich verhandelte lange mit Rangar, ob wir diesen Worten noch ein «requiescat in pace» mit Kreuz hinzufügen dürften. Wir durften nicht.

Bald breitete sich ein Schweigen aus über den Zug des Gorm Eisenarm. Selbst die Witwen sprachen nicht mehr davon. Ob sie nächtens und im Stillen davon weinten, weiß ich nicht zu sagen. Doch ich möchte es meinen.

Verzeih, geliebter Leser ferner Tage, ich habe über den Zug des Gorm und des Herward in unziemlicher Kürze berichtet, so als gälten mir die vielen toten Söhne der Stadt Haithabu nichts. Doch dem ist nicht so. Es schien mir nur eine unlösbare Aufgabe, Dichtung von Wahrheit zu trennen. Und den Toten sind wir es schuldig, dass die Wahrheit berichtet wird.

Die Männer aber, die überlebten, waren seltsam stumm – mir scheint, nur Sieger sind geschwätzig. Und die, die viel darüber redeten, waren ganz offensichtlich nicht dabei gewesen. In späteren Jahren erfuhr ich, dass ein Bruder aus dem hohen Kloster zu Bremen genaue Aufzeichnungen gemacht hat, aber ich konnte ihrer nicht habhaft werden, sosehr ich mich auch bemühte.

Vom zweiten Zug des Herward allerdings – und dies sei Dir, geliebter Leser, zur Beschwichtigung versichert –, vom Zug zur Bernsteinsonne haben wir verlässlichere Kunde, hat mich doch ein unergründliches Geschick (ich zögere zu sagen, dass Gott mich auf diesen Weg schickte) zum Gefährten und Zeugen dieser Reise gemacht.

DAS BUCH BORNHOLM

Welch ein Abend!

Rötliches Licht liegt auf den Wipfeln der Bäume, so als wolle der Tag noch bleiben, und meine Klause im Holze zu Wik ist in eine Wärme gehüllt, der auch der Abend nichts anzuhaben vermag.

Welch ein Lebensabend auch! Umfächelt mich doch die Liebe all derer, deren Gebrechen ich lindern oder gar heilen darf. Mein Lebtag habe ich mich vergeblich gemüht, ein guter Mönch nach den Regeln des Benedikt zu sein, und nun, da sich meine Tage neigen: diese Gnade!

Ganz kann ich mich noch immer nicht daran gewöhnen, dass die Hilfesuchenden stets darauf bestehen, meinen Armstumpf zu berühren, und lieber wäre es mir, wenn sie nur ihre Hand in meine falteten, um so mit mir ins gemeinsame Gebet zu versinken. Die lange Wanderschaft, die mich nach meinen Jahren in Haithabu noch einmal über den ganzen bekannten Erdenkreis führte, zuvörderst ins wunderreiche Glendalough und dann bis weit über das Heilige Grab hinaus, hat mein Wissen über heilende Kräuter sehr anwachsen lassen. Ja, ich denke, hätte ich all das, was ich heute weiß, schon damals gewusst, mir wäre es vergönnt gewesen, manch ein Heidenleben mehr zu retten und zu Christus zu heben, als es mir in Haithabu möglich war.

Doch das weiß ich nun: Mehr als Kraut und Trank ist es das Gebet, das heilt. Nur die Furcht, Du könnest mich eitel und selbstgefällig nennen, geliebter Leser, hindert mich daran, von all diesen Heilungen zu berichten. Doch die eine ... die will ich nennen dürfen.

Bald nachdem meine Klause fertig war, kam ein hochherrschaftlich geschmückter Wagen herbeigerollt. Aus dem Wagen, der innen mit gelbem Samt beschlagen war, stieg eine Frau, deren Gesicht mit Tüchern verhängt war, so wie ich das bei den Frauen der Muselmanen gesehen habe. Fünf schwerbewaffnete Krieger begleiteten sie, eine Dienerin räumte die Zweige vor ihren zierlichen Füßen beiseite.

Sie setzte sich stumm zu meinen Füßen nieder, und als sie schließlich das Gesichtstuch – es war aus Damast und perlenbestickt – zur Seite raffte, wich vor Schreck alles Blut aus meinem Gesicht: Das noch junge Gesicht war über und über von Warzen bedeckt, großen, grauschwarzen Warzen, von denen eine ihr das Auge zudrückte und eine andere das linke Nasenloch verschloss.

«Alle Schätze, die ich habe, wenn du mich von diesem Fluch befreist», barmte sie und verhüllte sogleich wieder das entstellte Antlitz.

«Da hilft kein Geld, da hilft nur Gott», entgegnete ich, und ich betete mit ihr einen Tag und eine Nacht. Und am Morgen danach waren die Warzen nicht mehr grauschwarz, sondern nur noch blässlich braun. Die Hohe Frau zog sich nach Wik am Holze zurück, und drei Wochen später berichtete man mir, dass ihr Gesicht glatt, eben und schön sei, und einer ihrer Diener kam mit einem Sack, gefüllt mit Bruchsilber, zu mir in die Klause. Ich segnete den Boten und sagte, seine Herrin möge das Silber behalten und den Rest ihres Lebens allweil Gutes den Armen und Kranken tun. Ich glaube, das war ein schlauer Handel; denn die Frau war ja noch jung. Ihr würden also viele Jahre bleiben, in denen sie Gutes tun konnte. Es drängt mich noch, die Geschichte von dem Kind zu erzählen, das immer in Krämpfen zu Boden fiel ... aber ich enthalte mich.

Nach Tagen, an denen der Andrang besonders groß war, badet mich Lioba in einem Trog, dessen warmes Wasser sie mit Minzen-, Linden- oder Rosenblüten veredelt – je nach Jahreszeit. Wenn sie weit und breit keine Menschenseele sieht, tut sie mir die große Freude, zu mir in die Wanne zu steigen, nicht ohne zu sagen: «Auszuschließender nicht, dass du nun ein Heiliger bist.» Ich vergaß es regelmäßig.

Die junge Frau, die ich von Warzen heilte, hieß Fee zu Magdeburg, und ehe sie Wik am Holze verließ, ließ sie mir ausrichten, dass ihr erstgeborener Sohn Agrippa oder ihre erstgeborene Tochter Agrippina heißen solle und dass sie in Magdeburg an der Elbe ein Stift zu erbauen gedenke, wo all die leben sollten, die von Krankheit gezeichnet sind, so wie sie es war. Gebe Gott, dass ihr Vorhaben gelingt!

Oh, welch ein Abend (ich sagte es schon)! Ich könnte fortfahren mit mancherlei von Liebe und Wunder durchpulsten Geschichten, mit Geschichten von Zitterern, die plötzlich stillestanden, einem Gehörlosen, der sich, kaum dass er meinen Stumpf berührte, umdrehte, den Finger hochreckte, in eine Buche zeigte und «Amsel, Amsel!» schrie: «Seit meinen Kindertagen hörte ich sie nicht mehr!»

All das ist wahr und gut und schön. Und dass sich die Besuche von Brüdern aus dem Hohen Kloster zu Wik am Holze mehren, Brüder, die mich mit sanfter Gewalt in die Mauern des Klosters zurückholen wollen, auf dass ich dort, zum Wohle der Kirche wirke ... nun ja, das ist leicht zu ertragen. Obwohl Lioba – sie ist misstrauisch wie die meisten Weiber – eins ums andere Mal sagt: Bald werden sie dich gewaltsam holen!

Was mich eine Weile leicht verwunderte: In der Hauptkirche zu Wik am Holze haben sie das Grabmal des Heiligen Nicolo, nächst dem Hochaltar, geräumt, und ein Bruder wisperte mir zu, die nun leere Ruhestätte sei für keinen anderen als für ... aber nein, das mag ich nicht glauben!

Nein, geliebter Leser ferner Tage, ich werde jetzt nicht länger schreibend im Wald zu Wik verweilen, ich werde nun zu Ende bringen, was ich begonnen habe. Ich werde (und seien die Tage noch so überfüllt mit Hilfesuchenden!) die Stunden vor dem Einschlafen bei gutem Tranlicht nutzen, um den Herward zu Ende zu bringen. Denn zu Ende gebracht muss er nun sein!!

Zuviel Papier ist schon gefüllt, als dass jenes seltsame Ende, zu dem sich damals in Haithabu alles drängte, unerwähnt bleiben darf. Wäre das nicht wie ein Haus, dessen Dach ungebaut bliebe? Schon bald würden Regen und Frost die Mauern und Fundamente brechen.

Wie ich dem Tod entging, ohne es zu merken, und wie die Geschichte um die Bernsteinsonne begann, ohne dass es wie ein Beginn aussah

Wenn ich an all meine Heiden in Haithabu denke, dann fällt mir zuallererst ihre Gutartigkeit ein. Ja, sie konnten sich aufs allergröblichste prügeln, doch selten waren sie einander wirklich böse. Ich denke, die gleisnerische Freundlichkeit, in der sich verfeindete Christen bisweilen Schmeicheleien sagen können, ist vielfach schlimmer als die Rauheit der Zankbolde, die sich Bier ins Gesicht schütten konnten, nur um es im nächsten Moment aufopferungsvoll abzuschlecken.

Rangar machte sich immer wieder einen Spaß daraus, mich auf die Probe zu stellen.

«Sage, Christenhäuptling, was ist Wahrheit?»

«Wahrheit ist von Gott.»

«Ich will nicht wissen, wo sie herkommt, ich fragte: Was ist Wahrheit?»

«Ein großer Glanz.»

Darauf schüttete er mir einen Korb, gefüllt mit Bernsteintränen, vor die Füße und sagte: «Sahst du jemals mehr Wahrheit auf einem Haufen, Mönch?»

Doch solche Possen waren selten geworden; denn nach der Niederlage der Haithabu-Wikinger im Flachen Wasser bei Rüstringen gab es lange Wochen, in denen der Jarl schwermütig und für alle unsichtbar im Haus blieb. Mich ließ er bisweilen rufen. Er wollte aber keinen geistlichen Beistand, sondern Kräuter, die sein Gemüt aufhellen sollten. Ich gab ihm viel von zerstoßener Rauke, die eine schwache Wirkung tat. Ebenso häufig aber nahm er die Dienste eines gewissen Björn in Anspruch, der die freigewordene Stelle des Asa, des heidnischen Sehers und Feuerlegers, eingenommen hatte, des unglückseligen Mannes, den Rangar höchstselbst hatte ertränken lassen.

Dieser Björn – und davon wird noch zu berichten sein! – verstand sich in der Tat auf allerlei merkwürdige Kräuter. Auch machte er nicht den Fehler, sich gegen Gott den Herrn zu stellen. Mir begegnete er mit einer Art ... ja, ich möchte sagen: kollegialem Respekt. Er bot mir an, dass wir doch die Kraft der alten Götter und die Kraft meines Gottes zusammenwirken lassen sollten zum Wohle Haithabus – was ich natürlich entsetzt ablehnte. Sagte nicht Gott dem Moses auf dem Berg Sinai: Ich bin der Herr dein Gott! Du sollst nicht andere Götter haben neben mir!

Doch leider gelang es weder Björn noch mir lange, den Jarl bei Laune zu halten. Wenn es ihm besonders schlechtging, machte er sich die schlimmsten Vorhaltungen: Er hätte ungeachtet seines gebrochenen Beines – das übrigens trotz seines Alters sehr gut wieder zusammenwuchs – die Führung übernehmen sollen. Und hätte er schon das Schicksal der Seinen an der Küste der Rüstringer nicht wenden können, so wäre ihm doch ein ruhmvoller Tod vergönnt gewesen und der Einzug nach Walhall. So aber modere sein alter Leib nutzlos dem Ende entgegen. Erschwerend kam hinzu, dass ihn seine Manneskraft mehr und mehr verließ, ein Umstand, der sich nachts bisweilen in Wutgebrüll entlud, und häufig kamen seine jungen Weiber zu mir, um nach Mitteln zu fragen, für die ein Mönch nun wahrlich nicht zuständig ist. Zu meiner nicht geringen Genugtuung wusste aber auch Björn in dieser Angelegenheit keine wirkliche Hilfe.

Wenn Rangar nicht im «schwarzen Meer» steckte – so nannte er seine übergroße Traurigkeit –, tat er Gutes. Ja, ich kann es nicht anders sagen: Einen großen Teil seines Bernsteinschatzes opferte er, um den Witwen und Waisen jener unseligen Schlacht im Flachen Wasser wieder Gesinde, Vieh und Getreide zu kaufen. Den Witwen, die wieder heiraten wollten, richtete er Hochzeiten aus, als wären sie Fürstinnen. Und auf diesen Hochzeiten, die nun alle besseren Tage stattfanden, konnte er – für wenige Stunden, die wie Wolkenlöcher waren in einem grauen Himmel – überschäumend lustig sein. Soldaten, die ihre Lanze in die Ecke stellten, um fortan Bauer zu sein in Haithabu, wies er Felder zu. Händler, welche die allgemeine Knappheit ausnutzen wollten und Wucherpreise verlangten, prügelte er eigenhändig mit einer langen Lederpeitsche, wie man sie wohl für dreifache Ochsengespanne benutzte, zur Stadt hinaus. Er sorgte höchstselbst dafür, dass die Anlieger der Holzstege dieselben in Ordnung hielten, kam es doch bisweilen vor, dass Säumigkeit dazu führte, dass jemand einbrach und sich verletzte. Das Waisenhaus, das vor vielen Jahren Einhard auf Rangards Geheiß gebaut hatte, wurde um das Doppelte vergrößert. Herward und Einhard und weitere dreißig Mann rakkerten, solange das Tageslicht reichte, um neue Schiffe auf Kiel zu legen: Kriegs-, aber in der Mehrzahl Handelsschiffe. Rangar schlichtete Händel, versöhnte zwei Männer, die sich einer Frau wegen fast zu Tode geprügelt hatten, indem er eben diese Frau selbst in sein Haus und Bett nahm. Er ließ die Fluchtburg oberhalb von Haithabu mit einem hohen Steinkranz umrunden, bestrafte einen Fischer, der dem geschnitzten Heiland vor unserer Kirche zum Julfest einen Fischkopf übergestülpt hatte, indem er den Übeltäter zur Strafe eine Nacht in stinkendem Tran stehen ließ.

Herward, so schien es mir, hatte seinen Frieden mit Rangar gemacht. Aber ich sollte mich getäuscht haben. Sein Hass auf den Mörder der Mutter und den Verschlepper der Schwestern brannte still und wie die Feuer der Köhler brennen: bedeckt und unsichtbar. Er wartete darauf, wie er mir einmal – ein einziges Mal nur – sagte, dass unter dem Engel wieder der Teufel sichtbar werde.

Einmal kam mit großem Gefolge der Dänenkönig aus Jellinge, um sich davon zu überzeugen, dass die Erhöhung der großen Mauer – des Walls gegen mögliche Feinde aus dem Süden – auch richtig ins Werk gesetzt würde. Dieser König war ein kleines, krummes Männchen, kaum größer als ein Knabe in seinem zehnten Jahr. Und da er um seine Kleinheit wusste, saß er so viel als nur irgend möglich zu Pferde. Und er ritt in der Tat gut, nur Ungarn habe ich so mit Leichtigkeit und ohne jedes Armerudern reiten sehen.

Der Besuch des Dänenkönigs verlief fast ereignislos, und ich erwähne ihn auch nur deshalb, weil er mich um ein Haar das Leben gekostet hätte. Und das kam so: In der Nacht, bevor der König sich auf den Rückweg machte, gab Rangar zu Ehren des hohen Gastes ein großes Fest, an dem fast so viel Bier floss wie zum Julfest. Ungezählte drekka mini (Zum-Gedenken-an) wurden getrunken. Ein Zauberer aus Engeland überlistete unser aller Augen, als er dem Pferd des Königs – der König saß auch an der Tafel zu Pferde – bunte Tücher aus der Nase zog und Goldstückchen aus dem Hintern fallen ließ. Solcherlei Blendwerk aber füllte Björn, Haithabus Zauberer, mit Grimm, denn der Fremde galt ab sofort als weitaus wundermächtiger denn er selbst. Björn forderte den Zauberer von der Insel zu einem Zweikampf, auf den sich der Engeländer zunächst einließ, dann aber, als er die Regeln erfuhr, dankend ablehnte.

Björn ließ zwei Krüge auf den Tisch stellen und füllte sie mit einer grünlichen Flüssigkeit. «Ich trinke einen Krug, ohne daran zu sterben. Du trinkst den zweiten, und du stirbst noch auf der Stelle. Den Becher aber wähle du selbst.»

Es ward augenblicklich still, und der König der Dänen reckte sich in seinem Sattel zu bescheidener Größe. Die Sache schien ihn zu belustigen.

«Na gut», rief Björn, «der Engeländer mag sich mir nicht stellen, wie ist es mit dir, verehrter Christenhäuptling? Von dir hört man stets, dein Gott sei wundermächtig. Er wird dich schon schützen. Oder auch nicht. Und ich trinke ja von demselben Gebräu. Wie wär's?»

Mir war ein wenig unwohl. Aber sehr ängstigte mich die Sache nicht. Warum sollte mich etwas umbringen, dem Björn zu widerstehen gedachte? «Einverstanden!» rief ich, und alsbald bildete sich um den Tisch mit den beiden Krügen eine Menschentraube, wurden Kinder hochgereckt und den Weibern auf die Schultern gesetzt.

Wir standen schon trinkbereit, als sich Herward mit wilden Armschlägen einen Weg durch die Menge bahnte: «Halt, halt, halt ...», brüllte er, so dass der König zu Pferde unwillig mit seiner Zwergenhand wedelte.

Herward, der nun zwischen mir und Björn angekommen war, machte eine verlegene Verbeugung in Richtung Majestät: «König aller Dänen, verzeiht mein kindisches Geschrei! Aber ich habe Veranlassung zu der Bitte, die Wette ein wenig zu verändern. Björn und Agrippa mögen ihre Hände auf dem Rücken verschränken, während ich ihnen die Flüssigkeit zum Munde führe.»

Der König zog die Augenbrauen hoch, einen Lidschlag lang schien es, als stimmte ihn Herwards Vorschlag ungnädig, doch dann sagte er: «Also gut denn, die Hände auf die Rücken.»

Ich sah, wie Björn neben mir wachsbleich wurde und zu zittern begann, Schweiß perlte auf seiner Stirn. Schließlich krächzte er mit einer Stimme, in die ein Blitz gefahren zu sein schien: «... o nein, o nein, so kann es nicht sein, nicht so, nicht, wenn ich nicht selbst ... es muss seine Ordnung haben ... so nicht ...»

Dann machte er eine linkische, aber, wie ich glaube, absichtliche Bewegung, so dass beide Krüge umstürzten. Der König und auch der Jarl machten sehr ungnädige Mienen zum gestörten Spiel, und der Engeländer rettete die Situation, indem er

Spatzen, denen er kunstvoll das braungraue Gefieder gefärbt hatte, aus der hohlen Hand fliegen ließ.

Es dauerte noch einige Weile, ehe ich das Geheimnis dieser seltsamen Trinkwette durchschaute. Und mich schaudert noch heute, wo ich, dies niederschreibend, daran denke. Ich kann es dir, geliebter Leser ferner Tage, nicht erklären, ohne kurz auf den Herward zu sprechen zu kommen: Eine der wunderlichen Gaben des Herward war nämlich die Schnelligkeit seiner Augen. Sie erlaubte es ihm, im Streit die Bewegung eines Gegners zu erkennen, noch ehe derselbe sich selbst seiner Bewegung innegeworden war. Und so hatte Herward, etwa ein Jahr bevor Björn mich zum Wettstreit mit den Giftbechern herausforderte, während eines ähnlichen Anlasses erspäht, wie die Zauberei des Björn vonstatten ging.

Björn hielt in der rechten hohlen Hand versteckt eine kleine, aus einer Schweinsblase geformte Kugel, die mit einer Flüssigkeit gefüllt und mit einem Rosshaar zugebunden war. Bevor er den Gifttrank an die Lippen setzte, zerquetschte er, unsichtbar für die Umstehenden und mit großer Geschicklichkeit, die Blase über seinem Becher. Die Flüssigkeit in der Blase aber, deren Namen ich nicht weiß, hatte die wundersame Eigenschaft, *seinem* Trank die Giftigkeit zu nehmen, während sein armer Herausforderer den Gifttrank in all seiner Giftigkeit schlucken musste und günstigstenfalls mit schlimmstem Erbrechen und Krämpfen davonkam.

Herward! Das Auge, dessen Schnelligkeit vielen den Tod brachte, rettete mein Leben.

Herward! Wie gern sah ich ihn mit seinen Kindern spielen. Maja war ihm ein gutes Weib, das im Übrigen mehr Eifer in Glaubensdingen an den Tag legte als Herward, der stets wie sein Vater Heitu – eine sehr eigene Auffassung von dem bewahrte, was man Gott schuldig ist. Wenn ich ihn zum Beispiel aufforderte, seine Sünden vor Gott zu bekennen, schaute er mich stets fragend an: «Welche Sünde meinst du, Bruder Agrippa? Ich habe bei der Kiellegung des Schiffes, das der Hoimyr bestellt hat, Buche genommen, weil Eichenkernholz nicht mehr vorrätig war. Ist das Sünde?»

«Hast du es ihm denn gesagt?»

«Ja. Wir haben ihm gehörig den Preis nachgelassen.»

«So ist es keine Sünde.»

«Gut. So weiß ich nicht, was ich dir an Sünden erzählen soll. Wenn du aber unbedingt eine Sünde von mir brauchst, um froh zu sein, so bin ich gern bereit, eine zu begehen. Welche möchtest du, dass ich sie begehe?»

Die Jahre waren wie Bernstein an einer Schnur: Sie glichen sich und waren doch nicht gleich. Im meinem dritten Jahr zählte unsere Gemeinde 400 Köpfe. Die 400. Taufe wurde mit einem großen Fest gefeiert, an dem auch viele Heiden teilnahmen, die nicht im Entferntesten mit dem Gedanken umgingen, sich taufen zu lassen. Es gab krustiges Schwein und roten Wein, den ich eigens von einem Händler aus dem tiefen Frankenland erstanden hatte dafür, dass ich ihn von der schweren Sünde freisprach, den Frauen seiner drei Brüder insgesamt sieben Kinder gemacht zu haben. Für jedes Balg verlangte ich zwei Fässer Buße.

Im vierten Jahr bauten wir eine neue Kirche, die bis zur Augenhöhe eines Mannes aus Stein war, nur den oberen Teil des Kirchenschiffes und das Gewölbe fertigten wir aus Eichenstämmen, die Herward und Einhard mit großem Fleiß einrichteten. Ich habe soeben «Herward und Einhard» geschrieben und nicht «Einhard und Herward», und das unterlief mir nicht von ungefähr; denn Herward übertraf seinen Lehrmeister schon bald an Geschicklichkeit, was dieser hinnahm, wie ein kluger Seemann es hinnimmt, dass der Sturm stärker ist als sein Tuch, und die Segel refft. Ja, bei schwierigen

Dingen fragte der weit ältere Einhard den jungen Herward, ohne sich zu genieren.

Ein schlimmer Sturm, so wie ihn selbst die alten Leute noch nicht gesehen hatten, zerbrach viele Häuser und Stege. Doch unsere Kirche hielt stand, was auch die Heiden als ein untrügliches Zeichen der Stärke unseres Gottes anerkennen mussten, denn der Esche, in die sie allerhand bemalte Schädel und die Helme toter Krieger zu hängen pflegten, wurde vom selben Sturm ein mächtiger Ast abgerissen. Im selben Jahr war es wohl auch, dass der Heringsfang so reichlich ausfiel, dass die Boote mit doppelter Mannschaft fuhren; normale Armeskraft hätte nicht ausgereicht, den Silberschatz an Bord zu hieven. Die Feuer in den Räucherkaten brannten damals Tag und Nacht, und ganz Haithabu roch nach würzigem Qualm.

Im vierten Jahr meiner Missionstätigkeit war es auch, dass Bornholmer Wikinger einen nächtlichen Überfall auf Haithabu versuchten, der ihnen aber gründlich misslang, weil die schwarzköpfigen Möwen, die auf dem Noor ihre Nester haben, ein lautes Geschrei anstimmten, als die Bornholmer sich im Dunkeln in ihren Schiffen an die große Hafenmauer heranschieben wollten. In dem kurzen Kampf im Noor fällte Herward allein neun Räuber, darunter den Anführer, ausnahmsweise nicht mit der Hand, sondern mit seinem Schwert. Und einer, dem er gerade den Garaus machen wollte, schrie: «Halt ein, ich sage dir von einem Schatz aus Bernstein, wie noch keiner gesehen ward.»

Herward ließ das Schwert sinken, packte den Mann, der Toke hieß, und band ihn an einen Pfahl. «Warte du bis morgen, und wehe dir, deine Geschichte ist nicht gut!»

So begann die letzte Geschichte, die ich von Herward zu erzählen habe: mit einem Überfall, der misslang, und einem Bornholmer – eben jenem Toke –, der nicht wie die meisten seiner Kumpane entweder tot ins Noor sank oder wenig später lebendig nach Rungholt verkauft wurde. Dort sollen alle überlebenden, vor Haithabu gescheiterten Plünderer nur wenig später Rudersklaven geworden sein; denn die Wikinger gelten als die besten Ruderer auf den Meeren, und Rungholt ist der Ort, wo weitreisende Schiffer gern ihre Rudermannschaft erneuern. Wenden wir aber unsere Aufmerksamkeit jenem Toke zu, dem Herward in dieser für uns so glücklichen Nacht das Leben schenkte.

Der Morgen nach der Schlacht im Noor

Es ist nicht leicht, einen Mönch beim Aufstehen zu überraschen, denn wir Benediktiner sprechen das erste Gebet, noch bevor sich die Sonne aus ihrem schwarzen Nachtgewande geschlagen hat. Aber Herward wäre es an jenem Morgen, welcher dem glücklich abgewehrten Überfall der Bornholmer folgte, fast gelungen.

Ich hatte mir eine Ziegenmilch über der Herdglut gewärmt und wollte gerade zu einer Dankmesse für die gnädige Rettung läuten, als Herward den Türrahmen füllte und mir einen knappen Gruß entbot. An einen kurzen Kälberstrick gebunden, schleifte er einen gefangenen Bornholmer mit sich, dem das Blut den Bart dunkel verkrustet hatte. Ich schaute beide an und fragte dann: «Was soll der hier, warum ist er nicht bei den anderen Gefangenen?»

«Er ist zu wertvoll, Bruder Agrippa.»

Ich bot dem Bornholmer meine Milch, die er so gierig schlürfte, dass die getrockneten Blutspuren in seinem Bart sich verflüssigten und rote Schlieren in die Milch zogen.

«Wertvoll ... ?»

Herward schaffte es immer wieder, durch einfache Sätze eine gänzlich kindische Neugier in mir aufzustacheln. Doch ich gestand ihm diese Macht über mich nicht ein und sagte: «Fass dich kurz, es sind viele verwundet worden, die meine Hilfe brauchen. Und außerdem steht es uns wohl an, Gott zu danken, dass er uns gewarnt hat.»

«Du meinst die Möwenschreie?»

«Ja, ein Warnruf des Allgütigen aus unzähligen Möwenkehlen.»

«Mag sein», sagte Herward und ließ sich auf die Holzbohlen meiner Hütte fallen, dabei nutzte er den kraftlosen Leib seines Gefangenen halbwegs als Sitzkissen.

Es war eine Weile still, und nur von fern hörte ich Metallgeschepper und Gestöhne. Man führte die geschlagenen und gefangenen Bornholmer in die sumpfigen Keller, wo sonst nur die zur Aburteilung Bestimmten warten.

«Ich wiederhole meine Frage, Herward: Warum ist der da nicht bei den anderen?»

«Und ich wiederhole meine Antwort. Er ist zu wertvoll. Für Rangar und für mich. Und auch für dich.» Und nach kurzer, wohlkalkulierter Pause setzte er lauernd hinzu: «Sag, Bruder Agrippa, wie wertvoll wäre dir die Möglichkeit, die ganze Insel Bornholm, oder doch einen guten Teil derselben, von Heidnischkeit und Götzendienst zu reinigen?»

Fürs erste erregten diese Worte mehr meinen Zorn als mein Interesse: Gab es denn nicht wahrlich genug zu tun an diesem Tag, hatte nicht Gott Anrecht auf unsere herzenstiefen Dankgebete? Und da setzte sich hier ein Lümmel auf meine Schwelle und blockierte mein Ausschreiten in den jungen Tag – noch dazu mit einem blutverschmierten Leib.

«Also gut, sprich, Herward!» fügte ich mich, denn mir war klar, dass ich dem Freund nicht auskommen würde.

Herward gab dem Gefangenen, der aus Schwäche und Übermüdung eingeschlafen war, sobald er den Boden berührt hatte, einen Tritt und herrschte ihn an: «Erzähl, warum euch dieser Überfall auf Haithabu so gründlich missraten ist!»

Dem Krieger aber blieben die Worte im Halse stecken, und erst nachdem er den Rest Ziegenmilch getrunken hatte, war er in der Lage, sich verständlich zu machen.

«Es ist alles Røms Schuld, weil er der Iva huldigt!» stieß er hervor, und die Erwähnung dieser beiden Namen schien ihn in einer Weise zu beleben, in der nur Wut erlahmte Kräfte neu aufkochen kann.

«Erzähl der Reihe nach», wies ihn Herward zurecht, «so wie wie du es mir erzählt hast!» Und der Mann gab sich nun wirklich Mühe, eine zusammenhängende Geschichte über seine Lippen zu bringen, was ihm schon deshalb nicht leicht sein konnte, weil seine Unterlippe zerrissen war.

«Røm ist der, den du zuallererst erschlagen hast. Unser styrismaõr, der mit dem doppelt geflochtenen Bart. Vor zwei Jahren kam er von einem Zug gegen die Pruzzen zurück. Mit einer Bernsteinsonne, einem Riesenrad, dessen Speichen so lang sind wie zwei Männer. Und wenn das Licht drauffällt, leuchtet es, als wenn Sonne und Mond gemeinsam ein Bad nehmen.»

Der Gefangene machte eine lange Pause, vielleicht wollte er seine vergleichsweise angenehme Lage verlängern, meine Holzdielen waren ja sicherlich der Himmel, verglichen mit dem Sumpfloch.

«Røm hat aber den Bernstein, mit dem die Sonne über und über behängt ist, nicht abgenommen und verkauft, obwohl es das schönste Geschmeide ist, das je ein Mensch gesehen hat. Er sagte, es sei ein Geschenk der Pruzzen-Göttin Iva, die ihn, Røm den Weitfahrer, auserkoren habe, auf Bornholm einen Altar zu ihren Ehren zu errichten, damit ihr auch dort gehuldigt werde.»

Die Sache begann mich zu interessieren, was mein Gesicht verriet, und das Lächeln in Herwards Gesicht sagte mir, dass er mein Interesse in ruhiger Zuversicht erwartet hatte.

«Und so ist es geschehen. Røm ließ in Sibbe einen Tempel errichten, in dem die Iva-Sonne an Seilen emporgezogen wurde, und wenn die Sonne den oberen Fensterkranz erreichte, flammte drinnen das Gold der Iva auf ...» Toke, der Gefangene, spuckte aus, Blut spuckte er und Galle (so vermute ich), und er fuhr fort: «Das Tückische war, dass anfangs alles so gutging. Im ersten Jahr, da Sibbe zu Iva betete, hatten wir den besten Heringsfang seit Menschengedenken, und Røm sagte, das bewirke die Kraft der Göttin, die aus dem Bernsteinleuchten zu ihm spräche.

Auch der erste Winter unter Iva war sehr mild, wie auch das Frühjahr, und ein später Frost tötete die Mäuse ab. Im Sommer wurde dem alten Weib unseres Sehers, der sich als einer der ersten zu Iva bekannt hatte, ein Sohn geboren. Wann gebar denn jemals ein altes Weib einen gesunden Sohn, und das auch noch, ohne selbst dabei Schaden zu nehmen. Ein Zeichen. Iva hatte über die alten Götter gesiegt ... so schien es.»

Toke barmte nach einem zweiten Becher Ziegenmilch, aber ich gab ihm Wasser, was er ebenfalls begierig schlürfte.

«Dann sagte Røm, mit Ivas Hilfe werden wir das reiche Haithabu ausnehmen wie eine mit Muschelfleisch und Tang gefüllte Gans. Mit Ivas Segen sind wir unbesiegbar. Den Rest der Geschichte kennt ihr. Gott Odin hat sich an uns gerächt, weil wir von ihm abgefallen sind, um der Iva zu huldigen.»

Ich schaute dem Mann tief in die Augen, was nicht leicht war, denn aus Schwäche hielt er sie halb geschlossen: «Odin oder Iva – beide sind gleichermaßen kraftlos. Hat man euch auf eurer Insel nie vom Herrn der Herrlichkeit erzählt, der seinen Sohn zu den Menschen schickte?»

Toke schüttelte nur schwach den Kopf. Ich glaube, mit Göttern, egal welcher Art, war ihm im Augenblick nicht gedient, oder anders, er hätte bedingungslos jedem Götzen gehuldigt, der ihn aus seiner misslichen Lage befreit hätte.

Aus den Augenwinkeln sah ich, wie Herward sehr zufrieden lächelte. Ich fuhr ihn an: «Und du, willst du mir endlich sagen, warum du mir den Zutritt zu meiner Kirche hier mit diesem Körper verlegst, der im Übrigen dringender Pflege bedürfte, wenn er nicht in den nächsten Stunden absterben soll. Mach Platz, ich habe zu tun!»

Herwards Lächeln wurde anmaßend: «Der Heilige Patrick hat die Heiden Irlands der Herde des Herrn zugetrieben. Willst nicht du Gottes Reich um die Insel Bornholm vergrößern? Gewiss, sie ist – soweit ich weiß – kleiner als Irland.

Aber Patrick war vielleicht auch der heiligere Heilige von euch beiden. Und bedenke, wann könnte die Stunde für Bekehrung günstiger sein als jetzt, wo klar ist, dass unser Gott Haithabu geschützt und Iva versagt hat ...?»

Herward! Herward! Herward! Er war nicht nur größer und kriegsgewandter als sein Vater Heitu. Ich musste erkennen, dass auch seine Gedanken mehr Glanz hatten, als ich an denen seines weltlichen Erzeugers je erkannte. Aber ich wollte dem Herward keinen leichten Sieg schenken; zu leichte Siege machen hoffärtig, und so schnaubte ich ihn an: «Gott hat mich in diese Gemeinde gestellt, mein Sohn, hier gilt es, das zarte Pflänzchen des Glaubens zu beschützen. Wir sprechen uns noch.»

«Aber gern, Bruder. Inzwischen sprechen Toke und ich noch mit einem anderen, den die Geschichte von all dem vielen Bernstein sehr interessieren wird. – Erinnerst du dich an meinen Traum, den ich dir erzählt habe, vom bleichen Mond und vom Bernsteinmond?»

Ich ließ Herward ohne Antwort in meiner Hütte zurück und trat betont kraftvoll ins Freie. Zur Glocke! Alle sollten heute Gottes Güte erkennten und den Herrn preisen.

Dort, wo die Sonne aufzugehen gedachte, war der Himmel schon ein wenig ausgeleuchtet. Dort war Ost. Und in Ost lag Bornholm. Vielleicht ein Ort, wo schon bald der Hunger nach Trost über so viele verlorene Männer groß sein wird. Und auch die Sehnsucht nach einem Gott, der mehr kann, als eitel im Bernstein zu funkeln.

Dies schreibend verfalle ich sogleich in Gedanken, die den Fortgang meines Berichtes vielleicht verzögern, aber gleichwohl unabwendbar sind: Wenn wir alle in Gottes Hand sind, die Sünder wie die Heiligen, ist dann nicht des Sünders Freveltat so unvermeidlich wie des Heiligen Wohltat? Wäre dann nicht ein

Gott zu denken, fern über allem, ein Gott, der das eine wie das andere geschehen lässt, so dass auch einer, der fehlsam handelt, nur das tut, was er tun muss? Unausweichlich: MUSS!

Nun wissen wir aber doch, dass die üblen Taten des Teufels sind, wiewohl wir auch wissen, dass Gott stärker ist als der Teufel. Und nehmen wir beide Wahrheiten zusammen, so bleibt nur die conclusio, dass Gott den Teufel gewähren lässt. Und wäre dann nicht auch ein Böser nur ein verhinderter Guter?

Wer führte Herward die Hand, als er an jenem Morgen nach dem wundersamen Sieg über die Bornholmer in meiner Hütte den Schicksalsfaden an das Schiffchen knotete? Gott selbst? Oder ließ JENER es zu, dass der Teufel kurz an den Webstuhl trat und seinen Faden einfädelte?

Nun habe ich ein Leben verbracht im Bemühen, Gott nahe zu sein, und weiß doch keine Antwort auf Fragen wie diese. Bin ich nicht ein alter Wanderer im Nebel, der gerade nur seine Fußspitzen zu sehen vermag, aber nicht den Abgrund, der keine fünf Schritte vor ihm gähnt? Und steigt nicht der Nebel schon in meinen Kopf?

Es sind viele Fragen dieser Art, jede zu groß, als dass ein Mensch sie fassen könnte. Aber Du, geliebter Leser ferner Tage, mahnst mich, zurückzukehren zu meiner selbst aufgeladenen Fron: den Herward zu Ende zu erzählen. Also, folge mir zurück, direkt in das Haus des Jarl, in das Haus, das alle in Haithabu die Burg nannten.

Was mir der Jarl befahl

Der Jarl war überaus guter Dinge. Er hatte zwei seiner schönsten Frauen entblößt und vor sich ausgebreitet in einer Art und Weise, die keine fühlende Seele dem Augenlicht eines Mönches zumuten darf (und meinem schon dreimal nicht). Nein, es hätte nicht viel gefehlt, dass er mich auf die eine der beiden Frauen eingeladen hätte wie auf eine Schale reifer Zwetschgen.

Schließlich, als er meine Verwirrung und Not ob all der dienstbaren Sünde sah, gebot er den beiden zu verschwinden und richtete das Wort an mich: «Welch ein Sieg, Christenhäuptling! Und mir ist im Augenblick völlig einerlei, ob ihn Odin, ob ihn dein Gott oder nur unsere tapferen Mannen errungen haben.»

«Ich hingegen habe in dieser Frage keine Zweifel, o Jarl», antwortete ich mit fester Stimme. Und ich war sehr dankbar, dass die Weitläufigkeit meiner Kutte in diesem Moment gnädig verhüllte, was da an männlicher Erregung (... steh mir bei, der Teufel möge mit glühenden Zangen mich versuchen, aber nicht mit Weiberfleisch!) die Würde meiner Erscheinung hätte beeinträchtigen können.

«Gut, wenn du keinen Zweifel hast, Christenhäuptling. Denn Männer mit zu viel Zweifel vertropfen wie Bienenwachs im Feuer. Wiewohl andererseits Männer ohne jeden Zweifel meistens so dumm sind, dass man sie vor sich selbst schützen muss.»

Der Jarl setzte seine scheingelehrten Betrachtungen über den Zweifel noch eine Weile fort, und seine Umständlichkeit schien mir doch im Gegensatz zu der Eile zu stehen, mit der er mich zu sich zitiert hatte. Als ich endlich meinte, er würde zur Sache kommen, lud er mich noch auf einen gemeinsamen Besuch seines Abtrittes, den ich in Ermangelung eines Bedürfnisses ausschlagen musste. Er entlud sich unter heftigem Lurengeblase, das aus der Ferne vom Kichern seiner Frauen begleitet wurde.

Als er wiederkam, aufrecht, gestrafft, fast verjüngt, fragte ich frech und um das Gespräch zu beschleunigen: «Herward war hier und hat dir eine gelbbunte Geschichte von Bernstein auf Bornholm erzählt.»

«So ist es. Zweifelst du an der Geschichte? Dieser erbeutete Bornholmer schien mir nicht in der Verfassung zu sein, in der einer lange Lügengeschichten erzählt. Was meinst du?»

«O Jarl, du bist der mächtigste Mann von Haithabu. Was ist dir an meinem Urteil gelegen?»

«Nun, du kennst dich aus mit allerhand Göttern, nicht nur mit deinem. Ich habe dich über den Gott der Mohren disputieren gehört. Und du hast, wie ich wohl weiß, alle erdenklichen Erkundungen über unsere Götter eingezogen, wenngleich in einer Absicht, in der ein Schlachtenlenker die feindlichen Reihen betrachtet. Aber das habe ich dir nie vorgehalten. Nein, ich mag Männer um mich, die weiter schauen können, als ihr Holzlöffel lang ist. Sag mir, was weißt du über Iva? Ist sie mächtig?»

«Was soll ich dir antworten? Es gibt nur einen Gott, der Macht hat.»

«Ich sehe, so kommen wir nicht weiter. Eine andere Frage: Weißt du von irgendeinem Fall, wo Götterkraft in einem Geschmeide steckte ...?»

Und als ich nicht sogleich antwortete, fügte er hinzu: «Als ich im brennenden Dorestadt das große Kruzifix mit den roten Funkelsteinen an mich nahm, sagte mir der dortige Bischof, das Blut des Christus werde über mich kommen und mich verbrennen. Nun ja, seither war ich oft blutbedeckt. Bedeckt von Feindesblut. Aber es hat nie gebrannt. Ich bin völlig unverbrannt. Also sage ich, wenn ein Fluch oder eine andere Kraft in dem Kruzifix steckte, kann es nur eine ganz kleine Kraft gewesen sein, zu klein für einen Jarl.»

Ich holte tief Luft zu einer langen Entgegnung, aber so wie man einen Schwertstreich noch in der Luft abfangen kann, entschloss ich mich zu kurzer Gegenrede: «Wenn Gott der Herr Rache will, dann hat er anderes als menschliches Zeitmaß.» Und leichtfertigerweise fügte ich hinzu: «Und hat nicht auch Gott der Herr damals Olaf den Bluttrinker am Ende ersaufen lassen wegen all seiner Schlechtigkeit?»

«Aus der Sicht derer, die Olafs Axt fraß, hat sich dein Gott dann aber lange Zeit gelassen mit der Strafe. Und warum ist ausgerechnet der Jüngste (dabei schlug er sich auf die Brust) nicht ersoffen?»

«Die Wege des Herren sind unerfindlich.»

Rangar schnäuzte sich ausgiebig und fuhr fort: «Ich sehe, wir nähern uns einem Punkt, an dem sich Odin und dein angenagelter Gott die Hand reichen können ... was nicht geht, wegen der Nägel ... Auch Odins Wege sind nämlich unerfindlich. Und sogar ich, wiewohl kein Gott, habe mich zu einem Weg entschlossen, der dir ein wenig unerfindlich vorkommen wird. Da bin ich mir ganz sicher.»

Der Jarl ließ sich gebratene Äpfel reichen, bot auch mir davon an und fuhr fort: «Ich habe mich entschlossen, allein zu reisen.»

«Allein? Wohin?»

«Nach Bornholm. Fast allein. Nur ein paar von den Bornholmer Rudersklaven, die uns Odin ... oder wer auch immer geschickt hat. Aber wenn ich ‹allein› sage, meine ich nicht: ganz allein. Herward und du werdet mich begleiten.»

«Ich ...? Warum ich?»

«Mir ist aufgefallen, dass dir viel gelingt. Du bist dem Todestrunk des Björn entgangen. Dir hören immer mehr Menschen zu, wenn du von einem Gott sprichst, obwohl der noch nicht mal in der Lage war, seinen einzigen Sohn zu schützen. Und du hast heilende Hände. Es kann nicht schlecht sein, so einen, dem so vieles gelingt, bei sich zu haben. Und sehr wahrscheinlich werden wir auf Bornholm verhandeln müssen.»

«Verhandeln? Darauf verstehst du dich doch wie keiner sonst.»

«Ich habe noch nie verhandelt, wenn es um Götter ging.»

Mein Gesicht blieb unbewegt, woraufhin sich Rangars Stimme mit Eisen bezog: «Aber wir können die Sache auch anders regeln. Ich befehle dir, mit mir zu reisen.»

«Und wenn ich mich nicht füge?»

«Weißt du, wie gut eure Kirchen brennen? Frage mich, wenn du es nicht weißt, ich versteh mich auf Brand!»

Und plötzlich ritt mich der Teufel (im Übrigen eine Redewendung, die einem Gottesmann nicht unterlaufen sollte): «Kirchen verbrannt und Gottesmänner an Kirchentüren genagelt!»

«Auch das kam vor.»

Ich bebte vor Wut. Vor meinem inneren Auge sah ich das Jammerbild des aufgeschlitzten Bruders Solanus. Aber der Jarl gab mir keine Möglichkeit, meinen Zorn gegen ihn zu schleudern. Er sprach jetzt schnell, wie einer, der ein nicht besonders wichtiges Geschäft rasch zu Ende bringen will, wie einer, dem das übliche Feilschen lästig geworden ist.

«Wir segeln im nächsten Frühsommer. Einhard und Herward werden ein kleines, wendiges Schiff für acht Ruderer bauen mit guten Eisengriffen und Ketten für die Bornholmer Sklaven. Die acht Stärksten werde ich nicht nach Rungholt verkaufen. Im Gegenteil, wir werden sie gut füttern in diesem Winter.»

Mir fiel – so muss ich heute erkennen – damals nicht auf, dass Rangar keinerlei Begründung dafür nannte, dass auch der Herward an seiner Seite gen Bornholm fahren sollte. Vielleicht wäre mir diese doch wahrhaftig naheliegende Frage eingefallen, hätten mich nicht damals Zorn und Trauer übermannt – Zorn und Trauer darüber, dass dieser Heide sich anmaßte, über meine Mission zu regieren. Ich erhielt auf die Frage nach Herwards

Reisebeteiligung (eine Frage, die zu stellen ich, wie gesagt, verabsäumte!) erst an jenem Tag Antwort, als die Bernsteinsonne zum letzten Mal aufleuchtete. Das aber ist der Tag, an dem meine Aufzeichnungen enden werden.

Alles schien beschlossen. Und recht betrachtet, das war mir klar, würde ich die Erfolge meiner Haithabu-Mission gefährden, wenn ich mich dem Jarl entgegenstellte. Also schwieg ich und wandte mich zur Tür.

Doch der Jarl gebot mir mit knapper, aber nicht unfreundlicher Handbewegung zu bleiben. Nun, da alles gesagt war, kehrte etwas von jener Milde in seine Züge zurück, die Herrschern bisweilen eignet, solchen Herrschern, die stark genug sind, um nicht immer nur mit der Peitsche regieren zu müssen. Rangar sprach plötzlich, als käme aus seinem Mund nur das Echo einer Stimme: «Große Dinge, und letzte Dinge gar, sollte man allein tun, oder wenigstens so allein wie möglich. Meine erste große Tat hab ich allein verrichtet. Ich habe zum Julfest den besten Bogenschützen der königlichen Leibwache in Jellinge herausgefordert. Und ich habe ihn übertroffen. Und damals war mein Bart noch dünn und weich wie Frauenhaar. Und die Entführung der Bernsteinsonne ...»

Und dann folgten Worte, die mir damals verworren erschienen, so wie sie auch Dir, verworren erscheinen müssen, geliebter Leser, der Du mir bis hierher treulich gefolgt bist ... verworren zumindest so lange, bis Du mir zur Neige dieses Berichtes gefolgt sein wirst.

Rangar aber sprach ungefähr so: «Über mir eine Sonne, wie es noch keine gab zwischen Schlei und Skagen. Verstehst du mich, Mönch? Ich werde die Sonne holen, bevor sich der Kreis schließt. Die letzten Schritte im Bernsteinlicht. In der Sonne. Das alte Orakel wird, wenn es denn Odin gefällt, doch noch wahr.»

Mich fröstelte, denn Rangar schien durch mich hindurchzuschauen in eine Welt, die man erst schauen kann, wenn man diese verlassen hat. «Geh, Mönch, und nimm noch von den blauen Zwetschgen mit.»

Ein guter Winter

O Jesus, wie seltsam verschlungen sind die Pfade, die Du Deine Kinder wandeln lässt: Selbst an guten Tagen lähmt uns bisweilen die Angst vor nächtlichem Gewitter. Die Dunkelheit der kommenden Nacht wirft schon am Mittag ihre Schatten voraus. So etwa ging es mir in jenem Winter, der unserer Reise nach Bornholm vorausging. Und dabei war es ein guter Winter, doch war er überschattet von einer angesagten Reise, deren Ausgang mir so ungewiss erschien, wie eine Reise nur eben ungewiss sein kann.

Wenn ich diesen Winter gleichwohl gut nenne, so vor allem deshalb, weil es mir vergönnt war, die Herde des Herrn kräftig zu vergrößern. Und so wie ein guter Schäfer einen guten Hund braucht, so schickte mir der Herr die Klia – die Lieblingsfrau des reichsten Mannes nach Rangar. Klia schlich sich wochenlang als Magd verkleidet – und ich war klug genug, ihr die Magd durchgehen zu lassen – vor den Altar unserer kleinen Kirche und verneigte sich in Gebeten. Als sie sich schließlich doch offenbarte und nach der Taufe verlangte, sprach ihr Mann, Baldur Heringsflosse, ein hartes Nein.

Ich glaube, geliebter Leser, ich habe es bisher verabsäumt, Dir den Baldur Heringsflosse vorzustellen, ein Versäumnis, das umso schwerer wiegt, als der Mann großes Gewicht in Haithabu hatte. Heringsflosse besaß zwölf Heringsfangboote, an die fünfzig sauber geknüpfte Netze, und für ihn fuhren wohl an die hundert Männer aus Haithabu und der weiteren Umgebung. Der Blutzoll von Rüstringen hatte es mit sich gebracht, dass er ein paar Fangzeiten mit kleiner Besatzung segeln musste. Aber was an Armkraft fehlte, schanzte ihm das Glück zu. Das Meer spuckte in diesen Jahren reichlich lebendiges Silber aus.

Heringsflosse liebte es, seinen Reichtum spazierenzutragen, berühmt war sein Zobelfellmantel, der von Silberfäden und aufgenähten Goldtressen funkelte. Und es gab ein nicht enden wollendes Spekulieren im Ort, ob nicht Heringsflosse den Jarl überflügelt habe in puncto Flitterkram und Tand. Gerede entstand aber auch viel über die Klugheit und Kühnheit der Klia. Und schön war sie noch dazu. Letzteres war eher dazu angetan, den Neid des Jarl aufzustacheln, als das Geld Heringsflosses, von dem Rangar sagte, an ihm klebe Fischgestank.

Ich bin sicher, wäre Heringsflosse nicht der zweitreichste Haithabuer gewesen, Rangar hätte Mittel und Schliche gefunden, die Klia in sein Bett zu beordern – vielleicht gar nach der Weise des Salomo, von dem die Bibel in dieser Angelegenheit Unrühmliches berichtet, da er doch den rechtmäßigen Mann seiner Buhle gegen übermächtige Feinde anrennen ließ.

Als Baldur Heringsflosse von der heimlichen Taufe seiner Frau erfuhr, erhob er ein wildes Geschrei, zitierte mich in sein Haus, das in der Tat keinesfalls weniger üppig ausgestattet war als das des Jarl.

«Heimtückischer Zauberer, gib mein Weib frei!» polterte er los, kaum dass er meiner Gestalt ansichtig geworden war. «Lass sie frei, oder ich lass dich in ein Heringsfass nageln und ins Noor werfen.»

«Jonathan überlebte dank Gottes Hilfe sogar im Bauch eines Wales. Du kannst mich nicht schrecken, Heringsflosse.»

Heringsflosse war dem Jarl zweifellos in einem wesentlichen Punkte unterlegen. Seine Gedanken sprangen nicht so behände aus dem Kopf auf die Zunge herunter. Meine Entgegnung mit dem Jonathan bereitete ihm ernsthafte Schwierigkeiten, die er mit aufbrausender Stimme hinwegblasen wollte: «Rede mir nicht von fremden Leuten, ich kenne keinen Jonathan. Ich will, dass du deine Hände von Klia lässt, beim Odin!»

Ich schaute den Heringskönig von Haithabu fest an, was nicht einfach war, denn sein linkes Auge wich stark von der geraden Richtung ab, in die sein rechtes blickte.

«Nicht ich habe Besitz von der Seele deiner Frau ergriffen, sondern der Herr.»

«Was ist Seele, du Schwätzer? Von welchem Herrn redest du mir da? Der Herr über Klia bin ich. Und mir passt es nicht, dass sie in deine Hütte schleicht.»

Und sein linkes Auge – ohne Zweifel verleitet durch große Wut – irrte noch weiter ab. Außerdem gewahrte ich, dass sich seine Wangenhaut so rot verfärbte, als hätte ihn ein Schwertstreich getroffen.

«Welche Krankheit quält dich, Heringsflosse?» fragte ich frech und strich mit dem Finger über seine Haut, die rau war wie aufgescheuerte Schiffsplanken.

«Scher dich auf den Grund des Meeres, du Frauenverhexer!» böllerte der Mann zurück.

Ich aber zog mich zurück, auf der Türschwelle verharrte ich kurz und sagte: «Nimm vom äußeren Hutrand der Nebeltrichterlinge, die jetzt wachsen, kaue sie durch und vermische den Brei mit zerstoßener Birkenrinde und Kinderurin. Dann streich alles auf die wunden Stellen. Ich werde für dich beten.»

Und ein Doppelwunder geschah: Die hässliche Rötung verschwand; zum Julfest verlangte Heringsflosse nach der Taufe. Der Grund war indes wohl nicht nur die gelungene Heilung. Es hatte sich (davon wurde gewispert, und ich bin geneigt, dem Gewisper in diesem Fall zu glauben) die Klia ihm mit dem Hinweis verweigert, ihr nächstes Kind solle christlich empfangen werden oder gar nicht.

Der Übertritt der Heringsflosse-Sippe zum Christentum bedeutete viel. Wir konnten noch im Februar, der gänzlich eisfrei war, mit dem Bau einer Zweitkirche in Thorsberg beginnen. In Thorsberg opfern die Heiden dem Thor, indem sie an bestimmten Tagen Opfergaben in eine kahle Eiche hängen. Dem Vernehmen nach sollen vor meiner Haithabu-Zeit zu Notzeiten auch schon mal Sklaven lebend an Stricken in Bäume gehängt worden sein.

Bischof Ebo von Hammaburg schickte einen jungen Mönch, der vor Eifer glühte, als er seinen ersten Gottesdienst im Kirchlein hielt, das wir unweit des Thorsberges errichtet hatten. Ich hatte damals ein ungutes Gefühl, gegen den Widerstand vieler Heiden das Gotteshaus so nahe dem schrecklichen Galgenbaum aufzurichten. Aber Ebo, der sich detailliert berichten ließ (... ich frage mich, ob es auch hier Menschen gab, die ihm bis ins ferne Hammaburg zutrugen wie jener Flößer?), Ebo jedenfalls bestand auf diesem Platz, der ihm von Gott im Traum gewiesen worden sei. Und gegen den gottgesandten Traum eines Bischofs sind die Bedenken eines einfachen Mönches wie ein Furz im Wind.

Der junge Mönch verkündete also Gottes Wort mit brennender Zunge, was zur Folge hatte, dass sich so manch ein Götzenanbeter verbrannt fühlte. Jedenfalls hing eines Aprilmorgens ein bleicher nackter Körper ausgeblutet und kopfunter im Eichengeäst, und der Herr hatte einen Hirten weniger. Der Jarl ließ eine Untersuchung anstellen, aber die Art, wie sie geführt wurde, ließ erkennen, dass nichts weniger als Erkenntnis beabsichtigt war.

Dies war der einzige wirklich ungute Zwischenfall in jenen Tagen. Ich übernahm, ohne daraus eine Aktion zu machen, die leerstehende Kirche und verkündete dort an jedem zweiten Freitag Gottes Wort – nachdem ich mit den dort ansässigen Thorsanbetern verabredet hatte, dass niemals an einem Thorstag Gotteswort verkündet werden dürfte, noch an einem anderen Tag, der den Heiden heilig ist.

Die Gemeinde wuchs. Viele, die in großer Abhängigkeit und Hörigkeit zu Heringsflosse standen, hielten es für gut, es ihm in Sachen Taufe gleichzutun. Der Eifer, mit dem plötzlich manch einer zur Taufe drängte, war mir suspekt, und ich verlangte von jedem, der sich aus Heringsflosses Sippschaft taufen lassen wollte, dass er alle seine heidnischen Amulette abliefere. Aber das hatte nur zur Folge, dass sie mir wertlosen Plunder brachten, während ihre feingearbeiteten heidnischen Anhänger daheim unter Verschluss blieben.

Dem Herward wurden Zwillingsmädchen geboren, die er nach seinen geliebten Schwestern nannte.

Erfolge. Viele Erfolge. Erfolge des einen Gottes, dessen Handlanger ich sein durfte. Ebo, der offenbar keinen zweiten Mann für die Missionierung am Thorsberg in Bewegung setzen konnte, ließ mir eine (allerdings nicht sehr starke) Reliquie bringen. Was erst hätte eine Reliquie von der Stärke derer der Heiligen Drei Weisen zu Köln bewirken können!

Ich hatte eine Reihe großer Heilerfolge, was dazu führte, dass sogar Wikinger aus dem ferneren Norden anreisten, um sich kurieren zu lassen. Recht betrachtet hatte ich allen Grund zur Freude und Dankbarkeit, und doch fand ich in diesem Winter und Frühjahr wenig Seelenfrieden. Denn eines war beschlossen: Sobald der Sonnenweg durch den Tag auch die höheren Teile des Firmamentes berühren würde, sollte eine Reise beginnen, von der sich drei Männer unterschiedliche Dinge erwarteten. Der Alte: einen Bernsteinschatz, wie es noch keinen zu erbeuten gab. Und noch etwas ... aber davon ahnte ich damals nur. Der Mittelalterliche: den Heiden Bornholms das Licht Christi zu bringen. Der Junge: ... (Nein, ich mag das Wort, das allein hier angebracht wäre, nicht niederschreiben; denn Worte sind oft wie Kampfäxte, die zerschmettern, wo es säuberlich offenzulegen gilt.)

Wenn ich am Hafen stand im Frühsommerwind und Herward und Einhard zuschaute, wie sie an Rangars achtrudrigem «Bornholmschiff» werkten, beschlich mich jedes Mal ein klammes Gefühl. Oft geschah es dann, dass Rangar hinzutrat und aufmunternde Worte sprach. So etwa: «Wir werden das Boot doppelt segnen, mit Ziegenblut für Odin und mit Wasser für den Christengott. Doppelt ist gut, wie auch die Segel doppelt gelegt und genäht sein müssen.»

So vergingen die Tage, und zur Tagundnachtgleiche stach ein schlankes Boot mit einem wunderbar fein gearbeiteten Drachenkopf zu seiner ersten Probefahrt in See.

Rangar selbst nahm die Probe ab, ließ die tollsten Manöver fahren, die das Boot zu seiner großen Zufriedenheit fast spielerisch auszuführen imstande war. Und während er sich noch im Noor auf den Planken des neuen Schiffes gebärdete wie ein Jüngling, der seine Kampftüchtigkeit beweisen muss, nahm mich Herward zur Seite und flüstert mir zu: «Jede Planke trägt, versteckt, entweder das Kreuz- oder das Fischzeichen des Petrus. Ein durch und durch christliches Schiff, und der Drache ist nur der Kopf des Drachen, den der Heilige Georg durchstach. Wenn man genau hinschaut, erkennt man am Schuppenhals den Strich der Lanze.»

Ich musste lachen ob so viel heimlicher Schläue. Und es wurde viel gelacht. Sogar die Bornholmer Ruderskiaven – die einzigen Räuber, die nicht nach Rungholt verkauft worden waren – gebärdeten sich ausgesprochen gutgelaunt. Sie hatten sogar etwas Fett angesetzt und sprachen unausgesetzt von Heimkehr.

Je höher die Sonne auf ihrem Tageslauf stieg, desto fröhlicher wurde Rangar. An Herward dagegen beobachtete ich so etwas wie konzentrierte Ruhe – die mir nichts Gutes verhieß.

Am frühen Morgen nach der gelungenen Probefahrt, die mit sehr viel Met befeiert wurde, nahm mich Herward zur Seite und deutete auf Rangar, der darauf bestanden hatte, die Nacht an Bord zu verbringen. Er sagte, mit einem neuen Boot müsse man schlafen wie mit einer neuen Frau ... eine seltsame Vorstellung!

Rangar stand, noch in Nachtgewänder gehüllt, am Mast

seiner «Neuen», als Herward heimlich auf ihn deutete und zu mir sprach: «Da steht der Mann, den ich gesucht habe. Der, der bisher in seiner Haut gesteckt hat, dieser Krämer und Klugsprecher, interessiert mich nicht.»

Ich schaute mich um, sah zu den schilfgedeckten Häusern hinüber, aus denen Rauch stieg, geradewegs in den Himmel. Aber es hätte mich nicht gewundert, wenn der Rauch niedergedrückt zur Erde gezogen wäre wie weiland im Heiligen Land der Rauch von Kains Feuer.

Die Abreise nach Bornholm

Ich bin oft in meinem Leben zu Reisen aufgebrochen, und immer war da dieses Gefühl, als begänne das Leben ein wenig neu. Ein Gefühl der Verjüngung schoss mir in die Glieder, so wie der Frühling den Bäumen die Kraft einschießen lässt. Ein wenig von diesem Gefühl hatte mich sogar damals erfasst, als ich mit Heitu ins Land der Bärenanbeter aufbrach. Und es ereilte mich in besonderer Weise nach meiner Haithabu-Zeit, als ich nach Glendalough ins Land der Iren aufbrach, um die Wunderdinge zu sehen, von denen mir der kleine, stämmige Bruder in Rungholt erzählt hatte.

Aber als der Tag nahte, an dem wir gen Bornholm aufbrechen sollten (ich denke, es war hoher Sommer), war es mir, als gösse mir der Herr Teer in die Seele. Und war es nicht heiteres Wetter! Heiterer noch als das Wetter waren die Bornholmer, allen voran Toke, der unanständige Lieder sang, in denen er ausführlich darlegte, was er zu tun gedächte, nachdem er daheim die Kammer einer gewissen langzöpfigen ... aber lassen wir das!

Bei Gott, ich glaube, die Meere haben, seit Noah in See stach, keine fröhlichere Schar von Rudersklaven gesehen, hatte ihnen Rangar doch in Aussicht gestellt, dass er sie auf der Heimatinsel freilassen werde. Nun ja, misstrauisch waren sie schon, ob dieses Versprechen auch eingehalten würde, aber das Reiseziel Bornholm war ihnen tausendmal lieber, als wäre die Reise nach Norwegen, Engeland, Irland oder gar ins Warme Meer gegangen.

Was lange vor unserer Abreise Quelle unentwegter Spekulation war, das war die Kleinheit des Schiffes und die Tatsache, dass, von den angeketteten Rudersklaven abgesehen, nur der Jarl, ich, «der Christenhäuptling», und der Herward reisen sollten. Die Gerüchte schlugen sich gegenseitig aus dem Feld: Es ginge, hörte ich, um eine Art Opferfahrt, von der entweder Rangar als Christ oder ich als Gefolgsmann des Odin zurückkehren werde, eine heilige Wette das Ganze! – dies war noch die harmloseste Erklärung.

Als die Sklaven, trotz strengen Schweigegebotes, das Ziel ausgeplaudert hatten, ging allerhand Gefasel im Kreis: Eine bernsteingeschmückte Göttin, über deren Haupt eine Sonne schwebte, wollten wir, so raunte man, ins Noor heimholen. Ein altes Weib fragte mich, ob es denn wahr sei, dass Rangar auf Bornholm eine Leiter emporsteigen werde, um die Sonne zu pflücken?

Rangar tat wenig, um Klarheit zu schaffen, man kann eher sagen, er tat das Gegenteil, mal gefiel er sich in raunender Rede wie dieser: «Siedler von Haithabu. Der Ruhm, den ich erringe, ist euer Ruhm.» Oder er sprach wie aus einer Wolke: «Mein Ruhm begann einsam und eigenhändig. Als Knabe zog ich aus und übertraf die besten Bogenschützen des Königs. Und ohne Mannschaft ziehe ich nun aus. Denn der Kreis rundet sich wie das Jahr, und das Ende soll dem Anfang gleichen.»

Nach solcher Rede schüttelten die Leute schon mal die Köpfe, wobei sie am meisten befremdete, dass der Jarl zu seinen Begleitern zwei zugereiste Männer gewählt hatte und keine erprobten Wikinger. Einige seiner alten Fahrensleute, die noch gut auf den Beinen waren, wurden bei ihm vorstellig und verlangten eine Erklärung, warum sie zurückgesetzt würden. Aber Rangar stopfte ihnen mit allerlei Speisen die Mäuler. Nur dem Sänger Snorri offenbarte er sich ein wenig, was ich daraus schließe, dass er ein Heldenlied fertig hatte, noch ehe der erste Ruderschlag dieser Reise erfolgt war.

Der Anfang des Liedes ist mir haftengeblieben:

Wie wiegt Wagmut und Wonne die Wogen,
endlich zurück dem Manne der Mut.
Zu lange schon züngelt gleich fettem Gewürm
Erinnerung nur an verlorene Schlacht.

Heil, Wotan, wir wagen‘s, wir wollen wieder Wellen spüren.
Salz auf der Haut. Gen Bornholm zu.
Heil, Wotan, wimpelwärts wandern die Wünsche.

An diesem Lied kannst Du, geliebter Leser ferner Tage, sehr wohl ermessen, wie wenig Wahrheit in den Worten der Sänger und Wortdrechsler liegt. Aber um das vollends ermessen zu können, werde ich Dir erst den Rest der Geschichte anvertrauen müssen.

Mich schüttelt dieser Tage ein schlimmer Husten, und seltsam ist es schon, dass ich, der ich so vielen die Krankheit vertreibe, selbst mit Gottes Hilfe und Kräuterkraft einen Husten nicht vertreiben kann. Ehe mich also eine weitere Verschlimmerung unter die Felldecke zwingt, will ich mich sputen, den Herward zu Ende zu bringen. Doch allzu große Eile und ihre Folge, das Verzeichnen der Ereignisse, würdest Du mir, geliebter Leser ferner Tage, nicht goutieren. Was also soll ich tun?

Die Sklaven saßen an kräftigen Ruderhölzern und schauten feierlich gen Osten, wo sie ihre Heimatinsel wussten. Herward lehnte am Steuerruder und winkte seiner Familie. Herwards Sohn straffte ein schöner Kinderstolz. Herwards Weib wahrte Haltung, und daran tat sie gut – einer Freigelassenen sieht man Haltungsfehler nur schwerlich nach. (Vielleicht ist hier der rechte Ort, um einzuflechten, dass des Herwards Weib, die ja eine Freigelassene war, es nie versäumte, an jedem Tag nach Vollmond – das nämlich war der Tag, an dem sie freigesprochen wurde – den Sklaven Haithabus ein gutes Mahl anzurichten. Ein christliches Unterfangen, das in Haithabu aber nicht vorbehaltlos gutgeheißen wurde, galt doch die bekannte Regel: Ein Ochs, der einmal Klee gefressen hat, mag kein Heu mehr.)

Zurück zum hehren Moment unserer Abreise: Alle waren hochgestimmt. Nur mir war zum Heulen. Würde Björn, der heidnische Zauberer, meine Abwesenheit nutzen, um Odin wieder Vorteile zu verschaffen, um schwankende Christenseelen zurückzutreiben zu den Gefilden der Unseligen? Und wenn mich das Meer verschlänge? Würde Ebo zeitig genug einen Nachfolger schicken, und falls ja, würde er Sorge tragen, dass ein ruhiger Bruder mir nachfolgt und kein Feuerkopf, der dann doch nur wieder als ein Rabenaas an einem Ast endet?

Dies denkend riss mich die Stimme des Jarl aus dem Verhau meiner Befürchtungen. Er stand, in einen prächtigen Fuchsfellmantel gehüllt, der eigentlich viel zu warm war für die Jahreszeit, neben dem Mast und hielt eine Rede, so laut, als müsse er einen steifen Nordwind niederbrüllen.

«Der Drachenkopf zeigt gen Ost. Unsere Fahrt geht der aufgehenden Sonne entgegen. Einer Sonne, wie ihr noch keine saht. Schaut uns an, denn nur die Götter wissen, ob uns glückliche Heimkehr beschieden sein wird. Opfert an jedem Thorstag eine Ziege zu unserem Wohle, aber nehmt nicht die Kümmerer, die sowieso sterben würden. Und haltet Frieden. Mein Bruder Tönje regiert, solang meine Hand nicht über euch ist. Blast die Luren. Leinen los!»

Rangars Weiber rauften sich pflichtschuldig die Haare, aber mir schien, allzu groß war ihre Trauer über den scheidenden Hausherrn nicht. Echte Tränen sah ich in den Augen vieler Christen, die ich getauft hatte. Und eine Frau, deren Haar schon graugesträhnt war, sagte mir ein gutes Wort: «Wenn der Hirte fortgeht, muss die Herde zusammenrücken.»

Mit sanftem Ruderschlag zog das Boot dem Meer zu – ein Jarl, ein Krieger, ein Gottesmann und acht Gefangene. Nein, neun, denn im Grunde war auch ich ein Gefangener. Allerdings ohne Ketten.

Ach, die Ketten! Rangar hatte kurze Ketten verfügt, weil die Gefangenen langgekettet (bei nur drei Mann Besatzung) nur schwer zu beherrschen gewesen wären. Die kurzen Ketten aber erlaubten es den Bornholmern nicht, wie es Brauch auf Schiffen ist, ihre Notdurft zu verrichten, indem sie das Hinterteil außenbords hängten. Alsbald schwappte da eine üble Brühe in der Bilge. (Aber das eben Notierte greift vor und passt nicht in das Bild voll hochherziger Abschiedsgedanken.)

Als wir nach ruhiger Fahrt das Meer erreichten, kam mir eine Frage, die mich ob ihrer Dringlichkeit erschrak, oder genauer: Mich erschrak, dass mir diese Frage nicht schon vor Wochen oder Monaten gekommen war: «Wie kommen wir zurück, wenn die hier auf Bornholm bleiben dürfen, o Jarl?»

Der Jarl grinste: «So wenig Vertrauen zu deinem Gott, Christenhäuptling? Im Herbst kommen starke Winde von West.»

Ich schaute in verwirrt an: «Von West? Aber unser Rückweg geht gegen West!»

Rangars Grinsen weitete sich zu einem großen Gelächter: «Da weiß nun so ein Mönch noch darüber Bescheid, wie viele Nelkenköpfe gegen Ohrensausen und wie viel Bärlapp gegen Urinbrennen hilft, aber er weiß nicht, dass Wikingerschiffe auch gegen den Wind segeln können.»

Auch Herward schien belustigt, und die Bornholmer lachten mit, aus Unterwürfigkeit.

Als noch in Küstennähe eine auf dem Wasser treibende tote Möwe an die Bordseite stieß, griff sich Rangar schnell ein Huhn, Biss den Kopf ab und ließ das Blut ins Wasser tröpfeln: «Tu auch du was, Christenhäuptling, damit uns das Omen der toten Möwe nichts anhaben kann!»

Ich tat nichts. Erstens hätte ein Gebet zu diesem Anlass bedeutet, dass ich an die Existenz heidnischer Zeichen glaubte, zweitens war mir schlecht. Ich fiel ermattet auf den Strohsack, der eingezwängt zwischen Proviantfässern und Kästen im Vorderschiff lag, und sah in den Himmel. Mast und Baum bildeten fast ein Kreuz. Aber dies war keine Fahrt im Zeichen des Kreuzes. Soviel war klar, klar noch in aller Unklarheit. Ich schlief ein, und einmal mehr kehrte der unangenehme Traum von Ebos Festtafel und meiner unrühmlichen Rolle als Mastochse zurück. Der Traum folgte mir sogar aufs Meer, was die Behauptung des Aristoteles stützt, dass Träume fliegen können, ohne von Weite oder Wetter zu ermatten.

Godofried – mein ungeliebter Schatten

Ich muss Dir, geliebter Leser, noch einen kurzen Schritt nach Süd abnötigen. Werde derob nicht schwindelig, denn wir segelten ja gerade nach Ost. Also bitte, einen kleinen Ausflug nach Süd, ins dichte Holz am Wik!

Seit Tagen schleicht ein Bruder, dessen Anwesenheit mich nicht freut, um meine Klause. Lioba – und das allein ist genug Grund zum Ärger! – hält sich wegen dieses Schleichers fern, denn sie sagt, es schade meinem Ruf, wenn ein Klosterbruder ein Weib in der Nähe der Klause sähe, ein Weib, das offenbar nicht um Heilung willen hier verweile. Und dieser spezielle Mönch (und ich kann Lioba da nicht aus lauterer Seele widersprechen) ist sicherlich hier, um dem Abt Theophil zu Wik am Holze jedwedes Geschehnis zu vermelden.

Der Bruder streicht herum, erkundigt sich bisweilen nach meinem Husten und dem werten Befinden. Keine fünfzig Schritt von meiner Klause entfernt hat er sich einen groben Verschlag gebaut, der ihn kaum gegen Regen schützt. Christenpflicht wäre es zweifellos, ihn bei schlechtem Wetter in meine gut gefügte Klause zu bitten. Aber dieser Bruder bereitet mir einen ziehenden Schmerz, es ist mir, als trüge er unter seinem Betbrevier einen Dolch.

O Gott! Was schreibe ich da! Darf man einen Menschen, einen Bruder auch noch, mit solcher Rede belegen? Man darf es nicht! Obgleich ... mich drängt es, mich für den schlimmen Vergleich mit dem Dolch zu rechtfertigen ... wenngleich dieser Bruder in unserem Kloster den Spitznamen «Des Abtes drittes Ohr» trägt.

Wann immer wir Brüder wollen, dass eine Botschaft über den unschönen, aber desto wirkungsvolleren Flüsterweg zum Abt gelangt, vertrauen wir uns diesem Bruder Godofried unter dem Siegel allergrößter Verschwiegenheit an und lassen ihn beim Erzengel Michael geloben, kein Sterbenswort dem Abt zu melden. Über die sichere Godofried-Brücke konnten wir im Herbst 917 den Abt voranschreiten lassen, ging es doch darum, ihn zu überzeugen, dass es unserem Kloster wohl anstünde, die Vorratsscheuer des Klosters einen Spaltbreit zu öffnen, denn im Wiker Umland hatte eine Kornfäule große Hungersnot bewirkt. Wir erreichten unser Ziel, einfach indem wir Godofried zuflüsterten, im dunklen Wiker Holz rüsteten räuberische, auf den Tod hungrige Bauern zum Sturm auf unser klösterliches Korn.

Als kürzlich ein Regen, der drei Tage und zwei Nächte währte, den Wald zum Sumpf machte, winkte ich Godofried heran. Er hustete fast so schlimm wie ich, und seine Kutte starrte vor Dreck. Die ganze Gestalt glich dem tropfnassen Hut eines Steinpilzes.

Nachdem sich der Bruder – den der Herr übrigens schon in jungen Jahren mit einem krummen Rücken gestraft hatte – eine Weile an meinem Feuer getrocknet hatte, fragte ich aufs Geratewohl: «Warum belauerst du mich, Bruder Godofried?»

«Ich belauere dich nicht, ich bewache dich.»

«Also gut, warum bewachst du mich?»

«Ich wache darüber, dass dich kein Unheil ereilt.»

«Darüber wacht schon Gott.»

«Auch Gott braucht Helfer.»

«Könnte mich denn einer, der seinen Leib kaum selber tragen kann, vor Gefahr schützen?»

«Du spielst auf meinen krummen Rücken an, Bruder? Ich bin gleichwohl stark.» Und wie zum Beweis griff er ins Dachgebälk und stemmte es ein wenig aus den Fugen. Dabei sah er mich beifallheischend an. Aber ich sagte nur: «Samson hat auf diese Weise einen Tempel zum Einsturz gebracht. Willst du es in seiner Nachfolge erst einmal mit der Klause eines alten kranken Bruders versuchen?»

Dass ich in dieser offenen Weise von meinem Befinden sprach, versetzte den Godofried in eine Fürsorglichkeit, die ich ihm nicht so recht zu glauben vermochte.

«Ist denn dein arger Husten gar nicht milder geworden, o Bruder Agrippa? Zu und zu arg! Nachts höre ich dich bellen wie einen aufgeschreckten Rehbock ...»

Ich schaute dem seltsamen Bruder tief in die Augen, in denen es flackerte, wie wenn sich ein Feuer nach Nahrung streckt. Und ich hörte mich plötzlich Worte sagen, die ich nicht zu sagen beabsichtigte: «Wenn meinem Husten erst ein Seufzer und dann eine große Stille folgt, wirst du herbeieilen, einen erleichterten Blick auf mein Totenantlitz werfen und zum Kloster laufen. Und man wird zurückkehren und mich holen, damit ihr in Wik am Holze eine neue Füllung habt für die leergeräumte Gruft des Heiligen Nicolo, dessen wahrhaft würdiges Gebein heimlich verscharrt wurde.»

Ich sah das Entsetzen in Godofrieds Gesicht wetterleuchten, aber ich fuhr mit der Kälte eines guten Schwertkämpfers fort: «Wenn schon nicht den lebendigen Heiler, dann wenigstens heilige Knochen! Ist es nicht allso! Aber an meinen Knochen klebt vorerst noch zu viel Fleisch. Sündiges Fleisch. Aber es ist mein Fleisch.»

Godofried gab einen krächzenden Protest von sich, wobei er aus dem Lateinischen in ein ordinäres Fränkisch verfiel, wünschte mir die Würmer in den Leib, damit er nicht länger frieren und darben müsse. Und ein Mann, der sagt, was er denkt, war mir sogleich sympathischer.

Dann trollte er sich. Eine Regenwand fiel wie ein Vorhang hinter ihm zu. Alles war gesagt. Die Luft war wieder rein. Vor meiner Klause sang eine Drossel ihr Regenlied, so schön, dass auch mein Husten schwieg und ergriffen zuhörte.

Die Landung

Es hat gutgetan, mir dieses Ungemach von der Seele zu schreiben. Es wird mir die Ruhe geben (Ruhe, neben all der Heilerei, die mich von Tag zu Tag mehr anstrengt), den Herward zu Ende zu bringen.

Also steige, lieber Leser, wieder mit mir in das Boot, das Herward und Einhard bauten. Einen Sturm werde ich dir ersparen ... es genügt sicherlich die Erwähnung, dass unser Erbrochenes mit den Exkrementen der Ruderskiaven unsere Füße umspülte. Ungut! Aber hebe die Füße und steige nur trotzdem ein, nachsichtiger Leser, denn ich überspringe nun all das Ungemach, blättere das Buch meiner Erinnerungen geschwind weiter bis zu jenem Augenblick, als wir bei guter Fahrt unter gebauschtem Segel Land erspähten. «Land voraus! Bornholm!» brüllte Toke, und die Kettenmenschen rasselten mit den Ketten und johlten wie Kinder. Einer Biss wie von Sinnen in sein Ruderholz, und Toke schmetterte wieder dieses Lied, das doch eigentlich aus meinem Gedächtnis gelöscht sein sollte:

... so werd ich in die Kammer schweben,
werd Dörtes bunte Röcke heben,
werd eine starke Lanze pflanzen
und ein kleines Tänzchen tanzen ...

Herward musste schließlich die Peitsche tanzen lassen, um die Bornholmer wieder zur Ruhe zu zwingen. Die Begeisterung verstummte indes nicht völlig, schlug aber wenig später in aufsässiges Gebrüll um, als Rangar anordnete, zwei Handbreit nördlich an der Insel vorbeizuhalten.

«Falsch, falsch!» belferte Toke. «Sibbe und der Iva-Tempel liegen nach Süd zu. Da hin! Da hin!»

Der Jarl nahm Herward die Peitsche aus der Hand und schlug dem Toke so hart über den Rücken, dass es ihm die Luft für weitere Schreierei nahm: «Halt's Maul, oder ich reff die Segel und lass euch gegen die Dünung rudern!»

In den Augen der Bornholmer irrlichterte blanke Verzweiflung. Aber auch Herward, dessen Blick Rangar auffing, schien verwirrt, so dass sich der Jarl zu einem kurzen Kommentar genötigt sah: «Ich weiß, was ich tue, Herward, ich bin hier nicht das erste Mal. Kurs halten!»

Das kleine, schlanke Boot durchschnitt die Wogen fast lautlos, nichts von diesem behäbigen Platschen, das ich auf fränkischen Handelsschiffen erlebt habe, die wie nasse Säcke ins Wellental poltern. Nein, hier war nur leises Rauschen, so als wenn jemand Seide zerreißt. Die ebenmäßige Bewegung schien den Drachenkopf förmlich lebendig zu machen, Spritzwasser rann wie Atemdampf aus seinen Nüstern, und wenn wir in eine See eintauchten, schien das Untier den schlanken Hals zu schütteln.

Herward, der Mitschöpfer dieses herrlichen Schiffes, hatte sicherlich kein Auge für dererlei. Ihn beobachtend, war es mir, als zöge sich Missvergnügen um seine Mundwinkel zusammen: Es geschah da gerade etwas, das er nicht begriff. Wieso nicht die bequeme direkte Annäherung von See her? Und auch ich hätte gern ein paar klärende Worte aus dem Mund des Jarl gehört. Der aber schwieg.

Eine Möwe setzte sich auf die Mastspitze, wollte aber ihren schwankenden Ausguck sogleich wieder verlassen. Doch noch ehe sie sich aufschwingen konnte, hatte Rangars Pfeil sie durchbohrt. Der Federleib fiel mir geradewegs auf die Tonsur.

«Das galt nicht dir, Christenhäuptling! Bevor ich Land betrete, prüfe ich ganz gern, ob die Hand noch waffenfähig ist. Was sagst du zu diesem Schuss?»

«Vortrefflich!»

«Vor zwanzig Jahren hätte ich auf diese Entfernung auf den Kopf gezielt und getroffen. Aber man muss sich bescheiden.»

Herward quittierte die Darbietung mit einem kurzen Kopfnicken. Mochte er in diesem Moment gedacht haben, dass dieser unvergleichliche Bogenschütze in Ramsolano den Stiftsherren, die sich aus der brennenden Hütte retten wollten, die Hälse durchpfeilt hatte?

Rangar war zu erregt, um die Kälte in Herwards Blick zu bemerken. Und auch ich hätte sie wohl nicht gespürt, wenn ich dieses Gesicht nicht seit Kindertagen in all seinen Regungen gelesen hätte. Wenn Rangar in diesem Moment eine brennende Fackel war, dann war Herward kaltes Salzwasser. Und das Wasser weiß, dass es stärker ist als Feuer.

Schließlich wurde klar, dass Rangar die Nordostküste Bornholms ansteuerte – denkbar weit von dem Ort entfernt, der doch wohl unser eigentliches Ziel war. Im Windschatten der hohen Felsküste mussten die Männer wieder an die Ruder. Die See sprang kurz und bösartig von den schroffen Steinen zurück, und ich hätte mir gewünscht, der Herr Jesus würde – wie auf dem See Genezareth – den Wogen Einhalt gebieten.

Rangar stand auf der Bugplatte und starrte angestrengt auf die Felsschründe, die wie erstarrter Faltenwurf einer Riesenkutte an uns vorbeizogen. Schließlich, Stunden waren vergangen, brüllte er: «Gegenkurs! Wir sind zu weit.»

Herward brauchte sein ganzes Geschick – von dem ich nicht wusste, wo er es erworben hatte –, um das Schiffchen im Getose zu wenden.

Rangar hieß ihn nun, so dicht im Schmetterbereich der Wogen rudern zu lassen, dass ich unablässig unser aller Seelen dem Herrn befahl. «Um Gottes willen, Jarl, was hast du vor? Dies hier heißt: Gott auf die Probe stellen!»

«Versteht dein Gott denn auch was von Seefahrt? Ich halte mich lieber an das, was *ich* davon weiß!»

Schließlich hatte der Jarl etwas entdeckt, das ihn ganz offensichtlich entzückte: «Ich wusste es! Rangar vergisst keinen wichtigen Ort!»

Mich entzückte des Rangars Entdeckung keinesfalls; denn der Jarl ließ auf einen Spalt im Fels zuhalten, der mir zu schmal für ein Boot erschien, noch dazu bei starkem Seegang. Und auch die Bornholmer machten beklommene Gesichter.

Rangar nahm Herward wortlos das Steuerruder aus der Hand und hielt auf den Spalt zu.

Ich schloss die Augen und erflehte Gottes Beistand, wobei mir damals sicher nicht gegenwärtig war, dass es nicht gottgefällig sein kann, Gottes Beistand für ein Vorhaben zu erflehen, dessen Gottgefälligkeit keineswegs ersichtlich war. Wie auch immer, mein Gebet half.

Das Boot schoss durch den Spalt, durchschlug eine Wolke von Gischt, lediglich ein zu spät eingezogenes Ruder splitterte, und schon befanden wir uns hinter einer steinernen Pforte in ruhigem Wasser.

Nie sah ich einen perfekteren Hafen, einen Schlupfwinkel, eine Höhle für Seeotter ... und Seeräuber?

Seltsam. Wenn ich heute an diese Landung denke, seh ich die grausig enge Durchfahrt nur noch verschwommen, wie durch einen Vorhang von Gischt. Und auch die Gesichter der Bornholmer – den Toke ausgenommen – sind von den Jahren weggeschmirgelt. Doch wie eine eingebrannte Wunde, die über die Jahre hinweg nicht heilen will, steht das Gesicht des Herward vor mir. Sein Gesicht, als wir landeten ...

Vor ach so vielen Jahren, als ich auf dem Rückweg von Rom im himmelhoch aufragenden Alpengebirge bei guten Brüdern nächtigte, zeigte man mir am Morgen, bevor ich weiterwanderte – auf damals noch jugendstraffen Waden –, ein ergreifendes, in Stein gehauenes Bildnis, auf dem die Morgensonne lag. Ein lächelnder Engel. Doch als ein Bruder die Tür Schloss, durch die das Licht fiel und nur noch ein kleines Oberlicht eine seltsame Art von Zwielicht streute, da wurde aus dem Engelsgesicht eine kalte Maske. Es war unzweifelhaft noch dasselbe Gesicht, und doch nicht dasselbe.

Wenn Du fandest, aufmerksamer Leser, dass mich auf den letzten Seiten der Fluss der Erzählung ein wenig verließ, so wie Flüsse bisweilen ihr angestammtes Bett verlassen, um sich in Nebenbetten zu wälzen, so hast du trefflich beobachtet: Ich musste die letzten zwei Seiten ein zweites Mal schreiben. Zwei Seiten bedeckte ein hässlicher Auswurf; Husten quält mich. Immerhin schaffte ein Gebräu aus Brombeerblättern eine leichte Linderung. Lioba traut sich nun, da der trockene (und zuweilen durchnässte) Schleicher fort ist, wieder zu mir in die Klause. Es geht mir gut. Ja, es geht mir gut.

Heringsflosse wird aus unglücklicher Fügung Jarl

Manche Geschichten bekommt man so oft erzählt, dass man – sind erst einige Jahre dazwischen – meint, man habe sie selbst erlebt. So geht es mir mit den Begebenheiten, die sich etwa zu der Zeit zutrugen, als der Jarl, Herward und ich Bornholm erreichten.

In Haithabu ereignete sich das, was in jedem Hühnerhof geschieht, wenn der alte Hahn fort ist. Ein junger bläht sich auf, versucht, in der Tonlage des alten zu krähen, bringt aber nur ein blödsinniges Gegacker zustande. Tönje, des Jarls Halbbruder (ein Herbstspross, den Rangars verwitweter Vater noch im hohen Alter mit einer Magd gezeugt hatte), dieser Tönje also stolzierte als Ersatzhahn und mit des Jarls Bernsteingeschmeide behängt durch Haithabu und verlangte von jedwedem Menschen Gesten der Unterwerfung. Das befremdete, denn der Jarl selbst hatte sich stets mit knapper Ehrbezeugung begnügt.

Tönje war ein dummer Mensch von Geburt, kein drengir (strategisch denkender, kühner Mensch) wie sein Bruder Rangar; denn so wie der Herr manch einem Weib den hohen Busen oder manchem Manne schon in jungen Jahren das Haar nimmt, so enthält er nicht wenigen Menschen den Witz des Kopfes vor. Man könnte einige Beispiele der Tönjeschen Stumpfheit hier ausbreiten; aber eine mag für alle gelten. Tönje behauptete, vom Handel mit Töpfen zu leben. Doch in Wirklichkeit lebte er von heimlichen, nicht unerheblichen Zuwendungen seines großen Halbbruders, die dieser, um den Tönje nicht zu demütigen, heimlich dessen Ehefrau zusteckte. Tönje aber war einfältig genug, ernsthaft zu glauben, dass sein Wohlstand vom gelegentlichen Verkauf einer Amphore oder eines irdenen Kruges herrührte. Das hatte nicht zum wenigsten damit zu tun, dass er den Wert von einer Hand Bruchsilber nicht vom Wert einer enthenkelten

Amphore zu unterscheiden wusste.

Irgendwann, nicht allzu lange nach unserer Abreise, musste es geschehen sein, dass Heringsflosse, der zweitreichste (viele meinten: der reichste) Mann des Ortes, den vorüberstolzierenden Tönje nur flüchtig grüßte.

«Den Kopf geneigt, du bräsiger Geldsack!» zeterte Tönje – so wenigstens wurde mir später einigermaßen übereinstimmend berichtet.

Heringsflosse blieb stehen: «Leck meinen breiten Arsch, du Magermilchjarl!»

«Habt ihr das gehört, Leute? Dafür lass ich dich peitschen, du dreckiger Heringsschwanz, du stinkiger!»

Im Nu rollten sich die zwei Männer, wie Dorfköter ineinander verbissen, durch den Dreck.

Soweit wäre alles nur eine lustige Geschichte gewesen, deren es viele gab in Haithabu, wahre und mehr noch erfundene. Doch von dem Lärm angelockt, stürzte ein Trupp bewaffneter Männer herbei, zufällig anwesende Soldaten auf dem Weg zum Wachwechsel auf dem Danewerk. Diese Männer nun erkannten nicht sogleich, dass es Heringsflosse war, der dem Ersatzjarl den Kopf in den Schlamm drückte; die Soldaten sahen nur das Jarlsgewand in den Dreck gestoßen und wähnten Gefahr im Verzug.

Schwerter blitzten. Blut floss, noch ehe das Missverständnis aufgeklärt war. Unglücklicherweise traf den Tönje im allgemeinen Gehaue und Gesteche ein Sax in die Seite. Es gab eine üble Wunde, die zwar rasch zu verheilen begann, doch alsbald wieder eiternd aufbrach.

Wäre ich damals daheim gewesen, es wäre mir ein leichtes gewesen, den Tönje ordentlich zu versorgen. Aber der dumme Mensch vertraute sich heidnischem Zauber an und verstarb im Fieber, unablässig nach dem rächenden Arm seines großen Bruders winselnd.

Nun blieb Heringsflosse nichts anderes übrig, als sich selbst zum Jarl auszurufen. Er war allerdings klug genug, sich seine Machtergreifung von einem eilig einberufenen Thing bestätigen zu lassen. Aber das machte die allgemeine Lage kaum friedlicher. Allen war nämlich klar: Wenn Rangar zurückkehrte, würde es eine Schlacht geben, eine schreckliche Schlacht auf heimischem Boden. Und Heringsflosse, der das von allen am besten wusste, begann sogleich mit Geld um sich zu werfen, um möglichst viele waffenfähige Männer hinter sich zu bringen.

Die Christen Haithabus, so versicherte man mir später, blieben, bis auf einen einzigen Judas, treu. Treu dem wahren Jarl. Ein wahrhaft großes Beispiel von Gefolgschaft, denn schließlich war der neue Jarl ein Christ (wenn auch nur ein Verlegenheits-Christ) und der wahre Jarl ein Heide. Und diese seltsame Fügung bedenkend, beschleicht mich ein unerhörter Gedanke: Wäre es nicht vielleicht gottgefällig, wenn man die weltlichen Lenker das Weltliche lenken ließe und Gott die Seelen? An die Gestalt von Heringsflosse zurückdenkend (oh, dieser gewaltige Schädel, in den nicht sehr viel hineinpasste!), ein Mann immerhin mit einer klug-schönen Frau an seiner Seite, deren Gesicht Wachheit ausstrahlte wie eine Kerze Licht ... ja, an diese beiden zurückdenkend, kommt mir in den Sinn, dass sich die Alten durchaus nicht scheuten, kluge Frauen regieren zu lassen. Und war denn nicht die Herrscherin des glänzenden Saba, die Geliebte Salomos, eine Frau? Und war nicht Kleopatra den Regenten ihrer Zeit ebenbürtig? Und regiert nicht die Mutter Gottes den ganzen Himmel?

Als all dies in Haithabu geschah, waren der echte Jarl, Herward und ich weit entfernt. Zwischen den wilden Aufwallungen daheim und uns lagen das graue Meer und die Wellen, die vom Noor bis zu den Gestaden Bornholms herüberliefen.

Rangars Losung

Mir wurde schnell bewusst, dass Rangar von Anbeginn seiner Planung diesen Einschlupf im Sinn hatte. Die zwanzigmal mannshohen Felsen hingen an fast allen Seiten über. Nur an einer Stelle markierten flüchtig gehauene Stufen eine Art Zugang, der wohl auch dann und wann benutzt wurde. Jedenfalls lag am Ende des Behelfspfades ein kleines Boot, knapp über die Flutlinie gezogen. Rangar untersuchte es, nachdem wir unser Schiff festgelegt hatten, und sagte: «Kein Rost an den Griffschalen für die Ruder. Dies Boot ist erst vor kurzem benutzt worden.»

Die Bornholmer waren unruhig geworden; so nahe und doch wieder entrückt fühlten sie sich den für immer verloren geglaubten Frauen und Kindern, dass sie sinnlos an den Ketten zerrten. Oder wollten sie mögliche Befreier auf sich aufmerksam machen? Rangar musste wohl Ähnliches gedacht haben, jedenfalls setzte er Toke den Fuß auf eine Hand und sagte: «Haltet still, wenn ihr jetzt die gute Ruhe verliert, verliert ihr noch das Leben, so kurz vor dem Ziel!»

Herward hatte sich auf das kleine Sandstück gesetzt, das unter überhängenden Felsen einen schmalen Saum zwischen Fels und Wasser zog, und blickte in das Geflecht aus Tang und Schwemmholz. Nichts verriet Unruhe oder Neugier. Oder war er am Ende gar nicht begierig zu erfahren, wie der Jarl sich den Fortgang der Dinge vorstellte?

Die Bornholmer verlangten losgesperrt zu werden, was Rangar zu meiner Verwunderung sogleich eigenhändig ins Werk setzte, nicht ohne einen Hinweis auf die durchpfeilte Möwe: «Jeder, der versucht, dort hinaufzusteigen, ehe ich es befehle, ist tot wie eine zerquetschte Laus.»

Einer versuchte es gleichwohl, als Rangar und Herward damit beschäftigt waren, ein Feuer aus halbtrockenem Schwemmholz zu entfachen. Mit einem gewaltigen Satz schwang er sich über Bord, grätschte durch das flache Wasser und hetzte wie ein gejagter Käfer auf Armen und Beinen die unteren Stufen empor. Er kam nicht bis zur Hälfte.

Was die Bornholmer mehr erschreckte als die misslungene Flucht, war die Art, wie sie misslang. Der tötende Pfeil steckte nicht etwa im Rücken des Flüchtigen, sondern durchschlug dessen Hals. «Ein schwankender Möwenkopf ist ein kleines Ziel, einen schwankenden Männerhals treffe ich aber noch allemal. Möchte es noch einer ausprobieren?»

Der Jarl sah nur schreckensstarre Gesichter.

Der gepfeilte Mann hieß Ormond, und Herward versenkte ihn, an einen Stein gebunden, im hinteren Teil der Hafenhöhle. (Es will mir heute, nach so langer Zeit und über diese Episode erneut nachsinnend, so scheinen, als ob Rangar die Bornholmer eigens zu dem Zwecke losgeschlossen hatte, um zu dieser von ihm vorausgeahnten Demonstration seiner Treffkunst Gelegenheit zu haben. Eingeschüchterte Gefangene fliehen nicht.)

Von Stund an waren die Männer leicht zu führen – wie eine Schafherde, nachdem ihr ein Hütehund ein paarmal die Schärfe seiner Zähne gewiesen hat. Rangar band die linken Beine der verbliebenen sieben Bornholmer mit einem Tau zusammen, dessen Ende er sich selbst um den Leib wand. Dann sprang er – ungeachtet seines Alters und seines schweren Leibes – zu Herward auf den schmalen Sandstreifen, steckte den Bogen in den Sand und hieß auch mich zum Ratschlag Platz zu nehmen. Doch eigentlich war es kein Ratschlag, denn der Jarl teilte uns nur kurz mit, was jetzt zu geschehen hätte: «Wir bieten den Hütern der Bernsteinsonne einen Handel an. Die sieben hier gegen die Sonne. Ihr zwei geht über Land nach Sibbe, in das Süddorf. Das sollte in zwei oder drei Tagen zu schaffen sein. Ich bleibe hier bei den Gefangenen. Die Sibber werden auf den

Handel eingehen; denn Iva hat sie verraten. Das Geschäft ist gut für sie, eine schlechte Göttin gegen lebende Männer.

Ihr bringt die Sonne an den oberen Rand der Klippe, und für jede doppelte Manneslänge, die sie an Seilen herabgelassen wird, lasse ich zwei Männer den Pfad hinaufsteigen. Ihr solltet allerdings schon wieder bei mir hier unten sein, bevor der Austausch beginnt, sonst könnte die Sache übel für euch ausgehen.»

Rangar hatte leise gesprochen, um Toke und dessen Leuten nicht unnötig viel von seinen Plänen und Absichten zu offenbaren.

Ich muss den Rangar angestarrt haben, wie der Ochs von Bethlehem das strahlenumkränzte Gotteskind: «Und du meinst, das kann gelingen?»

«Wenn du keinen Fehler machst, ja. Dich habe ich mitgenommen, damit du den Sibbern klarmachst, dass eine Göttin, die ihre Leute ins Verderben schickt, nichts wert ist. Ich weiß ja, wie leicht dir solche Worte von der Zunge gehen. Und ich habe auch nichts einzuwenden, wenn du ihnen den Christengott zum Tausch anbietest. Und Herwards Schwert scheint mir eine ganz gute Ergänzung zu deiner Wortfechtkunst. Ich rechne, dass ihr eine Woche braucht, um die Sonne über Land zurückzuschaffen. Ich hoffe – und das ist vielleicht eine Schwäche meines Planes –, dass die Wege taugen, um einen so großen Schatz mit Ochsenkraft zu bewegen. Und jetzt kettet die Männer wieder an. Ich möchte nicht im Schlaf erschlagen werden. Und gebt ihnen vom Dörrfisch und genügend Wasser.»

Ich betrachtete mit kaum verhohlener Bewunderung das Gesicht des Rangar (... ist es nicht so, dass wir Männer bewundern, die befehlen können?), während sich der Jarl im Sand ausstreckte. Sein Plan war kühn, aber nicht tollkühn.

Es gab da noch etwas anderes, was er nicht ausgesprochen hatte. Und das hatte ganz entschieden mit Rangars heidnischer

Vorstellung vom Kreis, der sich schließen sollte, zu tun. Dieses Ungesagte lag in der Nacht wie einer jener Nebel, die sich über das schwarze Firmament ziehen und die Sterne auslöschen.

Der Bornholmer Sand schien mir weicher als ein Fürstenbett. Noch einschlafend hörte ich die halblaut geknurrten Flüche der wieder festgeschlossenen Bornholmer. Ja, wirklich, Rangar hatte sie nur losgeschlossen, um seine tödliche Meisterschaft als Schütze zu zeigen.

Der nächste Morgen wurde von Möwengeschrei eingeläutet und begann mit einer gehörigen Portion Dörrfleisch für alle, Freie wie Gefangene. Und während wir noch aßen, sprach Rangar eine Losung von der Art, wie ich sie häufig von Wikingern gehört habe: «Kraft ohne List ist eine halbverlorene Schlacht. List ohne Kraft ist die andere verlorene Hälfte. So merket denn: Listige Kraft ist der Name des Sieges.»

Herward schaute daraufhin den Jarl unbewegt an: «Glaubst du denn, du könntest diese Schlacht verlieren?»

«Der Kreis wird sich runden. Odin führt keinen auf die höchste Höhe, damit er durch einen Fehltritt zu Tale fällt und zerschmettert wird. Und manchmal sind auch die Täter nur Getriebene. Und Eisen ist Wachs in der Hand der Götter. Und wer sein Schicksal nicht in die gewünschte Richtung prügelt, der wird geprügelt.»

So sprach der Jarl, und er sprach, als wäre ich Krieger und nicht Gottesstreiter. Und ich muss gestehen, in dem damaligen Moment schmeichelte mir das Vertrauen, das er in meine Zunge setzte. (Und wer weiß, hätte mich nicht mein Vater – um seines Gelübdes willen – der Kirche überantwortet, vielleicht wäre ich Heerführer unter Arnulf geworden und hätte die Wikinger, deren Seelen ich zu retten versuchte, in ihrem Blut baden lassen. Und ist nicht ein vollkommener Krieger mehr als ein unvollkommener Mönch? Oder ich wäre ein Kaufmann geworden, der wie Rangar sein Herz an Schätze hängt, die er auf Märkten erwirbt oder mit dem Schlachtbeil einsammelt. Oder ... doch halt nun, der Herr verzeihe mir meine ausschweifenden Gedanken. Gerade so, als hätte ich nicht schon in einem gelebten Leben genug gesündigt, so dass ich mir noch ungelebtes Sünderleben hinzufabuliere.)

Toke, der unseren halblauten Reden, so gut ihm das die Entfernung und das Wellenplätschern erlaubten, gelauscht hatte, erkühnte sich, zur Eile zu mahnen: «Es liegt viel Regen in der Luft. Wenn ihr noch trockenen Fußes die erste Wegstrecke schaffen wollt, solltet ihr euch tummeln.»

Rangar ärgert es, dass Toke offenbar doch ein wenig erlauscht hatte, und so wandte er sich aufbrausend an ihn: «Du wirst schon bald wieder in deine vertrauten Felle furzen dürfen, Toke. Es sei denn, du machst dir zu viele Gedanken!» Rangar griff sich den Bogen, der noch immer aufrecht im Strand steckte, und schoss einen Pfeil so dicht über Tokes Schädel in den Schiffsmast, dass der Mann aufschrie. «Aber dennoch hast du recht, treuer Freund Toke, wir sollten keine Zeit verlieren.» Und an Herward und mich gewandt: «Wie steht's, Kriegsgefolgschaft?»

Herward erhob sich wortlos und begann den Aufstieg aus unserer Hafenhöhle. Ich hatte Mühe, ihm zu folgen, zumal der Anstieg im mittleren Teil schwindelerregend steil war. Am oberen Rand blieb Herward eine Weile stehen und schaute auf das Schiff, das er und Einhard gebaut hatten. Ein sehr gutes Schiff. Vielleicht das beste Wikinger-Kurzboot, das je gebaut wurde. Gebaut von zwei Nicht-Wikingern.

Der Jarl winkte mit dem Bogen zu uns herauf und rief: «Denkt immer daran: List und Kraft!»

Herward lächelte herunter, und hätte der Jarl dieses Lächeln sehen können, wäre sicher ein wenig von seiner Zuversicht abgebröckelt.

Herward fixierte die große Gestalt, die sich schattenschwarz gegen den Sand abzeichnete, und sagte so leise, dass ich es nur gerade verstehen konnte: «Weißt du eigentlich, wie heiß die Sonne ist, Rangar von Thorsberg?»

Gespräche im Brombeerverhau

Wir hatten eine grobe Vorstellung von Größe und Form der Insel. Rangar hatte uns sogar den ungefähren Verlauf einiger Flüsse in den Sand gezeichnet. Was er allerdings seit seinem letzten Besuch vor zwanzig Jahren vergessen hatte, war die Dichte der Brombeerranken und die Unwegsamkeit von Heiden und Mooren. Einmal musste mich Herward aus einem Sumpfloch ziehen, und unwillkürlich gedachte ich des Tages, an dem Heitu und ich vor unserem Eintritt ins Bärenland fast im Morast versunken wären. Und wer weiß, vielleicht hätten wir doch eher Wochen als Tage gebraucht, um Sibbe zu erreichen, wenn es uns nicht gelungen wäre, einen Führer zu finden.

Auf einer von Brombeerranken freigeschlagenen Weide überraschten wir einen schlafenden Hütejungen, den Herward gerade noch festhalten konnte, als er, im letzten Moment von unserer Rede geweckt, davonspringen wollte. Herward hielt ihm die silberblitzende spanische Damaszenerklinge seines Dolches unter die Nase, und ich wollte ihm schon entsetzt in den Arm fallen, als ich seine wahre Absicht erkannte.

Herward lächelte dem Halbwüchsigen freundlich zu: «Der Dolch gehört dir, wenn du uns auf dem schnellsten Weg nach Sibbe führst.»

Der Knabe besann sich einen Moment, ließ sich die Klinge aushändigen und nickte dann: «Gut. Aber ich muss zuvor die Schafe heimtreiben.»

«Wir warten, aber komm allein zurück. Und kein Wort zu irgendjemandem!»

«Seid ihr Seeräuber?»

«Nein.»

«Kann ich denn sicher sein, dass ihr mir den Dolch auch geben werdet, wenn wir in Sibbe sind?»

«Er gehört jetzt schon dir. Ich trage ihn nur noch bis Sibbe.»

Ein großes Strahlen glitt von Kinderohr zu Kinderohr, und der Knabe hüpfte davon, um seine Schafe zu sammeln. «Wird er wiederkommen, Herward?»

«Sicher. Fragt sich nur, ob allein oder mit einer Meute forkenschwingender Bauern.»

Der Himmel entlud sich, der von Toke im Voraus gerochene Regen kam mit einer Macht und Schnelligkeit, dass wir gerade noch Zeit fanden, aus mitgeführten Tüchern einen kleinen Schutz zu errichten. So saßen wir lange und stierten in das wilde Land, das im Wasser zu versinken schien. Die Wartezeit gab mir Gelegenheit zu einer Frage, die ich in Hörweite des Jarl nicht stellen konnte.

«Höre, Herward, hättest du dich nicht der Aufforderung des Jarl, ihn zu begleiten, entziehen können?»

«Auch dich, mein heiliger Bruder, hätte er wohl nicht mit letzter Härte ins Boot gezwungen.»

«Bitte weiche nicht meiner Frage aus!»

Der Regen war so abrupt zu Ende gegangen, wie er gekommen war. Im Ginsterbusch sang eine Nachtigall, und es war doch noch nicht einmal Abend. In ihren Sangespausen war die Luft erfüllt von Bienengesumm. Große gabelschwänzige Schmetterlinge taumelten über die noch tropfnasse, blühende Sumpfheide, und in dem Wasser, das unterhalb der heidebeschopften Kuppe austrat, orgelten Kröten. Schließlich sagte Herward: «Alles drängte doch zur Entscheidung. Das war mir klar, als er uns beide für seine Fahrt auswählte. Er selbst hat die Entscheidung getroffen, wie ein Flüchtiger, der seine Schritte in die Richtung seiner Häscher lenkt. Ich bin die Axt, nicht die Faust, die sie führt.»

«Sag du mir nicht, wer du bist, ich kenn dich länger als du dich selbst. Du bist mehr der Enkel des Bluttrinkers Olaf als der Sohn des Heitu.»

«Solche Rede erlaube ich niemandem. Ich bin der Sohn des Heitu, der sich in dieses Schwert hier stürzte. Und seither ist dieses Schwert durstig auf ein ganz bestimmtes Blut.»

Es folgte ein Schweigen wie ein ziehender Schmerz, ein Schweigen, das spürbar einen Keil zwischen mich und den Mann trieb, der so weit über den Rand des beschaulichen Ramsolano hinausgewachsen war. Ein Recke, wie die Welt wenige sah, und doch noch auch das große Kind, das seine Kraft nicht kennt und versehentlich den Vogel zerdrückt, mit dem es spielt.

Schließlich wandte ich mich, allerdings ohne viel Hoffnung in der Stimme, erneut an meinen jungen Freund: «Der Jarl hat Blut vergossen, viel unschuldiges Blut. Aber er hat auch viel Gutes getan. Sollten wir es nicht dem Herrn überlassen, das eine gegen das andere aufzuwiegen?»

«Mich interessiert nur der Rangar, der meine Mutter tötete und meine Schwestern verschleppte und wegen dessen Taten sich mein Vater den Tod gab. Dieser Rangar hat sich lange hinter dem Jarl versteckt. Mich interessiert Rangar. Nur Rangar. Um den Jarl mag sich Gott kümmern.»

Ich spürte sehr wohl, dass auf diesem Weg kein Fortkommen war, also schlug ich einen anderen ein: «Ich habe Rangar beobachtet, als du im Sturm am Steuer standest, ja höre mir zu, Herward, ich habe den Jarl sehr genau dabei beobachtet, wie er dich beobachtete. Er schaute dich an ... und lächelte. So, als wisse er alles ...»

«Und wenn es so wäre?»

Der Knabe kam zurück. Allein – zu meiner nicht geringen Erleichterung. In der rechten Faust hielt er eine aufgestielte Sichel, deren Nutzen wir schon bald begreifen sollten: Wie ein Schnitter säbelte der Bursche Breschen ins Gestrüpp, immer dann, wenn das Brombeergeranke keinen Umweg mehr erlaubte. Der Knabe hieß Lars, und er hatte schon den allerersten Anflug von Bartflaum über der Oberlippe, aber er sprach noch mit heller Knabenstimme.

«Es gibt am Küstenrand einen guten Weg nach Sibbe. Aber wir gehen, so wie die Krähe fliegt, quer durch die Dornen!»

Dabei lachte er, dieses rotgesichtige Teufelskerlchen. Ich aber erfuhr die nächsten Stunden, wie sehr unser Heiland gelitten haben muss, als man ihm die Dornenkrone aufs Haupt drückte. O Jesus, ist Bornholm dornig!

Ich muss das Heilen lassen. Und es zerreißt mir das Herz, die Hilfesuchenden abzuweisen, die sich durch das Holz bis hierher geschleppt haben. Aber mein Lebenslicht ist niedergebrannt, der Dochtrest krümmt sich schon im breiig zerfließenden Wachs. Wenn ich jetzt nicht das letzte bisschen Lebenslicht auf die Vollendung des Herward verwende, habe ich Dich, meinen so sehr geliebten Leser ferner Tage, um den Schluss betrogen. Eine herbe Sünde wäre das.

Ich werde mich also ein Stückchen entziehen müssen, noch ehe mich der Herr den Hilfesuchenden ganz entzieht. Aber – das sei Dir, geliebter Leser, zur Erleichterung Deines Gewissens gesagt – auch in meiner Schwäche schicke ich niemanden fort ohne ein tröstendes Kurzgebet und Auflegen des mir verbliebenen Armes.

Lioba berichtete mir, in Wik verbreite ihr Schwager, der Bruder des unseligen Schirrmeisters, das Gerücht, ich heilte nicht mit Gottes Segen, sondern auf Geheiß des Satans. Aber wird denn die Wiker Christenheit so töricht sein, derartiges zu glauben? Wann war dem Teufel denn jemals an der Linderung eines Übels gelegen? Aber andererseits habe ich es zu oft erlebt, dass gerade das Ungeheuerliche (besenreitende Hexen, fliegende Wölfe und dergleichen) am bereitwilligsten geglaubt wird.

Immerhin, den Bruder Spion hat man endgültig abgezogen. Unter seinem löchrigen Dachgeflecht schläft jetzt halben Tags ein Igel. Auch er beobachtet mich. Aber er meldet niemandem, was er sieht.

Wie ich die Sonne fand und sprach wie der Cicero

Der zweite Abend unserers Fußmarsches war angebrochen, und ich war ein wenig stolz, dass ich mit den beiden jungen Menschen gut Schritt halten konnte. Der jüngere, der Knabe, der uns führte, hatte einen hellen Kopf. Ehe ich noch die Richtung seiner Fragen recht erkannte, hatte ich ihm einiges über das Woher und Wohin unserer Reise berichtet. Erst als Herward mich heftig von der Seite her anknurrte ob meiner Leutseligkeit, erschrak ich und versuchte den Spieß umzudrehen, indem ich meinerseits – weit über die eigene Wissbegier hinaus – Fragen stellte, was nicht einfach war, denn wir schritten so scharf aus, dass mein Atem stoßweise ging.

Lars, so erfuhr ich, war der älteste Sohn einer Meereswitwe. So nannten die Bornholmer jene Frauen, denen die See den Ernährer genommen hatte. Doch auf Bornholm gab es, wiewohl es mit der Christlichkeit hier sehr schlecht bestellt war, das Gebot der tätigen Nächstenliebe. Die Brüder des Meeresopfers müssen dessen Hinterbliebene, Frau und Kinder, ernähren, und die Gemeinschaft wacht darüber, dass die Fürsorge nicht geringer ist, als gälte sie dem eigenen Blut.

(Und unversehens ertappte ich mich bei Betrachtungen darüber, dass es Gott bisweilen gefällt, christliche Liebe in Heidenherzen zu senken, so als wolle er die Taufchristen beschämen. Und war nicht auch Rangar, der außer einem auffällig unauffälligen Kreuz um seinen Hals keinen erkennbaren Schritt auf Gott zugetan hatte, in den besseren Winkeln seiner Seele ein Wohltäter – von Zeit zu Zeit, wohlgemerkt, und wenn er nicht gerade fern der Heimat das Gegenteil christlicher Gesinnung zeigte. Aber da war das Waisenhaus. Da war seine Milde gegen unsere Christengemeinde. Da war die kostenlose Überlassung von Booten an jene, denen der Sturm eines nahm ...)

Schließlich aber, als Jung-Lars abermals verlangte, allerhand Genauigkeiten über dieses und jenes aus mir hervorzulocken, verlegte ich mich aufs Gegenfragen: «Wie viele Bornholmer hängen der Iva an?»

«In Sibbe sind es viele, es waren wohl fast alle. Aber Odin hat sie schrecklich dafür gestraft.»

Diese Worte ließen Herward aufmerken: «Gestraft? Wie das?»

«Sie sind von Odin abgefallen. Odin hat alle Männer zuschanden werden lassen, die auszogen im Namen der Iva, um Beute zu machen, dort, wo die Sonne zur Ruhe sich senkt. Man hört das Gerücht, dass alle tot sind oder als Rudersklaven in alle Länder zerstreut.»

«So waren die Männer, die auf Beute auszogen, alle aus Sibbe?»

«Ja, alle. Sie haben auch in unserem Dorf dazu aufgerufen, Schiffe auszurüsten, aber unser Jarl hat verfügt, dass er nur unter Odins Kriegszeichen segele und die Kriegszeichen einer Iva nicht anerkenne.»

Und ehe ich mich noch versah, riss Lars wieder die Gesprächshoheit an sich, funkelte mich aus wachen Kinderaugen an: «Schlägt dein Gott auch jene, die sich von ihm abwenden?»

Ich zögerte und gewahrte wohl ein amüsiertes Lächeln auf Herwards Zügen ob meiner Schwierigkeit, sogleich eine treffliche Antwort auf des Knaben kecke Fragen zu finden.

Und ich kam auch nicht dazu, meine wohlerwogene Antwort zu geben, denn plötzlich standen wir in einer Senke, die Herward aus irgendeinem Grunde nicht gefiel, jedenfalls schnitt er mir mit einer unwirschen Geste das Wort ab. Und ich erkannte auch wenig später den Grund: Den oberen Rand der Senke säumten gut zwei Dutzend Bogenschützen. Auch Lars erschrak, woraus ich zu ersehen hoffte, dass er uns nicht voller Falsch und Verschlagenheit in eine Falle geführt hatte.

«Lasst Waffen und Hoffnung sinken, Eindringlinge!» ertönte eine Stimme.

«Ersteres ja, zweiteres nein!» rief ich zurück, indem ich in aller Bestimmtheit meine Hand auf den Schwertarm des Herward legte, und ich wählte einen vertraulichen Ton: «Wenn ihr Sibber seid, so seid ihr die, um derentwillen wir uns zehn Tage übers Meer und seit zwei Tagen durch die Brombeerdornen gekämpft haben.»

Einer der Bogenschützen, ein alter Mann, dem seine Waffe jetzt als Krücke diente, antwortete: «Ihr habt einen guten Führer!» Und an Lars gewandt, fügte er hinzu: «Bist du nicht der Sohn des Orm Rotbart, den ein brechender Mast auf See erschlug? Aber wen führst du da und zu welchem Zweck?»

Ich habe Engelswurz gefunden. Der bewirkt, dass mir der Husten oft halbe Tage lang Ruhe lässt – allerdings nur, um dann mit verstärkter Bösartigkeit zurückzukehren wie ein hungriger Wolf, den man nur kurz vertreiben kann. O Herr, lass mich nicht schwach werden, jetzt, da nur noch wenige Seiten zu füllen sind!

Die Morgennebel sind wie faule Bediener, sie bleiben bis zum Mittag liegen, und auch dann erheben sie sich nur zögernd. Unter dem Dach meiner Klause beginnt sich allerlei heimliches Waldvolk auf den Winter einzurichten.

Lioba hört nicht auf, mir Decken und Felle zu bringen, ich hätte genug, um einen Zug des Herzogs gegen die Thüringer oder gar die Ungarn zu equipieren, oder besser, um ein Armenhaus voll nackter Leiber warm durch den Winter zu bringen.

Ich vermeide es, tief zu atmen, denn ich mag dieses Rasseln nicht hören, das aus der Tiefe meines Leibes dringt. Ist es so, dass der Leib noch einmal laut wird, ehe er verstummt?

Als man uns, allerdings nur leicht, ich möchte sagen, symbolisch gebunden durch ein schmales Tor im Palisadenzaum nach Sibbe führte, da musste ich doch heftig an meinen Eintritt ins Land der Bärenanbeter denken. Gewiss, die Umstände damals waren weit unerfreulicher. In diesem Fall ließ allein schon die Flüchtigkeit der Fesselung darauf schließen, dass man in uns keine Bedrohung sah. Wie auch? Ein Mönch (ich durfte doch wohl annehmen, dass man auch auf Bornholm einen Gottesmann an seiner Kutte erkennt) und ein einzelner Schwertträger sollten nun wahrlich keine Bedrohung sein.

Und so sah man das wohl auch in Sibbe. Man führte uns unter eine mächtige Esche, in deren Gezweig allerlei unerfreuliche Dinge hingen: bemalte Knochen, Totenschädel, heidnischer Tand, der mir allerdings – sündhaft, es zu sagen – einen Funken der Hoffnung entzündete: Was anders konnten denn diese Gehänge bedeuten, als dass hier wieder Odin und seine Spießgesellen regierten und keinesfalls mehr Iva.

Ich schaute mich um. Die Siedlung schien mir nicht eben klein zu sein, aber an allen Häusern sah man Mangel: hier ein eingebrochenes Dach, dort ein Riss im Mauerwerk, breit genug, um eine Hand hineinzulegen. Es fehlten Männerhände – Hände, die nun am Grund des Noors lagen, wohl von den Fischen bis auf die Knochen abgenagt, oder Hände, die vielleicht zu dieser Stunde im Mare nostrum auf muselmanischen oder aquitanischen Schiffen die Ruder bewegten. Hände, die gefehlt hatten und nun fehlten.

Man ließ uns eine Weile unter den Knochen im Eschenbaum warten, die ein aufkommender Wind gegeneinanderstieß. Als sich schon allerhand Volks versammelt hatte, viele Kinder und Frauen, schritt schließlich einer in die Mitte des Kreises, den sein Alter und sein Leibesumfang als Häuptling auswiesen ... halt, nein, eigentlich war der Mann keine Häuptlingsgestalt, zu klein, und sein linkes Augenlid zitterte, als hätte dieses Auge zu viele Schrecken gesehen. Und auch die Stimme war nicht von der Art, wie Häuptlingsstimmen zu sein haben: Sie war nicht volltönend wie die Brandung an einer hohen Klippe. Diese Stimme hatte eher etwas von der kleinlauten Art eines Donners, der schon alle Kraft verloren hat.

«Ich welcher Absicht kommt ihr?» fragte der Mann, den sie in Sibbe den Oheim nannten, denn er war Vaterbruder dem Mann, der als Häuptling ausgezogen war, um Haithabu zu plündern, und also war er auch Oheim des Mannes, den Herward mit einem Schwertstreich zu den Fischen geschickt hatte. (Doch davon wusste man in Sibbe nichts in Genauigkeit, und wir hüteten unsere Zungen.)

«Wir kommen in friedvoller Absicht, und es wäre ein Zeichen eurer Hochherzigkeit, wenn wir hier als freie Männer und ungebunden das Wort führen dürfen!»

Der Oheim nickte. Man nahm meine Armfesseln ab, und als man auch die des Herward entfernen wollte, zerriss er sie mit einer gleichmütigen Bewegung, die große Wirkung unter den Umstehenden tat.

Der Oheim trat unwillkürlich einen Schritt zurück, und ich nutzte diese Geste des Zurückweichens sogleich zu einer Bewegung, die man in der Sprache des Krieges wohl einen Ausfall nennt, in der Sprache der Wortmänner aber initium cum vigore (kraftvoller Einstieg).

«Ich sehe viel Volks in Sibbe, gesunde, junge Frauen, Kinder, würdige Alte, doch wenig Männer, auf deren Schultern doch wohl das Wohlergehen einer Gemeinschaft ruhen sollte.»

Ein allgemeines, eher zustimmendes Gemurmel bestätigte mich darin, in dieser Weise fortzufahren, und ich hielt eine Rede, wie sie eines Cicero würdig gewesen wäre, von dem in alten Schriften zu lesen steht, dass er seine Feinde auf seine Zunge spießen konnte wie auf eine Lanze. (Ja, ich sollte mich besinnen und voller Beklommenheit fragen, wie denn rechterdings ein Mann des Gotteswortes sich so in der Kriegsrhetorik hervortun kann; denn dass Gott mir in dieser Lage die Zunge führte, darf ich wohl kaum glauben.)

Was ich sagte, war einfach und verfehlte gerade deshalb nicht seine Wirkung auf die Bornholmer Wikinger in Sibbe: «Schaut dieses Kind hier!» – mit diesen Worten griff ich mir ein nahe stehendes Kleinkind und hob es zu mir hinauf. «Es kann gerade erst stehen und wird auch künftig einen unsicheren Stand haben auf Gottes Erde. Denn als es gerade geboren war, da segelte sein Vater mit vielen anderen Männern aus Sibbe fort, um Beute zu machen. Nie sah dieses Kind seinen Vater, noch wird es ihn je sehen.»

Ein vielstimmiges Aufschluchzen ermutigte mich, allso fortzufahren: «Denn wisset, was geschah. Was eure Männer nicht wussten, ist dieses: Wo sie gedachten, leichte Beute zu machen, hielt der Gott Abrahams, der Vater des Heilands, seine Hand über Haus und Flur. Euch aber verführte ein gleisnerisches Götzenbild, Iva ...»

Als dieser Name fiel, ging ein vielstimmiger Aufschrei durch die Menge, und es brauchte lange, ehe sich der Tumult legte. (Nun ja, ich sollte nicht verschweigen, dass einige der wenigen jungen Männer eine düster schweigende Mauer bildeten, und einen hörte ich murmeln: «An denen da klebt noch das Blut unserer Leute.» Ein anderer versuchte sich dem Herward mit vorgestrecktem Kinn zu nähern, erhielt aber einen Streich – geführt mit den Augenlidern.)

Ich fuhr nach kurzem Zögern mit meiner Rede fort: «Dies unschuldige Kind hier und viele andere zahlen für die Verblendung, die die Iva über euch brachte!»

Der Zwischenruf eines alten Mannes, man hätte abgeschworen, sobald halbwegs sichere Kunde über das böse Ende der Sibber übers Meer kam, und man erwiese jetzt wieder dem Odin die Ehre, dieser Zwischenruf brachte mich in Gefahr, mich in meiner eigenen Rede zu verfangen, so wie ungeschickte Fischer sich in ihren Netzen verstricken. Ja ich war versucht, nun sogleich den einzig wahren Gott hochzuhalten; denn was kann für die Seelen dieser Menschen erreicht sein, wenn sie nun statt der Iva wieder dem Odin huldigten? Sie hatten einen lecken Krug gegen einen rissigen Schlauch getauscht. Aber aus einem Gefühl heraus, dass auch Mission ihre rechte Stunde hat und dies nicht die rechte Stunde sei, fuhr ich fort, steuerte den Höhepunkt meiner Rede an, indem ich die Namen der sieben Rudersklaven nannte (den achten, den Rangars Pfeil druchschlug, verschwieg ich). Als die Namen fielen, wurden wir von Weibergeschrei fast erdolcht: «Kroyf lebt, Kroyf lebt! ... ahh! ahhhhhhhiiii, mein Hauke kehrt zurück ...»

Die Sibber hatten die Sonne bereits vor Monaten aus dem eigens errichteten Tempel geholt und unter einem Steinhaufen vergraben. Und unter lautem Geschrei begannen Alt und Jung die Deckschicht abzutragen, bis dass die Bernsteinsonne aufging, wild schimmernd, der Fluch der geschlagenen Göttin. In unzählbar vielen Bernsteinklunkern fieberte das Sonnenlicht ... und ich sah auch, wie Herwards Gesicht vor Staunen fast kindliche Züge annahm.

Ich aber schlug das Kreuz und betete ein stummes Gebet für die Opfer, die dieses Flackerlicht verblendet hatte. Und dieses Licht war noch nicht verloschen...

Als ich mich neben Herward in der Hütte des Oheim ausstreckte, sah ich einen seltsamen Glanz auf dem Gesicht des Einschlafenden.

«Woran denkst du, Herward?»

«An Ramsolano», sagte er und ballte, schon fast im Schlaf, die Schwertfaust, «und daran, dass sich mein Traum vom bleichen und vom Bernsteinmond nun erfüllt.» Und schon ganz in Schlaf getaucht, vernahm ich seine Worte: «... nur dass der Mond eine Sonne ist, und sie geht nicht auf, sondern unter.»

Der Weg der Sonne

Was soll ich Dir, geliebter Leser ferner Tage, vom Transport der Sonne erzählen? Du wirst selbst ermessen können, was es heißt, vier Ochsen vor einen Doppelwagen zu spannen und auf einem teils steilen Weg eine große Last zu bewegen. Die Sonne maß gut zwei Manneslängen, mitten hindurch gemessen, von einer Seite zur anderen. Es brauchte viele Arme, um sie aufzuheben.

Unvergesslich ist mir der Abzug der Sonne aus Sibbe; mir schien, als diese Sonne ging, ginge eine neue über Sibbe auf. Ich wollte, es wäre die Sonne des Herrn gewesen, aber vielleicht war es mir ja gelungen, den Vorhang einen Spaltbreit zu öffnen, auf dass Gottes Licht hindurchscheine.

Das Dorf ohne Männer lachte wie aus einer Kehle, und wir lachten mit. Der alte, dicke Ersatzhäuptling ließ es sich nicht nehmen, unseren Zug anzuführen, und Frauen, Kinder und die wenigen verbliebenen Männer umschwärmten das honiggelbe Ding, als wäre es eine riesige Bienenwabe. Ja, ein unkundiger Beobachter hätte meinen können, ein Gottesmann führe hier eine heidnische Prozession an. (Da sei Gott vor!)

An einer sehr abschüssigen Stelle kam das Rad ins Rutschen und warf das Ochsengefährt um. Glücklicherweise kam nur ein Ochse zu Schaden. Er konnte sich nicht mehr erheben und landete auf dem Spieß, seine Zugkraft wurde durch ein schnell herangeführtes Tier aus einem Dorf, dessen Name ich vergessen habe, ersetzt.

Der Ochsenschmaus wurde ein Fest. Ich erinnere mich, dass ein witziger Kopf ein Spottlied auf Iva sang, so wie es ihm gerade in den Kopf kam, und alle mitbrüllten. Und von irgendwoher kam noch ein Fass voller Met herangerollt. Lars trug den Damaszener Dolch Herwards und zeigte ihn unablässig herum, wobei er todernste Geschichten zusammenfabulierte, welche Heldentaten er mit dieser Waffe zu tun gedächte.

Die durchfeierte erste Nacht verlangsamte unser Tempo am folgenden Tag. Wir konnten die Insel nicht auf dem geraden Wege durchqueren wie auf dem Hinweg. Wegen der Schwere der Last blieb nur der lange Küstenweg, der das Eiland wie eine Kordel umschloss. Und auch dieser breite Weg war beschwerlich genug.

Als am dritten Tag unserer Reise drei Kreuze am Himmel standen, Seeadler, die sich schwarz gegen ein tiefes Blau abzeichneten, fielen alle in heidnischer Ergriffenheit zu Boden. Aber auch für uns war das Zeichen gut, durften wir doch annehmen, dass die Sibber ihr Versprechen – Männer gegen Sonne – nicht im letzten Moment arglistig brechen würden. Die Sonne war in grobes Leinen gehüllt, der Oheim fürchtete, die Sonne in den Wolken könnte sich andernfalls durch die Bernsteinsonne zu übergroßer Hitze und Feurigkeit herausgefordert fühlen. Mir war die Abdeckung ebenfalls recht, wenngleich aus anderem Grund: Wie leicht werden aus neugierigen Blicken begehrliche!

Während der Woche, die es dauerte, die halbe Insel im langsamen Tempo der schwer ziehenden Ochsen zu umrunden, aßen wir Brombeeren, Pilze und mitgeführten Dörrfisch, dazu ein Brot, das die Bornholmer trefflich zu backen wissen. Damals taten meinen Zähne noch Dienst in meinem Mund, zwei feste Reihen von Soldaten, und harte Kanten stellten mich nicht vor unlösbare Aufgaben. Heute ... nein, ich werde jetzt nicht abschweifen!

Der Trupp schichtete jeden Abend ein großes Feuer auf, und länger als einem rechtschaffend müden Menschen lieb sein kann, brandeten des Nachts Lieder an mein Ohr. Allerdings – auch diese Erwähnung gebietet die Wahrheit –, sie sangen nicht schlecht, wenngleich die Worte häufig in üblichem Lobgesang auf Odin und dessen Spießgesellen schwelgten. Auch wollte mir scheinen, dass sie mit besonderer Inbrunst sangen, um Odin von ihrer Abkehr von Iva und ihrer reuigen Rückkehr zu ihm hören zu lassen. Und als einmal, nach einem solchen Lied, ein besonders roter Sonnenuntergang das Firmament bluten ließ, wurde das als sehr gutes Zeichen genommen. Als Zeichen Odinscher Vergebung.

Wir passierten viele Gräber der heidnischen Art – große flache Steine wie Tische auf nur wenig kleineren aufgestützt –, und über die meisten gab es Geschichten von Rekken und Helden, von deren Ruhm die Winde Bornholms angeblich noch heute erzählen. Ein alter Mann, der meist an meiner Seite ging (der Name ist mir entfallen), erzählte mit glühenden Augen von verschiedenen Kriegshelden. Und dieser Mann hatte zwei Söhne im Noor verloren! Wie kann ein derart Geschlagener sich denn nur für den Krieg begeistern? Ist das nicht so, als liebe ein Schäfer die Raben, weil sie seinen Lämmern die Augen ausgepickt haben?

Einmal verlangten drei leichtbewaffnete Reiter, wir sollten das Tuch entfernen. Herward schritt wortlos vor, packte den einen am Bein und riss ihn mit einem einzigen scharfen Ruck zu Boden. Ein anderer, vermutlich der Anführer, denn er ritt den stärksten Gaul, wollte darob seinen Bogen spannen. Aber Herward war auf ihn zugetreten und schaute ihn an. Da ließ der Mann allen Mut fahren. Zwei Männer ritten von dannen, der dritte humpelte hinterher, denn sein Pferd hatte er verwirkt. Herward bot es einer gebrechlichen Frau an, die es sich nicht hatte nehmen lassen, uns zu begleiten; denn einer der zum Tausch bestimmten Rudersklaven, ein Mann namens Ruitger, war ihr Sohn.

Ich gestehe, ich war nicht unglücklich über diese kurze Demonstration der Herwardschen Waffenmächtigkeit; ein Rest von Unruhe steckte nämlich in mir: Wie, wenn die Sibber den friedlichen Handel doch noch aufkündigen wollten? In unserem Zug gingen wohl an die zehn waffenfähige Sibber mit, deren Gesichter nicht leicht zu lesen waren. Der Ersatzhäuptling,

420

der Oheim, allerdings schien sehr zufrieden mit dem Gang der Dinge, und er wurde fröhlicher, je näher wir der verheißenen Stelle kamen, an der Sibbe endlich sieben verlorene Söhne zurückgegeben werden sollten.

Gern und nicht nur wegen meiner großen Müdigkeit würde ich den Bericht über den Herward an dieser Stelle enden lassen: etwa mit einem Blick aus Herwards zweifarbigen Augen, die einen Reiter in die Flucht schlugen. Aber die wahren Geschichten sind nicht von der Art, wie sie die Frauen den Kindern erzählen.

Am siebten Tag unseres Zuges – und es könnte durchaus der Tag des Herrn gewesen sein – erreichten wir den überhängenden Klippenrand, unter dem wir Rangar und das Boot wussten. Und hatte ich mich während unserer Anreise noch einigermaßen sicher und behaglich gefühlt, so wehte mich vom Meer her ein unguter Atem an, nein, das war nicht der freie Atem des Meeres. Es war Beklemmung.

«Rangar!» rief ich hinab. Als Antwort hörte ich lautes Kettenrasseln. Gleich darauf brüllten die sieben gefangenen Bornholmer ihre Namen herauf, und neben und vor mir brachen Schreie los, wie man sie selten hört: «... Bist du es, Sörje ... Ich komme, ich komme ... Orm, Orm, ich wusste es ... Toke, Toooooke, hier ist Dörte ...»

Wenn nicht Herward den schmalen Abstieg beherzt mit dem blanken Schwert verriegelt hätte, ein Pulk schreiender Weiber, allen voran die Alte, die auf dem requirierten Pferd reiten durfte, hätte sich kopflos in die Tiefe gestürzt, und wir hätten Tote zu beklagen gehabt, wo doch fast so etwas wie Wiedergeburt bevorstand.

Schließlich ließ sich von unten Rangar vernehmen: «Ihr seid spät. Die Gesellschaft dieser sieben undankbaren Menschen ist mir lästig geworden.» Doch dann fügte er versöhnlich hinzu: «Alles wie besprochen. Lasst die Sonne herab, und für jede doppelte Manneslänge lass ich einen frei. Herward und Agrippa, kommt zuvor herab und helft mir beim Lossperren!»

Herward schaute mich an: «Bleib du hier oben, du bist hier sicher.» Es klang wie Fürsorge, war aber ein Befehl. Ich gehorchte, und seine Gestalt federte den Pfad hinab.

Und so beginnt das letzte Kapitel meines Berichtes mit einem Abstieg des Helden in die Tiefe. Sagte ich Held? Des Menschen Auge ist ein trüber Spiegel, und ob sich Menschen dort als Helden oder Gewürm spiegeln, ist, bei Gott, so unentschieden wie das Wetter des kommenden Tages. Das menschliche Auge sieht nur, was es weiß, es reicht nur zum Erkennen irdischer Bilder. Und auch das nur in seinen besten Momenten.

Ein kleines Bernsteinkreuz

Es gibt Bilder im Leben eines jeden Menschen, die bleiben haften, als hätte sie Gott einem mit Flammenschrift ins Herz gebrannt. Ich sehe die hohe Sonne, wie sie das doppelt mannshohe Bernsteinrad aufflammen lässt, sehe das heidnische Blendwerk an langen Tauen in die Tiefe schweben, höre dazu die Kommandostimme des Rangar von tief unten hinaufdröhnen, sehe in gleichmäßigem Abstand Männer paarweise den schmalen Pfad hinaufhasten, laut brüllend vor Glück, sehe sie oben eintauchen in eine Woge verzückter Menschenleiber, während die Unglückssonne tiefer sinkt und schließlich auf dem schmalen Sandstreifen zu liegen kommt.

Und dann dieser Glückstaumel am Klippenrand. Da erlebten Menschen die Rückkehr ihrer Lieben aus dem Totenreich.

Rückkehr der Toten. Welch verlockender Schluss unseres Berichtes, geliebter Leser: Stimmst Du mir zu? Und wäre mein Leben in diesem Moment zu Ende, so hätte auch dieser Bericht ein Ende – ein Ende, das die Herzen erhebt.

Ich hatte die vergangene Nacht Schmerzen in meinem Arm in dem Arm, der mir fehlt. Wäre ich ein heidnisches Gemüt, so müsste ich wohl glauben, der Arm winke mir aus dem Totenreich.

Die Morgenluft riecht schon arg nach Frost. Ich muss mich sputen.

Die Befreiten waren in großer Begeisterung abgezogen. Nur Jung-Lars stand noch eine Weile unschlüssig, so als erwarte er meinen Segen. Ich schlug das Kreuz dreimal über seinen rotgoldenen Haaren und sagte: «Tu nichts Böses mit diesem Dolch! Waffen, die man zum Bösen gebraucht, richten sich am Ende gegen einen selbst.»

Lars nickte, obwohl er meine Worte sicher nicht zur Gänze verstand. Aber vielleicht würden sie ja eines Tages zu ihm zurückkommen – wie ein Finger Gottes aus der Wolke.

Als auch der Knabe gegangen war, stieg ich den steilen Pfad zur Hafenhöhle hinab, Schritt um Schritt dem Ende einer Reise entgegen, die mich mehr als Mitwandernden denn als Schrittmacher sah. Ich wusste seltsamerweise, dass es ein Ende geben würde, so sicher, wie ich dieser Tage im Holze zu Wik das Ende meiner irdischen Reise spüre.

Die Schnüre pendelten noch von den Klippen herab, die glückliche Schar hatte sich nicht einmal die Zeit genommen, sie zu bergen. Leere Galgenstricke. Was ich nun sah, erschreckte mich. Aber es überraschte mich nicht. Es war mir, als hörte ich nach dem zuckenden Blitz nur den erwarteten rollenden Donner: erschreckend, aber nicht überraschend.

Herward hatte den Rangar auf die Bernsteinsonne gebunden. Die Stirn des Jarl überzog ein blutiger Streifen. Herward hatte ihn mit der stumpfen Fläche des Schwertes betäubt.

«Was tust du?» rief ich, und meine Stimme kippte, als glitte sie aus auf schlüpfrigem Grund.

«Das Nötige.» Herward sprach seit langer Zeit wieder ein sächsisches Wort zu mir.

Ich muss wohl befürchten, dass Du meine verzitterten Buchstaben nicht wohl mehr entziffern kannst, ferner, naher Leser! Ich flehe mit aller Inbrunst, zu der meine klamme Stimme noch fähig ist, um Zeit.

Oh, ich Tor, ich schwacher Mensch, ließ ich doch Sommer und den Herbst, die mich noch bei Kräften sahen, verstreichen, ohne viele Zeilen auf das Papier zu senken. (Recht betrachtet, wäre dazu, trotz aller Heilerei, sicher noch Zeit gewesen!)

Oh, ich Tor, es sind stets die selbstgestellten Fallen, die am tiefsten sind.

Als der Abend hereingebrochen war und es in unserer Hafenhöhle finster wurde, so dass man auch die Fledermausschatten nicht mehr erkennen konnte, entfachte Herward ein Feuer aus Schwemmholz. Er hatte einen stattlichen Vorrat gesammelt. Sogleich begann die Sonne wieder zu funkeln und spiegelte sich in dem bewegten Wasser, ein Funkeln wie aus einer anderen Welt. Herward tauchte einen Ziegenledereimer ins Wasser und schüttete es dem Jarl ins Gesicht, ins blutverschmierte. Rangar öffnete die Augen, nur um sie sogleich aufseufzend zu schließen. Doch nach einem zweiten Eimer Meerwassers konnte er nicht umhin, seine Lage zu erkennen. Er zerrte an seinen Fesseln und spuckte schließlich einen Fluch aus, der so gotteslästerlich war, dass mich auch meine selbstauferlegte Chronistenpflicht nicht zwingen kann, ihn hier niederzuschreiben. Dann brüllte er: «Verräter ... kannst du nicht ein Ende machen, wie es einem Jarl angemessen ist?»

Ich erschrak bei diesen Worten aufs Neue: Besagten sie nicht, dass Rangar mit diesem oder einem ähnlichen Ende gerechnet hatte?

Herward fütterte das Feuer und sagte: «Was ist einem Mörder angemessen?»

«Mörder? Ich bin Krieger und Kaufherr. Wie kannst du es wagen, mich Mörder zu nennen, Bastard!»

Die Adern im Gesicht des Jarl waren hervorgetreten, knotige blaue Stricke, und die Augen drohten die Höhlen zu verlassen. Unwillkürlich wollte ich hinzustürzen, um dem Notleidenden Erleichterung zu verschaffen. Herward bremste mich kalt mit der Spitze seines Schwertes: «Warte du, dein Augenblick kommt noch!»

Der Jarl bäumte sich nun wie ein gebundener Stier in seine Fesseln: «Ich hätte auf die hören sollen, die mir rieten, euch beide fortzujagen, damals, als ein sanft redender Mönch und ein blutiger Wolf nach Haithabu kamen. Ich hätte auf sie hören sollen ...» Rangar zerrte erneut an seinen Lederriemen, die aber nur tiefer in sein Fleisch schnitten.

Es gab eine schmerzliche Pause, und selbst Herward schien eine Weile ratlos – wie ein Kind, das aus seinem Spiel nicht mehr herausfindet. Schließlich war es der Jarl, der das Schweigen brach: «Du bist der Sohnessohn von Olaf dem Bluttrinker!»

Herward zuckte leicht zusammen, ließ den Jarl aber weitersprechen, und seltsamerweise wich die Schärfe aus dessen Stimme: «Als ich kaum geboren war, wurde meiner Mutter geweissagt, dass ich gemeinsam mit dem Blut des Olaf von dieser Erde geschwemmt werde. Meine Mutter setzte daraufhin alles ihr nur Mögliche daran, mich von Olaf fernzuhalten. Aber Olaf hatte gesehen, dass ich schon als Jungmann besser mit dem Bogen war als alle seine erfahrenen Fahrensleute, und er forderte von meinem Vater, dass ich ihm auf seinem Zug gen Hammaburg folgen sollte. Unser Zug misslang, und Olaf ertrank, dort, wo die Elbe sich dem Meer ergibt. Aber mein Blut wurde nicht, wie es geweissagt war, mit seinem nach Walhall geschwemmt. Ich wurde ans Ufer gespült – fast ertrunken, aber nicht ganz.»

Es gab eine erneute Pause, während der Herward, Sohnessohn des Bluttrinkers Olaf, das Feuer fütterte. Schließlich fuhr der Jarl fort: «Als mir vor einiger Zeit ein Bernsteinhändler aus Magdeburg zuflüsterte, du seist vom Blute des Olaf, da sah ich den vorbestimmten Weg der Götter doch noch eröffnet. Odin würde mein Blut und deines, das Olafblut, gemeinsam nach Walhall schwemmen. So wie es angesagt war. Ich bin hier, damit das Gesicht meiner Mutter sich erfüllt, damit mein Blut vermischt mit deinem nach Walhall fließt. Ich bin hier, weil ich mir einen Kriegertod wohl wahrlich verdient habe.»

Herward schaute auf: «Dann muss der Gang der Dinge eine Enttäuschung für dich sein.» Und nach abermaliger Pause setzte er hinzu: «Wenn du, wie du sagst, nur zum Sterben losgefahren bist, warum hast du dann alles mit so großer List geplant ... den Gefangenenaustausch, diesen Hafen, die Sonne, an den Seilen herabgelassen? Du hast es so klug angefangen, dass du womöglich deinen ersehnten Tod verhindert hättest.»

Rangar ließ ein Schnauben hören, ein blutiges, denn Blut war ihm von der breiten Stirnwunde über Nase und Bart in den Mund geraten: «Odin verzeiht es nur altersschwachen Greisen, wenn sie zum Julfest einen scheinhaften Endkampf aufführen, um Einlass nach Walhall zu erlangen. Aber du, Sohnessohn des Bluttrinkers Olaf, du willst mir, dem mächtigen Jarl von Haithabu, den ehrenvollen Kriegertod verwehren. Schneid mich los und töte mich im Kampf Axt gegen Schwert ... Wer bist du, dass du es wagst, einem Jarl den Weg nach Walhall zu verstellen? Wer bist du?»

Herward fütterte ungerührt das Feuer, und ohne dass ich mehr Bewegung in seiner Stimme hörte, als der morgendliche Sommerwind nach einer windstillen Nacht zuwege bringt, sagte er: «Ich bin der, den du Sohnessohn des Bluttrinkers Olaf zu nennen beliebst. Mein Vater war Heitu, Sohn des Olaf. Meine Mutter aber war eine, die du, Rangar von Thorsberg, in Ramsolano zerrissen hast – auf dem letzten Zug, den du selbst geführt hast, als ihr von Magdeburg die Elbe mit leeren Händen heraufkamt. Und meine Schwestern hast du verschleppt. Sag mir, wo sie sind, und ich mache ein schnelles, ein ehrenvolles Ende.»

Unwillkürlich fiel ich Herward ins Wort: «... und meine Brüder in Christo ließest du verkehrt herum an das Tor unserer Stiftskirche nageln und schlitztest ihre Leiber auf, als wären sie Schweine!» Ich erschrak über meine Worte, war ich doch mit ihnen, ohne es zu wollen, selber zum Ankläger geworden.

«Ramsolano!» Rangar Schloss die Augen und spuckte aus, denn noch mehr Blut war von seiner Stirn durch den Seehundsbart hindurch in seinen Mund gesickert. «Ramsolano! Ramsolano!

Ein Nichts. Ein Nichtort. Nicht Dorestadt, wo sie angespitzte Pfähle in die Verteidigungsgräben steckten und wo mein Lieblingsbruder verblutete, nicht das stolze Köln, dessen hohe Tore ich mit List überwand, nicht Paris, wo wir mit brennendem Teer empfangen wurden, wo mein zweiter Bruder blieb und wir doch obsiegten ... nein, Ramsolano ... ein schlechter Witz!»

Herward erhob sich, das Feuer war nun fast doppelt mannshoch: «Wo sind meine Schwestern, wem hast du sie verkauft, zwei hochgewachsene Mädchen, fast schon Jungfrauen mit sehr hellem Haar...?» Rangar schwieg, und Herward nickte mir zu: «Er gehört dir, aber nur kurz.»

Ich wandte mich dem Jarl zu und schaute ihm in die Augen, so gut ich seinem Blick standzuhalten vermochte: «Bekenne deine Sünden vor dem allmächtigen und alleinigen Gott und bitte um Vergebung!» Als Rangar schwieg, fühlte ich mich ermutigt, mit größerer Eindringlichkeit fortzufahren: «An deinem Hals hängt ein kleines Bernsteinkreuz neben einem großen heidnischen Amulett. Lass mich das Amulett entfernen ...»

«Untersteh dich, du falscher Freund! Hab ich dir nicht jederzeit Frauen angeboten? Durftest du nicht neben mir scheißen? Hab ich nicht selbstlos die Hand über deine Leute gehalten, wann immer ihnen jemand Übles wollte? Hab ich nicht jedem verboten, Hühner an eure Kreuze zu nageln und faule Fische in eure Bethalle zu werfen?»

«Ja, o Jarl, das ist wahr. Aber wahr ist auch, dass du außerhalb von Haithabu viele Schädel gespalten hast.»

«Das war auf Kaperfahrt, du Schwätzer. Verstehst du nicht? Das war ein ander Ding.»

«Mord ist Mord.»

«Du Narr, erwartest du, dass ich nach deinen Gesetzen lebe?»

«Nein, nach Gottes Gesetz: Du sollst nicht töten!»

«Nicht töten? Und warum, meinst du, hat dein blutiger Wolf mich hier festgebunden? Das ist dann wohl auch Gottes Wille?

Hooooouuu, ich danke Odin, dass ich nicht deinen süßen Reden gefolgt bin, süß wie Honig und genauso klebrig. Reiß mir das Kreuz vom Hals! Aber rühre das Amulett nicht an!»

Ich tat ihm seinen Willen. Ich gehorchte.

Herward trat mit einem Armvoll getrocknetem Tang vor Rangar und die Sonne und schichtete Tang und Holz beidseits der Bernsteinsonne zu einiger Höhe auf. Dem Jarl, der auf ihn spuckte, sagte er, ohne die Stimme zu heben: «Zum letzten Mal, wenn du im Schwertkampf sterben willst: Wo sind meine Schwestern?»

Der Jarl aber spuckte nur noch wilder auf seinen Verderber; der aber sagte nur tonlos: «So fahr zur Hölle oder nach Walhall. Es ist mir einerlei, wer dich aufnimmt.»

Nie vergesse ich diese fast abgewandte Art des Sprechens; im Roten Haus sprachen die Geschichtenerzähler bisweilen in dieser Weise, wenn sie den Zuhörern begreiflich machen wollten, dass sich jetzt keine menschliche, sondern eine innere Stimme Gehör verschaffen wollte. Ja, in dieser Weise sprach Herward. Wie einer, der laut denkt.

Als Herward ein brennendes Holz in die Hand nahm, sagte Rangar seine letzten Worte, und ich hätte gern berichtet, es wären Worte der Reue und der Umkehr zu Gott gewesen. «Schaut mir in die Augen, Christenhunde! Und wisset fortan, wie ein Wikinger stirbt.»

Ich versuchte es. Aber Tränen – endlich: gute, schwere Tränen! – machten mich blind, und der Geruch verdampfenden Bernsteins und brennenden Fleisches zwang mich, mein Gesicht in der Kutte zu bergen. O Vater im Himmel, wäre es nicht ein Zeichen christlicher Gnade gewesen, ein leichtes Ende mit dem Schwert zu machen?

Schließlich brach sich ein Schrei an den Klippen, und ich vermag nicht zu sagen, ob mehr Schmerz oder Wut in diesem Schrei aufkochte.

Als ich wieder bei Sinnen war, hatte Herward die schwarzgeschmolzene Sonne und das, was die Flammen vom Jarl verschmäht hatten, im Sand verscharrt. Aus zwei Holzscheiten und der eisernen Gürtelkette des Jarl fügte er ein rohes Kreuz. Herwards Gesicht war entspannt, so als hätte er nach der Schneeschmelze seinen Acker umgegraben und nicht einen Jarl verscharrt.

Ich wog das kleine Bernsteinkreuz in der Hand, küsste es und sagte: «Gott sei seiner armen Seele gnädig!»

Und der meinen auch.

Ich danke Dir, geliebter Leser ferner Tage, für den milden Schatten, den Du, über alle Zeit hinweg, so treulich auf mich geworfen hast. Ich brauche ihn nun nicht mehr.

Postscriptum

von der Hand des Thomas, Mönch zu Wik am Holze,
28. Decembris 922 im Jahre des Herrn

Es ist mir, der ich nach dem Heiligen Thomas mich nennen darf, eine Ehre, dem geliebten Bruder Agrippa treulich und über dessen Tod hinaus seinen Willen zu tun.

So werde ich also diesen Stapel von seiner Hand beschriebenen Papieres, dazu noch ein Lederbündel voll mutmaßlich älterer Schriften seiner Hand (und die wenigen Zeilen von meiner Hand, die ich im Begriffe bin hinzuzufügen) an einem Ort verschließen, der nach des Agrippas Wunsch so beschaffen sei, dass man dieses Zeugnis wohl erst fände, wenn «Steine zerfallen» – so wie die Tempel der heidnischen Römer nach 1000 Jahren zu zerfallen beginnen.

So sei es. Doch will ich noch kurz Gelegenheit nehmen, das zu berichten, was von des Agrippas Hand nicht wohl mehr kann geschrieben sein.

Den Agrippa nahm der Herr am Tag Seiner Geburt, dem Weihnachtstag des Jahres 922, gegen Abend zu sich. Frischer Schnee war gefallen. Er ging mit einem Lächeln, und das letzte, was er tat – dies wohl eine ungewöhnliche Anstrengung für einen Sterbenden –, war, dass er seinen verbliebenen Arm hob und erst mich und dann die Lioba segnete. Dann hörte er auf zu atmen, so plötzlich, als stünde es in seiner Macht, das Ende selbst zu bestimmen. Lioba warf sich schluchzend über ihn, und obgleich es mir nicht schicklich zu sein schien, ließ ich sie gewähren.

Für mich begann nun eine Zeit umsichtigen und fürsorglichen Freundschaftsdienstes. Denn am 20. Dezember war es, dass Agrippa das letzte Mal des längeren mit mir gesprochen hatte. Und er sprach also:

Ich bin ein sündiger, abgestoßener Krug, nur mehr mit einem Henkel, ein Gefäß, in das es dem Herrn gefallen hat, wundertätigen Wein zu füllen. Und einerlei, was auch immer von hohen Klostermauern herab gesagt werden wird: Ich bin das Gefäß, nicht der Wein. Der heilige Wein – das ist Christi Blut.

Der Gedanke, dass sie kommen werden, um meine Gebeine zu holen, auf dass sie – über alle Christenheit verstreut – Wunder wirken sollen, so als hätte ich heiligmäßig gelebt, dieser Gedanke macht mir das Sterben sauer.

So bitte ich denn dich, meinen kleinen, meinen liebsten Bruder, finde für diese Blätter sowie das in Lederhaut verschnürte Bündel (welches meine Aufzeichnungen enthält zu den Wundern Glendaloughs), finde einen Ort, der wohl erst dann entdeckt werden wird, wenn Steine zerfallen – so wie die Tempel der heidnischen Römer nach 1000 Jahren zu zerfallen beginnen. Und finde auch, bevor mich die wohlmeinenden Brüder finden, für den Teil, der an mir sterblich ist, einen Platz, den nur du weißt. Selbst der Lioba sollst du ihn nicht verraten, denn ihre Tränen würden wie eine Glitzerspur den Ort verraten.

Und so geschah es. Und es geschah keinen Tag zu früh. Da kamen sie alle, voran unser Abt, der besorgte Theophil, um den Leib Agrippae heimzuholen in den Schoß der Mutter Kirche.

Und als der Agrippa, wie für aller Augen zu sehen war, fort war und nur noch ein paar Linnen auf seinem Sterbebett lagen, da fielen sie alle nieder, und fromme Gesänge füllten den Wald.

Mir aber war es, als hörte ich den Agrippa lachen, lachen wie von sehr weit her.

Hatte er mir nicht einmal dieses seltsame Wort zitiert, gesprochen von einem Halbchristen, mit dem er ins Land der Bärenanbeter gezogen war, einem Manne namens Heitu, der da sagte: «Tod, zeig dein Gesicht und finde mich lachend!»

Und so wandte auch ich mich ab, ging eine kleine Strecke in den schneeversilberten Wald und lachte – lachte, lachte, bis mir so leicht wurde ums Herz, als wäre ich selbst nur eine der niederwirbelnden Flocken, als wäre ich Tänzer eines unendlichen Tanzes.

Postscriptum ad Postscriptum

Ich, Thomas, Mönch zu Wik am Holze und dem verblichenen Bruder Agrippa von Herzen zugetan, verhehle nicht, dass mich die Versuchung sehr heftig anwehte, das ledergeschnürte Bündel zu öffnen, welches die von Agrippas unvergleichlicher Hand in die Haut gebrannten Zeilen trägt:

Die Wunder von Glendalough oder Wie ich sie sah
Agrippa de Ramsolano,
aufgeschrieben daselbst anno 909

Indes, ich widerstehe; ist dieses Papier doch zweifellos nicht für meine Augen bestimmt, sondern wohl für solche, die eine ganz andere Zeit schauen werden.

Wik am Holze, 922 auf 923

Wichtige Daten zu wissen

845	Wikingerüberfall auf Hammaburg und die daraus resultierende Gründung des Stiftes zu Ramsolano durch den Heiligen Ansgarius
849	Geburt des Agrippa als Sohn eines Schlossers zu Speyer
Sommer 878	Erster Wikingerüberfall auf Ramsolano unter Olaf dem Bluttrinker, welcher ist Vater des Heitu
Winter 878/879	Heitu überlebt mit knapper Not und Gottes Hilfe sowie der Pflege der Varga
881	Geburt des Herward, Sohn des Heitu und der Varga. Die Jahre, in denen wenig geschah, wovon das Verschwinden des Titus wohl noch das folgenreichste Ereignis war
895	Der Raub der heiligen Beine
Sommer 897	Reise ins Land der Bärenanbeter und zweiteer Wikingerüberfall auf Ramsolano
6. April 898	Aufbruch Haithabu
Mittsommer 898	Herwards denkwürdiger Kampf gegen einen Berserker

Hochsommer 898	Herward lernt sein Weib kennen
Winter 899	Tod des Kaisers Arnulf und Winterzug der Haithabu-Wikinger zu den Rüstringern
Sommer 900	Eine Trinkwette, die Agrippa fast das Leben gekostet hatte
Sommer 902	Überfall der Bornholmer auf Haithabu
Winter 902/903	Große Missionserfolge
Frühsommer 903	Die Reise nach Bornholm

Wovon später zu berichten sein wird:

906 – 909	Agrippa in Irland (wovon wir Kunde von seiner Hand haben)
909 – 912	Agrippa wandert als Bettelmönch ins Heilige Land (wovon wir die Kunde eines Verfremten haben)
ab ca. März 913	Agrippa ist oberster Scriptor zu Wik am Holze
919	Heinrich der Sachse wird zum Kaiser gewähl
919 – 922	Agrippa schreibt den Herward und gerät stark in den Geruch von Heiligkeit Letzteres ein Umstand, der ihm nicht zu Willen geschah
Heiligabend 922	Agrippas Todestag

---

[i] Anm. d. Übers.: Das Altnordische und das Sächsische dürften Ende des 9. Jahrhunderts noch so nahe beisammen gewesen sein, daß Verständigung möglich war.

[ii] Gemeint ist die Erdscheibe.

[iii] Mit Beutel ist vermutlich Hodensack gemeint.

[iv] Anm. d. Übers.: «Braun» bezog sich auf die Farbe der Kutte.